예수님은 치유 하십니다 1

김의식 지음

쿰란출판사

추천사

교회 설립 50주년을 축하드립니다

치유하는교회 설립 50주년을 맞게 해주신 하나님께 무한한 감사와 영광을 올려드립니다. 동시에 김의식 목사님을 비롯한 당회원들과 온 성도들에게 진심으로 치하와 함께 축하를 드립니다. 하나님께서 대한민국에 주신 가장 큰 축복 중의 하나가 치유하는교회를 세우게 하시고 성장 발전하게 해주신 일입니다.

1. 좋은 목회자를 맞은 50년을 축하드립니다.

제1대 장균재 목사님은 착한 종, 양보의 미덕을 보이는 종이었습니다. 그는 세상을 떠났지만 그가 한 일은 교회 위치를 잘 정해준 일입니다. 물론 교회 개척 당시에는 주변 일대가 논밭이 많았고 산등에 위치해 있었습니다. 그런데 50년의 세월이 지난 오늘 이곳은 서울의 법정동 중 20만 명 이상이 거주하는 몇 안 되는 동 중 하나가 되었습니다. 교회 위치는 인구가 많은 주거지역이 가장 좋은 곳입니다. 이런 좋은 위치에 개척한 것은 큰 공로입니다.

   제2대 김학만 목사님은 능한 하나님의 종, 목회 능력을 발휘한 종입니다. 교재를 따로 만들어 전 교인을 훈련시키면서 신앙 지도를 열심히 하였습니다. 교회가 점점 크게 성장, 발전하면서 이 지역의 대표적인 교회가 되었습니다.

   제3대 김의식 목사님은 뜨거운 주의 종입니다. 그의 믿음이 뜨겁습니다. 그의 목회가 뜨겁습니다. 그의 사명감이 뜨겁습니다. 교인들이 다 같이 뜨거워졌습니다. 한국이 6·25 이후 급성장하면서 글로벌 시대에 무엇이나 세계를 향하여 뻗어나가며 역할을 담당하는 세상으로 바뀐 이때, 미국 유학으로 세계문물을 몸에 익힌 뜨거운 목회자가 목회하면서 모든 면이 뜨겁게 비약하는 50주년을 맞게 되었습니다.

2. 좋은 신자들의 모범적 신앙생활 50년을 축하드립니다.

   치유하는교회는 50년 동안 세 분 담임 목사님을 모시고 신앙생활을 하였습니다. 평균 20년 장기 목회를 하였습니다. 이는 당회원들과 온 교회가 좋은 교회라는 증거입니다. 성경을 보면 바울 사도를 통해 항상 "은혜와 평강이 너희에게 넘치기를 바라노라"고 하였습니다. 교회는 사람이 모이지만 하나님께서 은혜를 주시기 때문에 세상에는 없는 사랑(모든 영적 축복)이 있고, 그 은혜를 받은 성도들이 평강과 화목(의무, 충성, 공동생활)을 이루어 가는 곳입니다. 치유하는교회는 50년 동안 '은혜 받는 교회', '화목하는 교회' 즉 은혜와 평강이 넘치는 교회로 크게 성장 발전하여 좋은 교회가 되었습니다.

하나님께서 이런 좋은 목회자들과 좋은 신자들을 통하여 좋은 교회가 되게 해주신 것은 치유하는교회만의 복이 아니라 대한민국의 복이요, 세계화시대에 인류의 복으로 번져 나가는 은혜와 복입니다.

3. 사명감으로 하나님의 일을 많이 하는 미래 50년을 축하합니다.

한국에는 많은 교회가 세워졌습니다. 그런데 만약 "우리 교회는 은혜와 복을 많이 받았으니 더 이상 바랄 것이 없다, 만족하다"라고 생각한다면 그것은 큰 잘못입니다. 요한복음 3장 16절에 "하나님이 세상을 이처럼 사랑하사 독생자를 주셨으니"라고 하였습니다. 같은 표현으로 "하나님이 세상을 이처럼 사랑하사 치유하는교회를 주셨으니"라고 해야 합니다. 하나님이 세상을 사랑하셔서 세상에 줄 것을 치유하는교회에 주신 것입니다. 치유하는교회는 이미 신앙 안에서 하나님께 영광을 드리는 예배로 은혜로운 교회 생활을 하면서 교육으로 인재를 많이 키우고 밖으로 선교, 사회봉사 모두 잘하고 있습니다.

그런데 설립 50주년이 뭔지 아십니까? 치유하는교회의 지난 50년은 Open-game(연습, 친선 경기)이었고, Main-game(본 경기)은 이제부터라는 전환점을 의미합니다. 그동안은 훈련이었고 실전은 이제부터입니다. 50주년을 맞으며 교회 역사를 기록하되 회고록이나 기념으로만 남기면 안 되고, 하나님께서 지난날 개척기와 초창기에 주신 기적적인 은혜와 형통이 미래 사명의 지침과 원동력이 되도록 재다짐하는 것입니다. 농구 경기나 축구 경기 전반전이 끝나면 Half-time(중간시간)에 다시 작전을 짜서 후반전을 이기도록 합니다. 경기는 혹시 지면 다시 할 수 있지만 인생과 신앙생활은 한 번밖에 기회가 없기 때문에 실패하면 안 됩니다. 그러므로 옛날 바울 사도는 "나는 이제 너희를 위하여 받는 괴로움을 기뻐하고 그리스도의 남은 고난을 그의 몸된 교회를 위하여 내 육체에 채우노라"(골 1:24)고 하며 교회를 위하여 목숨까지 바치며 충성하였습니다. 이것이 그가 인류 역사상 위대한 승리자가 된 비결이었습니다.

교회 설립 50주년을 맞이하며 《예수님은 치유하십니다》라는 여저를 출판하는 치유하는교회 김의식 목사님을 비롯한 온 성도가 바울 이상 가는 교회 충성을 재다짐하고, 현재와 미래 인생과 교회 사명에 승리자가 되시기를 기도드립니다.

대한예수교장로회 제68회 증경총회장
노량진교회 림인식 원로목사

추천사

한국교회의 미래를 바라보며

《예수님은 치유하십니다》 발간을 진심으로 축하드립니다. 무엇보다 50년이라는 세월 동안 치유하는교회에 베풀어 주신 하나님의 은혜와 섭리를 이렇게 기록으로 보존하여 후대에 전할 수 있게 해주신 하나님의 은혜에 감사드립니다.

성서(聖書)가 하나님의 역사를 기록한 것이라면, 교회의 역사(歷史)는 다른 차원에서 기록된 하나님의 역사입니다. 그래서 교회의 역사는 현재로서 진행되고 있는 하나님의 역사이자 앞으로 이어질 우리의 미래인 것입니다. 이 귀한 하나님의 역사를 인간의 언어로 정리하고 보존한다는 것은 아무나 할 수 없는 매우 성스러운 일입니다. 하나님의 역사는 오직 하나님이 세우신 교회와 하나님의 사람들에 의해서만 기록되는 것이라는 의미에서 볼 때 《예수님은 치유하십니다》는 하나님의 큰 축복이 아닐 수 없습니다.

교회의 역사를 기념한다는 것은 하나님의 역사를 기록하고, 베풀어

주신 은혜를 기억하기 위함입니다. 치유하는교회, 희년의 역사는 주님의 권세가 함께하신 50년, 복음의 능력과 진리의 은혜가 함께하신 50년입니다. 희년의 세월을 되돌아보면 모든 것이 하나님의 은혜였음을 고백하지 않을 수 없습니다. 또 하나 우리가 기억해야 할 것은, 오늘날 부흥의 역사를 이루기까지 제단을 지켜온 종의 기도와 성도들의 헌신입니다. 이 땅에 많은 교회가 있지만 치유하는교회가 한국교회의 귀감이 되고 교단의 위상을 높인 것은, 그리스도의 사랑으로 섬김을 실천하고 희생을 다한 헌신의 역사가 있었기에 가능한 일이었습니다.

인간의 기억은 한계가 있고, 역사의 증인들은 사라지기 때문에 교회가 걸어온 지난 자취를 기록으로 남긴다는 것은 매우 바람직하고 가치 있는 일입니다. 이번 책 《예수님은 치유하십니다》는 미시적으로는 치유하는교회의 발자취를 헤아릴 수 있고, 거시적으로는 한국교회의 미래를 파악할 수 있는 후일의 이정표가 될 것입니다. 50년의 역사를 통해 우리 후대들이 교회의 본질과 거룩한 선교적 사명을 지속적으로 이어나가 교회를 향한 하나님의 창대한 역사가 이루어지길 진심으로 기원하며, 김의식 위임목사님과 성도 여러분께 진심으로 축하드립니다. 그리고 다시 맞게 될 다음 오십 년도 주님이 기뻐하시는 귀한 교회로 부흥 성장하기를 소망합니다.

대한예수교장로회 제98회 증경총회장
목민교회 김동엽 원로목사

추천사

더 큰 부흥의 역사를 위해 기도합니다

　치유하는교회 설립 50주년을 진심으로 축하드리며 하나님께 영광을 돌립니다. 하나님께서 친히 교회를 이 땅에 세우시고 반백 년 동안 하나님의 나라 지경을 넓히신 것을 감사드립니다. '십 년이면 강산도 변한다'고 하는데, 벌써 강산이 다섯 번이나 변했지만 하나님은 변치 않으시고 교회의 주인이 되셔서 든든한 교회가 되게 하셨습니다. "변하는 세상, 변하지 않는 말씀"이란 말이 있습니다만, 급격하게 변하는 세상을 이끌고 변화시킬 힘은 오직 변하지 않는 말씀에 있습니다. 그 말씀이 치유하는교회의 반석이 되어 말씀이 흐르는 교회가 되었습니다.

　성경적 50년은 '희년'이라고 합니다. 50년이 시작되는 해인 희년을 거룩한 해로 정하고, 모든 사람들에게 자유를 선포하고, 기업으로 받았던 자기 소유지로 돌아가며, 모두가 가족에게로 돌아가고, 노예를 해방시키며, 모든 빚을 면제해 주었습니다. 희년은 나팔을 불고 크게 외치는 기쁨의 해였습니다. 희년은 곧 회복의 때이며 환희의 때입니다.

　최근에 교회의 개혁을 말할 때 자주 듣는 말 가운데 '본래로 돌아가자'는 뜻의 '아드 폰테스'(ad fontes)라는 말이 있습니다. 해 아래 새 것이 없습니다. 본래의 모습을 되찾는 것이 개혁이며 성장입니다. 희년이 모든 것이 본래의 자리로 돌아가는 때인 것처럼, 치유하는교회도 설립 50주년을 맞이하여 《예수님은 치유하십니다》를 출판하게 된 것을 진심으로 축하드리며, 첫사랑으로 돌아가고 말씀으로 회귀하여 하나님의 사람들과 세상을 치유하는 기적의 교회가 되기를 기원하며, 환희와 감사의 50주년이 되기를 축복합니다.

대한예수교장로회 제101회 증경총회장
연동교회 이성희 원로목사

추천사

치유하는교회에 축하드립니다

설립 50주년을 맞이하는 치유하는교회 성도 여러분에게 다음의 몇 가지 이유로 축하를 드립니다.

먼저, 치유하는교회가 한국교회의 주목받는 교회로 성장한 것을 축하드립니다.

치유하는교회는 하나님의 은혜로 우리 교단 9,190교회 중에 굴지의 교회가 되었습니다. 지난번 총회 창립 100주년회관을 건축할 때 예산 50억 원 이상 교회가 60개 교회였는데 그중에 치유하는교회가 있었습니다. 그 말은 치유하는교회가 우리 교단의 상위 0.5% 안에 드는 교회라는 의미입니다. 1,000교회 중 5번째 이내에 들어가는 교회입니다.

모든 교회가 성장을 위해 힘쓰는 중에 치유하는교회가 오늘의 큰 교회로 성장한 것은 하나님의 은혜이고 목회자와 성도들이 한마음이 되어 기도하며 전도한 결과이기에 축하를 드립니다.

둘째로, 치유하는교회가 지난 50년간 힘써온 사역에 대해 축하를 드립니다.

그동안 치유하는교회가 자녀들을 신앙으로 양육하고 많은 불신자들을 전도해서 그들의 영혼과 육신의 질병을 치유하며 제자 양육과 세계선교에 힘쓰는 교회가 된 것을 축하드립니다. 제가 몇 번 치유하는교회에서 예배드릴 때마다 성령님의 은혜가 함께하는 교회임을 알 수 있었습니다. 그동안 치유하는교회 성도들을 통해서 펼쳐진 모든 아름다운 사역들에 대해 축하를 드립니다.

셋째로, 치유하는교회가 우리 교단을 위해 헌신해 온 일들에 대해 감사하며 축하를 드립니다.

지난 총회 103회기에 김의식 목사님은 저를 도와 총회서기로 수고를 많이 하였습니다. 총회장으로서 저는, 총회 절차를 잘 알고 유능하게 일해 줄 서기가 필요하여 김 목사님께 부탁을 드렸고, 김 목사님은 결단을 내리고 한 해를 더 봉사해 주었습니다. 함께 일해 보니 김 목사님은 모든 현안을 정확하게 이해하고 있고, 폭넓은 인간관계와 실행능력이 있어서 총회 사역에 큰 힘이 되었습니다.

한때 저는 제가 섬기는 교회 목회만 전념하였습니다. 그런데 어느 날 저의 부친(림인식 증경총회장)께서 저에게 "개교회(個教會) 목회도 중요하지만 교회보다는 노회가 중요하고 노회보다는 총회가 중요하다"라고 하신 말씀을 듣고 노회 일, 총회 일을 돕다 보니 오늘에 이르게 되었습니다. 작년 한 해 제가 총회장으로 섬기는 동안 온 교회가 함께 기도하며 총회를 섬겼습니다. 그만큼 생각이 넓어지고 기도가 넓어지고 사역이 넓어졌습니다.

김 목사님과 치유하는교회가 지금까지 교단을 위해 수고해 주신 것을 감사드리며, 앞으로도 우리 교단의 주요 교회로서 한국교회 영적 부흥을 위해 큰 사명을 성취하기를 기도합니다.

이렇듯 뜻깊은 해에 김 목사님의 《예수님은 치유하십니다》라는 치유목회에 관한 귀한 책을 발간함을 다시 한번 진심으로 축하드리며, 좋으신 하나님의 크신 은총이 치유하는교회 모든 성도님들과 가정마다 넘치시기를 축복합니다.

대한예수교장로회 제103회 증경총회장
평촌교회 림형석 위임목사

머리말

　치유하는교회에서 치유목회를 시작한 지도 벌써 20년이 되었습니다. 그동안 어떻게 지내왔는지 모를 정도로 치열한 영적 전쟁의 연속이었습니다. 그러나 숱한 시련과 역경 속에서도 주님만 바라보면서 눈물의 기도와 간구로 인내하였습니다. 그리고 매 주일 강단에서 웃음과 눈물의 치유의 메시지로 열정을 다해 온 성도들의 심령을 치유하였습니다. 더 나아가 치유동산, 부부동산, 아버지학교, 어머니학교, 주바라기(홀로서기) 세미나 등의 치유 프로그램을 통해서 계속적인 치유를 이루었습니다. 결국 교회는 치유되고 화평케 되었습니다. 천국과 같이 행복한 교회로 갑절이나 부흥하게 되었습니다. 그리고 오늘의 새 성전을 건축하고 교회 설립 50주년을 맞이하게 되었습니다.

　예수님께서는 이 땅에 오셔서 마지막 십자가에서 완성을 이루셨지만(사 53:4-6), 이 땅에 사시는 동안에도 동족의 아픔을 함께 나누면서 우리 영혼의 죄악과 마음의 상처와 육신의 질병을 치료하시는 영·혼·육의 전인적인 '치유사역'(healing ministry)에 집중하셨습니다.

우리는 지난 2년에 걸쳐 "영적 부흥으로 민족의 동반자가 되게 하소서"라는 대한예수교장로회 제103회 총회의 주제하에 사복음서의 역사의 순서를 따라 예수님의 치유사역을 치유목회적인 관점에서 조명해 보았습니다. 사실은 졸저인 《예수님은 치유하십니다》라는 책을 내기가 부끄러웠습니다만, 교회 설립 50주년을 기념하면서 우리 치유하는교회 성도님들과 매 주일마다 울고 웃으면서 함께 나누었던 치유의 은혜를, 이 땅의 상처 입고 고통당하는 수많은 심령들과 이들을 치유하기 위해 힘쓰고 계시는 목회자들과 함께 나누기 위하여 이 부족한 책을 내놓게 되었습니다.

먼저 오늘이 있기까지 부족한 종의 치유목회를 가까이에서 지켜보시며 늘 사랑으로 이끌어 주시던 존경하는 아버지, 고 김성열 장로님과 아들의 목회를 위해 평생을 기도하시다 떠나가신 사랑하는 어머니, 고 마인순 권사님의 영전에 이 책을 바칩니다.

그리고 변함없는 사랑으로 남편의 설교 원고를 교정하며 희생적인 내조를 해준 사랑하는 아내 문채성 사모와 멀리 미국에서 부족한 아버지의 뒤를 이어 상담치유학자가 되고자 열심히 공부하고 있는 외동딸 김안나·사위 홍성일 전도사와 금년에 새 식구가 된 손자 은기에게도 따뜻한 사랑의 마음을 전합니다.

또한 함께 십자가를 지고 충성을 다해 준 사랑하는 동역자들과 황진웅, 윤만호, 신동선, 이주용 장로님 등 모든 장로님들과 권사님들과 집사님들과 온 성도님들께도 깊은 감사의 마음을 전합니다.

마지막으로, 지금도 이 땅의 수많은 죄악과 상처와 질병으로 인해 말로 다할 수 없는 고통 가운데서 이 치유의 은혜를 간절히 사모하는 모든 분들과 이 놀라우신 주님의 치유의 은혜를 함께 나누고 싶습니다.

교회 설립 50주년을 지내고
치유하는교회 목양실에서
喜良 김의식 목사

차례

추천사 **림인식 원로목사**(노량진교회, 대한예수교장로회 제68회 증경총회장) / 2
　　　　김동엽 원로목사(목민교회, 대한예수교장로회 제98회 증경총회장) / 6
　　　　이성희 원로목사(연동교회, 대한예수교장로회 제101회 증경총회장) / 8
　　　　림형석 위임목사(평촌교회, 대한예수교장로회 제103회 증경총회장) / 10

머리말 / 13

오직 하나님의 은혜로(마 1:1-17) / 19

개혁자의 영성(마 1:18-25) / 38

개혁자의 보답(마 2:1-12) / 56

환난을 이겨내라(마 2:13-23) / 72

영적 세례를 체험하라(마 3:1-12) / 92

이제 허락하라(마 3:13-17) / 109

광야의 시험(마 4:1-11) / 129

개혁자의 영적 사명(눅 4:14-19) / 150

나를 따라오라(마 4:18-25) / 171

심령이 가난한 자의 복(마 5:3) / 189

애통하는 자의 복(마 5:4) / 211

온유한 자의 복(마 5:5) / 229

의에 주리고 목마른 자의 복(마 5:6) / 245

긍휼히 여기는 자의 복(마 5:7) / 263

마음이 청결한 자의 복(마 5:8) / 278

화평하게 하는 자의 복(마 5:9) / 301

의를 위하여 박해를 받은 자의 복 (마 5:10-12) / 320

하나님께 영광을 돌리라(마 5:13-16) / 336

이렇게 화목하라(마 5:21-26) / 355

이렇게 행복하라(마 5:27-30) / 371

이렇게 화합하라(마 5:31-32) / 386

이렇게 맹세를 지키라(마 5:33-37) / 402

이렇게 서로를 대하라(마 5:38-42) / 416

오직 하나님의 은혜로

마태복음 1:1-17

¹아브라함과 다윗의 자손 예수 그리스도의 계보라 ²아브라함이 이삭을 낳고 이삭은 야곱을 낳고 야곱은 유다와 그의 형제들을 낳고 ³유다는 다말에게서 베레스와 세라를 낳고 베레스는 헤스론을 낳고 헤스론은 람을 낳고 ⁴람은 아미나답을 낳고 아미나답은 나손을 낳고 나손은 살몬을 낳고 ⁵살몬은 라합에게서 보아스를 낳고 보아스는 룻에게서 오벳을 낳고 오벳은 이새를 낳고 ⁶이새는 다윗 왕을 낳으니라 다윗은 우리야의 아내에게서 솔로몬을 낳고 ⁷솔로몬은 르호보암을 낳고 르호보암은 아비야를 낳고 아비야는 아사를 낳고 ⁸아사는 여호사밧을 낳고 여호사밧은 요람을 낳고 요람은 웃시야를 낳고 ⁹웃시야는 요담을 낳고 요담은 아하스를 낳고 아하스는 히스기야를 낳고 ¹⁰히스기야는 므낫세를 낳고 므낫세는 아몬을 낳고 아몬은 요시야를 낳고 ¹¹바벨론으로 사로잡혀 갈 때에 요시야는 여고냐와 그의 형제들을 낳으니라 ¹²바벨론으로 사로잡혀 간 후에 여고냐는 스알디엘을 낳고 스알디엘은 스룹바벨을 낳고 ¹³스룹바벨은 아비훗을 낳고 아비훗은 엘리아김을 낳고 엘리아김은 아소르를 낳고 ¹⁴아소르는 사독을 낳고 사독은 아킴을 낳고 아킴은 엘리웃

을 낳고 ¹⁵엘리웃은 엘르아살을 낳고 엘르아살은 맛단을 낳고 맛단은 야곱을 낳고 ¹⁶야곱은 마리아의 남편 요셉을 낳았으니 마리아에게서 그리스도라 칭하는 예수가 나시니라 ¹⁷그런즉 모든 대 수가 아브라함부터 다윗까지 열네 대요 다윗부터 바벨론으로 사로잡혀 갈 때까지 열네 대요 바벨론으로 사로잡혀 간 후부터 그리스도까지 열네 대더라

    예수님의 족보는 신약성경에 두 군데 나오는데 그것은 마태복음과 누가복음입니다. 마태복음은 "누가 누구를 낳고 낳고 낳고…"를 계속하니까 산부인과 의사들은 좋아할지 모르지만 우리는 "졸고 졸고 졸고…" 얼마나 지루하게 느껴지는지 모릅니다. 그래서 오죽하면 잠이 안 올 때 읽는 책이 마태복음이라고 하겠습니까? 얼마나 지루한지 1장을 넘기지 못하고 지겨워서 잠들어 버린다는 것입니다. 그러나 우리가 마태복음을 깊이 연구해 보면 여기에 깊은 영적인 복음의 진리가 담겨 있습니다.

    먼저 마태복음은 유대인이었던 세리 출신인 마태가 메시아를 그토록 기다리던 유대인을 대상으로 '유대인의 왕'으로 오신 예수님을 증거하기 때문에 유대인들이 가장 존경하는 믿음의 조상 아브라함과 이스라엘의 성군 다윗의 자손 예수 그리스도의 세계(족보)라고 소개하고 있습니다. 그러나 누가복음은 이방인이었던 의사 출신의 누가가 헬라인을 대상으로 '사람의 아들'로 오신 예수님을 증거하기 때문에 거꾸로 예수님이 한 인간 요셉의 아들로 태어났음을 강조하며 한 인간의 아들로부터 시작해서 그 근원인 하나님에 이르는 인간적인 족보를 강조하고 있습니다.

두 족보의 큰 차이는 첫째, 마태복음은 구약의 족보처럼 믿음의 조상 아브라함으로부터 시작해서 예수님에 이르는 권위적인 수직 하강하는 족보인 반면, 누가복음은 그리스-로마의 족보처럼 예수님으로부터 시작해서 아담을 거쳐 하나님에 이르는 인간의 밑바닥으로부터 수직 상승하는 족보입니다. 둘째, 마태복음의 족보는 유대인의 완전수인 7의 배수이기도 하지만 다윗의 이름을 구성하는 세 개의 철자가 가진 숫자의 합인 14대씩(달렛4+바브6+달렛4=14) 아브라함부터 다윗까지, 다윗부터 바벨론 포로로 잡혀갈 때까지, 바벨론 포로로 잡혀간 후부터 그리스도까지, 세 번 나누어 설명하다 보니까 중간이 많이 생략되어 42명이 기록되어 있지만 누가복음은 57명 있는 그대로 다 기록하고 있다는 것입니다. 셋째, 마태는 유대인으로서 왕의 족보를 다윗의 아들로 솔로몬 왕으로 이어가지만 누가는 이방인으로서 다윗의 아들을 나단으로 이어가고 있습니다. 그 이유는 누가의 입장에서 볼 때 다윗 왕조의 통치에 대한 반발이거나 육적인 다윗 왕조의 멸망에 대한 예언(렘 22:28-30, 36:30-31) 때문일 수 있었을 것입니다. 넷째, 예수님의 할아버지에 대해서도 마태복음에서는 유대의 전통을 따라 예수님의 아버지인 요셉의 아버지였던 야곱을 언급하면서 아버지의 족보를 말하지만, 누가복음에서는 예수님의 육신의 어머니인 마리아의 아버지인 헬리로 기록하며 어머니의 족보를 말하고 있다는 것입니다. 그런데 마리아가 무남독녀로서 아버지의 유업을 이을 수 있었다고 하는 것은(민 27:8) 오늘날 여성도 상속을 받는 여성상속제를 지금으로부터 4,000여 년 전 앞서서 실현했던 것으로 보여집니다.

중요한 것은 이 마태복음 족보에 한 가지 중대한 특징이 있음을 발견하게 되는데 그것은 이 모든 족보가 오직 하나님의 은혜로 이루어졌음을 밝히고 있다는 것입니다. 그렇다면 어떻게 예수님이 오직 하나님의 은혜로 이 땅에 탄생하실 수 있었고 또 우리의 지난날의 삶도 오직 하나님의 은혜로 살아올 수 있었을까요?

약속의 아들이었음

먼저 본문 1절 말씀을 다 함께 읽겠습니다.

"아브라함과 다윗의 자손 예수 그리스도의 계보라."

예수님을 '아브라함의 자손'이라고 선언한 것은 하나님께서 먼저 유대인들의 믿음의 조상으로 아브라함을 택하시고 이삭을 제물로 바치라는 시험을 이겨낸 아브라함에게 창세기 22장 16-18절에 "이르시되 여호와께서 이르시기를 내가 나를 가리켜 맹세하노니 네가 이같이 행하여 네 아들 네 독자도 아끼지 아니하였은즉 내가 네게 큰 복을 주고 네 씨가 크게 번성하여 하늘의 별과 같고 바닷가의 모래와 같게 하리니 네 씨가 그 대적의 성문을 차지하리라 또 네 씨로 말미암아 천하 만민이 복을 받으리니 이는 네가 나의 말을 준행하였음이니라…"고 약속하셨습니다. 그의 후손을 통해 유대인뿐만 아니라 천하 만민 온 인류가 구원의 복을 얻게 되리라는 것입니다. 다시 말하면 주전 2,500여 년 전에 아브라함을 통한 약속의 아들인 메시아(구세주)의 탄생을 약속하셨습니다.

또한 이스라엘 백성들이 가장 존경하는 다윗 왕을 택하시고 영원한 다윗의 왕조에 대해서 하나님께서 직접 다윗에게 사무엘하 7장 16절에 "네 집과 네 나라가 내 앞에서 영원히 보전되고 네 왕위가 영원히 견고하리라 하셨다 하라"고 주전 1,000여 년 전에 다윗의 가문 가운데 약속의 아들 메시아(구세주)에 대해 약속하셨습니다. 그리고 그것이 이사야 11장 1-2절에 "이새의 줄기에서 한 싹이 나며 그 뿌리에서 한 가지가 나서 결실할 것이요 그의 위에 여호와의 영 곧 지혜와 총명의 영이요 모략과 재능의 영이요 지식과 여호와를 경외하는 영이 강림하시리니"라고 주전 700여 년 전에 다윗의 아버지인 이새의 자손들 가운데 메시아(구세주) 탄생을 구체적으로 예언하였습니다.

또한 누가복음 1장 69절에 "우리를 위하여 구원의 뿔을 그 종 다윗의 집에서 일으키셨으니"라고 다윗의 가계에서의 메시아(구세주) 예수님 탄생을 적어도 1년여 전에 세례 요한의 아버지이며 제사장이었던 사가랴의 찬양 가운데 응답이 나옵니다. 이처럼 아브라함과 다윗은 믿음의 조상이요 믿음의 모범이 되었던 사람들인데 오직 하나님의 은혜로 그들을 통해 약속의 아들 예수 그리스도를 약속하셨던 것입니다.

우리도 오직 하나님의 은혜로 주님의 약속의 아들, 딸들이 되었습니다. 에베소서 3장 6절에 "이는 이방인들이 복음으로 말미암아 그리스도 예수 안에서 함께 상속자가 되고 함께 지체가 되고 함께 약속에 참여하는 자가 됨이라"고 분명히 증거하지 않습니까? 그런데 우리가 이처럼 약속의 아들, 딸로서의 확신이 없기 때문에 이 세상 살아가다가 어려운 일을 당할 때 낙심하고 힘들어하는 것입니다.

한 아이가 공원에 놀러 갔는데 벤치에 앉아 있는 아저씨 곁에 커다란 개 한 마리가 앉아 있더랍니다. 그래서 물었습니다. "아저씨, 아저씨네 개 사람 물어요?"그랬더니 그 아저씨가 "아니, 우리 개는 절대 사람을 안 문단다"라고 해서 아이가 개를 쓰다듬으려고 하는데 그 순간 개가 아이의 손을 꽉 물고 말았습니다. 화가 난 아이가 따졌습니다. "아저씨네 개는 사람 안 문다고 했잖아요?" 했더니 그 아저씨가 말하더랍니다.

"그래 맞아. 우리 개는 절대 사람 안 물어. 근데 이 개는 우리 개 아니야!"

개를 만지기 전에 누구네 개인지 확실하게 알았다면 그렇게 개에게 물렸겠습니까?

우리의 신앙생활도 우리 자신이 약속의 자녀라는 확신이 있어야 환난 많은 세상도 힘 있게 헤쳐나갈 수 있습니다. 그런데 우리가 하나님의 약속하신 자녀들이기 때문에 이 약속의 자녀들에게 하신 약속을 기필코 이루신다고 하는데, 왜 우리는 염려하고 두려워합니까? 왜 실망하고 낙심합니까? 왜 좌절하고 절망합니까? 결정적인 원인은 우리가 살아계신 하나님께 대한 믿음을 갖지 못하고(히 11:6) 가장 좋은 것을 주시는 하나님께 간구하지 못하고(마 17:20-21) 하나님께서 하신 그 약속을 이루시기까지 인내하지 못하기 때문입니다. 그런데 우리의 아버지 되시는 하나님께 대한 믿음을 가지고 간구하며 인내하는 사람은 언젠가는 기적의 응답을 꼭 받게 됩니다.

지난 월요일 오후에 교구 목사님에게서 카톡 연락이 왔습니다. 우리가 전에 태어나면서부터 심장에 구멍이 나서 곧바로 수술해야 한다던 한 장로님의 외손녀를 위해서 합심해서 기도해서 기적의 응답을 받았습니다. 또 다른 장로님의 외손녀도 태어나면서부터 심장에 구멍이 나서 다시 합심 기도해 왔습니다. 그런데 월요일 X-ray 상으로 심장에 무리가 없고 잘 먹고 몸무게도 잘 늘고 있어서 먹던 약도 끊게 되었다는 연락을 받고 "할렐루야!" 하고 이모티콘을 보냈습니다.

이어서 다른 교구에서 최근 폐암수술을 받으신 원로장로님이 항암

치료를 받지 않아도 된다는 보고가 올라와서 "또 할렐루야!" 하고 이 모티콘을 보냈습니다. 사실 이 원로장로님은 13년 전에 신장암으로 이미 세상을 떠날 수밖에 없었습니다. 그런데 그때 우리 교회가 큰 시험에 빠져 있을 때인데, 하나님의 편에 서서 영적 싸움을 진두지휘하며 이끌어 나가야 할 장로님이 쓰러지시면 어떻게 되겠습니까? 사실 그때는 이 영적 싸움을 앞장서서 해 나가시는데 얼마나 환난과 핍박이 많았는지 모릅니다. 평생을 교직에 몸담으셨던 선비 장로님이 온갖 폭언과 욕설에 시달리실 때 그 심정은 당하지 않고는 모르는 고통이고 아픔이었습니다. 더구나 암으로 회복이 어려운 상황 속에 그 극심한 스트레스와 상처를 받으셨으니 얼마나 더 감당하기 힘드셨겠습니까? 그때 우리가 얼마나 간절히 합심해서 기도했는지 모릅니다. 하나님께서는 기적적으로 그 장로님을 살려주셨습니다. 그래서 주의 종들과 영적인 성도들과 손을 잡고 지난 15년을 끝까지 인내하셔서 우리는 영적 싸움을 다 승리하고 성전 건축 위원장으로 이렇게 아름다운 성전 건축을 다 이루고 이렇게 은혜롭고 행복한 교회로 부흥하게 되었습니다.

몇 해 전 폐암으로 다시 전이가 되었다고 해서 큰 낙심이 되었지만 또 온 성도들과 주의 종들이 새벽마다 또 심야기도회 때마다 간절히 합심기도를 했습니다. 이번에 폐암 수술을 받으러 들어갔는데 금방 나오셔서 부인 권사님은 암이 너무 퍼져서 개복을 했다가 손을 대지 못하고 닫아버린 줄 아셨다고 합니다. 그런데 생각보다 수술이 너무도 간단히 끝나버린 것입니다. 지난 월요일 조직검사 결과가 나왔는데 더이상 항암치료를 할 필요가 없어졌다고 하더랍니다. 할렐루야!

지난 목요일 오후에도 한 집사님에게서 카톡 메시지가 왔습니다. 그날 세브란스병원 검진 결과가 나왔는데 80%의 암세포가 줄어들고 없어졌다고 하더랍니다. 매주 부부가 그렇게 열심히 나와 기도하니 기적이 일어나지 않겠습니까? 그래서 또 "할렐루야!" 이모티콘을 보냈습니다.

그런데 지난 금요일 새벽기도회에 한 성도님이 기도를 받으러 왔습니다. 그분은 6월 마지막 주일에 딸과 함께 세례에 순종한 어머니 성도님인데 유방암에서 임파선암으로 전이되었다고 합니다. 그런데 우리 치유하는교회에 나온 후 매일 새벽기도회에 빠지지 않고 나아와 기도하고 또 안수기도까지 받고 갔는데, 그 전날 목요일에 병원에 갔더니 암세포가 많이 줄었다고 하더라는 것입니다. 할렐루야!

이처럼 하나님 아버지께서는 어떠한 어려움 속에서도 믿음으로 살아가는 약속의 자녀들을 오래도록 인내하게 하시고 끝까지 지켜주시고 기적적으로 승리케 해주십니다. 그래서 늘 강조하지만 히브리서 6장 13-15절에 "하나님이 아브라함에게 약속하실 때에 가리켜 맹세할 자가 자기보다 더 큰 이가 없으므로 자기를 가리켜 맹세하여 이르시되 내가 반드시 너에게 복 주고 복 주며 너를 번성하게 하고 번성하게 하리라 하셨더니 그가 이같이 오래 참아 약속을 받았느니라"고 분명히 약속하시는 것입니다.

하나님의 약속하신 자녀들은 한때는 어려움을 겪을 수 있지만 나중은 그 자녀손들에 이르도록 꼭 해피엔딩으로 끝이 납니다. 그러나 육신의 사람들은 한때는 잘 나갑니다. 그런데 머지않아 죽음 앞에서 그동안 쌓아놓았던 것들이 한순간에 다 무너지고 맙니다. 그것이 우리와 큰 차이입니다. 그러므로 우리가 오직 하나님의 은혜로 약속의 자녀가 되었음을 믿음으로 간구하며 끝까지 인내할 때, 잠깐은 어려움을 겪을지 모르지만 결국에는 기필코 복되고 번성케 될 줄 분명히 믿으시기 바랍니다.

영적인 사람으로 세우심

계속해서 본문 2절 말씀을 다 함께 읽겠습니다.

"아브라함이 이삭을 낳고 이삭은 야곱을 낳고 야곱은 유다와 그의 형제들을 낳고."

유대 사회에서는 장자권을 아주 중시했습니다. 그런데 예상과는 전혀 다르게 아브라함의 뒤를 육의 첫째 아들인 이스마엘이 잇지 않고 영의 아들인 이삭이 이었습니다. 또 이삭의 뒤를 육의 첫째 아들인 에서가 잇지 않고 영의 아들인 야곱이 이었고, 야곱의 뒤를 육의 첫째 아들인 르우벤이 잇지 않고 영의 아들인 유다가 이었음을 주목해야 합니다. 특별히 유다는 형제들이 동생 요셉을 구덩이에 던져 죽이려고 할 때 "우리가 우리 동생을 죽이고 그의 피를 덮어둔들 무엇이 유익할까 자 그를 이스마엘 사람들에게 팔고 그에게 우리 손을 대지 말자 그는 우리의 동생이요 우리의 혈육이니라"(창 37:26-27)고 요셉을 죽이려던 형제들을 말리면서 요셉을 살려낸 사랑의 사람이었습니다. 그가 야곱의 넷째 아들임에도 불구하고 아버지의 뒤를 잇는 영의 아들이 된 것입니다.

우리도 바로 그런 영적인 사람이 되어야 합니다. 갖가지 문제를 안고 있었던 고린도 교회에 보낸 고린도전서를 보면 교회 안에도 세 가지 유형의 사람들이 있음을 분명히 밝히고 있습니다. 가장 먼저는 '육에 속한 사람'(The person without the Holy Spirit)이 있는데 이런 사람은 교회는 나오고 직분도 받았을지 모르지만 구원받지 못한 사람입니다.

설교를 아주 길게 하는 목사님이 계셨는데 그 목사님이 설교를 시작하면 아예 눈을 감는 성도들도 있었습니다. 어느 주일날도 목사님이 길게 설교를 하시다가 강조하려고 큰소리로 외쳤습니다. "하나님의 말씀은 진립니다. 믿습니까? 여러분!" 그러자 깜빡 졸고 있던 권사님이 깜짝 놀라 깨서 그러더랍니다.

"맞아요. 목사님 말씀은 정말 질립니다. 너무 길어서 다들 질려 한다니깐요."

'진리'라는 말씀을 '질린다'는 말로 잘못 알아들어서 그렇게 말한 것입니다.

고린도전서 2장 14절에 "육에 속한 사람은 하나님의 성령의 일들을 받지 아니하나니 이는 그것들이 그에게는 어리석게 보임이요, 또 그는 그것들을 알 수도 없나니 그러한 일은 영적으로 분별되기 때문이라"고 증거하고 있습니다. 그러니까 성령도, 영적인 세계도 안 받아들여지고 봉사나 선교나 헌신이나 헌금에 대해서는 관심이 없고 그저 복 받기만 바라고 교회에 나오는 종교생활을 하는 사람들입니다. 그것이 우리의 인생과 자손들에게 이르기까지 얼마나 영적인 투자로 무한한 축복인 줄을 모르니까 그런 모든 신앙생활이 이해가 되지 않고 어리석게 보이는 것입니다. 이런 사람들은 성령의 감동을 받아 하나님의 구원의 말씀을 믿음으로 하나님의 자녀로 거듭나야만 합니다(요 3:3, 5).

그다음 어린아이와 같은 '육신에 속한 사람'(The worldly person)이 있습니다. 이런 사람은 하나님의 자녀로 거듭났을지는 몰라도 더이상 영적 성장이 이루어지지 않고 자기 뜻대로만 해 달라고 하고 자기만 알아주라고 하고 자기만 높여달라고 합니다. 한 마디로 말하면 어린아이와 같은 신앙생활을 합니다. 그래서 고린도전서 3장 1절과 3절에 "형제들아 내가 신령한 자들을 대함과 같이 너희에게 말할 수 없어서 육신에 속한 자 곧 그리스도 안에서 어린아이들을 대함과 같이 하노라…너희는 아직도 육신에 속한 자로다 너희 가운데 시기와 분쟁이 있으니 어찌 육신에 속하여 사람을 따라 행함이 아니리요"라고 증거하고 있는 것입니다.

이런 사람은 교회에 오래 다녔으면서도, 은혜도 받고, 축복도 누리고, 헌신과 봉사를 하고, 중한 직분을 맡았다고 하면서도 아직도 육신에 속해서 매사를 부정적이고 비판적으로 받아들입니다. 그리하여 자신도 은혜를 못 받을 뿐만 아니라 입만 열면 자기 감정을 내세우고 혈기를 부리면서 불평과 원망만 해서 평생토록 시기와 분쟁만 일으킵니다. 왜 그런지 아십니까? 성령을 따르지 않고 사람을 따라 행하기 때문입니다. 그래서 교회의 암적 존재로 살다가 인생을 끝내버리고 맙니다. 결국 평생 예수 믿는다고 하면서 지옥같이 살다가 떠나버리니 이보다 불쌍하고 불행한 인생이 어디 있습니까? 이러한 사람들은 지난날의 상처부터 치유받고 주님의 제자로 양육되어서 말로만 떠들지 말고 주님의 사역에 믿음으로 헌신해야 합니다.

마지막으로 '영에 속한 신령한 사람'(The Spiritual person)이 있습니다. 그래서 고린도전서 2장 15-16절에 "신령한 자는 모든 것을 판단하나 자기는 아무에게도 판단을 받지 아니하느니라 누가 주의 마음을 알아서 주를 가르치겠느냐 그러나 우리가 그리스도의 마음을 가졌느니라"고 증거한 것입니다. 이 사람은 주위에서 아무리 비판하고 판단하고 핍박하고 박해하고 고소하고 고발해도 먼저 주님의 마음을 품고(빌 2:1-5) 주님만 바라보면서 한마음으로 겸손히 서로 돌보아 섬기고 주님을 위해서 끝까지 맡겨진 사명에 충성을 다합니다. 우리가 이런 영적인 사람이 되어야 합니다. 그러기 위해서는 날마다 말씀과 기도로 거룩해져서(딤전 4:4-5) 순간마다 성령의 충만함을 간구해야 합니다(눅 11:13).

또한 갈라디아서 5장 16절에 "내가 이르노니 너희는 성령을 따라 행하라 그리하면 육체의 욕심을 이루지 아니하리라"고 말하듯이 절대 돈 있다고 사람 따라가지 말고 힘 있다고 사람 따라가지 말고 오래 알았다고 사람 따라가지 말고 성령만 따라 행할 수 있길 바랍니다. 그리할 때 영적인 사람이 될 수 있습니다. 이처럼 성령을 따라 행하는 사람은 결코 육체의 욕심을 이루지 않고 늘 주님의 음성을 들으면서 깨우침을 받고 주님을 본받아 변화되는 삶을 살아가게 됩니다. 그러니까 늘 마음이 평안하고 육신도 건강해지고 삶도 축복되고 모든 관계도 화평해지고 날마다 천국의 축복과 행복의 감격 속에 살아가게 되는 것입니다.

내일이 초복입니다만 복날 한 장로님이 집에서 키우는 개를 잡아 목사님과 장로님 등 당회원들을 대접하려고 개를 뒷산에 데리고 갔습니다. 그리고 묶어 놓고 몽둥이로 인정사정없이 두들겨 팼는데 갑자기 개를 묶어 놓은 끈이 풀어져 개가 도망을 가고 말았습니다. 다 잡은 개를 잃어버렸다고 아쉬워하며 집으로 돌아왔는데, 집에 돌아와 보니까 집 앞마당에서 그 달아났던 개가 피투성이가 된 채 꼬리를 흔들며 주인 장로님을 반가이 맞아주더랍니다. 그 모습을 보고 장로님 마음속에 자신을 따르는 개를 그토록 두들겨 패서 잡아먹으려고 했는데도 주인이 뭐가 좋다고 그렇게 반갑게 맞이하는 것을 보면서 '나는 개만도 못한 인간이구나!' 하는 생각이 들어 너무도 부끄럽더랍니다. 그래서 불쌍한 개를 끌어안고 울면서 "하나님 아버지, 이 개만도 못한 장로를 용서해 주시옵소서!" 하고 회개했다고 합니다.

사실 우리가 개만도 못한 인생을 살 때가 얼마나 많이 있었습니까? 하나님은 죄악 된 우리를 그토록 변함없이 사랑해 주시고 지금까지 은혜 베풀어 주시고 복 주시고 귀하게 쓰시는데 우리가 늘 겸손하게 자신을 돌이켜보며 통회 자복하고 성령을 따라 행할 때 우리는 모두 다 오직 하나님의 은혜로 영적인 사람으로 세워져서 남은 인생 하나님의 나라를 위해 더욱 복되고 크게 쓰임 받게 될 줄 확실히 믿습니다.

모든 죄악을 용서받음

마지막으로 본문 5-6절 말씀을 다 함께 읽겠습니다.

> "살몬은 라합에게서 보아스를 낳고 보아스는 룻에게서 오벳을 낳고 오벳은 이새를 낳고 이새는 다윗 왕을 낳으니라 다윗은 우리야의 아내에게서 솔로몬을 낳고."

예수님의 족보는 인간적으로 너무도 부끄러울 정도로 진실을 담고 있습니다. 사실 유대 사회에서 여자는 사람 수에도 안 넣을 정도로 무시되던 가혹한 가부장적 사회였습니다. 그럼에도 불구하고 예수님의 족보에 다섯 명의 여인이 등장하는데, 그것은 당시로서는 획기적이고 충격적인 사건이었습니다. 그만큼 성경은 여성의 인권을 존중하며 시대를 앞서갔던 것입니다.

어느 목사님이 전에 말한 적이 있습니다만, 구약성경에만 해도 여자 이름을 딴 성경이 세 권이나 된다는데, 그게 뭔지 아십니까? '룻기, 에스더, 민숙이'라고 합니다. 그런데 민수기가 여자 이름인 민숙이를 말하는 것입니까? '출애굽한 이스라엘 백성들의 수를 센 책'이라는 뜻입니다.

오늘 본문의 예수님의 족보에 나오는 다섯 명의 여인 중 앞서 말한 3절에 언급된 유다는 며느리였던 아람 여인 다말에게서 베레스를 낳았고(근친상간), 살몬은 가나안 여인이었던 기생 라합에게서 보아스를 낳았고(매춘부), 보아스는 모압 여인이었던 룻에게서 오벳을 낳았고(족외혼), 다윗은 헷 사람 우리야의 아내인 밧세바에게서 솔로몬을 낳습니다(불륜). 이 네 명의 여인은 결코 정상적인 유대 여인이 아니었습니다. 마지막 마리아만이 유대인이었습니다. 더구나 예수님의 족보를 자세히 보면 본문에 무려 39번이나 '낳다'라는 동사가 능동태로 되어 있는데 본문 16절의 "…마리아에게서 그리스도라 칭하는 예수가 나시니라"의 '나시니라'는 수동태로 기록되어 있습니다. 이것을 능동태 문장으로 바꾸면 "하나님이 마리아에게서 예수를 낳았느니라"고 할 수 있습니다. 다른 조상들은 아버지와 어머니를 통해서 출생하였지만 예수님만은 성령에 의해 동정녀에게 잉태되어 탄생하셨다는 것을 보여줍니다.

그럼에도 불구하고 이 네 여인들의 과거를 다 폭로하여 기록한 이유가 무엇일까요? 그들이 죄 많은 이방인들임에도 불구하고 오직 하나님의 은혜로 모두 다 용서함을 받고 예수 그리스도의 탄생의 영광스러운 가계를 이루었다는 사실입니다.

사실 우리 자신이 그러했고 지난날의 우리의 죄악을 들춰서 율법대로 심판을 받으면 이 땅에 살아남을 존재가 아무도 없을 것입니다. 그럼에도 불구하고 우리가 이렇게 살아 남아 있다는 것이 감사한 일이고 감격스러운 일입니다.

여러분, 이 세상에서 특별히 어떤 남자가 용서받을 수 없는지 아십니까? 눈이 단춧구멍만한 남자는 용서할 수 있어도 예쁜 여자만 보면 눈이 당구공처럼 커지는 남자는 용서받을 수 없다고 합니다. 귀 뚫은 남자는 용서할 수 있어도 귀가 딱 막혀서 아내 말을 도무지 안 듣는 남자는 용서받을 수 없다고 합니다. 머리카락 없는 남자는 용서할 수 있어도 머릿속에 아무것도 든 게 없는 남자는 용서받을 수 없다고 합니다. 밥 많이 먹는 남자는 용서할 수 있어도 반찬 투정하는 남자는 용서받을 수 없다고 합니다. 어떠한 죄를 지어도 자신이 죄인 됨을 인정하는 남자는 용서받을 수 있어도 끝까지 자기의 죄를 인정하지 않는 남자는 용서받을 수 없다고 합니다. 그래서 우리는 항상 겸손하게 엎드려 자신이 죄인 됨을 고백하면서 주님의 은혜에 감사하면서 살아가야 합니다.

우리나라를 대표하는 문인들이 펴낸 《반성》이란 책이 있는데 그중에 소설가 이순원 씨가 어머니에 대해서 쓴 글이 있습니다. 그는 중학교 때 학교 가기를 싫어했다고 합니다. 20리가 넘는 먼 길도 힘들었지만 학교에 가도 재미가 없어서 이 핑계, 저 핑계를 대며 학교에 가지 않는 날이 많았는데, 어느 날 학교에 가기 싫다는 아들을 재촉해서 어머니가 같이 나섰습니다. 그리고 두 발과 작대기를 이용하여 산길의 이슬을 털어내기 시작했습니다. 어머니의 몸빼 자락이 이내 아침 이슬에 흥건히 젖었지만 어머니는 아랑곳하지 않으며 이렇게 말씀하셨습니다.

"앞으로도 매일 이슬을 털어주마. 그러니 다른 데 가지 말고 이 길로 꼭 학교에 가거라."

그 말씀을 듣고 그 자리에서 울지는 않았지만 왠지 눈물이 터질 것만 같았다고 합니다. 그리고 세월이 흘러 생각하니 그때 어머니가 이슬을 털어주신 길을 걸어 자기가 지금 여기까지 왔다는 걸 깨닫게 되었고 자신의 일생을 돌아보면 꼭 그때가 아니더라도 일흔이 넘으신 어머니가 자신이 살아온 길 고비고비마다 이슬털이를 해주셨다는 것을 알게 되었다고 합니다. 아마도 그렇게 어머니가 털어내 주신 이슬만 모아도 작은 강 하나를 이루지 않았을까 생각이 되는데, 아들은 어른이 된 뒤에야 그때 어머니가 털어 주시던 그 이슬털이의 깊은 의미를 뒤늦게 깨달은 것입니다.

우리의 인생이 꼭 이렇게 뒤늦게 깨닫게 되고, 깨닫고 나면 후회가 됩니다. 하물며 우리가 하나님 아버지께 대해서는 어떠합니까? 우리가 믿음생활 잘 해서 하나님께서 우리를 지금까지 살려 주시고 복 주시고 직분 주시고 귀하게 쓰신 것으로 착각하지 마십시오. 지난날 우리가 불의하고 사악하게 살아왔음에도 불구하고 우리의 지난날의 모든 죄악을 용서해 주신 결정적인 이유가 무엇인지 아십니까? 베드로전서 4장 1-2절에 분명히 밝히고 있습니다.

> "그리스도께서 이미 육체의 고난을 받으셨으니 너희도 같은 마음으로 갑옷을 삼으라 이는 육체의 고난을 받은 자는 죄를 그쳤음이니 그 후로는 다시 사람의 정욕을 따르지 않고 하나님의 뜻을 따라 육체의 남은 때를 살게 하려 함이라."

오직 하나님의 은혜로 지난날의 모든 죄악을 용서받은 우리가 이제 얼마 남지 않은 육체의 남은 때라도 다시는 사람의 정욕을 따르지 않고 하나님의 뜻을 따라 살도록 하기 위함이라는 것입니다. 그런데도 사탄은 우리가 영적 교만에 빠져 자기만 의롭고 완전하고 자기 뜻대로 모든 것이 다 되는 줄로 착각하게 해서 지금까지 우리를 얼마나 온갖 거짓말로 비방하고 험담하고 정죄하고 고소하고 죽이려고 달려

들었습니까? 이것이 사탄의 무리들의 평생의 사명입니다.

그런데 가만히 보면 특별히 부족한 종이 국내 교회나 해외 이민교회나 세계선교지 집회에 멀리 가 있을수록 사탄은 그 사이에 더욱더 우리의 가정이나 하나님의 교회를 뒤흔들려고 더 극렬하게 역사합니다. 그러므로 우리가 더욱더 담임목사가 없다고 '때는 이때다. 날씨도 덥고 피곤한데 이때 새벽기도도 쉬고 수요밤예배도 쉬고 금요심야기도회도 쉬어야겠다'고 생각하면 사탄이 여지없이 우리를 물고 가 버립니다. 그러므로 부족한 종이 자리를 비울수록 우리의 가정과 직장과 하나님의 교회를 위해서 깨어 부르짖으며 말씀과 기도로 사탄의 역사를 물리칠 수 있길 바랍니다.

그럼에도 놀라운 것은 지난날 우리가 수없이 경험했던 것처럼 결론은 이미 다 나와 있습니다. 하나님 아버지께서 우리를 살려주시고 세상 끝날까지 항상 함께하시고 끝까지 사랑하시고 복을 부어주시고 귀하게 쓰시고 기뻐 받아주셔서 우리가 이렇게 행복하고 복되게 살아있다는 것입니다. 그러므로 우리가 오직 하나님의 은혜로 모든 죄악을 용서받았을 때 주님의 은혜에 감사하고 감격하면서 서로 용서하며 맡겨진 사명에 충성을 다하며 복되게 살아가게 될 줄 확실히 믿으시기 바랍니다.

사랑하는 성도 여러분, 사실 돌이켜 보면 지나온 모든 삶이 오직 하나님의 은혜였습니다. 앞으로 남은 인생길이 아무리 멀고 험해도 우리가 약속의 아들이었고 영적인 사람으로 세워지고 모든 죄악도 용서받음이 오직 하나님의 은혜임을 확실히 믿을 때 우리는 말로 다 할 수 없는 주님의 은혜에 감사하고 감격하면서 어떠한 삶의 어려움도 이겨낼 뿐만 아니라 자손 대대로 하나님께서 맡겨주신 사명을 충성스럽게 감당하며 하나님 아버지께 크게 영광 돌리는 복된 삶을 살아가게 될 줄 확실히 믿습니다.

　우리 다 같이 '은혜 아니면'이란 찬송을 부르며 결단하도록 하겠습니다.

  1. 어둠 속 헤매이던 내 영혼 갈 길 몰라 방황할 때에
   주의 십자가 영광의 그 빛이 나를 향해 비추어주셨네
   주홍빛보다 더 붉은 내 죄 그리스도의 피로 씻기어
   완전한 사랑 주님의 은혜로 새 생명 주께 얻었네
   은혜 아니면 나 서지 못하네
   십자가의 그 사랑 능력 아니면 나 서지 못하네
   은혜 아니면 나 서지 못하네
   놀라운 사랑 그 은혜 아니면 나 서지 못하네
  2. 나의 노력과 의지가 아닌 오직 주님의 그 뜻 안에서
   의로운 자라 내게 말씀하셨네 완전하신 그 은혜로
   은혜 아니면 나 서지 못하네
   십자가의 그 사랑 능력 아니면 나 서지 못하네
   은혜 아니면 나 서지 못하네
   완전한 사랑 그 은혜 아니면 나 서지 못하네
   이제 나 사는 것 아니요 오직 예수 내 안에 살아 계시니
   나의 능력 아닌 주의 능력으로 이제 주와 함께 살리라
  후렴) 오직 은혜로 나 살아가리라
   십자가의 그 사랑 주의 능력으로 나는 서리라
   주의 은혜로 나 살아가리라
   십자가 사랑 그 능력으로 나 살리라
   주 은혜로 나 살리라

은혜가 한량없으신 하나님 아버지, 지난 모든 삶이 오직 하나님의 은혜임을 진심으로 감사드립니다. 예수 그리스도의 족보를 통해서 우리가 약속의 아들이었고 영적인 사람으로 세워지고 모든 죄악을 용서해 주심이 모두 다 오직 하나님의 은혜로 된 것임을 감사하고 감격하면서, 앞으로의 어떠한 어려움도 이겨내며 자손 대대로 하나님께서 맡겨주신 마지막 때 사명을 충성스럽게 감당하며 하나님 아버지께 크게 영광 돌리게 하여 주시옵소서. 믿사옵고 예수님의 이름으로 간절히 기도드립니다. 아멘.

개혁자의 영성

마태복음 1:18-25

¹⁸예수 그리스도의 나심은 이러하니라 그의 어머니 마리아가 요셉과 약혼하고 동거하기 전에 성령으로 잉태된 것이 나타났더니 ¹⁹그의 남편 요셉은 의로운 사람이라 그를 드러내지 아니하고 가만히 끊고자 하여 ²⁰이 일을 생각할 때에 주의 사자가 현몽하여 이르되 다윗의 자손 요셉아 네 아내 마리아 데려오기를 무서워하지 말라 그에게 잉태된 자는 성령으로 된 것이라 ²¹아들을 낳으리니 이름을 예수라 하라 이는 그가 자기 백성을 그들의 죄에서 구원할 자이심이라 하니라 ²²이 모든 일이 된 것은 주께서 선지자로 하신 말씀을 이루려 하심이니 이르시되 ²³보라 처녀가 잉태하여 아들을 낳을 것이요 그의 이름은 임마누엘이라 하리라 하셨으니 이를 번역한즉 하나님이 우리와 함께 계시다 함이라 ²⁴요셉이 잠에서 깨어 일어나 주의 사자의 분부대로 행하여 그의 아내를 데려왔으나 ²⁵아들을 낳기까지 동침하지 아니하더니 낳으매 이름을 예수라 하니라

오늘은 예수님의 탄생을 축하하며 재림을 기다리는 구주강림절 마지막 넷째 주일인 성탄주일입니다. 죄 없으신 하나님의 아들 예수님께서 이 땅에 오시는데 한 부부의 진정한 믿음의 영성이 없이는 불가능했습니다. 그들이 바로 요셉과 마리아입니다. 그중 특별히 요셉이 어떠한 영성을 가졌기에 기적적인 성령님의 잉태로 예수님의 탄생이 가능했는지 이 시간 들려주시는 하나님의 음성을 함께 들을 수 있길 바랍니다.

의로운 사람이 되어야 함

먼저 본문 18-19절 상반절 말씀을 다 함께 읽겠습니다.

> "예수 그리스도의 나심은 이러하니라 그의 어머니 마리아가 요셉과 약혼하고 동거하기 전에 성령으로 잉태된 것이 나타났더니 그의 남편 요셉은 의로운 사람이라…."

요셉에게 있어서 예수님의 탄생이 가까워 오고 있다는 사실은 헤아릴 수 없는 고통이고 말 못할 가슴 아픈 사연이었습니다. 왜냐하면 잠자리 한번 함께하지 않았던 약혼한 여인이 잉태를 하게 되었기 때문입니다. 유대인들에게 우리의 '약혼'에 해당되는 말을 '키두신'이라고 하는데 '약혼'이라는 말보다는 '정혼'이라고 말하는 것이 더 정확한 표현일 것입니다. 일단 정혼이 이루어지면 결혼식을 치르지 않았어도 상대에게 남편이나 아내라고 부를 수가 있었습니다. 다만 '후파'라고 불리는 결혼 예식만 남겨둔 셈이어서 요셉을 남편이라 하고(19절) 마리아를 아내라고 지칭했던 것입니다(20, 24절).

그런데 상상도 못할 일이 터지고 말았습니다. 그토록 청순했던 마리아가 아기를 잉태했다는 소식은 요셉을 너무도 황당하고 곤혹스럽게 만들었습니다. 사실 당시 유대 율법으로는 신명기 22장 23-24절의 "처녀인 여자가 남자와 약혼한 후에 어떤 남자가 그를 성읍 중에서 만나 동침하면 너희는 그들을 둘 다 성읍 문으로 끌어내고 그들을 돌로 쳐죽일 것이니 그 처녀는 성안에 있으면서도 소리 지르지 아니하였음이요 그 남자는 그 이웃의 아내를 욕보였음이라 너는 이같이 하여 너희 가운데에서 악을 제할지니라"는 말씀처럼 그녀를 돌로 쳐죽여야 했습니다.

요셉의 마음속에는 '이 부정한 여인과 그대로 결혼을 강행해야 하는가? 아니면 이 여인의 부정을 사람들에게 알려야 하는가?' 하는 갈등이 생겼습니다. 의로운 사람이었던 요셉으로서는 거룩한 고민을 할 수밖에 없었던 것입니다. 더욱이 여기 '의로운'이란 단어는 헬라어로 'δίκαιος'(디카이오스)로서 '인간적으로 정의로운(justice)', '율법에 충실한'(faithful to the law)이란 의미가 있었기 때문에 율법에 충실하여 의로운 그로서는 더욱 깊이 고민하지 않을 수 없었습니다.

우리 인간은 창세 이후 근본적으로 영적으로 타락해 있었고 원래가 거짓되고 부패한 존재였습니다. 그래서 욥기 25장 6절에 "하물며 구더기 같은 사람, 벌레 같은 인생이랴"라고 고백하지 않습니까? 그것은 어느 누구도 예외일 수 없습니다.

정신병원에서 한 환자가 자살하려고 수영장에 빠진 것을 보고 다른 환자가 구해 주자 정신병원 원장이 말했습니다. "당신은 다른 사람의 생명을 구해주는 의로운 일을 할 수 있을 만큼 정신 상태가 좋아졌으니까 이제 퇴원해도 됩니다. 그런데 안타깝게도 당신이 구해

준 그 환자는 빨랫줄에 목을 매 자살하고 말았어요." 그러자 그 환자가 고개를 갸웃거리며 말하더랍니다. "그 사람 수영장에 빠져 너무 젖어 있어서 말리려고 제가 빨랫줄에 매달아 놓은 건데요." 이 환자가 정말 의로운 겁니까? 그리고 정신병이 다 나은 겁니까? 아직도 정신 이상인 게 맞지요?

지금도 잊히지 않는 부족한 종의 초등학교 4학년 때의 부끄러운 고백입니다. 학교 앞에 사탕가게가 있었는데 그때 땅콩이 들어간 알사탕이 얼마나 맛있었는지 모릅니다. 그래서 지금도 아몬드 알사탕을 그렇게 좋아하는 것 같습니다. 5원을 가지고 가면 몇 개를 줬는데 한번은 5원을 가지고 가서 보니까 그 가게 알사탕이 진열되어 있는 종지 그릇 안에 5원짜리 동전이 하나 있었습니다. 그래서 제 돈 5원은 안 내고 그 종지 그릇 안에 있던 5원을 가리키며 "5원어치 알사탕 주세요!"라고 했습니다. 그랬더니 그 가게 주인이 눈을 부릅뜨며 "야, 이놈아! 이 동전은 내 돈이야, 이놈아!" 그러는 겁니다. 그 말을 듣고는 고개를 들 수가 없었습니다. 그것도 장로 아들인 줄 동네 사람들이 다 아는데 말입니다. 저는 그 초등학교를 떠나 도시로 전학 갈 때까지 그 가게를 그 뒤로 다시는 못 갔습니다. 그때 '내 안에서 나올 수 있는 것은 죄악된 것뿐이구나!' 하는 것을 철저히 깨달았습니다.

그래서 지난주일 임직식 기도 때도 그렇게 고백했지만 마른 막대기만도 못하고 썩어가는 구더기만도 못한 죄 많은 인생이라고 통회 자복했던 것은 바로 그때의 경험이 저의 기억 속에 50년이 지난 아직까지도 뜨겁게 남아 있기 때문입니다. 죄로 인해 영원히 죽을 수밖에 없는 죄인을 의롭다 해주신 것만 해도 감사한데 영광스러운 직분까지 맡겨 주셨으니 얼마나 감사하고 감격스럽습니까? 그렇기 때문에 그 은혜에 감사하고 감격하면서 우리가 세상에서도 더욱 의롭게 살아가야 합니다.

그런데 우리 사회가 얼마나 거짓되고 부패하고 타락해 버렸는지 모릅니다. 지난 주일인 2017년 12월 17일 교수신문에 따르면 전국 대학 교수들이 뽑은 올해의 사자성어로 '波邪顯正'(파사현정: 사악하고 그릇된 것을 깨뜨리고 바른 것을 드러낸다)가 선택되었는데 사회 곳곳의 곪고 썩어 문드러진 환부를 도려낼 힘과 용기가 시민들의 촛불에서 나왔듯이 적폐청산의 움직임이 제대로 이루어져 올바름으로 나아가야 한다는 것입니다. 그러나 우리가 아무리 올바르게 하려고 해도 인간의 노력에는 한계가 있습니다.

그렇다면 우리가 한마디로 의롭게 변화되어 살아갈 수 있는 비결이 무엇일까요? 그 비결은 디모데전서 4장 5절에 잘 나와 있습니다.

"하나님의 말씀과 기도로 거룩하여짐이라."

하나님의 말씀을 통해 우리의 잘못된 삶을 깨닫고 기도를 통해 통회 자복하면서 거룩하고 의로운 삶으로 새롭게 변화되어 나가는 것입니다. 그런데 많은 때 우리는 한 주간 내내 성경 한 번 읽지 않고 기도 한 번 드리지 않습니다. 매일 새벽기도를 한다고 하면서도 형식적이고 습관적으로 합니다. 그러니 무슨 하나님의 음성을 듣고 통회 자복이 있고 변화가 일어나겠습니까? 매일 진정으로 주님을 만나서 말씀과 기도의 영적 교제를 나눌 때 우리는 의로우신 주님을 본받아 의로워질 수밖에 없습니다. 그리할 때 하나님께서 이러한 의로운 사람들을 다 기억하시고 천 배나 만 배나 보상해 주시고 크게 사용하시고 기뻐 받아주시는 것입니다.

부족한 종이 40년 전 성령의 불의 뜨거운 은혜를 체험하고 지난

40년 동안 매일 새벽마다 말씀과 기도로 새롭게 변화를 받아왔기 때문에 그나마 오늘의 부족한 종으로 쓰임을 받게 된 것입니다. 만약에 초등학교 4학년 때의 죄성으로 변화가 안 되었다면 저는 지금쯤 강남에서 사기꾼이나 도둑이나 강도가 되어 영등포 큰 집에 가 있을 것입니다. 그런데 이 은혜롭고 행복한 치유하는교회 담임목사로 있다는 것이 하나님의 말씀과 기도로 거듭난 기적이 아니고 무엇이겠습니까?

그러므로 우리가 바로 자신이 먼저 매일 하나님의 말씀과 기도의 시간부터 새롭게 회복하는 가운데 우리의 삶이 새롭게 변화될 때 주위 사람들에게 인정받는 의로운 사람이 되고 개혁자의 진정한 영성을 회복함으로써 말세 마지막 때 이 땅의 진정한 개혁을 이루는 사람들로 쓰임 받게 될 줄 분명히 믿으시기 바랍니다.

불쌍히 여기는 사랑이 있어야 함

계속해서 본문 19절 하반절-20절 말씀을 다시 읽겠습니다.

> "…그를 드러내지 아니하고 가만히 끊고자 하여 이 일을 생각할 때에 주의 사자가 현몽하여 이르되 다윗의 자손 요셉아 네 아내 마리아 데려오기를 무서워하지 말라 그에게 잉태된 자는 성령으로 된 것이라."

만약에 요셉이 세상적인 사람 같았으면 마리아의 허물도 드러났으니까 '때는 이때다!' 하고 마리아를 버릴 수 있었습니다. 요셉이 신앙인이어도 얼마든지 그녀와의 관계를 정리할 수 있는 권한이 있었습니다. 설령 요셉이 마리아를 정죄의 자리에 내어 주었다 할지라도 아무도 요셉을 비난하지 못했고 요셉을 오히려 율법대로 정죄했다고 하여 더욱더 의로운 사람이라고 여겼을 것입니다. 그러나 요셉은 진정으로 의로운 사람이었기 때문에 결코 그렇게 하지 않았습니다. 왜냐하면 주님의 십자가에는 하나님의 수직적인 공의도 있지만 수평적인 사랑도 있음을 결단코 잊을 수 없었기 때문입니다. 많은 때 우리 주위의 가정이나 세상이나 심지어 하나님의 교회에서도 보면 공의가 부족해서 갈등과 불화를 겪는 것이 아닙니다. 자기는 더 큰 문제를 안고 살면서도, 자기만 옳다고 큰소리를 치면서도 바로 요셉과 같이 서로를 불쌍히 여기는 사랑이 없기 때문에 말할 수 없는 불행과 고통 속에서 헤어나오지 못하고 있는 것입니다.

말세의 마지막 때일수록 마태복음 24장 12절의 "불법이 성하므로 많은 사람의 사랑이 식어지리라"는 말씀처럼 우리 자신부터 사랑이 식어갑니다. 그래서 짝이 없는 노총각, 노처녀들은 12월만 되면 이런 기도를 한다고 합니다. "이번 크리스마스 이브에는 엄청나게 춥게 해 주시옵소서! 도저히 쌍쌍이 밖에 못 돌아다니게 해주시옵소서! 그렇게 추워도 옷 끼어 입고 돌아다닐 얄미운 커플들이 있을지 모르니까 지하철, 버스, 택시들이 다 파업하게 해주시옵소서! 또 정전이 되게 해서 카페, 술집, 나이트클럽, 음식점, 영화관들이 다 문을 닫게 해주시옵소서! 혹시 자가용 커플이 있을 수 있으니까 기름값을 100배 정도 올려 주시옵소서! 그래도 만나는 극성 커플이 있으면 엄청 싸우게 해서 얼른 헤어져 집에 들어가게 해주시옵소서! 또 서로 못 만나게 되면 전화로 밤새 속삭일지 모르니까 핸드폰뿐만 아니라 집 전화까지 다 불통이 되게 해주시옵소서!" 그런데 이렇게 마음이 굽어 있으면 애인이 생기겠습니까?

  대부분의 사람들을 보면 사랑의 마음이 부모님의 영향을 받습니다. 우리 교인 가운데 가끔 저를 보고 "목사님은 어떻게 그렇게 정이 많고, 그 원수 같은 인간들을 어떻게 사랑으로 품을 수 있나요?" 하고 묻는 분들이 있습니다. 사실 저는 원래 정이 많은 저의 아버지의 성품을 많이 타고나긴 했습니다. 아버지는 살아계실 때 어머니가 건강이 안 좋으셨기 때문에 어머니 대신 집안일을 거의 다 하셨습니다. 밥하는 것부터 시작해서 설거지, 빨래, 청소, 심지어 시장 봐 오는 것까지 다 하셨습니다. 얼마나 정이 많으신지 아버지 살아생전 우리 교회에서 부인 손잡고 교회의 계단 올라오시는 부부는 저의 부모님 내외일 정도였습니다. 그래서 제가 요즘 바빠서 아무리 저의 집사람에게 잘 못해 줘도 집사람이 참고 사는 이유가 바로 저의 아버지를 보고 노년에 대한 기대를 가지고 위로를 받기 때문이라고 합니다. 제가 아버지를 닮았으면 늙어서라도 잘하지 않겠느냐고 기대를 거는 것입니다.

  인간의 감정에 의한 사랑에는 분명히 한계가 있지만 우리가 주님의 십자가의 사랑을 간구할 때에 인간의 사랑을 초월해서 무조건적이고 희생적인 사랑을 베풀게 됩니다. 부족한 종이 미국 유학 시절 33살 아주 젊은 나이에 미국 시카고 한인연합장로교회에서 처음 담임목회를 하면서 목회도 제대로 모를 때에 속 썩이는 교인으로 인해 많이 힘들어했습니다. 그때 어느 날 새벽기도를 하고 있는데 주님께서 "김 목사, 김 목사는 왜 교회 문제를 일으키는 교인들을 위해서는 기도하지 않고 교회 문제만 놓고 기도하느냐?" 하는 음성을 들려주셨습니다. 그리고 마태복음 5장 44절 "나는 너희에게 이르노니 너희 원수를 사랑하며 너희를 박해하는 자를 위하여 기도하라"는 말씀을 들려주셨습니다. 그 후부터 문제를 일으키는 교인도, 그 부인도, 그 자식들까지 다 위해서 기도하는 가운데 내 감정으로 사랑할 수 없는 그 어떠한 원수도 사랑할 수 있는 주님의 사랑을 받게 되었습니다. 그 주님의 사랑으로 한 사람씩 변화되어 가기 시작했는데, 저는 그때 '원수 사랑법'을 배우게 되었습니다.

많은 때 우리의 사랑의 결정적인 약점은 우리 안의 사랑으로 사랑하려고 하니까 감정의 사랑이 바닥나 버립니다. 그러므로 이제는 더 이상 감정의 사랑으로 사랑하려고 하지 마십시오. 그러다 보면 평생 사랑 못하고, 평생 감정 못 풀고, 평생 감정의 응어리를 안고 불행과 고통 속에 세상을 떠나가게 됩니다. 그러므로 십자가의 주님의 사랑을 간구하면 자연스럽게 주님께서 나를 사랑해 주신 것같이 사랑하게 되고(요 13:34-35), 주님께서 나를 용서해 주신 것같이 용서하게 되고(엡 4:31-32), 주님께서 나에게 오래 참으신 것같이 오래 참기도 하면서(벧후 3:9) 십자가의 사랑으로 그들을 불쌍히 여기면서 끝까지 사랑하게 되는 것입니다.

요한복음 13장 34-35절에 "새 계명을 너희에게 주노니 서로 사랑하라 내가 너희를 사랑한 것같이 너희도 서로 사랑하라 너희가 서로 사랑하면 이로써 모든 사람이 너희가 내 제자인 줄 알리라"고 명령하심과 같이 그때 많은 사람들이 "아! 목사, 장로, 집사, 성도로 주님의 제자라서 우리와 사랑이 다르구나" 하고 깨닫게 됩니다. 사실 우리가 주님의 십자가의 사랑을 체험하고 주위 사람들을 둘러보면 불쌍하지 않은 사람이 없고 사랑할 수 없는 사람이 없습니다. 다 불쌍한 사람들이고 다 우리의 사랑이 필요한 사람들입니다.

어제 오전에 TV에서 성탄절 특집으로 "세상에서 가장 아름다운 이별"이란 영화가 소개되었습니다. 한 아내가 암으로 죽어가면서도 아무것도 모르는데 의사인 남편이 그 사실을 알게 되었습니다. 그때부터 평생을 고생한 아내를 위하여, 아내를 힘들게 하는 모시고 사는 치매에 걸린 노모를 야단치면서 아내를 위로해 주고 또 직장생활이 힘들다고 투정을 하는 딸에게 "넌 너만 힘들다고 짜증을 내느냐? 엄마는 안 힘든 줄 아느냐?"고 아내 편에 서서 야단을 칩니다. 그런데 뒤늦게 남편을 통해 자신이 얼마 못 사는 시한부 암환자라는 사실을 알게 된 아내는 오히려 남편이 실직을 당했으면서도 자신이 실망할까 봐 그것을 숨기고 자신을 위해 주었던 것을 뒤늦게 알게 되면서 고마워합니다. 또 딸이 유부남을 사랑해서 그렇게 힘들어했던 것을 이해하며 미안해합니다. 일찍 세상을 떠난 친정어머니 생각에 평생 외롭게 사시다가 치매에 걸린 시어머니를 평생 잘 모시겠다 생각했는데 막상 자기가 떠나가게 되니까 치매에 걸린 시어머니를 홀로 남기고 갈 일이 그렇게 마음에 걸렸습니다. 이처럼 어머니가 먼저 떠나게 되면서 가족들 간에 사랑을 깨닫게 되었을 때 아쉬운 이별을 하게 됩니다.

여러분, 이것이 인생입니다. 그렇게 마지막 떠나가는 아내를 향해서 사랑하는 남편이 마지막 사랑의 고백을 합니다.

"여보, 술 마실 때도, 깰 때도, 잠들 때도, 깰 때도, 나는 당신이 고마웠어…"

그 영화를 보면서 '왜 우리는 상대방이 살아 있을 때 불쌍히 여기고 서로 사랑하지 못하다가 떠나갈 때 그토록 후회할까?' 하는 너무도 큰 아쉬움이 남았습니다.

여러분, 밖에서 세상일에 바쁘고 교회일에 바쁘다 보니까 가장 잘 섬겨야 할 사랑하는 가족들에게 너무 소홀하게 됩니다. 사실 어떤 교인들보다도, 주위의 잃어버린 영혼들보다도, 탈북인들보다도, 선교지

원주민들보다도 사랑하는 가족들이 우리의 사랑의 손길을 가장 절실히 필요로 하고 있습니다.

우리가 사랑의 손길을 베풀 때 베드로전서 3장 8-9절에 "마지막으로 말하노니 너희가 다 마음을 같이하여 동정하며 형제를 사랑하며 불쌍히 여기며 겸손하며 악을 악으로, 욕을 욕으로 갚지 말고 도리어 복을 빌라 이를 위하여 너희가 부르심을 받았으니 이는 복을 이어받게 하려 하심이라"고 분명히 약속하고 있습니다. 그래서 부족한 종이 이 주님의 십자가의 사랑으로 어떠한 원수라도 사랑하고 불쌍히 여기고 욕을 욕으로 갚지 않고 복을 빌다 보니까 내세울 것이라고는 인물밖에 없는 제가 이렇게 복을 받고 귀하게 쓰임 받고 이렇게 높임을 받게 되었습니다. 그러므로 서로를 불쌍히 여기며 사랑할 때 우리가 진정으로 믿는 자로서 본이 되는 진정한 영성을 회복하며 감동적인 생애를 살아갈 뿐만 아니라 하나님의 복을 계속해서 이어 가게 될 줄 확실히 믿습니다.

성령님의 인도하심에 순종해야 함

마지막으로 본문 24-25절 말씀을 다 함께 읽겠습니다.

"요셉이 잠에서 깨어 일어나 주의 사자의 분부대로 행하여 그의 아내를 데려왔으나 아들을 낳기까지 동침하지 아니하더니 낳으매 이름을 예수라 하니라."

본문 20절에서는 주의 사자 즉 주의 천사(angel of the Lord)가 꿈속에 나타나 요셉에게 "네 아내 마리아 데려오기를 무서워하지 말라… 아들을 낳으리니 이름을 예수라 하라"고 합니다.

여러분, 이것이 결코 쉬운 일이 아닙니다. 천사가 직접 요셉에게 말한 것도 아니고, 꿈속에 나타나서 그것도 말도 안 되는 무슨 성령으로 잉태했다고 임신한 아내를 데리고 와서 살라고 하니 그것을 어떻게 순종할 수 있겠습니까? 그것은 믿음 없이는 결코 불가능한 일이었습니다. 그럼에도 불구하고 요셉은 잠에서 깨어 일어난 뒤 주의 사자의 명령대로 어떠한 이의도 제기하지 않고 그대로 순종하여서 결코 두려워하지 않고 그의 아내를 데려와서 아들을 낳기까지 동침하지 아니하고 아들을 낳고 그 이름을 '여호와께서 구원하신다'는 뜻으로 예수라고 합니다. 결국 요셉과 마리아의 가정에서 예수 그리스도가 탄생하는, 인류 역사상 가장 영광스러운 은혜와 축복과 행복의 은총을 입게 된 것입니다.

이처럼 우리도 성령님의 인도하심에 늘 영적으로 깨어서 민감해야 하고 깨달은 즉시 철저히 순종해야 합니다. 그러면 주님의 영이신 성령님의 인도하심에 우리가 어떻게 깨어 민감하게 순종할 수 있을까요? 가장 먼저 하나님의 말씀을 듣거나 읽거나 배우면서 주님의 음성을 듣기도 하고, 기도하면서도 성령님의 음성을 듣거나 감동을 받고, 꿈이나 환상을 보기도 합니다.

2017년 1월 26일 영국의 〈크리스천포스트〉지에 이런 실화가 실렸습니다. 이 기적을 체험하고 회심을 한 하룬이란 형제가 촬영을 하고 이렇게 증언했습니다. 수니파 이슬람 극단주의 무장단체인 이슬람국가(IS) 대원들 18명이 기독교인들을 죽이기 위해 뒤쫓던 중 모래 폭풍 속에 나타난 불꽃 같은 눈빛의 예수님의 환상이 보이면서 "왜 너희는 나를 핍박하느냐?"고 물으시는 예수님의 음성이 들려왔다는 것입니다. 모래 폭풍 속에 갑자기 나타나신 예수님의 음성이 너무나 강력하여 자기들의 몸이 쓸려가면서 총도 날아갔습니다. 정신을 차리기 위해 서로 애를 쓰는데 말을 전혀 할 수가 없더랍니다. 그런 상황에서 죽음에 대한 두려움과 함께 말할 수 없는 평화를 함께 느꼈다는 것입니다. 그때 예수님께서 "나는 세상을 심판하러 온 것이 아니라 구원하러 왔으니 평안히 가라"고 말씀하신 후 모래 폭풍 속으로 사라지셨다고 합니다. 그들 중 16명은 모두 사막에 엎드려 회개하고 예수님께 삶을 드리기로 결단했고, 예수님을 거부한 2명을 위해서 합심해서 기도하고 있다는 기사였습니다. 참으로 놀라운 현대판 다메섹 사건이 아닙니까?

성령님은 오늘날에도 끊임없이 우리를 인도하십니다. 주의 종의 권면을 통해서도 인도하시고, 환경으로 몰고 가실 때도 있고, 우리가 성령님의 인도하심을 계속 거역할 때는 사건을 터뜨리면서까지 몰고 가실 때도 있습니다.

어떤 믿음이 없는 교인이 친구에게 물었습니다. "내가 점쟁이한테 가서 운세를 보았더니 커다란 돈뭉치들이 정면으로 내게 달려들 운세라고 하던데, 복권을 사는 게 좋을까? 경마장에 가서 경마에 돈을 거는 게 나을까?" 그러자 믿음의 친구가 어이가 없다는 듯이 말했다고 합니다.

"길 건너다가 현금 수송차에 치이지 않도록 조심하는 게 좋을 것 같은데?"

현금 수송차에 치이면 흩어진 돈뭉치들이 정면으로 달려드는 거 맞지 않습니까? 우리가 성령님의 인도하심에 순종해야지, 엉뚱한 것에 순종하다가는 오히려 큰일을 당할 수 있습니다.

우리는 갈라디아서 5장 16절의 "내가 이르노니 너희는 성령을 따라 행하라 그리하면 육체의 욕심을 이루지 아니하리라"는 말씀처럼 성령님의 인도하심에 절대 순종해야 합니다. 그리하면 갈라디아서 5장 22-23절에 나오는 성령님의 열매는 자연스럽게 맺어집니다. "오직 성령의 열매는 사랑과 희락과 화평과 오래 참음과 자비와 양선과 충성과 온유와 절제니 이같은 것을 금지할 법이 없느니라"고 증거했습니다.

미국의 시카고 무디기념교회 워렌 위어스비 목사님이 쓴 《당신은 사탄의 계략을 아는가?》(The Strategy of Satan)란 책에서 강조한 바와 같이 성령님의 인도하심을 받는 하나님의 뜻은 첫째, 자신의 판단에 의존하기보다 하나님의 말씀에 근거하고, 둘째, 자신의 이름을 내기보다 하나님의 영광을 드러내고, 셋째, 교회의 걸림이 되기보다 교회의 유익이 되고, 넷째, 성급하게 서두르기보다 인내하며 기다리게 되고, 다섯째, 갈등과 불화를 가져오기보다 평안과 화합을 가져옵니다.

이처럼 성령님의 인도하심을 받고 성령님의 열매를 맺을 수 있는 결정적인 비결이 마지막 갈라디아서 5장 24절에 나옵니다.

> "그리스도 예수의 사람들은 육체와 함께 그 정욕과 탐심을 십자가에 못 박았느니라."

그렇습니다. 그런데 많은 사람들이 여기서 무너져 버립니다. 교회에 와서만 주님을 찾고 세상에 나가서는 주님을 잊어버리고 살면서 자기 육신의 욕심과 혈기대로 살아가다가 갖가지 어려움을 당합니다. 그러면 나 자신이 안 믿는 사람과 뭐가 다른가 하는 신앙의 회의에 빠지는데, 결코 그렇지 않습니다. 우리에게 어려움이 닥치는 순간마다 의식적으로 "주여, 주여!" 두 마디를 외치면서 주님을 의식하고 주님을 바라보고 주님께 모든 것을 다 쏟아놓고 주님의 도우심을 간구하고 주님으로 충만해져 보십시오. 그리할 때 자연스럽게 성령님의 인도하심을 받는 진정한 영성을 회복하게 될 뿐만 아니라 주님의 뜻을 이루고 주님의 도구로 쓰임 받고 주님께 큰 영광을 돌리게 될 줄 분명히 믿으시기 바랍니다.

지난 목요일 한 집사님을 심방했는데 그녀는 원래 30여 년 동안 독실한 불교신자였습니다. 인생을 살아오면서 불행과 고통을 겪지 않은 사람이 없지만 그녀도 남모르는 눈물을 흘리며 말할 수 없는 불행과 고통을 겪으며 살아왔습니다. 그러나 수도 종교인 불교가 인간의 진정한 구원의 확신과 참된 행복을 안겨다 줄 수가 없었습니다. 그러니 인생이 얼마나 공허하고 허전하고 허무했겠습니까? 그러던 중 2013년 미용실에서 손님을 통해 전도를 받고 1년 정도 화곡동에서 김포에 있는 교회를 다니던 중에 2014년 어느 주일에 김포 교회에 가지 못하게 되어 우리 치유하는교회에 나오게 되었다고 합니다. 그런데 찬양부터가 마음 문을 열게 하고 말씀을 듣는데 말씀이 뜨겁게 가슴에 와 닿으면서 얼마나 눈물이 쏟아지던지 '아! 여기가 천국이로구나!' 하고 느껴지더랍니다. 그래서 새벽기도회에 나오면서 가족들의 구원을 위해 눈물로 기도했습니다.

그러던 어느 날 새벽에 제가 성령님을 받아야 한다고 하면서 제가 어렸을 때는 입을 열고 성령님을 받았다고 했던 말씀이 가슴에 와 닿아서 안수기도를 받고 그다음 주부터 성경공부도 신청하고 말씀의 은혜를 받으면서 기도를 하니까 기도의 응답이 곧바로 오더랍니다. 그래서 그동안 달고 살았던 수면제, 감기약, 위장병약, 고지혈증약을 다 끊고 심지어 눈길에 무릎인대가 늘어난 것까지도 손을 대고 기도하니까 다 나았다고 합니다. 또 아픈 손자손녀를 위해서 기도할 때마다 즉시로 기적적으로 다 나았다는 것입니다.

그뿐만 아니었습니다. 자기를 따라서 절에 다니던 딸에게 교회를 가자고 하니까 짜증을 내서 세 가지 조건에 기도 응답 받으면 하나님 살아계시는 줄 알고 교회에 나가자고 했답니다. 첫째, 현재 사는 집이 나가고, 둘째, 이사 갈 돈 채워 주시고, 셋째, 이사 갈 동네에 걸어 다닐 유치원이나 어린이집 그리고 은혜로운 교회가 있을 것이라고 장담했는데, 그대로 응답되는 것을 보면서 딸도 교회로 나오게 되었다는 것입니다. 그 후 자신은 지금 '매일 2시간 성경읽기, 30분 기도하기' 해서 시간의 십일조를 드린다고 합니다. 그뿐만 아니라 사랑은 율법의 완성(롬 13:10)이므로 원수라도 사랑하는 삶을 살게 된 것입니다. 그래서 용서하기 어려운 원수 같은 사람이 생기면 플라스틱 용기에 콩을 담으면서 일곱 번에 일흔 번까지라도 용서하라는 주님의 명령을 실천하면서 콩을 500개 가까이 넣으며 용서를 해왔다고 합니다. 더 나아가 날마다 성령 충만한 삶 속에 감사하고 감격하면서 죽은 후에만 천국에 가는 것이 아니라 이 땅에 사는 동안에도 날마다 천국을 이루며 성령님의 인도하심에 철저히 순종하는 삶을 살고 있다는 것이었습니다.

저는 이런 성도님들을 만나면 40년 전에 제가 주의 종으로 부르심을 받을 때의 기억이 뜨겁게 떠오릅니다. 그뿐만 아니라 목회가 아무리 어렵고 힘들어도 이런 성도들로 인해 큰 위로를 받고 새 힘을 얻고 그렇게 감사하고 눈물이 날 정도로 그렇게 감격스러울 수가 없습니다.

사랑하는 성도 여러분, 지난 주일 아홉 분의 장로님, 74분의 안수집사님, 229분의 권사님이 임직했습니다. 우리가 직분을 받는 것도 참으로 소중하고 영광스럽고 복된 일입니다. 그러나 그보다 더욱 중요한 것은 우리가 요셉과 같이 모든 사람들로부터 인정받는 의로운 사람이 되고 불쌍히 여기며 사랑하고 성령님의 인도하심에 철저히 순종하며 살아가는 진정한 개혁자로서의 영성으로 충만해질 때 우리의 여생이 주님 뵐 때까지 복되고, 고통당하는 이웃들을 위해서 귀하게 쓰임 받으며, 주님께 크게 영광 돌리게 될 줄로 확실히 믿습니다.

다 함께 결단의 찬송으로 '크리스마스에는 축복을'이란 찬양을 부르며 결단하도록 하겠습니다.

크리스마스에는 축복을
크리스마스에는 사랑을
주님과 만나는 그날을 기억할게요
헤어져 있을 때나 함께 있을 때도
나에겐 아무 상관 없어요
아직도 내 맘은 항상 주님 곁에
언제까지라도 영원히

우리 다시 만나면 주님 노래 불러요
온 세상이 주님 향기로 가득하게요
헤어져 있을 때나 함께 있을 때도
나에겐 아무 상관 없어요
아직도 내 맘은 항상 주님 곁에
언제까지라도 영원히

크리스마스에는 축복을
크리스마스에는 사랑을

주님과 만나는 그날을 기억할게요

주님과 만나는 그날을 기억할게요

우리에게 성탄의 은총을 베풀어주신 하나님 아버지, 이 크신 성탄의 은혜를 받고 주님과 고통당하는 이웃들을 위해 살지 않는다면 우리의 인생이 무슨 의미가 있겠습니까? 남은 여생이라도 요셉과 같이 모든 사람들로부터 인정받는 의로운 사람이 되게 하여 주시옵소서. 원수라도 불쌍히 여기고 사랑하게 하여 주시옵소서. 성령님의 인도하심에 철저히 순종하며 살아가는 개혁자의 영성을 회복하게 하여 주시옵소서. 그리하여 주님 뵈올 때까지 주님과 고통당하는 자들을 위해 의미 있고 복되게 쓰임 받으며 크게 영광 돌리게 하여 주실 줄 믿사옵고 예수님의 이름으로 간절히 축복하며 기도드립니다. 아멘.

개혁자의 보답

마태복음 2:1-12

¹헤롯 왕 때에 예수께서 유대 베들레헴에서 나시매 동방으로부터 박사들이 예루살렘에 이르러 말하되 ²유대인의 왕으로 나신 이가 어디 계시냐 우리가 동방에서 그의 별을 보고 그에게 경배하러 왔노라 하니 ³헤롯 왕과 온 예루살렘이 듣고 소동한지라 ⁴왕이 모든 대제사장과 백성의 서기관들을 모아 그리스도가 어디서 나겠느냐 물으니 ⁵이르되 유대 베들레헴이오니 이는 선지자로 이렇게 기록된 바 ⁶또 유대 땅 베들레헴아 너는 유대 고을 중에서 가장 작지 아니하도다 네게서 한 다스리는 자가 나와서 내 백성 이스라엘의 목자가 되리라 하였음이니이다 ⁷이에 헤롯이 가만히 박사들을 불러 별이 나타난 때를 자세히 묻고 ⁸베들레헴으로 보내며 이르되 가서 아기에 대하여 자세히 알아보고 찾거든 내게 고하여 나도 가서 그에게 경배하게 하라 ⁹박사들이 왕의 말을 듣고 갈새 동방에서 보던 그 별이 문득 앞서 인도하여 가다가 아기 있는 곳 위에 머물러 서 있는지라 ¹⁰그들이 별을 보고 매우 크게 기뻐하고 기뻐하더라 ¹¹집에 들어가 아기와 그의 어머니 마리아가 함께 있는 것을 보고 엎드려 아기께 경배하고 보배합을 열어 황금과 유향과 몰약을 예물로

드리니라 ¹²그들은 꿈에 헤롯에게로 돌아가지 말라 지시하심을 받아 다른 길로 고국에 돌아가니라

오늘은 예수님께서 이 땅의 오심을 축하하는 기쁜 성탄절입니다. 사실 예수님께서 우리를 구원하시러 이 땅에 오셨는데 우리는 "기쁘다 구주 오셨네!" 하고 찬송하지만 하나님 아버지께서 단 한 분밖에 없는 죄 없으신 사랑하는 아들을 잃은 가장 슬픈 날입니다. 우리는 이처럼 엄청난 하나님의 은혜로 구원받고 은혜 받고 이렇게 축복받고 행복하게 되었는데, 우리가 그 은혜를 잊어버린다면 그보다 더 배은망덕한 일이 없는 것입니다. 그런데 그 '말로 다할 수 없는 은혜'에 대한 보답의 모범을 오늘 본문의 동방 박사에게서 보게 됩니다. 그들이 아기 예수님께 바쳤던 예물을 통해서 주님의 그 크신 성탄의 은혜에 대해 일생토록 어떻게 보답해야 할 것인가, 이 시간 들려주시는 하나님의 음성을 다 함께 들을 수 있기를 원합니다.

본문 11절을 다 함께 읽겠습니다.

> "집에 들어가 아기와 그의 어머니 마리아가 함께 있는 것을 보고 엎드려 아기께 경배하고 보배합을 열어 황금과 유향과 몰약을 예물로 드리니라."

이 동방 박사들은 당시 별을 연구하는 천문학자들이었습니다. 그리하여 역사적으로 기록이 남아 있는 보통 별과 다른 이 큰 베들레헴의 별을 발견하고 그 멀고 먼 사막길을 헤치고 예수님께서 탄생하신 베들레헴의 마구간까지 찾아왔습니다. 그리고 그 집에 들어가 아

기 예수님과 그의 어머니 마리아가 함께 있는 것을 보고 엎드려 아기 예수님께 경배하고 보배합을 열어서 황금과 유향과 몰약을 예물로 드립니다.

믿음의 역사를 일으켜야 함

가장 먼저 나오는 예물은 황금이었습니다. 6세기경에 라틴어로 쓰여진 《Excerpta Latina Barbari》(엑셀프타 라티나 발바리)라는 책에 의하면 이 황금은 멜키올(Melchior)이라는 박사가 바쳤는데, 그는 그리스 사람으로 백인종을 대표했고 가장 나이 많은 노인이었습니다. 그가 바친 황금은 동서고금을 막론하고 가장 귀중한 가치를 가진 것으로, 예수님이 하나님의 아들 된 신성과 왕권을 상징하였는데 믿음의 성도들에게는 '연단받은 믿음'을 의미했습니다.

지나가던 사람이 대장장이에게 물었습니다.

"당신이 금을 연단할 때 그것이 순금이 되었음을 어떻게 알 수 있습니까?"

그러자 대장장이가 이렇게 대답했습니다.

"저는 그 금 속에서 제 얼굴을 볼 수 있을 때까지 연단합니다. 금 속에 불순물이 조금이라도 섞여 있으면 제 얼굴을 정확하게 볼 수 없거든요."

그렇습니다. 하나님께서 우리를 연단하시는 것도 우리가 믿음의 역사를 일으킬 수 있을 때까지 연단하십니다. 그래서 욥기 23장 10절에서 욥이 이렇게 고백하지 않습니까?

"그러나 내가 가는 길을 그가 아시나니 그가 나를 단련하신 후에는 내가 순금같이 되어 나오리라."

한 젊은 전도사님이 시골 교회에서 이렇게 설교를 했습니다.
"여러분, 주님께서는 우리에게 믿음만 있으면 산도 옮길 수 있다고 하셨어요. 그러니까 믿음을 가지세요."
그러자 초신자 할머니 한 분이 말합니다.
"전도사님, 산까지는 필요 없고요. 저 교회 앞에 있는 돌덩이를 옮겨주시면 믿음을 가질 수 있을 것 같은데요."
그래서 전도사님이 열심히 기도했는데 돌은 그대로 있었습니다. 그걸 보고 교인들이 실망해서 돌아간 후 전도사님이 하나님께 소리를 지르며 항의했습니다.
"아니, 산도 아니고 작은 돌덩이 하나 옮겨 달라는데, 그것도 안 해주십니까?"
그러자 한참 동안 불평을 듣고 계시던 하나님께서 말씀하시더랍니다.
"돌덩이 옮겨서 뭐하게? 넌 왜 그렇게 쓸데없는 데 네 믿음을 쓰려고 하느냐? 그리고 너는 매일 주님의 종이라고 하면서도 기도할 때는 꼭 나를 종 부리듯 하더라…"
여러분, 이런 믿음으로 어떻게 역사를 일으킬 수 있겠습니까?
그렇습니다. 우리가 인생을 살아가면서 수많은 고난 속에서도 낙심하지 말고 믿음으로 일어나야 할 이유는 그러한 믿음의 시련을 통해 우리가 믿음의 연단을 받고 순금 같은 믿음으로 나오기 때문입니다. 이렇게 믿음의 연단을 잘 이겨내면 이 땅에 사는 동안에도 수많은 믿음의 역사를 일으키면서 복되게 살아가게 되는 것입니다.

한 여장로님이 젊었을 때 다른 교회에 다니는 남편을 만나 결혼하게 되었는데 처녀 때부터 앓던 병으로 너무도 몸이 고통스러운 상태였습니다. 그러던 어느 날 시어머니께서 이웃 교회에 서울에서 부흥강사 목사님이 오셔서 집회를 하니까 참석해 보라고 하셔서 참석했습니다. 집회 중에 목사님이 목의 아픈 부위에 손을 얹으면 기도해 주신다고 해서 가슴에 손을 얹고 기도하는데 갑자기 가슴이 뻥 뚫리고 알 수 없는 향내가 온 사방에 가득 차면서 그 향기가 강하게 느껴졌습니다. 그 순간 '아, 내 병이 다 나았구나!' 하는 확신이 들면서 고통이 사라지는 것 같았습니다. 너무나 감사한 마음에 하나님께 뭐라도 드리고 싶어서 두 돈 반짜리 금반지를 강대상에 예물로 믿음으로 올려드리고 내려왔습니다. 강대상에는 다른 예물들도 있었는데 기도 시간이 끝난 후 목사님이 강대상에 있는 반지와 시계를 손으로 들고 "이 반지와 시계를 올리신 분들은 이 소중한 예물을 하나님이 잘 받으셨으니 다시 가져가서 잘 간직하시고 그만큼 나중에 헌금으로 하세요"라고 해서 돌려받았다고 합니다. 놀랍게도 시계를 바친 사람이 바로 남편이었습니다. 서로 모른 채 믿음의 감동을 받은 대로 각각 소중한 것을 올렸던 것인데, 그녀의 믿음대로 그날 이후 건강이 깨끗이 회복되었습니다. 그래서 다시 생명을 주신 하나님께 감사해서 '이제부터 내 인생은 내 것이 아니고 내 일은 부업이고 하나님의 일이 주업이다' 생각하고 열심히 신앙생활을 해서 부부가 다 장로님이 되셨습니다. 그분의 아들이 안수집사인데, 화곡동으로 이사를 와서 두 달 전에 우리 교회에 등록을 하게 되었습니다. 할렐루야!

여러분, 믿음의 연단을 잘 이겨내면 이 땅에 사는 동안에 수많은 믿음의 역사를 일으키며 복되게 살아갈 뿐만 아니라 그 자손들까지도 믿음의 역사를 일으키며 살게 됩니다. 그리고 먼 훗날 주님 앞에

서게 될 때에도 베드로전서 1장 7절에 뭐라고 약속하십니까?

"너희 믿음의 확실함은 불로 연단하여도 없어질 금보다 더 귀하여 예수 그리스도께서 나타나실 때에 칭찬과 영광과 존귀를 얻게 할 것이니라."

우리의 믿음의 확실함은 불로 연단하여도 없어질 금보다 더 귀하여서 우리가 이 땅에 사는 동안에도 수많은 믿음의 역사를 일으킬 뿐만 아니라 이 땅 위에서의 사명을 다 마치고 주님 앞에 서게 될 때에도 주님의 칭찬과 영광과 존귀를 모두 다 누리게 될 줄 분명히 믿으시기 바랍니다.

사랑의 수고를 아끼지 않아야 함

두 번째 드린 예물은 유향이었는데, 카스팔(Caspar)이라는 박사가 바친 것입니다. 그는 인도 사람으로 황인종을 대표하고 가장 젊은 청년이었다고 합니다. 바로 이 유향은 당시 인도의 특산물인 향료로서 예수님의 일생을 통한 사랑의 향기를 상징하는데, 이는 우리 믿는 성도들이 일생토록 남겨야 할 사랑의 수고의 향기를 의미합니다.

한 아내가 남편에게 물었습니다. "당신은 왜 내게 사랑한다는 말을 한 번도 안 해 줘요?" 그러자 남편이 말하더랍니다.

"30년 전 당신과 결혼하기 직전에 당신을 사랑한다고 말했지 않소? 내 마음은 변함이 없소. 만약 내 마음에 변화가 생기면 당신에게 말하겠소…."

이 남편처럼 입장에 변화가 없어서 남편 분들, 아내에게 사랑한다는 말에 그렇게 인색하십니까? 남편들이 사랑의 수고를 아끼지 않을 때 아내들은 더 큰 사랑으로 우리를 감격시킬 것입니다.

적어도 우리가 예수님의 십자가의 사랑을 체험했다면 우리의 삶 가운데 사랑의 수고를 아끼지 않고 사랑의 향기를 남기는 감동적인 삶을 살아가야 합니다. 그래서 고린도후서 2장 15-16절에 "우리는 구원받는 자들에게나 망하는 자들에게나 하나님 앞에서 그리스도의 향기니 이 사람에게는 사망으로부터 사망에 이르는 냄새요 저 사람에게는 생명으로부터 생명에 이르는 냄새라 누가 이 일을 감당하리요"라고 분명히 증거하지 않습니까?

지난 화요일 밤에는 총회장님을 비롯한 총회 임원들이 을지로입구역 지하와 남대문 지하도로에 있는 노숙자들을 위한 성탄 행사를 가졌습니다. 이번에 가서 들은 이야기입니다만 우리나라에만 해도 노숙자 수가 11,340명(남성 73.5%, 여성 25.8%)에 이르는데 서울 시내 노숙인들만 해도 1,522명이라고 합니다. 그런데 '거리의 천사들 섬김의 집'에서 지난 20년 동안 2,000여 명의 섬김이들이 돌아가면서 200여 명의 노숙인들을 돌봐 온 것입니다. 그날 그곳에 가서 밤 10시부터 새벽 1시까지 3시간 동안 섬김이를 해 보았는데 영하의 강추위에 얼어 죽는 줄 알았습니다. 밤이 깊어지니까 배도 고프고 온몸이 떨렸습니다. 치아가 부딪힐 정도로 떨리고 평소에 내의를 안 입다 보니까 온몸이 너무나 추워서 견디기 어려운 고통을 느꼈습니다. 하룻밤의 체험도 이렇게 힘든데, 매일 거리에서 살아가는 노숙인들은 얼마나 힘들까 생각하니까 할 말이 없었고 정말 헐벗고 굶주리며 살아가는 이웃들의 아픔을 뼈저리게 절감할 수 있었습니다.

그런데 우리가 이렇게 외롭고 힘들게 고통당하는 이들을 위한 사랑의 수고를 하고자 할 때 자기 것 아깝지 않을 사람이 어디 있습니까? 사랑의 수고를 아끼지 않는 자만이 할 수 있습니다. 지난 주말에 한 안수집사님이 쌀 100포대를 교회로 가져왔습니다. 그것도 자신의 이름을 결코 밝히지 말고 실업인선교회 이름으로 어려운 이웃들을 도와달라는 것이었습니다. 그래서 각 교구별로 탈북민교회까지 80부대를 전하고 화곡1동은 교회에서 구제금으로 도왔지만 화곡8동은 돕는 교회가 없다고 해서 20부대를 전해 드렸습니다. 이 모든 것은 그리스도의 사랑이 강권하지 않으면 결코 할 수 없는 사랑의 관심이고 수고이고 정성이었습니다. 그리스도의 사랑이 강권하심으로 우리가 사랑의 수고를 아끼지 않을 때 더욱 놀라운 것은 우리의 사랑의 수고가 결단코 헛되지 않다는 것입니다.

우리나라 대표적인 작곡가 이흥렬 선생은 일제시대에 일본으로 유학을 갔는데 피아노가 없으니까 작곡 공부가 제대로 되지 않았습니다. 그래서 어머니께 편지를 썼습니다.

"어머니, 너무나 죄송하지만 피아노가 없으니까 공부하기가 어렵네요. 피아노 한 대만 사 주세요."

혼자 어렵게 살던 어머니가 피아노 살 돈이 어디 있습니까? 그래서 그날부터 산에 올라가 솔방울을 모아서 내다 팔기 시작했습니다. 비가 오나 눈이 오나 하루도 빠짐없이 힘들게 산에 올라가서 수백만 개의 솔방울을 주워 팔아서 마침내 피아노를 살 돈을 마련해서 아들에게 보냈습니다. 이흥렬 씨는 그 돈으로 피아노를 사서 열심히 공부해 우리나라 최고 작곡가 중 한 사람이 되었는데, 그가 제일 먼저 작곡한 노래가 무슨 노래인 줄 아십니까? 우리가 어버이날만 되면 늘 즐겨 부르는 '어머니 마음'이란 노래입니다. 그는 그 어려움 속에 산에 올라 솔방울을 주워 목돈을 만들어 보내주신 어머니의 사랑의 수고를 결코 잊을 수 없었습니다. 우리도 지난날 우리 부모님들의 사랑의 수고를 결코 잊어선 안 됩니다.

1. 나실 제 괴로움 다 잊으시고
   기를 제 밤낮으로 애쓰는 마음
   진자리 마른자리 갈아 뉘시며
   손발이 다 닳도록 고생하시네
   하늘 아래 그 무엇이 넓다 하리요
   어머님의 희생은 가이 없어라
2. 어려선 안고 업고 얼러주시고
   자라선 문 기대어 기다리는 맘
   앓을 사 그릇될 사 자식 생각에
   고우시던 이마 위엔 주름이 가득
   땅 위에 그 무엇이 높다 하리요
   어머님의 정성은 지극하여라
3. 사람의 마음속에 온 가지 소원
   어머님의 마음속에 오직 한 가지
   아낌없이 일생을 자식 위하여
   살과 뼈를 깎아서 바치는 마음
   인간의 그 무엇이 거룩하리요
   어머님의 사랑은 그지없어라

한 어머니의 사랑의 수고가 아들을 훌륭한 작곡가로 만들었을 뿐만 아니라 온 국민의 마음속에 부모님을 향한 눈물의 뜨거운 사랑의 효심을 적시게 만든 것입니다.

제가 지난 40년 동안 목회를 하는 동안 늘 새 힘을 얻으며 처음부터 끝까지 사랑의 수고를 아끼지 않게 했던 말씀이 바로 고린도전서 15장 58절 말씀입니다.

"그러므로 내 사랑하는 형제들아 견실하며 흔들리지 말고 항상 주의 일에 더욱 힘쓰는 자들이 되라 이는 너희 수고가 주 안에서 헛되지 않은 줄 앎이라."

우리가 사랑으로 수고할 때 그 수고가 결단코 헛되지 않아서 우리의 여생뿐만 아니라, 우리의 여생에 못 갚아 주시면 우리의 자손들에게까지라도 꼭 다 갚아 주실 줄 확실히 믿습니다.

소망의 인내를 이루어야 함

마지막 세 번째 드려진 예물은 몰약입니다. 발타살(Balthasar)이라는 박사가 바쳤는데, 그는 애굽 사람으로 흑인종을 대표하고 중년이었다고 합니다. 그가 바친 몰약은 사형수에게는 고통을 참기 위한 진통제(막 15:23)이고, 죽은 시신에 바르는 방부제인 송진이었다고 합니다(요 19:39). 다시 말하면 예수님의 죽음과 부활을 상징하는 것으로 우리 믿는 성도들의 소망을 의미합니다.

여러분, 돼지와 개가 싸우는 꿈을 꾸었는데 그 꿈은 돼지꿈입니까? 개꿈입니까? 불신자들은 돼지꿈은 좋은 꿈이라며 복권을 사러 가고 개꿈은 나쁜 꿈이라며 기분 나빠하지 않습니까? 그런데 돼지꿈인지 개꿈인지 확신이 없으니 얼마나 마음이 복잡하겠습니까? 우리도 소망이 없으면 신앙이 흔들리고 맙니다.

그런데 많은 때 우리도 세상 가운데 소망을 두고 살아갑니다. 그래서 물질을 조금 잃거나 자존심이 좀 상하거나 명예가 좀 짓밟히거나 세상적인 것을 좀 잃으면 마치 온 세상을 잃은 것처럼 난리입니다. 우리의 삶이 너무도 육신이나 세상에 빠져 아무런 소망 없이 살아가고 있습니다.

이탈리아 로마의 한 할아버지가 시골에서 올라온 한 청년에게 물었습니다. "넌 무엇을 위해 공부하려고 하느냐?" 하자 그 청년이 "법학을 공부해서 훌륭한 변호사가 되려고요"라고 대답했습니다. 그래서 다시 물었습니다.

"그다음은 또 어떻게 하려고?"

"돈을 많이 벌려고요."

"그다음은 또 어떻게 하려고?"

"예쁜 여자를 만나 결혼하려고요."

"그다음은 또 어떻게 하려고?"

"자녀들을 많이 낳아서 행복한 가정을 이루려고요."

"그다음은 또 어떻게 하려고?"

할아버지가 계속 질문을 하자 이 청년의 얼굴빛이 점점 어두워지기 시작했습니다. 결국 그는 인생의 진정한 목표를 깨닫고 주님의 품으로 돌아오게 되었고 유명한 크리스천 변호사요, 법학자가 되었을 뿐만 아니라 후일 우르바노 대학교의 설립자가 되었습니다. 그 대학교에 서 있는 그의 동상 뒤에 이런 글귀를 새겨놓았다고 합니다.

"그다음은 또 어떻게."

그렇습니다. 우리의 인생이 무엇을 위해 살아야 합니까? 그래서 온 세상의 부귀, 영화, 향락을 다 누렸던 다윗이 시편 39편 6-7절에서 뭐라고 고백합니까?

"진실로 각 사람은 그림자같이 다니고 헛된 일로 소란하며 재물을 쌓으나 누가 거둘는지 알지 못하나이다 주여 이제 내가 무엇을 바라리요 나의 소망은 주께 있나이다."

여러분, 우리가 이 소망을 안고 신앙생활을 열심히 하려고 하면 할수록 우리의 인생에 여러 가지 고난이 닥치고 여러 가지 시련이 밀려오고 여러 가지 역경이 부딪혀 옵니다. 그러나 믿음으로 살려고 할 때 주위에서 말도 많고 상처도 많고 시험이 많아도 현재의 삶에 감사하고 만족하면서 우리의 위로가 되시고 새 힘이 되시며 기적으로 대역전의 승리의 삶을 이뤄주시는 주님께 대한 소망이 있기 때문에 다 이겨낼 수 있습니다.

평생 하루도 쉬지 않고 열심히 일해서 많은 돈을 번 부자가 이제 나이가 들어서 일을 할 수 없게 되자 쉬려고 유명한 휴양지인 바닷가를 찾아갔습니다. 그때 바닷가 파라솔 밑에서 한가롭게 쉬고 있는 한 젊은 어부를 보고는 답답한 생각이 들어 "아니, 자네는 왜 고기 잡으러 가지 않고 여기서 빈둥거리나?" 하고 물었습니다. 그러자 젊은 어부가 말하기를 "오늘 몫은 다 잡았는데요…"라고 하였습니다. 그 말을 들은 부자가 "금쪽같은 시간에 더 열심히 일해서 돈을 많이 벌어야 하지 않겠나?" 하니까 어부가 묻더랍니다. "돈 많이 벌어서 뭐하게요?" 그 말을 듣고 어이가 없어서 부자가 말했습니다. "돈을 많이 벌어야 나처럼 나이 들어서 공기 좋고 경치 좋은 곳에서 쉴 수 있지 않겠나?" 했더니 어부가 이렇게 말하더랍니다.

"난 지금 그렇게 살고 있는데요…"

뼈 빠지게 고생해서 높은 지위에 오르고 돈 많이 벌어서 어떻게 하겠다는 것입니까? 한 푼도 쓰지 못하고 다 쌓아놓고 있다가 어느 날 갑자기 쓰러져 죽으면 무슨 소용이 있습니까? 우리가 아무리 노력해서 많은 재물을 쌓아도 현재의 삶에 감사하지 않고 만족하지 못하고 주님께 대한 소망이 없으면 다 헛된 것입니다. 그래서 시편 42편 5절, 11절, 43편 5절에 세 번이나 되풀이하여 강조하시는 말씀이 있습니다

"내 영혼아 네가 어찌하여 낙심하며 어찌하여 내 속에서 불안해 하는가 너는 하나님께 소망을 두라 그가 나타나 도우심으로 말미암아 내 하나님을 여전히 찬송하리로다."

그러므로 우리가 어떠한 고난 속에서도 주님께만 소망을 두고 인내하며 살아갈 때 언젠가는 기필코 승리하며 찬양하며 영광 돌릴 날이 꼭 다가오게 될 줄 분명히 믿으시기 바랍니다.

미국의 저술가인 헨리 밴 다이크(Henry Van Dyke) 목사님이 쓴 《네 번째 동방 박사》란 소설이 있습니다. 원래 동방 박사는 세 사람이 아니라 알타반이라고 하는 네 번째 동방 박사가 있었다고 합니다. 그는 아기 예수님을 경배하려고 동방 박사 세 사람과 합류하기 위해 그의 전 재산을 정리해서 옥과 루비와 진주 이 세 가지 예물을 준비해서 출발했습니다. 그런데 사막 한가운데서 발견한 신음하는 사람과 여행 도중에 만난 가난한 사람을 돕느라 청옥을 써 버렸습니다. 예루살렘에 도착해서는 헤롯 왕이 두 살 아래 아기들을 다 죽이라고 해서 위기에 처한 아기를 살리려고 로마 군인에게 루비를 주어야 했습니다. 뒤늦게 베들레헴에 도착했지만 안타깝게도 아기 예수님을 만날 수가 없었습니다. 그렇게 33년의 세월이 지나고 알타반 박사는 피

곤에 지친 상태로 예루살렘에 돌아왔는데 바로 그날이 예수님께서 십자가를 지고 고난 당하신 날이었습니다. 그는 자기가 가지고 있던 마지막 남은 예물인 진주를 주어서라도 예수님을 구해야겠다고 골고다 언덕을 향해 가다가 아버지의 빚 때문에 노예로 팔려가는 한 소녀를 만나게 되었습니다. 그는 갈등을 하다가 결국 마지막 예물인 진주마저도 그 소녀에게 주어버리고 이제는 예수님을 만나도 더이상 드릴 것이 없다고 낙심하고 있었습니다. 그때 예수님이 십자가에서 죽으실 때 성전의 휘장이 찢어지고 지진이 일어나서 지붕에서 떨어진 기왓장을 맞고 알타반 박사도 피를 흘리며 죽어갔습니다. 그러면서 "주님, 주님을 찾아뵙고 전해 드려야 할 예물을 드리지 못하여 너무도 죄송합니다. 저를 용서해 주시옵소서!" 하고 눈물을 흘리며 간구하는데 그때 주님의 음성이 들려옵니다.

"알타반아, 너는 내가 주릴 때에 네가 먹을 것을 주었고 목마를 때에 마시게 하였고 나그네 되었을 때에 영접하였고 헐벗었을 때에 옷을 입혔고 병들었을 때에 돌보았고 옥에 갇혔을 때에 와서 보았느니라. 지극히 작은 자 하나에게 한 것이 곧 내게 한 것이니라."

주님의 이 칭찬의 소리를 들으면서 그는 하늘나라로 떠나갑니다. 알타반은 예수님을 직접 만나지는 못했지만 세 명의 동방 박사가 바쳤던 믿음, 소망, 사랑을 다 바쳤던 것입니다.

사랑하는 성도 여러분, 동방 박사 세 사람은 백인종, 흑인종, 황인종 이 모든 인종을 대표하고 노년, 장년, 청년의 모든 세대를 망라해서 그들의 믿음과 사랑과 소망을 다 바쳐 예수님의 성탄에 감사하고 감격하고 보답했던 것입니다. 이처럼 주님께서는 사랑하는 하늘 보좌를 다 버리시고 우리를 구원하시려고 낮고 천한 인간의 몸으로 오셔서 가장 처참하게 십자가에서 죽기까지 우리를 사랑해 주셨습니다. 그렇다면 일생토록 이렇게 큰 은혜 받고 축복을 누리며 행복 속에 살아가면서 우리는 무엇으로 성탄의 은혜에 감사하고 감격하면서 보답하는 삶을 살아야 하겠습니까?

우리 다 함께 찬송가 622장 '거룩한 밤'을 함께 부르며 결단하도록 하겠습니다.

1. 거룩한 밤 별빛이 찬란하다
   우리 주 예수님 나신 이 밤
   오랫동안 죄악에 얽매여서
   헤매던 우리 위해 오셨네
   온 땅이 주의 나심 기뻐하며
   희망의 아침 밝아오도다
   무릎 꿇고 천사와 화답하라
   오 거룩한 밤 주님 탄생하신 밤
   이 밤 거룩한 밤 거룩한 밤
2. 우리 모두 믿음의 빛을 따라
   그 앞에 감사히 다 나가세
   동방 박사 별빛의 인도 따라
   주 나신 베들레헴 찾았네
   만왕의 왕이 이 땅 위에 오셔
   우리의 참된 친구 되시네
   우리들의 연약함 아신 주님
   다 경배하라 만왕의 왕 주님께
   이 밤 거룩한 밤 거룩한 밤
3. 주의 뜻은 사랑과 평화로다

우리도 서로를 사랑하세
주님께서 사슬을 끊으시니
이 땅의 억눌림이 사라져
기쁨의 찬송 함께 부르면서
주님의 이름 높이 기리세
주 예수님 그 이름 영원하리
다 선포하세 주님 크신 능력을
이 밤 거룩한 밤 거룩한 밤

　사랑의 하나님 아버지, 한 분밖에 없는 죄 없는 아들을 낳고 천한 종의 몸으로 이 땅에 보내 주시고 십자가에 죽기까지 사랑해 주심을 진심으로 감사드립니다. 우리의 일생토록 어떻게 보답해야 할는지요? 우리가 살아있는 동안 믿음의 역사를 일으키게 하여 주시옵소서. 사랑의 수고를 아끼지 않게 하여 주시옵소서. 소망의 인내를 이루게 하여 주시옵소서. 그리하여 우리가 일생토록 성탄의 은혜에 감사하고 감격하면서 보답하는 복된 여생을 모두 다 살게 하여 주실 줄 믿사옵고, 예수님의 이름으로 간절히 축복하며 기도드립니다. 아멘.

환난을 이겨내라

마태복음 2:13-23

¹³그들이 떠난 후에 주의 사자가 요셉에게 현몽하여 이르되 헤롯이 아기를 찾아 죽이려 하니 일어나 아기와 그의 어머니를 데리고 애굽으로 피하여 내가 네게 이르기까지 거기 있으라 하시니 ¹⁴요셉이 일어나서 밤에 아기와 그의 어머니를 데리고 애굽으로 떠나가 ¹⁵헤롯이 죽기까지 거기 있었으니 이는 주께서 선지자를 통하여 말씀하신 바 애굽으로부터 내 아들을 불렀다 함을 이루려 하심이라 ¹⁶이에 헤롯이 박사들에게 속은 줄 알고 심히 노하여 사람을 보내어 베들레헴과 그 모든 지경 안에 있는 사내아이를 박사들에게 자세히 알아본 그때를 기준하여 두 살부터 그 아래로 다 죽이니 ¹⁷이에 선지자 예레미야를 통하여 말씀하신 바 ¹⁸라마에서 슬퍼하며 크게 통곡하는 소리가 들리니 라헬이 그 자식을 위하여 애곡하는 것이라 그가 자식이 없으므로 위로 받기를 거절하였도다 함이 이루어졌느니라 ¹⁹헤롯이 죽은 후에 주의 사자가 애굽에서 요셉에게 현몽하여 이르되 ²⁰일어나 아기와 그의 어머니를 데리고 이스라엘 땅으로 가라 아기의 목숨을 찾던 자들이 죽었느니라 하시니 ²¹요셉이 일어나 아기와 그의 어머니를 데리고 이스라엘 땅으로 들어가니라 ²²그러

나 아켈라오가 그의 아버지 헤롯을 이어 유대의 임금 됨을 듣고 거기로 가기를 무서워하더니 꿈에 지시하심을 받아 갈릴리 지방으로 떠나가 [23]나사렛이란 동네에 가서 사니 이는 선지자로 하신 말씀에 나사렛 사람이라 칭하리라 하심을 이루려 함이러라

동방 박사들이 아기 예수님을 찾아뵙고 경배하고 선물을 전해드린 후 헤롯 왕이 예수님을 찾거든 그에게 고하여 그도 가서 예수님에게 경배하게 해 달라고 했지만, 꿈에 주의 사자가 헤롯 왕에게 돌아가지 말라고 지시했기 때문에 동방 박사들은 예수님께 경배한 후에 다른 길로 각자의 고국으로 돌아가게 됩니다. 그들이 떠난 후 이 사실을 알게 된 헤롯 왕이 분노하여 두 살 이하의 아기들을 다 잡아 죽이라고 하는데 요셉과 마리아가 이 엄청난 환난을 어떻게 이겨내는가를 보면서 우리의 일생에 끊임없이 닥쳐오는 환난을 어떻게 이겨낼 것인가, 이 시간 함께 은혜를 나눌 수 있길 바랍니다.

주님의 인도하심을 구해야 함

먼저 본문 13절 말씀을 다 함께 읽겠습니다.

"그들이 떠난 후에 주의 사자가 요셉에게 현몽하여 이르되 헤롯이 아기를 찾아 죽이려 하니 일어나 아기와 그 어머니를 데리고 애굽으로 피하여 내가 네게 이르기까지 거기 있으라 하시니."

이 환난의 때에 주의 사자가 요셉의 꿈에 나타나서 헤롯 왕이 아기를 찾아 죽이려고 하니 일어나 급히 아기와 그의 어머니 마리아를 데리고 애굽으로 피신하여 주의 사자가 그에게 이르기까지 거기 있으라고 말합니다. 이게 무슨 청천벽력 같은 계시입니까? 도무지 이해할 수 없는 갑작스런 일이었습니다. 그것도 국내도 아니고 외국으로 피난을 가라고 하니 얼마나 앞이 캄캄한 일입니까? 그럼에도 불구하고 요셉은 주의 사자의 지시에 순종해서 밤중에 아기와 그의 어머니 마리아를 데리고 급히 애굽으로 떠나가게 됩니다. 요셉과 마리아는 헤롯 왕의 영토를 가장 쉽게 벗어날 수 있는 아스겔론 길을 택해 이집트로 들어갔을 것입니다. 이처럼 요셉과 마리아 부부는 예수님의 탄생부터 시작하여 네 차례에 걸쳐서 항상 주의 사자의 지시를 따랐던 것을 주목할 수 있길 바랍니다(마 1:20, 2:13, 19, 22).

우리 인생에도 뜻하지 않은 환난이 닥칠 때 가장 먼저 왜 우리에게 이런 환난이 닥쳤는지 주님의 뜻을 구하면서 주님의 인도하심을 따라야 합니다. 그런데도 그렇지 못할 때가 얼마나 많습니까?

미국 제30대 대통령 존 캘빈 쿨리지(John Calvin Coolidge, Jr.)가 대통령이 된 후 고향 사람들을 백악관으로 초청했는데 시골 사람들이라 식사 매너를 잘 몰라서 걱정하다가 모두들 쿨리지 대통령이 하는 대로 따라 하기로 했습니다. 쿨리지 대통령이 포크를 들면 포크를 들고 나이프를 들면 따라서 나이프를 들었습니다. 이윽고 식사 후 커피가 나왔는데 대통령이 커피잔 받침 접시에 커피를 조금 따르는 것을 보고 다들 그렇게 했습니다. 그랬더니 대통령이 거기다가 설탕과 크림을 타서 또 다들 따라서 그렇게 했는데, 대통령이 다음에 하는 것을 보고 다들 얼굴이 빨개지고 말았습니다. 대통령이 고개를 숙이더니 그 접시를 식탁 밑에 앉아 있는 고양이한테 주더랍니다.

누구의 인도를 받는가가 이렇게 중요합니다. 그런데 우리는 환난의 때에 주님의 인도하심을 구하기보다 돈 쓰고 백 쓰고 인간의 수단과 방법을 앞세울 때가 얼마나 많습니까?

우리는 끊임없이 하나님의 뜻을 찾으며 주님의 인도하심을 구해야 합니다. 저도 목회를 하면서 늘 하나님의 뜻을 찾아가기 위해서 미국의 대표적인 영적 강해자인 워렌 위어스비 목사님이 쓴 《사탄의 계략》(The Strategy of Satan)이란 책을 참고로 점검하게 됩니다. "첫째, 하나님의 말씀에 근거한 것인가? 둘째, 하나님의 영광을 드러내고 있는가? 셋째, 교회에 평안과 유익을 가져다주는가? 넷째, 인내하며 기다릴 수 있는가? 다섯째, 이렇게 행할 때 내 마음에 영적 평안이 오는가?"를 확인해 봐야 합니다. 그렇게 다섯 가지 관문을 통과하면 하나님의 뜻으로 알고 주님의 인도하심대로 끝까지 밀고 나가야 합니다.

이번 지뢰 도발로 인해 지난 토요일에 시작해서 화요일 새벽 2시까지의 무박 4일의 남북 최장 마라톤협상 속에서도 박근혜 대통령의 더 이상의 북한 도발의 악순환의 고리를 끊어야 한다는 원칙 아래 단호하게 대응했는데, 저는 전적으로 동감했습니다. 우리가 언제까지 매번 북한의 도발을 당하고 또 퍼다 주면서 달래야 합니까? 우리도 이번 남북 간 군사 대치상황 속에서 온 성도들이 이 땅의 평화를 위해 주일과 새벽마다 간절히 합심기도를 했습니다. 이번에 역대 8번째 준전시 상태였던 북한이 6·25 전쟁 후 1,959회의 침투 도발과 994회의 국지 도발 등 총 2,953회의 도발을 했는데 1968년 청와대 습격 사건, 1976년 판문점 도끼만행 사건, 1996년 강릉 잠수함 침투 사건, 2002년 제2차 연평해전에 이어 이번에 5번째로 유감의 사과를 받아낸 것입니다. 이번에 온 국민들이 그 위기 속에서도 반공의식으로 하나가 되었지만 특별히 88명의 육군과 해병대 장병들이 그토록 기다리던 전역을 연기 신청하고 동료들과 생사고락을 같이하기로 했다고 합니다.

요즘 군대에 '계급별로 가장 기쁠 때가 있다'는 유머가 있다고 합니다. 이병은 교회에서 초코파이나 햄버거를 줄 때이고, 일병은 신병이 들어와 경례할 때이고, 상병은 병장으로 계급이 승진될 때이고, 병장은 행보관이 말년이라고 불러줄 때랍니다. 그래서 건강하게 전역하기 위한 수칙이 있는데 그것은 "떨어지는 낙엽도 피해 가라! 뇌진탕 일으킬라. 돌부리도 차지 마라! 다리 부러질라…" 하면서 그렇게 몸을 사린다고 합니다. 그런데 전역을 코앞에 두고 갑자기 복무 기간이 늘어난다면 마른 하늘에 날벼락인데도 어떻게 전역 연기를 할 수 있을까요.

더구나 병무청 인터넷에 이미 전역했던 20·30세대 20만 명 가까이가 전쟁이 일어나면 참전하겠다는 결의를 보이고 전쟁이 일어나면 어디로 나가야 하느냐는 문의전화가 병무청으로 빗발쳤다고 합니다. 더욱이 최근 2015 일반인·대학생 안보의식 조사에서 20대 청년의 78.9%가 전쟁이 터지면 참전하겠다고 해서 최근 7년 중 가장 높은 참여도를 보였는데 그 참여도가 30대(72.1%)보다도 더 높아서 우리나라의 다음 세대에 대해 새로운 희망을 갖게 되는 계기가 되었습니다. SK 그룹 최태원 회장이 국가 위기의 때에 전역을 연기하며 자신을 희생했던 애국심을 가진 병사들 50명을 채용하겠다고 하여 다시 한 번 감사하지 않을 수 없었습니다.

우리가 갖가지 어려운 환난을 당할 때마다 고린도전서 10장 13절 말씀을 믿고 기억해야 합니다. "사람이 감당할 시험밖에는 너희가 당한 것이 없나니 오직 하나님은 미쁘사(God is faithful) 너희가 감당하지 못할 시험 당함을 허락하지 아니하시고 시험 당할 즈음에 또한 피할 길을 내사 너희로 능히 감당하게 하시느니라"는 말씀이 진리라는 것을 확실히 체험하게 됩니다.

지난 화요일 저녁 한 권사님 가정에 심방을 갔습니다. 그 권사님은 몇 해 전 심장 이상으로 쓰러졌다가 기적적으로 주님의 치유를 받고 거의 정상으로 회복되었는데 작년에 사랑하는 딸마저 뇌출혈로 쓰러져 중환자실에서 15일 동안 의식을 잃은 채 코마 상태에 있었으니 가족들의 충격이 얼마나 컸겠습니까? 처음에는 모녀간에 계속적인 환난으로 인해 "왜 우리 가정에 이런 고통이 계속적으로 따르는가?" 하고 낙심도 많이 되고 하나님께 원망도 많이 했는데 끝까지 인내하는 가운데 가족들과 더불어 온 교회가 얼마나 간절히 기도했습니까? 그런데 딸이 기적적으로 의식이 깨어나기 전에 천국을 경험하였고 깨어날 때는 요한복음 5장의 베데스다 못가의 38년 된 병자의 치유를 보여주시면서 주님께서 "내 딸아, 내가 널 안수하였다. 강하고 담대하라. 그리고 나를 위하여 일하라. 나와 함께 일하자꾸나"라는 격려의 음성을 듣게 되었다고 합니다. 그 후 딸은 하나님의 약속의 말씀대로 기적적으로 치유를 받고, 그날 가서 보니까 온몸이 완전히 정상으로 돌아와 있었습니다. 시간이 흐르면서 하나님의 말씀 가운데 주님의 뜻을 밝혀 주시고 꿈을 통해서도 치유의 확신을 보여 주시고 기도하는 가운데 기적적인 응답의 체험을 갖게 해주시더랍니다. 지금 와서 돌이켜 보니까 고통 중에 인내하는 가운데 하나님의 깊으신 사랑을 깨닫게 해주셨다고 눈물을 글썽이며 감격해했습니다.

그러므로 주님께서 환난 가운데 있는 우리를 말씀을 통해서든지 기도를 통해서든지 심지어 꿈이나 환상을 통해서든지 성령의 감동이나 영적인 체험을 통해서든지 주위의 영적인 권면을 통해서든지 환경을 통해서까지라도 인도해 주심을 믿어야 합니다. 또 주님의 인도하심을 받기 위해서는 영적 민감성(Spiritual sensitivity)을 가지고 열린 마음으로 주님의 뜻을 구해야 하고 어떠한 인도하심에도 믿음으로 순종해야 합니다. 그리할 때 우리는 환난 가운데 임하시는 하나님 아버지의 깊으신 사랑과 은혜의 뜻을 깨닫게 되고 주님의 온전한 인도하심을 받게 되는 것입니다.

우리는 어떠한 환난의 절망 속에서도 이 히브리 속담을 잊어서는 안 됩니다.

"앞이 막혀 있으면 옆을 보라. 옆이 막혀 있으면 뒤를 보라. 뒤도 막혀 있으면 위를 보라. 위에 계신 하나님이 너를 건져 주실 것이다."

그러므로 인생에 닥쳐오는 어떠한 환난 가운데에서도 영적 민감성을 가지고 주님의 인도하심을 구할 때 주님께서 친히 피할 길을 열어 주시고 우리의 앞길을 인도해 주시며 더욱 아름답고 복되게 쓰실 줄 분명히 믿으시기 바랍니다.

환난의 끝까지 인내해야 함

계속해서 본문 19-20절 말씀을 다 함께 읽겠습니다.

"헤롯이 죽은 후에 주의 사자가 애굽에서 요셉에게 현몽하여 이르되 일어나 아기와 그의 어머니를 데리고 이스라엘 땅으로 가라 아기의 목숨을 찾는 자들이 죽었느니라 하시니."

요셉과 마리아는 주의 사자의 인도하심을 따라 아기 예수님을 모시고 피난을 갔지만 잔학한 헤롯 왕의 분노는 하늘을 찔러 당시 나

이로 계산해서 두 살 이하의 아이들을 다 죽이라고 했습니다. 그것은 예레미야 선지자를 통해 주전 600년경에 예레미야 31장 15절에 "여호와께서 이와 같이 말씀하시니라 라마에서 슬퍼하며 통곡하는 소리가 들리니 라헬이 그 자식 때문에 애곡하는 것이라 그가 자식이 없어져서 위로 받기를 거절하는도다"라고 예언하였던 이스라엘의 어머니들이 자식들의 죽음으로 인해 애곡한다는 베들레헴의 대학살이 그대로 성취된 것입니다. 그런데 사실 국내도 아니고 당시 교통도 발달하지 않은 때 멀리 외국으로까지 피난 가서 아무도 아는 사람도 없고 의지할 데도 없고 탄압이 언제 끝이 날지도 모르니 얼마나 앞이 캄캄했겠습니까? 그런데 가서 보니까 당시 애굽(이집트)에 상당한 규모의 유대인 공동체가 있었습니다. 인구 100만에 육박하는 알렉산드리아만 해도 전체 인구의 1/3이 유대인이었다고 합니다. 그러니 그나마 위로받으며 그곳에서의 피난생활을 잘 견뎌낼 수 있었습니다.

이처럼 그 환난의 때에 끝까지 인내했더니 이렇게 참담한 유아 살해 명령을 내렸던 헤롯 왕이 하나님의 심판으로 주전 4년경에 원인모를 질병으로 큰 고통을 당하다가 갑작스럽게 죽게 됩니다. 그래서 또다시 주의 사자의 꿈을 통한 인도하심을 따라 그의 부모인 요셉과 마리아는 아기 예수님을 모시고 다시 고국 땅으로 돌아오게 됩니다.

인생 가운데 환난이 없는 인생은 없습니다. 그러나 어떠한 환난을 당할 때 그 환난을 이겨내기 위해서는 반드시 환난의 끝이 있음을 결코 잊어서는 안 됩니다.

그런데 많은 때 환난을 당해 보면 우리를 가장 낙심하게 하는 몇 가지 사실이 있습니다. 첫째, 나만 당하는 환난이라고 생각합니다. 둘째, 내가 당하는 환난이 제일 크고 힘들게 느껴집니다. 셋째, 그 환난의 고통보다 남들이 보는 시선이 더욱 괴롭고, 더 괴로운 것은 넷째,

그 환난이 끝이 안 보이고 평생 갈 것 같다는 것입니다. 그런데 가장 괴로운 것은 다섯째, 이 환난으로 내 인생이 비참하게 끝나버릴 것 같습니다.

그러나 늘 강조하지만 환난은 터널과 같아서 들어가면 어두컴컴하고 앞이 안 보이고 끝이 안 나올 것 같지만 언젠가는 끝이 나온다는 것입니다. 다시 말하면 끝이 없는 터널은 없다는 사실입니다. 터널은 잠시 잠깐 지나가는 것이지 영구히 머무는 곳이 아닙니다. 여러분, 우리가 꼭 기억해야 할 것은 아무리 가난하고 불행한 노숙자라고 해도 역이나 터미널 안에서는 살아도 터널 안에서 노숙하는 사람은 전 세계 어디를 가도 찾아볼 수 없지 않습니까? 그러므로 그 환난의 터널을 지나는 동안만 참고 기다리면 됩니다.

그러면 그때까지 어떻게 인내해야 합니까? 가장 먼저 우리는 우리에게 닥쳐 온 환난에 대해서 하나님을 원망해서도 안 되고 남을 탓하거나 주위 사람들에게 상처의 감정을 쏟으며 감정적 대응을 해서는 안 된다는 것입니다.

우리가 그 환난의 끝까지 잘 인내해야 하는데 흔히 환난을 당하면 낙심하고 좌절하고 더욱이 상대방의 잘못을 비난하면서 불평과 원망을 터뜨리게 됩니다. 그래서 더욱더 불행과 고통에서 못 헤어 나옵니다. 그러나 그러한 때일수록 오히려 침묵하면서 끝까지 인내하며 그 어려운 환난의 때를 이겨내야 합니다.

한 아내가 정신과 의사를 찾아와 상담을 했습니다.

"선생님, 저는 더이상 남편과 못 살겠어요. 그 사람은 너무 신경질적이고 잔소리가 심해요."

다 듣고 난 의사가 처방을 내렸습니다.

"우리 병원 옆에 신비한 샘이 하나 있는데 그 샘물을 한 통 길어서 집에 가져가세요. 그리고 남편이 귀가하면 그 샘물을 한 모금씩 입에 머금으세요. 그런데 머금기만 하고 절대 삼키면 안 돼요. 이 처방대로만 하면 금방 남편과 사이가 좋아질 거예요."

그 말을 들은 아내가 의사의 처방대로 샘물을 길어서 집으로 돌아갔습니다. 그날도 밤늦게 귀가한 남편이 평소처럼 짜증과 잔소리를 아내에게 퍼붓기 시작했습니다. 예전 같으면 아내도 맞받아치면서 싸웠을 텐데 그날은 의사의 처방대로 신비한 샘물을 입에 머금고 물이 새어나가지 않도록 입을 꼭 다물었습니다. 얼마 동안 시간이 지나자 남편이 잠잠해져서 그날 밤이 무사히 지나갔습니다. 그래서 그날부터 남편의 잔소리가 시작되면 얼른 신비의 샘물을 입에 머금었더니 얼마 지나지 않아 남편의 행동이 변하기 시작했습니다. 신경질이 줄어들고 아내를 함부로 대하던 행동도 몰라보게 변했습니다. 그러자 신비한 효과에 깜짝 놀란 아내가 의사를 찾아가 감사를 전했습니다.

"선생님, 너무 감사해요. 신비한 샘물의 효과가 정말 좋더군요. 우리 남편이 완전히 달라졌어요."

그 말을 들은 의사가 빙긋이 웃으며 말합니다.

"남편이 변한 것은 물 때문이 아니라 부인의 침묵 덕분입니다."

여러분, 말을 배우는 데 2년이 걸리지만 침묵을 배우는 데는 60년이 걸린다고 합니다. 그런데 평생 가도 이 침묵을 못 배우고 온갖 혈기와 오기로 가득 차 큰소리만 치며 주위 사람들에게 상처와 고통만 안겨주다가 일생을 불행하게 끝내버리는 불쌍한 인생들이 우리 주위에 얼마나 많습니까? 그만큼 침묵하는 것이 힘이 듭니다. 그러나 침묵이 환난 가운데 있는 우리에게 때로는 너무나 소중한 것입니다.

그러나 침묵만 하다 보면 때로는 가슴에 쌓이는 상처의 감정들이 마음의 병이 될 수도 있습니다. 환난 많은 세상에서 때로는 살기 힘들고 참기 힘들고 억울하고 원통하고 분노하고 복수하고 싶은 심정이 생길 때에 "주여! 주여!" 하고 주님만 바라보고 주님 앞에 내 쌓인 감정을 다 쏟아버리고 주님의 기적의 응답을 기다려야 합니다. "주여! 주여!" 하면서 "사흘만 참자" 하고 기다리다 보면 사흘이 30일이 되고 30일이 3년이 되고 3년이 30년이 되고 연단의 세월이 끝이 납니다. 그리고 어떠한 사탄의 역사도 다 이겨내게 되고 다 응답받게 되고 모든 소망을 이루게 됩니다. 우리에게 이렇게 하나님의 편에 서서 인내하는 믿음이 있기 때문에 우리의 가정이나 직장이나 교회의 갖가지 환난조차도 기쁨으로 인내함으로 기적적으로 승리하고 날마다 천국의 축복과 행복의 감격 속에 살게 된 것입니다.

로마서 5장 2-4절에 "또한 그로 말미암아 우리가 믿음으로 서 있는 이 은혜에 들어감을 얻었으며 하나님의 영광을 바라고 즐거워하느니라 다만 이뿐 아니라 우리가 환난 중에도 즐거워하나니 환난은 인내를, 인내는 연단을, 연단은 소망을 이루는 줄 앎이로다"라고 증거합니다. 과거의 믿음의 은혜를 체험했고 장래의 하나님의 영광을 바라보니까 현재의 환난 가운데에도 즐거워하게 되어서 그 환난이 우리를 인내하게 하고 그다음 연단의 과정을 이겨내게 해서 꼭 소망의 날이 온다는 것입니다.

지난 2015년 8월 20일(목) 지미 카터 전 미국 대통령이 기자회견을 열고 자신이 앓고 있던 피부암인 흑색종이 간과 뇌로 전이됐다고 밝혔습니다. 의료진은 지금 단계에서는 완치할 치료법이 없다고 했습니다. 더욱이 아버지와 형제와 자매 세 사람이 췌장암으로 세상을 떠났고 어머니도 유방암과 췌장암으로 하늘나라로 떠나갔는데 자신마저도 당장 내일 일을 알 수 없는 말기 암환자였지만 그는 시종 미소를 잃지 않았습니다. 무엇보다도 구원의 확신이 있기에 죽음에 대한 두려움이 없었고 천국의 소망 가운데 살기 때문에 이 세상에 대한 더 이상의 미련이 없었습니다. 사실 그는 다른 대통령처럼 퇴임 후 호화 기념 도서관을 짓거나 연설이나 저서를 통해 수백만 달러씩 돈을 버는 데 마음을 쏟지 않고, 오히려 집 없는 가난한 사람들을 위해 사랑의 집짓기(Habitat) 운동을 하고 독재 국가에 민주주의를 전파하고 저개발국의 질병을 퇴치하는 데 힘을 쓸 뿐만 아니라 분쟁국가의 화해를 위해 여생을 쏟아 2002년 노벨평화상까지 받지 않았습니까?

그가 평생 섬긴 조지아 주 마라나타 침례교회 성경교실에서 대통령 퇴임 후 지난 30여 년간 매 주일마다 성경을 가르쳐 왔는데 그의 암이 절망적이라는 소식을 듣고 평소에 40여 명이 참석하던 성경공부에 지난 주일에는 700여 명이 몰려왔다고 합니다. 그는 죽음을 앞둔 91세 노성도로서 그날 '사랑'을 주제로 마태복음 5장 44절의 "나는 너희에게 이르노니 너희 원수를 사랑하며 너희를 박해하는 자를 위하여 기도하라"는 말씀을 전했는데, 마지막으로 그가 전하는 메시지는 더욱더 큰 감동으로 와 닿았습니다. 왜냐하면 그것이 그의 신앙 고백이었고 그가 살아온 삶의 증거였기 때문입니다. 많은 주의 종이나 교인들이 평생을 주의 일에 힘쓰다가 노년에 그 추악한 노욕으로 말미암아 평생 쌓아놓았던 신앙과 명예를 다 무너뜨리고 너무도 비참하게 세상을 떠나간 사람들이 이 땅에 얼마나 많습니까? 그러나 그는 환난 가운데서도 오히려 하나님의 뜻을 구하면서 믿음에 굳게 서서 더욱더 귀하게 쓰임 받고 더욱더 크게 영광 돌리면서 생의 마지막을 천국의 소망 가운데 아름답게 마무리하는 모습이 참으로 감동적이었습니다.

그러므로 그 환난의 과정 동안만 죽었다고 생각하고 주님께 모든 것을 아뢰며 지내다 보면 금방 시간은 지나갑니다. 터널을 빠져나오는 밝은 소망의 날이 꼭 다가옵니다. 어떠한 환난 속에서도 환난의 끝이 분명히 있으며 그 끝이 기필코 점점 다가오고 있다는 믿음을 가지고 그 환난의 끝까지 인내하게 될 때 그 어떠한 환난도 능히 이겨내게 될 줄 확실히 믿습니다.

가장 좋은 길로 인도하심을 확신해야 함

마지막으로 본문 22-23절 말씀을 다 함께 읽겠습니다.

"그러나 아켈라오가 그의 아버지 헤롯을 이어 유대의 임금 됨을 듣고 거기로 가기를 무서워하더니 꿈에 지시하심을 받아 갈릴리 지방으로 떠나가 나사렛이란 동네에 가서 사니 이는 선지자로 하신 말씀에 나사렛 사람이라 칭하리라 하심을 이루려 함이라."

헤롯 왕이 죽고 요셉이 마리아와 아기 예수님과 함께 이스라엘 땅으로 돌아왔습니다. 헤롯 왕의 뒤를 이어 그의 큰아들 헤롯 아켈라오가 유대와 사마리아 지역을 다스리고 둘째 아들인 헤롯 안티파스는 갈릴리 지방을 다스리고 막내아들인 빌립은 동북부 요르단 지방을 다스렸는데, 헤롯 아켈라오는 그의 아버지보다 훨씬 더 잔인하고 포악했습니다. 그래서 결국 10년 통치하고 주후 6년에 폐위되고 맙니다만, 요셉의 가족은 그를 피하여 그들의 고향인 베들레헴으로 돌아가지 않고 헤롯 아켈라오보다 훨씬 온건한 헤롯 왕의 둘째 아들 헤롯 안티파스가 다스리던 갈릴리의 나사렛으로 이주합니다. 그래서 구약성경의 예언대로(삿 13:5, 7:16-17; 사 11:1, 53장) 예수님은 그 소박하고 온화한 마을인 나사렛에서 자라나게 됩니다. 결과적으로는 오히려 예수님의 가정에는 전화위복의 행복한 삶의 길이 열린 것입니다.

한 아파트에서 반상회를 하다가 여자들끼리 큰 싸움이 일어났습니다. 경비원이 달려와 싸움을 말리려 하자 각자 자기 입장을 말하는데 여러 사람이 한꺼번에 말을 하니까 도대체 무슨 말을 하는지 알아들을 수가 없었습니다. 그래서 경비원이 이렇게 소리쳤습니다.

"다들 한꺼번에 말을 하니까 무슨 말인지 알아들을 수가 없네요. 그러니까 제일 나이 많은 분부터 이야기해 보세요."

그러자 갑자기 조용해지면서 아무도 말을 하지 않아서 아주 간단히 싸움이 정리되었다고 합니다. 모두들 나이 들었다는 소리는 듣기 싫어하는데, 그 지혜로운 말 한마디로 여자들의 분쟁이 해결되는 전화위복의 기회를 갖게 되었다는 것입니다.

우리의 인생의 환난이 바로 전화위복의 기회인데 한 목사님이 이런 귀한 말씀을 해주셨습니다. 하나님께서 우리에게 복을 주실 때 그냥 쉽게 주시면 그 가치가 소중한 줄 모르니까 그냥 주시지 않고 고난의 보자기에 싸서 주시는데, 그 환난의 보자기를 거절해 버리면 복을 어떻게 누릴 수 있겠느냐는 것입니다. 참으로 의미 있는 말이지요?

흔히 환난을 당할 때는 그것이 너무도 고통스럽고 힘들고 그것으로 내 인생이 끝이 난 것 같지만 그 환난을 겪고 나서 오히려 전화위복이 될 때가 있습니다. 왜냐하면 그 환난이 우리의 영육 간에 연단을 받게 해서 정금 같은 믿음으로 나아오게 되고 가장 좋은 은혜와 축복과 행복을 경험하게 해주기 때문입니다. 우리가 환난 가운데에도 인내해야 할 이유가 바로 거기에 있습니다.

노소영 나비 아트센터 관장은 노태우 전 대통령의 딸, 재벌기업 회장의 부인, 미디어아트 전문가, 전직 대학교수 등 여러 직함을 가지고 있는데, 노 관장이 집안에서 혼자 교회를 다닌 지는 오래됐지만 예수님을 만난 것은 오래되지 않았습니다. 교회를 가면 뭔가 안 맞아서 들락날락하면서도 마음에는 늘 갈증이 있었습니다. 그러다 우연히 3년 동안 성경공부를 하면서 하나님이 존재한다는 확고한 신앙이 들기 시작했는데 하나님의 존재는 확신했지만 그 은혜를 깊이 체험하지 못해서 기독교인으로서 부끄러운 신앙생활을 했습니다. 그러던 중 2003년 남편이 SK그룹 분식회계 사건으로 감옥에 갔고, 아들은 소아 당뇨라는 난치병에 걸려서 평생 인슐린을 맞고 살아야 하는 아이를 서울대병원 소아병동에 입원시켰는데 마음이 참 힘들었습니다. 혈당이 높았다 낮았다 하면서 건강이 왔다 갔다 하니까 혹시라도 아이가 죽을까 봐 밤이나 낮이나 잠을 잘 수 없었는데 걱정하는 거 말고는 할 수 있는 일이 아무것도 없었습니다.

어느 날 밤 안팎으로 심신이 너무도 지쳐서 아들의 병실 침대에 누워 있는데 비몽사몽간에 허름한 누더기 옷을 입은 누군가가 침대 쪽으로 다가와서 그 아픔을 함께 나누려는 듯 불쌍히 여기는 눈길로 가만히 바라보고 있더랍니다. 그래서 얼른 일어나서 누구냐고 물어야 하는데 너무 피곤해서 그러지 못하고 속으로 "내일 물어봐야지" 하고 눈을 감으려 했는데 그 순간 그 사람이 걸어 나가더랍니다. 그런데 다음 날 간호사실에 가서 어젯밤 찾아왔던 누더기 옷을 입은 사람에 대해 물어봤더니 그런 사람은 없었다는 것입니다. 그분이 바로 예수님인 것을 알게 된 건 한참 뒤였습니다. 그렇게 누더기 옷을 입고 찾아온 분이 예수님임을 깨달은 후부터 그녀의 마음속에 평안이 찾아왔습니다. 그날 이후 '아이를 찾아온 분이 예수님이시라면 예수님께서 돌봐주실 텐데 내가 왜 걱정을 하나?' 하는 생각이 드니까 마음이 그렇게 평안해지더랍니다. 지금 아들은 여전히 당뇨병을 안고 살아가고 있지만 병과 함께 살아가는 방법을 익혀서 정상적으로 생활하는 데 큰 무리가 없다고 합니다. 그래서 대안학교에 자진해서 들어가 공부를 했고 교회에서는 성가대로 섬기고 있고 '비트박스'로 예배시간에 특송을 하고 수련회에도 따라가고 대학에 갈 준비도 열심히 하는 등 과거에는 상상도 할 수 없는 일이 벌어졌습니다. 남편 회사가 망할지도 모르고 아이가 아파 죽을지 모르는 인생의 가장 낮은 밑바닥에 있을 때 주님께서 그녀에게 찾아와 주시고 평안을 주신 것입니다.

그런데 자식이 부모를 전도하는 게 쉬운 일은 아니었습니다. 더욱이 그의 아버지 노태우 전 대통령과 어머니 김옥숙 여사는 대통령 재임 시 전국 사찰에 굵직한 시주를 하는 등 독실한 불자로 소문이 났는데, 그런 고통 가운데서도 눈물의 기도로 기적적으로 가족들을 믿음으로 이끌었습니다. 그래서 노 전 대통령은 2010년 예수님을 영접했고 어머니도 최근에 회심했다고 합니다. 노환으로 서울대병원에 입원 중인 노 전 대통령은 작년 4월 폐에서 침이 발견돼 제거 수술을 받았고 원인을 알 수 없는 갑작스런 고열로 긴급 치료를 받기도 했습니다. 현재 위중한 상태는 아닌 것으로 알려졌는데 그녀는 "지금 아버지와 어머니가 같이 기도하신다는 사실이 믿기지 않는다"고 감격해 했습니다. 그리고 노 전 대통령은 늘 "내가 병석에서 일어나면 제일 먼저 교회부터 가겠다"고 한다는 것입니다.

더욱이 감사한 것은 지난 2015년 8월 15일 광복절 특사로 남편 최태원 SK 회장이 석방되었는데 그때 그의 한쪽 손에 성경책이 들려 있었습니다. 그는 감옥 생활 가운데서 믿음으로 우뚝 섰고 지금은 주님 안에서 더욱더 새로워진 모습으로 매일 회사 경영과 우리나라의 경제 회복에 매진하고 있습니다. 이처럼 노 관장은 가정의 계속되는 불행과 고통의 환난 가운데에서 주님을 새롭게 만나고 사랑하는 부모님과 남편 그리고 딸, 아들까지 가족 모두를 믿음으로 이끌었습니다. 특히 노 전 대통령 부부의 회심은 극적이어서 우리나라 대표적인 지성이요, 무신론자였던 이어령 전 문화부 장관의 회심만큼 기적적인 사건이었습니다. 그러니 주님께서는 환난 가운데서 가장 좋은 은혜를 체험하게 하신 것입니다.

우리가 어떠한 환난을 당해도 꼭 기억해야 할 말씀이 야고보서 1장 2-4절 말씀입니다.

> "내 형제들아 너희가 여러 가지 시험을 당하거든 온전히 기쁘게 여기라 이는 너희 믿음의 시련이 인내를 만들어 내는 줄 너희가 앎이라 인내를 온전히 이루라 이는 너희로 온전하고 구비하여 조금도 부족함이 없게 하려 함이라."

그러므로 앞으로 우리 일생에 어떠한 환난이 닥쳐와도 이것은 변장된 은혜요, 축복이요, 행복이라고 확실히 믿고 끝까지 인내하면 온전하고 구비하여 조금도 부족함이 없는 가장 좋은 길로 인도하심을 확실히 체험하게 될 줄 분명히 믿으시기 바랍니다.

분당우리교회 이찬수 목사님의 아버지는 작은 교회에서 목회하셨는데 교회 일로 너무 가슴 아파하시다가 40일 금식기도를 하는 중에 17일 만에 갑자기 하늘나라로 떠나가셨다고 합니다. 그러니 교인들뿐만 아니라 사랑하는 가족들에게 얼마나 큰 충격이 되었겠습니까? 무엇보다도 슬픔과 충격을 받으셨을 어머니가 가장 걱정이 되었습니다. 더욱이 환난은 거기서 그치지 않고 아버지 목사님이 돌아가시고 장례를 치르자마자 사택을 비우라고 해서 결국 길거리로 나앉고 말았습니다. 평생을 목숨을 걸고 그렇게 헌신적으로 목회를 했는데 어떻게 그렇게 쫓아낼 수가 있습니까? 어머니는 홀로 되셔서 남매를 키우느라고 그토록 죽을 고생을 해야 했지만 그 견디기 어려운 환난과 고통 속에서도 어머니는 결코 하나님을 원망하지 않고 교회를 탓하지도 않으셨습니다. 더구나 사랑하는 남편이 그렇게 목회를 하다가 고통 가운데 돌아가셨으면 자식들이 신학을 한다고 해도 말릴 판인데 어머니는 그렇지 않으셨습니다. 오히려 신학은 꿈에도 생각지 않던 아들에게 "하나님이 보호하시니 걱정할 것이 무엇이냐? 찬수 네가 아버지의 뿌린 씨앗이 헛되지 않도록 거두도록 해라"고 격려하시면서 아들에게 신학의 길로 나아갈 것을 강권하셨습니다.

그런데 목사님의 아들로 태어났지만 구원의 확신도 없이 교회만 왔다 갔다 하고 복음과 무관하게 살면서 고집만 피우며 불효를 하니 어머니가 누구를 믿고 의지하며 살겠습니까? 그때마다 어머니는 평소에 늘 즐겨 부르시던 찬송가 310장 '아 하나님의 은혜로'를 눈물로 찬양하며 기도하셨습니다.

    1. 아 하나님의 은혜로 이 쓸데없는 자
       왜 구속하여 주는지 난 알 수 없도다
    2. 왜 내게 굳센 믿음과 또 복음 주셔서
       내 맘이 항상 편하지 난 알 수 없도다
    3. 왜 내게 성령 주셔서 내 마음 감동해
       주 예수 믿게 하는지 난 알 수 없도다
    4. 주 언제 강림하실지 혹 밤에 혹 낮에
       또 주님 만날 그곳도 난 알 수 없도다

후렴) 내가 믿고 또 의지함은 내 모든 형편 아시는 주님
늘 보호해 주실 것을 나는 확실히 아네

    그렇게 아들을 위해 30년의 세월을 눈물로 찬양하며 기도하며 기다려 주셨는데 결국 그 아들은 어머니의 눈물의 기도와 인내의 사랑 앞에 무릎을 꿇었습니다. 당시 미국 이민자여서 미국 일리노이 주립대학을 졸업하고 서른 살의 나이에 "천부여 의지 없어서 손들고 옵니다" 하고 주님 품으로 돌아와서 혈혈단신으로 서울로 역유학을 와서 신학을 시작하였습니다. 신학을 하면서 사랑의 교회 옥한흠 목사님 밑에서 청소년 목회의 훈련을 받고 장년 목회의 경험이 전혀 없던 그가 지금으로부터 13년 전인 2002년 5월 성남시 분당구 이매동 송림고등학교 강당에 분당우리교회를 개척해서 지금은 만 수천 명이 모이는 대형교회로 크게 부흥하게 되었습니다. 그는 지난날의 그 절망적인 환난 속에서도 "내가 너를 늘 지키고 있으니 걱정하지 말아라"는 주님의 위로의 음성을 들으면서 주님의 인도하심을 구하고 환난의 끝까지 인내했더니 주님께서 가장 좋은 길로 인도해 주셨습니다. 그래서 요즘에는 지난날의 그 환난의 때를 기억하면서 '왜 날 사랑하나'를 부르면서 감사하고 감격해한다고 합니다.

    1. 예수님 날 위해 죽으셨네 왜 날 사랑하나
       겸손히 십자가 지시었네 왜 날 사랑하나
    2. 손과 발 날 위해 찢기셨네 왜 날 사랑하나
       고난을 당하여 구원했네 왜 날 사랑하나
    3. 내 대신 고통을 당하셨네 왜 날 사랑하나
       죄 용서받을 수 없었는데 왜 날 사랑하나

후렴) 왜 날 사랑하나 왜 날 사랑하나
왜 주님 갈보리 가야 했나 왜 날 사랑하나

사랑하는 성도 여러분, 우리의 삶 가운데에 어떠한 환난이 닥쳐올 지라도 영적 민감성을 가지고 주님의 인도하심을 구하고 환난의 끝이 있음을 믿고 소망 중에 인내하고 주님께서 가장 좋은 길로 인도하심을 확신할 때 우리는 인생에 어떠한 환난이 닥쳐도 능히 이겨내고 주님께 영광 돌리며 복되게 일어서게 될 줄 확실히 믿습니다.

우리 다 같이 십자가에서 죽기까지 우리를 사랑해 주신 주님의 사랑을 느끼면서 찬송 '왜 날 사랑하나'를 함께 부르며 믿음으로 결단하도록 하겠습니다.

살아계신 하나님 아버지, 우리에게 환난이 닥칠 때 하나님이 우리를 버리신 것 같고 하나님이 살아계시지 않는 것처럼 느껴질 때가 얼마나 많았습니까? 그러나 어떠한 환난 가운데서도 영적 민감성을 가지고 주님의 인도하심을 구하게 하여 주시옵소서. 환난의 끝이 있음을 믿고 소망 중에 인내하게 하여 주시옵소서. 가장 좋은 길로 인도하심을 확신하게 하여 주시옵소서. 그리함으로 우리의 인생에 어떠한 환난이 닥쳐도 능히 이겨내며 주님께 영광 돌리는 복된 생애를 살아가게 될 줄 믿사옵고 예수님의 이름으로 기도드립니다. 아멘.

영적 세례를 체험하라

마태복음 3:1-12

¹그때에 세례 요한이 이르러 유대 광야에서 전파하여 말하되 ²회개하라 천국이 가까이 왔느니라 하였으니 ³그는 선지자 이사야를 통하여 말씀하신 자라 일렀으되 광야에 외치는 자의 소리가 있어 이르되 너희는 주의 길을 준비하라 그가 오실 길을 곧게 하라 하였느니라 ⁴이 요한은 낙타털 옷을 입고 허리에 가죽 띠를 띠고 음식은 메뚜기와 석청이었더라 ⁵이때에 예루살렘과 온 유대와 요단 강 사방에서 다 그에게 나아와 ⁶자기들의 죄를 자복하고 요단 강에서 그에게 세례를 받더니 ⁷요한이 많은 바리새인들과 사두개인들이 세례 베푸는 데로 오는 것을 보고 이르되 독사의 자식들아 누가 너희를 가르쳐 임박한 진노를 피하라 하더냐 ⁸그러므로 회개에 합당한 열매를 맺고 ⁹속으로 아브라함이 우리 조상이라고 생각하지 말라 내가 너희에게 이르노니 하나님이 능히 이 돌들로도 아브라함의 자손이 되게 하시리라 ¹⁰이미 도끼가 나무 뿌리에 놓였으니 좋은 열매를 맺지 아니하는 나무마다 찍혀 불에 던져지리라 ¹¹나는 너희로 회개하게 하기 위하여 물로 세례를 베풀거니와 내 뒤에 오시는 이는 나보다 능력이 많으시니 나는 그의 신을 들기도 감당하지 못하

겠노라 그는 성령과 불로 너희에게 세례를 베푸실 것이요 ¹²손에 키를 들고 자기의 타작 마당을 정하게 하사 알곡은 모아 곳간에 들이고 쭉정이는 꺼지지 않는 불에 태우시리라

마태복음 2장과 본문 3장 사이에는 약 30년의 세월이 흘렀습니다. 세례 요한은 요단 강 양편의 유대 광야에서 성장하여(눅 1:80; 요 3:23) 그곳에서 "회개하라, 천국이 가까이 왔느니라"고 외쳤습니다. 그것은 주전 700여 년 전에 이사야 40장 3절에 "외치는 자의 소리여 이르되 너희는 광야에서 여호와의 길을 예비하라"고 예언하신 말씀이 그대로 성취된 것입니다. 그리고 오늘 본문 11절에 "나는 너희로 회개하게 하기 위하여 물로 세례를 베풀거니와 내 뒤에 오시는 이는 나보다 능력이 많으시니 나는 그의 신을 들기도 감당하지 못하겠노라 그는 성령과 불로 너희에게 세례를 베푸실 것이요"라고 예수 그리스도를 증거했습니다. 여기에 우리가 받아야 할 세 가지 영적 세례가 나오는데 사복음서에 다 기록될 정도로 중요한 말씀입니다.

그러면 우리가 성령의 역사가 없는 형식적이고 습관적이고 의례적인 세례가 아닌 이 영적 세례를 어떻게 받을 수 있는지 이 시간도 들려주시는 하나님의 음성을 함께 들을 수 있길 바랍니다.

🌱 성령세례를 체험해야 함

본문 11절 중반절 말씀을 다 함께 읽겠습니다.

"…내 뒤에 오시는 이는 나보다 능력이 많으시니 나는 그의 신을 들기도 감당하지 못하겠노라 그는 성령과 불로 너희에게 세례를 베푸실 것이요."

우리는 가장 먼저 성령세례를 체험해야 하는데 평생 교회를 다녀도 신앙의 근본인 성령의 세례를 받지 못하고 성령이 없이 살아가는 사람들이 이 땅에 얼마나 많은지 모릅니다. 그래서 말세의 마지막 때 이 땅의 수많은 교회들이 구원의 확신이 없고 마음의 평안이 없고 영생의 소망도 없습니다. 천국의 축복과 행복을 잃어버리고 사는 사람들이 이 땅에 얼마나 많습니까? 그러므로 우리의 신앙생활 가운데 가장 먼저 성령의 세례부터 받아야 합니다.

이 성령세례에 대해서 순복음교회에서는 성령세례를 받으면 방언을 하게 된다고 주장합니다만 사도행전을 보면 성령의 세례를 받을 때 방언을 한 경우도 있었지만(행 2:4, 10:44-46, 19:6) 예언을 하며 하나님의 말씀을 전한 경우도 있었고(행 4:31, 19:6) 표적이 일어나고 귀신들이 나가고 병 고침을 받으며 큰 기쁨이 넘친 경우도 있었습니다(행 8:5-8). 그래서 성령세례를 받으면 방언을 하게 된다는 것은 꼭 옳은 말은 아닙니다. 고린도전서 12, 14장을 보면 방언은 우리에게 하나님의 살아 계심을 보여 주시고 더욱 깊이 영으로 기도하도록 허락하시는 특별한 성령의 은사입니다. 그렇다면 우리가 어떻게 성령의 세례를 받을 수 있을까요?

지난 2015년 9월 2일(수) 오전 6시 터키 남부 휴양지 보드룸 해변에 시리아 난민인 세 살배기 에일란 쿠르디가 숨진 채 떠내려와 누워 있었습니다. 그 아이의 엄마와 형을 비롯해서 전쟁 중인 시리아를 탈출하여 피난을 온 사람들이 배가 난파하여 모두 다 죽음을 당하고 말

앉습니다. 이 쿠르디의 시신을 가장 먼저 발견한 터키 도안통신의 여기자 닐류페르 데미르는 너무도 가엾은 그 아이의 모습을 사진에 담아 전 세계에 알렸습니다. 그런데 한 어린아이의 죽음은 유럽연합뿐만 아니라 전 세계에 충격을 던져 주었을 뿐만 아니라 이 지구촌을 한순간에 확 바꾸어 놓았습니다. 책임을 나눠 지자며 독일과 오스트리아가 가장 먼저 제한 없이 난민을 수용하자고 나서 3만 1000명의 난민을 받아들였고, 난민을 더 이상 못 받는다고 발뺌을 하던 영국도 1만 5000명의 난민을 받아들이기로 했고, 소극적 입장을 고수하던 프랑스도 난민을 2만 4000명 더 수용하기로 했으며, 뉴질랜드까지 난민을 받겠다고 나섰습니다. 그리고 백만장자인 핀란드 총리는 다음해 1월부터 난민들이 거주할 수 있도록 자신의 저택을 내놓고 사재를 털어 생필품을 제공하기로 했고, 이집트 재벌 사워 리스는 지중해의 섬을 사들여 난민의 나라를 세우고 직업도 제공하겠다고 했습니다.

또한 지난 9일(수) 장 클로드 융커 유럽연합 집행위원장은 28개국 회원국들이 60만 명의 난민을 분산 수용하는 강제 할당안을 발표했고, 유엔까지도 이달 30일 정상회의를 소집하고 12만 명의 난민을 수용하기로 했습니다. 한 어린아이의 죽음이 전 세계의 난민에 대한 깊은 관심과 구호의 온정을 베풀게 한 것처럼 예수 그리스도의 죽음은 온 인류에 구원의 손길을 펼치고 영원한 생명을 얻게 하신 것입니다.

우리가 불신앙의 죄를 회개하고 예수님을 나의 구주로 영접할 때에 성령께서 우리에게 임함으로 성령의 세례를 받게 됩니다. 그리할 때 우리의 삶은 지옥을 향하던 삶이 천국을 향하게 되고 우리의 인생의 방향이 완전히 변하게 되는 것입니다.

갓 결혼한 신랑에게 친구들이 "결혼해서 바뀐 게 뭐야?"라고 물었더니 신랑이 "결혼한 후 내 세계관이 바뀌었어!"라고 하였습니다. 친구들이 무슨 말인지 의아해하자 신랑이 말했습니다. "결혼 전에는 난 세상 여자들이 다 천사인 줄 알았었어."

친구들이 "그 생각이 어떻게 변했는데?" 하고 묻자 신랑이 시무룩해서 말하더랍니다.

"천사가 아닌 여자도 있더라고."

무슨 말입니까? 지금 웃는 남자분들은 다 아시는 것 같습니다.

우리가 성령세례를 체험하면 마귀인 줄 알았던 사람이 천사로 보이고 형제로 보이는 영적 세계를 발견하게 됩니다. 이처럼 우리의 신앙 세계가 바뀌게 됩니다. 그래서 고린도전서 12장 13절에 "우리가 유대인이나 헬라인이나 종이나 자유인이나 다 한 성령으로 세례를 받아 한 몸이 되었고 또 다 한 성령을 마시게 하셨느니라"고 증거합니다. 다시 말하면 이 성령의 세례를 통해 영원한 멸망의 길로 가며 죄악된 세상과 짝하던 우리가 주님의 교회의 한 몸이 되는 변화된 삶을 살아가게 된 것입니다.

한 목사님이 어릴 적 친구를 위해 오랫동안 기도하다가 드디어 주일예배에 초대하게 되었습니다. 그리고는 제일 앞자리에 앉혀 놓고 제발 은혜를 받게 해달라고 열심히 기도하며 말씀을 전했는데 이 친구가 말씀을 들으며 은혜를 받았는지 손수건으로 눈물을 닦는 것을 보니 너무나 기뻤습니다. 예배가 끝난 후 친구가 "여기 목사들이랑 전도사들이 다 몇 명이나 돼? 다들 모이라고 해!"라고 하였습니다. 놀란 목사님이 "왜 뭐 하려고?"라고 묻자 친구가 말하더랍니다.

"내가 오늘 기분이 너무 좋아서 한잔 거하게 쏘려고…."

은혜 받고 대접하려는 마음은 감사하지만 아직도 죄악된 세상의 습관에서 못 돌아선 것입니다.

교회란 무엇입니까? 헬라어로 'ἐκκλησία(에클레시아)로서 '(세상에서) 불러내심을 받은 자의 무리'를 의미합니다. 성령이 함께하심으로 세상과 구별되어야 하는 것입니다.

부족한 종도 장로님, 권사님의 자녀로 태어나서 매 주일 교회는 열심히 다녔지만 구원의 확신이 없었습니다. 그러나 대학 입시의 실패의 고통 속에서 갈급한 심령으로 주님을 사모하게 되고 성경을 읽는 가운데 1976년 8월 5일 로마서 3장 23-24절의 "모든 사람이 죄를 범하였으매 하나님의 영광에 이르지 못하더니 그리스도 예수 안에 있는 속량으로 말미암아 하나님의 은혜로 값없이 의롭다 하심을 얻은 자 되었느니라"는 말씀을 통해서 불신앙의 죄를 회개하고 예수님을 구주로 영접하였고, 그 순간 성령이 임하시는 성령세례를 체험하게 되었습니다. 그리하여 영원한 생명을 얻고 천국의 소망 가운데 살게 되고 성령님이 세상 끝날까지 항상 함께하신다고 약속하셨습니다. 그 뒤로 성령님은 한 번도 저의 곁을 떠난 적이 없고 저의 삶 가운데 살아 역사하시고 지금까지 친히 인도하시고 귀하게 쓰시고 기뻐 받아 주셨습니다. 그러니 얼마나 감사하고 영광스러운 일입니까?

그러므로 우리의 신앙생활 가운데 가장 먼저 받아야 할 영적 세례인 성령세례를 체험함으로 성령님이 세상 끝날까지 우리와 함께하면서 우리를 통해서 역사하시고 영광 거두실 줄 분명히 믿으시기 바랍니다.

물세례를 체험해야 함

계속해서 본문 11절 상반절 말씀을 다 함께 읽겠습니다.

"나는 너희로 회개하게 하기 위하여 물로 세례를 베풀거니와…."

우리가 성령세례 다음으로 물세례를 체험해야 합니다. 요한의 물세례는 회개를 하게 하기 위한 세례였습니다. 이 회개의 세례는 구약성경뿐 아니라 랍비 문헌 등 어디에도 나오지 않는 특별한 용어였습니다. 왜냐하면 예수님 당시에 유대인들은 세례를 받지 않았기 때문입니다. 유대인들은 태어난 지 8일 만에 할례를 받았고 성전에서 희생 제물을 드렸지만 스스로를 거룩한 하나님의 백성이라고 여겼고 이미 할례를 받았기 때문에 굳이 세례를 받을 필요가 없다고 생각했습니다. 그러나 당시의 세례는 유대교로 개종한 이방인들이 거쳐야 하는 세 가지 필수 예식, 즉 할례와 세례와 희생 제물 바치는 것 중 하나였는데 이방인들을 부정하게 여겼기 때문에 이방인들에게는 과거의 부정한 것을 씻는 의식으로서 세례를 추가로 요구했던 것입니다. 그런데 세례 요한이 베푼 회개의 세례는 유대인이나 이방인이나 구별이 없이 행해졌습니다. 왜냐하면 그들이 너무도 죄악으로 가득했기 때문입니다.

우리의 문제는 구원의 확신도 없이 교회만 오래 다녔다고 물세례를 받는 것입니다. 더구나 이 영적 의미를 깨닫지도 못하고 물세례를 받는 데 우리의 지난날의 신앙의 심각한 문제가 있었습니다. 그러나 예수님께서는 율법을 완성시키러 오셨기 때문에 이 물세례의 의미를 복음적으로 확대시키셨습니다. 그래서 로마서 6장 4-5절에 "그러므로 우리가 그의 죽으심과 합하여 세례를 받음으로 그와 함께 장사되었나니 이는 아버지의 영광으로 말미암아 그리스도를 죽은 자 가운데서 살리심과 같이 우리로 또한 새 생명 가운데서 행하게 하려 함이라 만일 우리가 그의 죽으심과 같은 모양으로 연합한 자가 되었으면 또한 그의 부활과 같은 모양으로 연합한 자도 되리라"고 증거했습니다.

물세례는 우리가 죄에 대하여 장사 지내고 의에 대해서 부활한 상징으로 받는 것입니다. 그러니까 불신앙의 죄를 회개하고 예수님을 구주로 영접하여 하나님의 자녀로 거듭난 성도가 지난날의 자기의 죄에 대해서 죽고 주님의 의로 부활하였다는 상징으로 물세례를 받아야 합니다.

목사님 세 분이 모였는데 그중 한 목사님이 교회 지하실에 쥐가 많아서 고민이라며 걱정을 했습니다. 그러자 다른 목사님이 자기네 교회도 쥐 때문에 골머리를 앓고 있다고 하면서 세 번째 목사님네 교회는 어떠냐고 물었습니다. 세 번째 목사님이 말했습니다.

"우리 교회에 있는 쥐들에게 교회에서 살려면 세례 받고 신앙생활 해야 한다고 했더니 쥐들이 그날로 다 도망가 버려서 한 마리도 없던데요."

혹시 우리 지하 주차장에서 쥐 보거든 제게 연락하십시오. 그러면 쥐들한테 세례 받고 살든지 떠나든지 하라고 하겠습니다.

사실 부족한 종도 어렸을 때 유아세례를 받고 중학교 3학년 때 입교를 하였지만 구원의 확신이 없이 입교를 했기 때문에 성령세례를 받고 구원의 확신을 가진 한 달 뒤인 1976년 9월 5일 정식으로 세례(침례)를 받았습니다. 그날 이후 저의 마음속에 구원의 감격이 사라져 본 적이 없고 무언가 변화된 삶을 살려고 몸부림치며 살아왔습니다.

우리의 신앙의 더욱 심각한 문제는, 물세례를 체험하고도 그 의미를 되새기지 못하니까 물세례의 감격이 없이 살아가는 사람들이 너무도 많다는 것입니다. 한 집사님이 오랫동안 기도하며 전도한 끝에 드디어 남편이 교회에 나오게 되었고 결국 세례까지 받게 되었는데 그날부터 남편이 머리를 감지 않았습니다. 그래서 아내 집사님이 "왜 갑자기 머리를 안 감는 거야?"라고 묻자 남편이 그러더랍니다.

"머리 감으면 세례 받은 물이 다 씻겨서 세례의 은혜가 사라져 버리는 거 아냐?"

머리 감으면 세례가 무효가 됩니까? 세례 받은 물을 머리에 간직하는 게 중요한 것이 아니라 물세례의 감격을 간직하는 게 중요합니다.

여러분, 요즘 청년 실업이 얼마나 심각한지 아십니까? 오죽하면 '7포 세대'라고 하겠습니까? 청년들이 연애, 결혼, 출산, 내 집 마련, 인간관계, 꿈, 희망까지도 모두 다 포기하고 삽니다. 더 나아가 'N포 세대'즉 모든 것을 포기하고 자기 방에 틀어박혀 컴퓨터나 스마트폰이나 하며 시간을 보내는 세대가 되고, 심지어는 'F포 세대'즉 신앙(faith)까지도 포기하는 세대가 되어버렸습니다. 2030 세대가 현실적으로 얼마나 쪼들리는지 2013년부터 마지막 보루인 'IT 전당포'까지 크게 늘고 있습니다. 젊은이들의 필수품인 스마트폰이나 노트북을 가져가면 시세의 50-60% 금액을 빌려 주는데 10-20%는 돈을 갚지 못해 결국 중고 거래 사이트로 넘긴다는 것입니다. 그래서 임금 피크제라도 실시해서 정년 60세 이후에도 계속 일하고 청년의 일자리도 늘리자고 하는데도 자기 탐욕과 욕망에만 사로잡혀서 그것마저 반대하니 어떻게 되겠습니까?

이제는 우리가 물세례의 의미를 묵상하면서 날마다 순간마다 죄에 대해서 죽고 의에 대해서 다시 살아나야 합니다. 그래서 바울 사도도 고린도전서 15장 31절에서 "형제들아 내가 그리스도 예수 우리 주 안에서 가진 바 너희에 대한 나의 자랑을 두고 단언하노니 나는 날마다 죽노라"고 담대히 외쳤던 것입니다. 그러므로 우리가 물세례를 체험하고 그 감격 속에 날마다 순간마다 주님의 십자가에서 죽어지면 거기서부터 모든 불평과 원망이 사라지고 불행과 고통도 사라지며 우리 인생의 모든 문제가 다 풀리기 시작하고 앞길이 열리고 진정으로 주님 앞에서 복된 생애가 새롭게 펼쳐지게 될 줄 확실히 믿습니다.

불세례를 체험해야 함

마지막으로 본문 11절 하반절 말씀을 다 함께 읽겠습니다.

"…불로 너희에게 세례를 베푸실 것이요."

우리는 성령세례와 물세례에 이어 불세례도 체험해야 합니다. 당시 세례 요한은 많은 외식하는 바리새인들과 영적 존재를 믿지 않는 사두개인들을 향하여 "독사의 자식들아 누가 너희를 가르쳐 임박한 진노를 피하라 하더냐 그러므로 회개에 합당한 열매를 맺고 속으로 아브라함이 우리 조상이라고 생각하지 말라 내가 너희에게 이르노니 하나님이 능히 이 돌들로도 아브라함의 자손이 되게 하시리라 이미 도끼가 나무뿌리에 놓였으니 좋은 열매를 맺지 아니하는 나무마다 찍혀 불에 던져지리라"(7-10절)고 경고하면서 이 회개의 세례를 촉구했습니다.

이 불세례를 12절의 "손에 키를 들고 자기의 타작 마당을 정하게 하사 알곡은 모아 곳간에 들이고 쭉정이는 꺼지지 않는 불에 태우시리라"는 말씀과 연관하여 하나님의 불 심판으로 생각하는 사람들이 있습니다. 그런데 우리가 여기서 유의해야 할 것은 세례는 믿는 자들이 받아야 할 것이고 심판은 안 믿는 사람들이 받아야 할 것이기 때문에 11절의 믿는 자의 불세례와 12절의 불신자의 불 심판을 혼동해서는 안 됩니다.

저희 어렸을 때만 해도 부흥사 목사님들이 "불 받아라! 불 받아라!" 하면 "아멘! 아멘!" 하면서 얼마나 믿음으로 받아들였는지 모릅니다. 그런데 요즘은 아련한 옛 추억이 되어 버렸습니다. 요즘 우리 치유하는교회 외의 어느 교회에서 "성령의 불 받으라!"는 소리를 합니까? 그래도 옛날에는 얼마나 불세례를 강조했는지 모릅니다. 그래서 모두들 성령의 불을 받아 먼저 자신의 죄악부터 철저히 회개하고 불로 연단한 정금 같은 믿음으로 나아오고 삶의 놀라운 변화가 일어나고 기적의 역사가 일어납니다. 어떠한 시련과 역경 속에서도 천국의 축복을 누리고 행복의 감격을 누리면서 가정도 행복해지고 교회도 뜨겁게 부흥하고 세상의 소금과 빛의 사명을 잘 감당함으로써 오늘의 한국 교회의 부흥과 조국의 번영을 가져온 것입니다. 그런데 요즘에는 '불세례'라는 단어가 강단에서 사라진 지 너무도 오래되었습니다. 말세의 마지막 때의 라오디게아 교회처럼 차지도 더웁지도 아니한 미지근한 신앙의 시험 가운데 빠지고 말았습니다.

그러다 보니까 우리 자신의 성격도, 기질도 변화가 일어나지 않고 축복도 온전히 누리지 못하고 우리 가정도 행복하지 못하고 교회마다 불화와 분쟁의 시험 가운데서 헤어나오지 못하고 세상의 소금과 빛이 되기는커녕 오히려 세상으로부터 짓밟히고 버려지고 있는 서글프고 암담한 현실입니다.

어머니가 좀 부족한 아들에게 성냥을 사 오라고 심부름을 시켰습니다. 그런데 아들이 사온 성냥이 한 개비도 불이 켜지지 않았습니다. 그걸 본 아들이 말하더랍니다.

"참 이상하네. 내가 분명 한 개비씩 다 불이 켜지는지 시험해 봤는데요?"

이미 한 번씩 다 켜 봤으니 그게 불이 켜지겠습니까? 이처럼 우리의 심령의 불이 꺼져 있으니까 우리의 신앙도 다 사그라들어 버리고 말았습니다. 그러므로 우리에게 삶의 근본적인 변화가 일어나야 합니다.

지난 2015년 9월 5일(주일) 오후 7시 25분 제주시 추자도를 출발해 전남 해남으로 향하던 9.77t급 낚싯배 돌고래호가 전복되면서 현재까지 11명이 사망하고 7명이 실종되었습니다. 2014년 4월 16일 304명의 엄청난 희생을 가져온 세월호 참사를 겪은 지 얼마나 되었다고, 낚싯배 영업을 하는 돌고래호가 지난 7년간 단 한 번도 안전 점검을 받은 적이 없고 입출항 관리도 제대로 안 하고 탑승 인원과 명단도 제대로 파악이 안 되고 구명조끼 관리도 허술했습니다. 추자도항의 CCTV도 고장 나 작동이 안 되고 해양수산부 기상예보 방송도 폭우와 풍랑이 거센데도 잔잔하다고 하고 거기다가 해경은 돌고래호의 행적이 사라진 뒤 1시간 반이 넘게 전화기만 붙잡고 있다가 결국 늑장 구조로 골든타임까지 다 놓쳐버리고, 더욱이 늑장 출동을 하면서도 출동할 해경 선박이 없어 어선을 동원했다고 합니다. 그나마 생존자 3명을 구조한 것도 해경이 아니고 새벽 조업을 하던 어부 부부였습니다. 정부는 세월호 참사 이후 국가 개조를 부르짖으며 해양, 경찰 조직까지 다 해체하고 편입시켜서 국민안전처를 만든다고 그렇게 요란 법석을 떨더니 지난 1년이 지나도록 달라진 게 뭐가 있습니까? 참사 지역과 침몰 선박 규모와 사망 인원만 다를 뿐 달라진 건 아무것도 없었습니다.

우리 인간이 그렇습니다. 아무리 오랫동안 교회에 다니고 은혜 많이 받았다고 하고 봉사 많이 하고 중한 직분 받았다고 해도 우리 스스로 삶 가운데 변한 게 뭐가 있습니까? 아무리 성경을 많이 알고 의로운 체하고 비판을 잘 하고 혼자 예수 잘 믿는 것처럼 자만하고 큰소리쳐도 성령의 불세례를 받지 않으면 진정한 삶의 변화는 일어날 수 없으며, 변화가 없는 신앙생활은 이미 죽은 것입니다.

히브리서 12장 28-29절을 보면 "그러므로 우리가 흔들리지 않는 나라를 받았은즉 은혜를 받자 이로 말미암아 경건함과 두려움으로 하나님을 기쁘시게 섬길지니 우리 하나님은 소멸하는 불이심이라"고 불세례를 강조했습니다. 과거에 우리가 흔들리지 않는 나라인 천국의 영생을 얻었지만 더 깊고 뜨거운 은혜를 받아야 합니다. 그래서 경건함과 두려움으로 하나님을 기쁘시게 섬겨야 하는데 그러기 위해서는 하나님의 불세례를 받아야 합니다.

부족한 종도 대학교 1학년 말에 원인 모를 병으로 한 달 보름 동안 식음을 전폐한 채 고통 가운데 죽어가는데 사람이 죽음을 앞두니까 지푸라기라도 붙잡고 싶은 심정이었습니다. 그러던 중 1977년 12월 27일, 하나님의 말씀을 붙잡으면 살아날 것 같은 강렬한 감동을 느끼고 무슨 말씀이든지 순종하겠다는 믿음으로 성경을 펼쳤습니다. 그런데 하필이면 그때 로마서 12장 1-2절의 "그러므로 형제들아 내가 하나님의 모든 자비하심으로 너희를 권하노니 너희 몸을 하나님이 기뻐하시는 거룩한 산 제물로 드리라 이는 너희가 드릴 영적 예배니라 너희는 이 세대를 본받지 말고 오직 마음을 새롭게 함으로 변화를 받아 하나님의 선하시고 기뻐하시고 온전하신 뜻이 무엇인지 분별하도록 하라"는 말씀이 눈앞에 펼쳐졌습니다.

그 순간 지난날 방황하고 방탕하게 지냈던 대학 1학년 생활이 눈앞에 파노라마처럼 스쳐 지나갔습니다. 그리고는 저의 죄악을 깨닫고 통회 자복하면서 눈물, 콧물을 흘리며 회개했습니다. 그때 갑자기 머리로부터 허리를 따라 성령의 불이 뜨겁게 임하는 것을 느꼈는데 얼마나 그 불이 뜨거웠는지 모릅니다. 그때 체온이 40도가 넘는 끓는 몸이었는데 저의 마음속에 "앗, 뜨거!" 하는 소리가 터져나올 정도였습니다.

그날 이후부터 몸의 고열도, 오한도, 천식도 다 그치고 사흘 만에 기적적으로 깨끗이 완치가 되었습니다. 그뿐만 아니라 저를 지난날의 죄 가운데서 불로 연단한 정금 같은 믿음으로 나아오게 하시고 저의 모든 삶을 완전히 변화시켜 버리셨습니다. 더욱 놀라운 것은 공대 교수가 되고 싶어 공대에 갔던 저의 인생이 완전히 뒤집어져서 꿈에도 상상을 못했던 목사가 되고 신학대학 교수까지 되었습니다. 그리고 벌써 38년의 세월이 지나갔는데 지금도 그때의 그 뜨거웠던 불세례의 체험을 기억하면 저의 흐트러졌던 신앙을 새롭게 다지고 다시 한 번 믿음으로 일어서서 성령 충만을 회복하게 됩니다. 그리고 어떠한 시련과 역경 속에서도 '죽으면 죽으리라'는 믿음으로 일어서서 죽도록 충성을 다하지 않을 수 없습니다. 그래서 아무리 어렵고 힘든 목회 가운데서도 이렇게 축복되고 행복하게 목회의 사명을 감당해 오게 된 것입니다.

그러므로 말세의 마지막 때에 우리에게 갖가지 사탄의 시험이 끊임없이 밀려오고 환난이 극에 달하고 인생의 절망의 죽음이 닥친다 할지라도 우리가 예배 중이나 새벽기도회나 심야기도회나 알파성령수양회 때나 성전에서나 공방에서나 성령의 불을 받아야 한다고 생각합니다. 우리가 불세례를 체험할 때 거기서부터 불로 연단한 정금 같은 믿음으로 나아오고 우리의 삶에 놀라운 변화가 일어나고 기적의 역사가 일어나고 복된 삶이 펼쳐지고 남은 인생 귀하게 쓰임 받고 하나님께 크게 영광 돌리게 될 줄 확실히 믿으시기 바랍니다.

한 대학 교수의 가슴 뭉클한 고백이 요즘 인터넷 트위터 사이에 크게 화제가 되고 있습니다. 그의 고향은 경남 산청인데 아버지는 가정 형편도 안 되는데 사랑하는 아들을 대구로 유학을 보냈습니다. 지금은 상황이 바뀌어서 젊은이들이 귀농을 하기도 하지만 당시에는 농촌에 가 보면 60대 이상 할아버지, 할머니들만 계셨습니다. 그것도 자식들이 댓 명 이상씩 되니까 한 명 낳아 기르기도 힘든데 얼마나 힘이 들었겠습니까? 더욱이 가난한 가정에서 도시로 유학을 가는 것은 더욱더 힘든 일이었습니다. 아버지는 자식 잘 되기만을 바라며 유학을 보냈지만 아들은 대구중학교를 다녔는데, 도시생활에 적응이 안 되고 머리도 안 따라주고 공부하는 것도 너무 싫어해서 늘 꼴찌를 했습니다. 그러니 당신이 못 배운 한을 아들에게서 풀고 싶어서 끼니도 제대로 못 잇는 형편에 대구까지 유학을 보낸 아버지께 차마 실망과 충격이 될 정도의 성적표를 보여 줄 자신이 없어서 방학이 되어 고향에 내려오면서 68/68로 기록된 성적표를 1/68로 고쳐서 아버지께 보여드렸습니다. 아버지가 소학교도 나오지 않았으니까 고친 성적표를 알아채지 못하리라 생각한 것입니다. 동네 사람들이 "아들이 공부를 잘했더냐?"고 묻자 아버지가 "어쩌다 1등을 했는가배" 하니까 동네 사람들이 "자식이 1등을 했으면 한턱을 내야지" 그랬습니다. 당시 그의 집은 동네에서 가장 가난한 살림이었는데 그다음 날 강에서 놀다가 돌아오니까 아버지가 집안 재산 목록 1호인 한 마리뿐인 돼지를 잡아 동네잔치를 하고 있었습니다. 그걸 본 그는 겁이 나기도 하고 부끄럽기도 해서 죽어버리고 싶은 마음에 강으로 뛰어들어서 물속에서 숨도 안 쉬고 버티기도 하고 주먹으로 자기 머리를 내리치기도 했습니다.

그 충격적인 사건 이후 그는 그 일이 늘 머릿속에서 맴돌아 변화되기 시작했고, 그날 이후부터 이를 악물고 공부했다고 합니다. 그리고 그로부터 17년의 세월이 지난 후 그는 석사, 박사 학위를 받고 대학교수가 되었습니다. 그의 나이가 45세가 되고 그의 아들이 중학교에 입학했을 때 과거 일을 사과드리기 위해 아들과 함께 부모님을 찾아뵙고 "어무이, 저 중학교 때 1등 했던 거요" 하고 말을 시작하려는데 곁에 계시던 아버지가 그러시더랍니다.

"그때 일 다 알고 있었으니까 고만해라. 니 아들이 듣는데이…."

그 말을 듣는 순간 사실을 다 알고 계시면서도 아들의 자존심을 꺾지 않으시려고 그 속임 당하는 아버지의 분노의 마음을 억누르고 끝까지 아들의 모든 허물조차도 덮어주신 아버지의 사랑이 물밀 듯 밀려오면서 그렇게 뜨거운 눈물이 쏟아지더랍니다. 그는 그 후 대학 총장이 되었지만 자식이 성적을 위조한 것을 알면서도 재산 목록 1호인 돼지를 잡아 동네잔치를 하신 부모님의 그 깊으신 사랑을 아직도 감히 다 헤아릴 수가 없다고 고백했습니다. 그가 바로 전 경북대 총장이요, 국회의원이었던 박찬석 총장입니다.

사랑하는 성도 여러분, 이것이 바로 하나님 아버지의 마음입니다. 돌이켜 보면 지난날 우리가 얼마나 많은 죄와 허물 가운데 살아왔습니까? 그럼에도 불구하고 주님께서는 우리를 변함없이 사랑하시고 지난날의 모든 죄악을 용서해 주시고 끝까지 품어주시고 인내하시며 기다리고 계십니다. 그러므로 이제라도 가장 먼저 불신앙의 죄를 회개하고, 예수님을 구주로 영접함으로 성령세례를 체험하고, 또한 죄에 대해서 죽고 의에 대하여 부활을 상징하는 물세례의 의미를 날마다 순간마다 체험하고, 더 나아가 불세례를 체험함으로 우리의 지난날의 모든 죄를 불태우고 기적적인 변화와 응답의 삶을 살아가야 합니다. 그리할 때 영적 세례의 체험을 통해 날마다 순간마다 성령 충만한 가운데 천국의 축복과 행복의 감격 속에 승리의 복된 생애를 살아가게 될 줄 확실히 믿습니다.

우리 다 함께 찬송 '십자가 그 사랑'을 함께 부르며 믿음으로 결단하도록 하겠습니다.

1. 십자가 그 사랑 멀리 떠나서
　　무너진 나의 삶 속에 잊혀진 주 은혜
　　돌 같은 내 마음 어루만지사
　　다시 일으켜 세우신 주를 사랑합니다
2. 지나간 일들을 기억하지 않고
　　이전에 행한 모든 일 생각지 않으리
　　사막에 강물과 길을 내시는 주
　　내 안에 새 일 행하실 주만 바라보리라
후렴) 주 나를(우릴) 보호하시고 날 붙드시리
　　나(우리)는 보배롭고 존귀한 주님의 자녀라
　　주 너를(우릴) 보호하시고 널 붙드시리
　　너(우리)는 보배롭고 존귀한 주의 자녀라

살아계신 하나님 아버지, 말세 마지막 때에 점점 나태하고 침체되어 가는 현실 속에서 우리의 신앙을 새롭게 돌이키게 해 주심을 진심으로 감사드립니다. 가장 먼저 불신앙의 죄를 회개하고 예수님을 나의 구주로 영접함으로 모두 다 성령세례를 체험케 하여 주시옵소서. 또한 죄에 대해서 죽고 의에 대하여 부활을 상징하는 물세례의 의미를 날마다 순간마다 체험케 하여 주시옵소서. 더 나아가 불세례를 체험함으로 우리의 모든 죄를 불태우고 기적적인 변화의 삶을 살아가게 하여 주시옵소서. 그리함으로 우리의 여생이 영적 세례의 체험을 통해 날마다 순간마다 성령 충만한 가운데 천국의 축복과 행복의 감격 속에 승리의 복된 생애를 모두 다 살아가게 하여 주실 줄 믿사옵고 예수님의 이름으로 기도드립니다. 아멘.

이제 허락하라

마태복음 3:13-17

¹³이때에 예수께서 갈릴리로부터 요단 강에 이르러 요한에게 세례를 받으려 하시니 ¹⁴요한이 말려 이르되 내가 당신에게서 세례를 받아야 할 터인데 당신이 내게로 오시나이까 ¹⁵예수께서 대답하여 이르시되 이제 허락하라 우리가 이와 같이 하여 모든 의를 이루는 것이 합당하니라 하시니 이에 요한이 허락하는지라 ¹⁶예수께서 세례를 받으시고 곧 물에서 올라오실새 하늘이 열리고 하나님의 성령이 비둘기 같이 내려 자기 위에 임하심을 보시더니 ¹⁷하늘로부터 소리가 있어 말씀하시되 이는 내 사랑하는 아들이요 내 기뻐하는 자라 하시니라

본문에는 예수님께서 성장하신 후 공생애를 시작하기 전에 세례 요한에게서 세례를 받으시는 장면이 나옵니다. 당시 유대인들은 태어난 지 8일 만에 하나님의 자녀 된 약속의 증표로 할례를 받고 성전에서 희생 제사를 드렸습니다. 그리고 이방인이 유대교로 개종할 경우

하나님의 택함 받은 백성이라고 믿는 유대인들과는 달리 그들의 부정함을 씻기 위한 예식으로 세례를 받았습니다. 그런데 세례 요한이 베푼 회개의 세례는 유대인이나 이방인이나 구별이 없었는데 메시아(구세주)로 오신 예수님께서 갈릴리로부터 요단 강에 이르러 세례 요한에게 세례를 받으러 오시니 세례 요한의 입장이 어떠했겠습니까? 그래서 세례 요한이 "내가 당신에게서 세례를 받아야 할 터인데 당신이 내게로 오시나이까?"(14절) 하고 만류했습니다. 그러나 왜 세례 요한이 "이제 허락하라"는 예수님의 말씀을 듣고 세례를 베풀어야 했는가를 보면서, 우리도 주님의 명령을 따라 어떻게 주님께 순종해야 하는지 이 시간 들려주시는 하나님의 음성을 함께 들을 수 있길 바랍니다.

하나님의 의를 이루어야 함

먼저 본문 15절 말씀을 다 함께 읽겠습니다.

"예수께서 대답하여 이르시되 이제 허락하라 우리가 이와 같이 하여 모든 의를 이루는 것이 합당하니라 하시니 이에 요한이 허락하는지라."

가장 먼저 예수님께서 세례 요한에게 세례를 허락하라고 하신 것은 이와 같이 순종함으로 모든 의를 이루는 것이 합당하다고 보셨기 때문입니다. 세례 요한은 하나님의 의를 이루기 위함이므로 예수님에게 세례 베풀기를 더이상 거절할 이유가 없었습니다. 그래서 세례 요한의 입장에서는 자신이 예수님에게서 받아야 할 세례를 예수님께 베풀어야 했던 것입니다.

우리는 어떠합니까? 아무도 인정해 주지 않고 아무런 쓸 데도 없는 자기의 의를 내세울 때가 얼마나 많습니까? 이 모든 것은 다 영적 교만에서 비롯된 것입니다. 그래서 자기 아집과 독선에서 헤어나오지 못하니 자신의 신앙생활 가운데 무슨 은혜가 있고 축복이 있고 행복이 있겠습니까? 우리의 인생이 아무리 가난하고 병들고 힘들고 앞이 캄캄해도 우리가 하나님의 의를 이루어 나갈 때 가장 먼저는 하나님께서 기뻐 받으시고 그다음 우리 주위 사람들에게 많은 감동을 주고 결국에 자신의 여생과 자손들에게까지 큰 복이 되는 것입니다.

특별히 사랑하는 부모, 형제, 자녀 손주들을 만나게 되면 갖가지 성격과 라이프 스타일과 취향과 신앙의 형태가 다름으로 인해 뜻하지 않은 갈등과 불화를 겪을 수 있고 환난과 핍박을 당할 수도 있습니다. 특히 우리는 명절 때마다 불신앙의 조상들이 하라는 대로 제사도 드려야 하고 우상에게 절까지 해야 할 때도 있습니다.

그런데 요즘엔 명절 때마다 조상귀신들이 쫄쫄 굶는 일이 많아서 그들이 모여서 서로 신세타령을 한다고 합니다. 한 조상귀신이 씩씩대며 그러더랍니다.

"추석에 제사 음식 얻어먹으려고 아들 집에 갔더니 아, 글쎄 이 녀석들이 교통 체증 때문에 처갓집 가는 데 길 막힌다고 꼭두새벽에 차례를 지내 버리고 설거지까지 다 끝내고 처갓집에 가 버리고 아무도 없더라고."

그러자 두 번째 조상귀신이 말했습니다.

"자넨 그래도 나보다는 낫네. 나는 아들 집에 갔더니 아예 집이 텅텅 비어 있더라고. 해외여행 가서 거기서 제사를 지낸다는데 내가 거길 어떻게 알고 찾아가겠어?"

그러자 어디가 아픈지 잔뜩 찡그리고 있던 세 번째 조상귀신이 화가 나서 소리쳤습니다.

"에이! 나쁜 놈들! 놀러가서 호텔에서 차례를 지낸다기에 거기까지 물어물어 찾아갔더니만 전부 플라스틱 모형으로 제사상을 차려 놓은 것을 모르고 그걸 먹으려다 몇 개 남은 이빨마저 다 부러져 버렸어."

그 말을 들은 네 번째 조상귀신이 풀이 죽어서 말합니다.

"난 아예 아들네 집에 가 보지도 못했어. 요즘 인터넷 시대다 뭐다 하면서 인터넷으로 제사를 지내겠다며 힘들게 집까지 올 필요가 없다고 해서 근처 PC방에 갔었어. 그런데 무슨 카페에 회원 가입을 해야 된다잖아? 근데 귀신이 어떻게 인터넷 회원 가입을 하겠어? 고얀 놈들 같으니라고!"

그러자 마지막 다섯 번째 조상귀신이 숨을 헐떡거리며 달려와 말합니다.

"그래도 자네들은 양반이네. 나는 아들 집에 갔는데 이놈들이 어느새 예수를 믿어가지고 추도예배인가 뭔가를 드린다면서 '할렐루야! 아멘!' 하는데 거의 죽을 뻔하다가 가까스로 살아 돌아왔네. 이번 추석에 완전히 진짜 황천 가는 줄 알았다니깐!"

그래서 요즘엔 조상귀신들이 명절 때마다 아무것도 못 얻어먹고 죽을 고생만 한다고 합니다.

여러분, 사람이 죽으면 제사나 차례가 무슨 소용이 있습니까? 다 하나님의 심판대 앞에 서게 되는데 조상귀신이나 우상이나 아무런 의미가 없습니다. 그래서 시편 115편 4-9절에 뭐라고 경고하고 있습니까?

"그들의 우상들은 은과 금이요 사람이 손으로 만든 것이라 입이 있어도 말하지 못하며 눈이 있어도 보지 못하며 귀가 있어도 듣지 못하며 코가 있어도 냄새 맡지 못하며 손이 있어도 만지지 못하며 발이 있어도 걷지 못하며 목구멍이 있어도 작은 소리조차 내지 못하느니라 우상들을 만드는 자들과 그것을 의지하는 자들이 다 그와 같으리로다 이스라엘아 여호와를 의지하라 그는 너희의 도움이시요 너희의 방패시로다."

그러므로 우리는 언제 어디서나 무엇이 살아계신 하나님께서 기뻐 받으시고 하나님께 영광을 돌리고 하나님의 의를 이루는 것인가를 늘 먼저 기억해야 합니다. 그리할 때 주님께서 친히 약속하시고 우리가 꼭 붙들어야 할 말씀이 바로 마태복음 6장 33절 말씀입니다.

"그런즉 너희는 먼저 그의 나라와 그의 의를 구하라 그리하면 이 모든 것을 너희에게 더하시리라."

여기 '먼저'라는 뜻의 헬라어 'πρῶτον'(프로톤)은 상대적인 의미로서의 먼저가 아니라 절대적인 의미로서의 '무엇보다도, 가장 먼저, 첫 번째로'라는 의미입니다. 그것도 앞에 나오는 그의 '나라'는 헬라어로 'βασιλείαν'(바실레이안)으로서 이것은 지리적 개념이 아니라 통치적 개념인데 하나님께서 통치하시는 왕국, 즉 하나님의 통치권이 미치는 영역으로서 하나님의 나라를 구한다는 것은 자신의 뜻을 완전히 버리고 하나님의 통치하심에 절대 순종하겠다는 의미입니다.

그다음에 나오는 그의 '의'는 'δικαιοσύγην'(디카이오쉬넨)으로서 인간의 기준에 의한 자기 의가 아니라 하나님께서 정하신 하나님의 의를 구해야 한다는 의미입니다. 그래서 우리가 하나님의 통치하심과 의롭다 하심을 구하면 "이 모든 것을 너희에게 더하시리라"고 약속하시는데 여기 '더하시리라'는 단어는 헬라어로 'προστεθήσεται'(프로스테데세타이)로서 'πρός'(프로스) 즉 "~에게, ~을 위하여, ~에 대하여"라는 뜻의 전치사와 'τιθημι'(티데미) 즉 '주다(마 12:18), 두다(마 5:15)'라는 동사가 결합하여 이루어진 미래수동태입니다. 그런데 단순히 주신다는 의미만 나타내려면 'τιθημι'(티데미)라는 단어를 썼을 텐데 'προστεθήσεται'(프로스테데세타이)라는 단어를 쓴 것은 하나님의 나라와 의를 구하는 자에게는 그의 나라와 의를 이루어 주실 뿐만 아니라 이 모든 것, 다시 말해서 우리의 먹을 것, 마실 것, 입을 것까지 다 더해 주신다고 강조하신 것입니다.

특별히 이 마태복음 6장 33절 말씀은 저의 일생에 모토가 되는 말씀입니다. 아들 둘을 낳아 큰아들은 아버지의 대를 이어 약사가 되고 장로가 되었으면 좋겠다고 해서 영식(榮植, 영화로울 영, 심을 식)이라고 이름을 지었습니다. 그리고 둘째는 마태복음 6장 33절 말씀에 은혜를 받고 목사가 되었으면 좋겠다고 감동이 되어 의식(義植, 옳을 의, 심을 식)이라고 해서 다른 어떤 말씀보다도 더욱 뜨겁게 가슴에 와 닿는 말씀입니다. 그래서 하나님의 의를 구하며 이 의를 심기 위해 열정을 쏟으며 목회해 왔습니다.

우리 교회에 오신 지 얼마 안 된 한 집사님이 사업에 어려움을 겪고 재판까지 받게 되었습니다. 그 어려운 경제적 위기를 극복할 길을 찾던 중에 부인 집사님이 '선불 감사'를 해야겠다는 믿음이 생겨서 우리 교회 화장실 문에 붙어 있는 세계적인 부호 록펠러 어머니의 십계명 중에 나오듯이 1000만 원 십일조를 먼저 드리려고 준비했습니다. 그러자 남편 집사님이 지금 경제적으로도 어렵고 재판에 질 수도 있는데 300만 원을 떼고 700만 원만 드리면 어떻겠냐고 제안했는데도 아내 집사님은 먼저 하나님의 약속의 말씀을 믿고 믿음으로 헌금하자고 하더랍니다. 결국에는 1000만 원 선불 십일조를 드렸는데 결과가 어떻게 되었는지 아세요? 재판에 기적적으로 승소하여서 거액의 돈을 보상받게 되었다는 것입니다. 그 간증을 들으면서 우리가 "먼저 하나님의 나라와 의를 구하면 하나님께서 이 모든 것을 더해 주신다"는 말씀이 떠올랐습니다. 지난 주일에도 한 권사님이 하나님의 응답을 믿고 선불 감사를 드린 것을 보았습니다. 요즘 교인들 가운데 믿음으로 '선불 감사'를 드리는 교인들이 늘어가는 것을 보면서 우리 교인들의 믿음이 이 목사보다 더 낫다는 생각이 들었습니다.

그렇습니다. 분명한 사실은 우리가 "이제 허락하라"는 주님의 명령에 순종함으로 하나님의 의를 이룰 때 하나님께서 우리의 형편과 처지를 따라 가장 좋은 것으로 우리의 모든 필요를 풍성히 채워주실 줄 분명히 믿으시기 바랍니다.

성령님이 함께하심을 체험해야 함

계속해서 본문 16절 말씀을 다 함께 읽겠습니다.

> "예수께서 세례를 받으시고 곧 물에서 올라오실새 하늘이 열리고 하나님의 성령이 비둘기 같이 내려 자기 위에 임하심을 보시더니."

예수님께서 세례 요한에게 세례를 받으시고 요단 강물에서 올라오실 때 하늘이 열리고 하나님의 성령님이 비둘기 같이 내려와 예수님

위에 임하시는 것을 목격할 수 있었습니다.

어떤 목사님이 이런 이야기를 하셨습니다. 우리가 스님은 '스'라고 안 부르고 스님이라고 부르면서 왜 목사, 장로, 권사, 집사를 부를 때는 '님'자를 안 붙이느냐는 것입니다. 그런데 우리끼리니까 그것까지는 이해할 수 있지만 왜 예수님을 '님'자를 안 붙이고 예수라고 부르고, 그의 영인 성령님을 성령이라고 부르느냐는 것입니다. 그래서 앞으로 성령이라고 부르지 않고 성령님이라고 불러야겠다고 다짐했습니다.

이처럼 예수님께서 세례에 순종하심으로 하늘이 열리고 하나님의 성령님이 비둘기 같이 내려와 주님 위에 임하시는 것을 체험할 수 있었는데 우리는 왜 순종을 못합니까? 우리의 자아가 살아있을 때 하찮은 자신의 자존심, 자기 이익, 감정, 욕심, 욕망 등으로 인해서 순종하기가 결코 쉽지 않습니다.

남편의 생일날 아침에 아내가 말했습니다.

"어머! 여보, 너무 미안해요. 당신 생일 선물을 깜빡했네요."

그러자 남편이 "아니, 괜찮아. 난 다른 선물은 다 필요 없어. 그냥 당신이 내 말에 순종만 해주면 그걸 정말 큰 선물로 받을게"라고 했습니다. 그러자 아내가 시무룩해지더니 그러더랍니다.

"여보, 이따가 백화점에 가서 당신 생일 선물 사 올게요."

무슨 말입니까? 남편 말에 순종하기 싫으니까 차라리 선물을 사다 주겠다는 말이지 않습니까?

그러나 분명한 사실은 우리가 주님께 순종할 때 성령님께서 함께하시는 것을 분명히 체험하게 됩니다. 그러면 우리가 어떻게 순종하면 성령님께서 우리와 함께하심을 체험할 수 있을까요? 마태복음 28장 19-20절에 위대한 주님의 명령(The Great Commission)이 나옵니다.

"그러므로 너희는 가서 모든 민족을 제자로 삼아 아버지와 아들과 성령의 이름으로 세례를 베풀고 내가 너희에게 분부한 모든 것을 가르쳐 지키게 하라 볼지어다 내가 세상 끝날까지 너희와 항상 함께 있으리라 하시니라."

여기 '제자로 삼아'(μαθητεύσατε 마데튜사테)라는 명령동사는 '너희는 가서'(πορευθέντες 포류덴테스, 명령분사) '세례를 베풀고'(βαπτίζοντες 밥티존테스, 현재부사) '가르쳐 지키게 하라'(διδάσκοντες 디다스콘테스, 명령분사)는 이 세 분사를 통해서 예수님의 지상 명령인 제자를 삼는 것이 이루어지는 것이라고 말합니다. 그리할 때 "볼지어다(ἰδού 보라, surely 확실히) 내가 세상 끝날까지 너희와 항상 함께 있으리라"고 분명히 약속하십니다.

한 사이비 교주가 길거리에서 외치고 있었습니다.

"내가 천국에 직통전화를 개설했으니까 다들 와서 하나님과 직접 전화를 할 수 있소. 하나님과 직통 전화 한 통에 100만 원이오!"

그러자 지나가던 한 아이가 말했습니다.

"우리 교회에서는 공짠데…"

그 말을 들은 사이비 교주가 물었습니다.

"어떻게 그 먼 곳에 계신 하나님과 전화를 하는데 공짜란 말이야?"

그러자 그 아이가 이렇게 말했습니다.

"하나님을 믿으면 천국과의 통화는 구내전화면 되거든요."

그렇습니다. 우리가 가서 세례를 베풀고 가르쳐 지키게 하며 모든 사람을 제자로 삼을 때 성령님이 세상 끝날까지 우리와 함께하시는 것을 분명히 체험하게 됩니다. 우리와 하나님 사이를 가로막을 수 있는 것이 아무것도 없고, 날마다 순간마다 성령님이 동행하시고 성령님과 교제하고 성령님이 우리의 삶의 순간마다 기적적으로 역사하십니다. 그러므로 우리는 주님의 명령에 순종함으로 주님을 믿지 않고 지옥 불못을 향해 떨어져 죽어가고 있는 우리의 사랑하는 부모, 형제, 자녀, 자손들에게 복음을 전하고 전하여 그들을 구원하고 주님의 사랑으로 치유하고 주님의 말씀으로 양육해서 주님의 제자 삼아야 할 사명이 우리에게 있습니다.

미국 뉴욕 브루클린 뒷골목에서 한 흑인 여자아이가 태어났습니다. 엄마는 고작 14살이었고 아빠는 누구인지도 모르는 사생아가 차가운 쓰레기더미 속에서 태어난 것입니다. 어린 엄마는 먹을 것을 찾아 뉴욕에서 LA까지 옮겨왔지만 누구 하나 반기는 사람이 없어서 노숙자 쉼터나 컨테이너 박스에서 살아야 했고 그것마저도 없으면 매춘부와 포주와 마약상들이 우글거리는 냄새 나는 도시의 뒷골목에 종이상자를 깔아 놓고 거기서 살아야 했습니다. 그러나 어린 엄마는 딸을 안고 이리저리 옮겨 다니며 노숙을 하면서도 '나는 중학교도 제대로 나오지 못했지만 내 딸만은 꼭 고등학교를 졸업하게 해야지!' 각오하고 아이의 신앙과 교육을 각별하게 신경 썼습니다.

주일에는 꼭 딸을 데리고 교회에 나가서 하나님의 말씀으로 듣게 하고 치유하고 양육했습니다. 그리고 매일 새벽에 딸을 깨워 공동화장실에 가서 깨끗이 씻기고 냄새가 나지 않는 옷으로 갈아 입혀 학교에 가게 하고 딸이 집에 오면 공부할 공간이 없으니까 학교 도서관에서 밤늦게까지 공부하게 해서 좋은 성적을 얻게 했습니다. 길거리의 포주들이 "노숙자 주제에 무슨 학교야? 야, 너 우리랑 같이 일하자. 넌 어리니까 남자들한테 인기가 좋을 거야" 하고 놀리면 딸은 "난 열심히 공부해서 꼭 대학에 갈 거예요"라고 대답하곤 했습니다. "노숙자 주제에 대학 갈 생각을 하다니…" 하면서 모두들 비웃어도 딸은 입술을 깨물며 맹세했습니다.

"난 열심히 공부해서 꼭 대학에 들어갈 거고 훌륭한 사람이 될 거야. 하나님께서 반드시 날 도와주실 거야."

그렇게 기도하면서 노력하는 가운데 그녀의 어려운 형편을 알게 된 사회단체와 장학재단의 도움을 받게 되어서 지난 2013년 하버드 대학교, 컬럼비아 대학교, 브라운 대학교 등 아이비리그 대학들을 비롯해 무려 20여 개의 명문대학교 합격통지서를 받게 되었습니다. 도저히 공부할 수 없는 그 어려운 형편 속에서도 목표를 향한 그녀의 열정에 감명을 받은 하버드 대학교 입학사정관은 이렇게 말했습니다.

"우리 하버드 대학교가 이 학생을 뽑지 않는다면 우리 학교는 제2의 미셸 오바마(현 미국 오바마 대통령의 영부인)를 잃는 것입니다. 우리 하버드는 결코 그런 실수를 하지 않을 겁니다."

결국 그녀는 4년 전액 장학금을 받고 하버드 대학교에 입학하게 되었습니다. 그 여학생의 이름이 바로 카티자 윌리엄스인데 그녀는 제퍼슨 고등학교를 수석으로 졸업하면서 졸업식에서 이렇게 말했습니다.

"친구들이 처음에는 저를 노숙자라고 놀렸지만 이제는 더이상 저를 노숙자라고 놀리지 않아요. 저는 한 번도 내 엄마의 딸이 된 것을 부끄러워하지 않았어요. 가난을 핑계 대지도 않았어요. 제가 지금 이렇게 된 것은 하나님께 대한 믿음과 사랑하는 엄마의 끊임없는 눈물의 기도와 사랑의 섬김과 가르침 덕분이었어요."

그것은 멀리 미국에서나 일어나는 성령님의 역사가 아닙니다. 우리 주위에서도 얼마든지 일어날 수 있는 우리와 항상 함께하시는 성령님의 역사입니다. 그러므로 우리가 "이제 허락하라" 하신 주님의 명령에 순종함으로 일생토록 가장 먼저 우리의 사랑하는 가족, 친지들의 영혼에 관심을 가지고 그들에게 복음을 전하여 구원받게 하고 치유하고 양육하여서 주님의 제자로 삼아야 합니다. 그리할 때 성령님이 세상 끝날까지 우리와 항상 함께하시는 기적적인 역사를 분명히 체험하게 될 줄 확실히 믿습니다.

🌱 하나님의 사랑하는 자녀가 되어야 함

마지막으로 본문 17절 말씀을 다 함께 읽겠습니다.

> "하늘로부터 소리가 있어 말씀하시되 이는 내 사랑하는 아들이요 내 기뻐하는 자라 하시니라."

예수님께서 세례에 순종했을 때 하늘로부터 "이는 내 사랑하는 아들이요 내 기뻐하는 자라"는 하나님의 음성이 들려옵니다. 이 말씀은 메시아(구세주)에 대한 예언의 성취로서 주전 1000여 년경에 예언된 시편 2편 7절의 "내가 여호와의 명령을 전하노라 여호와께서 내게 이르시되 너는 내 아들이라 오늘 내가 너를 낳았도다"라는 말씀과 주전 700여 년 경에 예언된 이사야 42장 1절의 "내가 붙드는 나의 종, 내 마음에 기뻐하는 자 곧 내가 택한 사람을 보라 내가 나의 영을 그에게 주었은즉 그가 이방에 정의를 베풀리라"는 말씀이 결합된 말씀으로 예수님의 메시아(구세주) 되심을 강력히 선포하는 말씀입니다. 이 얼마나 놀랍고 영광스러운 광경입니까?

그런데 말세의 마지막 때가 되어서 사랑하는 자녀를 찾아보기 어려운 세상이 되어 버렸습니다. 우리가 다 잘 알다시피 아들은 낳을 땐 분명 1촌이었는데 대학 가면 4촌이 되고, 군대 가면 8촌이 되고,

장가가면 사돈의 8촌이 되고, 애를 낳으면 동포가 되고, 이민 가면 해외동포가 되어 버린다고 하지 않습니까? 그래서 잘난 아들은 나라의 아들이고, 돈 잘 버는 아들은 사돈의 아들이고, 빚진 아들만 내 아들이라고 합니다. 그나마 가끔 집에 찾아올 때도 장가 간 아들은 큰 도둑이고, 시집 간 딸은 이쁜 도둑이고, 며느리는 좀도둑이고, 손자들까지 몰려오면 떼강도라는 것입니다. 그래서 장가 간 아들은 희미한 옛사랑의 그림자이고, 시집 온 며느리는 가까이하기엔 너무 먼 당신이고, 시집 간 딸은 아직도 그대는 내 사랑이라는 것입니다. 그런데 아직도 이런 사실을 현실로 받아들이지 않으려는 분들이 있습니다.

지난번에 열렸던 선교바자회 때 한 권사님이 장가 간 아들의 슬리퍼를 고르는 걸 보고 주위에서 "남의 남편에 대해 신경 끄라"고 하던데 여기서 '남의 남편'이 누구입니까? 바로 아들 아닙니까? 이젠 '내 아들'이 아니라 '며느리의 남편'이라는 것입니다. 그랬더니 "우리 아들은 안 그런다!"고 큰소리치며 슬리퍼를 사 갔는데 다음 주일에 자기 걸로 바꾸러 왔더랍니다. 이유를 물었더니 아들에게 슬리퍼를 줬더니 며느리가 이미 더 좋은 걸 사 줘서 필요없다고 하더랍니다. 그러니 상처뿐인 인생 아닙니까? 그래서 다들 "그러니까 남의 남편 신경 쓰지 말고 자기 남편이나 잘 챙기라"고 핀잔을 주었다고 합니다. 저도 제 아내에게 "남의 남편 신경 쓰지 말고 자기 남편에게나 신경 쓰라"고 하고 싶은데, 생각해 보니까 우리 집에는 그 '남의 남편'이 없었습니다. 아들이 없지 않습니까?

지난 주일 저녁에 새가족 심방을 갔는데 우리 교회에 처음 오신 분들이 "목사님이 사모님 이야기를 할 때 왜 찬양대석을 자꾸 쳐다보며 말할까?" 하고 의아해한다고 합니다. 왜냐하면 내 님(?)이 저기 앉아 있어서 그럽니다. 이처럼 믿음의 자녀 외에 세상 자녀들에게는 기대할 것이 아무것도 없습니다.

그렇다면 우리가 어떻게 하나님의 사랑을 받는 자녀가 될 수 있습니까? 요한복음 1장 12-13절에 "영접하는 자 곧 그 이름을 믿는 자들에게는 하나님의 자녀가 되는 권세를 주셨으니 이는 혈통으로나 육정으로나 사람의 뜻으로 나지 아니하고 오직 하나님께로부터 난 자들이니라"고 분명히 증거합니다. 신앙의 가문에 태어났다, 평생 예수 믿었다, 중한 직분 받았다 등이 구원의 조건이 아니라는 것입니다. 불신앙의 죄를 회개하고 예수님을 구주로 믿음으로 영접할 때에 하나님의 자녀가 되는 권세를 주신다고 했는데 이것은 혈통이나 육정으로나 사람의 뜻으로 나지 아니하고 오직 하나님께로부터 거듭난 자들이라고 약속하십니다. 여기 '혈통'은 헬라어로 'αἱμάτων'(하이마톤)이라고 해서 피, 즉 혈통을 의미하고, '육정'은 헬라어로 'θελήματος σαρκος'(델레마토스 사르코스)라고 해서 육신의 뜻을 의미합니다. 그리고 '사람의 뜻'은 헬라어로 'θελήρατος ανδρὸς'(델레마토스 안드로스)라고 합니다.

중요한 사실은 오직 하나님께로부터 거듭난 자들이 하나님의 사랑받는 자녀가 된다는 것입니다. 그렇다면 우리 자신뿐만 아니라 모든 가족, 친척들이 하나님의 자녀로 거듭난 체험이 있습니까? 그렇지 않다면 죽어가는 영혼들에게 무관심하게 지나칠 것이 아니라 우리의 가족, 친척, 친구, 이웃을 강권해서 전도해야 하지만 가장 먼저 사랑하는 가족들부터 구원해야 합니다.

우리 가정도 38년 전 부족한 종이 주의 종으로 부르심을 받았을 때 집안에 할아버지와 형이 예수님을 믿지 않았습니다. 그래서 사도행전 16장 31절의 "…주 예수를 믿으라 그리하면 너와 네 집이 구원을 받으리라…"는 말씀이 마음에 딱 걸렸습니다. 그래서 새벽마다 할아버지와 형을 위해서 간절히 눈물로 기도했습니다. 기도해서 안 되니까 금식하면서 매어 달리면서 기회만 되면 사랑으로 섬기면서 삶으로 전도해서 결국 할아버지는 예수님을 믿고 집사님이 되어 하늘나라로 떠나가셨고, 형은 10년 전에 장로님이 되어서 우리 집안은 모두 복음화가 되었습니다.

저의 처갓집도 마찬가지입니다. 처음에는 집사람만 예수님을 믿어서 결혼을 앞두고 그것이 저의 마음에 걸렸습니다. 그래서 처갓집 식구들의 구원을 위해 간절히 기도하고 할 수 있는 최선을 다해 사랑으로 섬겨왔습니다. 그리고 벌써 35년의 세월이 지나갔는데 이제 장모님은 은퇴 권사님이 되셨고, 큰처남 내외는 감리교회 권사님들이 되셨습니다. 또 작은처남은 장로님이 되셨고 그 부인 되는 처남댁은 목사님까지 되어서 두 내외가 매년 1억 원 이상 들여가면서 자비량 중국 선교를 하고 있으니 얼마나 놀라운 일입니까? 이번 총회에 가서 보니까 이번에도 처남 장로님이 총대로 와 있었습니다. 사도행전 16장 31절 말씀이 저의 본가나 처가를 통해 그대로 응답받아 하나님의 사랑하는 자녀들이 모두 다 된 것입니다.

여러분, 지금 가족들이 예수를 안 믿는다고 결코 실망하지 마십시오. 예수님의 십자가의 고난처럼 "사흘만 참자!" 하고 끝까지 기도하면서 인내하면 됩니다. 제가 목회를 하면서 많은 위로를 받고 힘을 얻은 말씀을 우리 교우들에게도 꼭 전해드리고 싶습니다. 갈라디아서 6장 9-10절의 "우리가 선을 행하되 낙심하지 말지니 포기하지 아니하면 때가 이르매 거두리라 그러므로 우리는 기회 있는 대로 모든 이에게 착한 일을 하되 더욱 믿음의 가정들(those who belong to the family of believers 믿는 자의 가족들)에게 할지니라"는 말씀입니다. 이 말씀에 힘을 얻어 때를 얻든지 못 얻든지 먼저 우리 가족들에게 삶으로 복음을 전하고 끝까지 사랑으로 섬기고 인내하며 기다리는 가운데 언젠가는 모든 가족을 다 구원하여 남녀노소, 빈부귀천 상관없이 우리 모두 다 하나님의 사랑받는 자녀가 될 것입니다. 또한 지난날 어떠한 상처의 불행과 고통 속에서도 천국과 같은 행복한 가정을 꼭 회복하게 될 것입니다.

미국의 유명한 근본주의 신학대학원인 댈러스 신학대학원에 하워드 헨드릭스 교수가 있었는데 어릴 적 그의 가정은 너무도 불행했습니다. 그는 아버지와 어머니가 나란히 서 있는 것을 평생에 딱 한 번 봤는데 그것은 그가 13살 때 부모가 이혼하는 자리에서 판사가 부모를 나란히 세워 놓고 자기에게 증언을 시킬 때였습니다. 그의 부모님은 그를 뱃속에 가졌을 때부터 싸우기 시작해서 오랫동안 헤어져 살다가 결국 이혼을 한 거여서 자기 부모가 나란히 서 있는 것을 본 적이 없었으니 얼마나 불행했겠습니까? 어렸을 때 아버지랑 같이 있는 아이들을 보면 너무나 부러워서 어린 시절에 다른 애들과 잘 어울리지 못했고 특히 또래 남자 아이들과는 더 어울리지 못했다고 합니다. 수영이나 자전거는 아버지로부터 배워야 하는데, 아버지가 안 계시니까 아예 배우지 못했습니다.

그는 부모로부터 말할 수 없는 상처를 받으며 성장했지만 교회학교에 나가서 예수님을 믿고 나서는 하나님을 아버지로 모시고 육신의 부모로부터는 말할 수 없는 상처를 받았지만 하나님 아버지께 모든 아픔과 눈물을 쏟으며 부르짖었습니다. 그리할 때 주님께서 따스한 품에 안아주시고 상처 난 가슴을 어루만져 주시고 그의 눈에서 흘러내리는 눈물을 닦아주시고 지난날의 모든 상처를 치유해 주셨습니다. 그래서 마음의 모든 상처를 치유받고 '기독교 교육학'의 대가가 되어서 자신의 가정을 천국같이 행복한 가정을 이루고 자신처럼 상처 받은 아이들과 가정들을 치유하여 천국과 같은 행복한 가정을 회복하는 가정 사역에 크게 헌신하게 된 것입니다. 그리하여 기독교 교육과 가정 치유의 대가로 《삶을 변화시키는 가르침》, 《사람을 세우는 사람》 등 저서를 18권이나 쓰고 80개국 이상에서 말씀을 전하면서 하나님의 사랑받는 종으로 전 세계적으로 크게 쓰임 받게 되었습니다.

그렇습니다. 우리가 어떠한 삶의 어려움 속에서도 분명히 기억해야 할 말씀이 로마서 8장 37-39절에 약속되어 있습니다.

> "그러나 이 모든 일에 우리를 사랑하시는 이로 말미암아 우리가 넉넉히 이기느니라 내가 확신하노니 사망이나 생명이나 천사들이나 권세자들이나 현재 일이나 장래 일이나 능력이나 높음이나 깊음이나 다른 어떤 피조물이라도 우리를 우리 주 그리스도 예수 안에 있는 하나님의 사랑에서 끊을 수 없으리라."

그러므로 우리는 인생의 어떠한 어려움 속에서도 "이제 허락하라"는 주님의 명령을 받아 예수님을 구주로 영접함으로 우리를 변함없이 사랑하시는 하나님의 자녀 됨을 잊지 말고 하나님의 약속의 말씀 가운데 늘 위로받고 새 힘을 얻으면서 어떠한 고난 속에서도 승리하며 영광 돌리게 될 줄 분명히 믿으시기 바랍니다.

부족한 종도 아무런 내세울 것이 없지만 하나님의 은혜로 목사가 되고 지금까지 주님의 사랑을 너무도 많이 받아왔습니다. 여러분, 지난날 우리가 얼마나 어려움을 많이 겪었습니까? 52건의 고소를 당하면서 사탄의 조종을 받은 자들에 의해서 이단으로까지 몰리고 불의한 재판에 의해서 목사 면직까지 당할 뻔하지 않았습니까? 노회 선배 목사님에 의해 어느 교회 회계실에 갇혀서 3시간 반 동안 온갖 폭언과 욕설을 들으며 고문을 당할 때도 있었습니다. 사실 새벽부터 밤늦게까지 양 떼들을 위해서 죽도록 충성한 죄밖에 없는데 그런 일을 당하니까 너무나도 억울하고 원통해서 새벽 제단에 엎드려서 "주여! 제가 무얼 그렇게 잘못했다고 이런 억울하고 원통한 일을 당해야 합니까? 주여! 어느 때까지 불의한 자들이 하나님의 교회를 뒤흔들도록 내버려 두시렵니까? 제가 죽어서 하나님의 교회를 살릴 수 있다면 이 제단의 순교의 제물이 되게 하여 주시옵소서!" 하고 얼마나 간절히 눈물로 울부짖었는지 모릅니다. 또 여러분들이 부족한 종의 허물까지 다 덮어주시고 얼마나 사랑으로 위로해 주며 힘이 되어 주셨습니까?

그런데 10년의 기나긴 세월의 연단 속에서 우리를 정금 같은 믿음으로 나오게 하시고 이렇게 은혜롭고 행복한 우리 치유하는교회로 부흥케 해주셨습니다. 그래서 사실 저는 지금 5,000여 명이 모이는 우리 치유하는교회를 목회하기도 벅차고 치유상담대학원에 나가서 강의하기도 힘들고 또 한국교회와 이민교회와 세계 선교지까지 가서 치유성회를 인도해야 하니 몸이 서너 개여도 감당하기 어려운 여건입니다. 그런데도 하나님께서 부족한 종을 지금까지 불쌍히 여겨주시고 은혜를 부어 주시고 복을 내려 주셔서 귀하게 쓰신 것만 해도 감사합니다.

우리 교회가 그 어려운 시험을 이겨내고 행복한 교회로 뜨겁게 부흥했다고 소문이 잘 나고 더욱이 이번 대한예수교장로회 100회 총회 주제가 "주님, 우리를 화해하게 하소서!"인데 우리 치유하는교회가 치유와 화해의 그 놀라운 경험을 함께 나눌 수 있는 기회를 만들어 주기 위해서인지 특별히 부족한 점이 너무도 많은 저를 주위의 많은 선배님들이 강력히 추천해 주셔서 지난 주간에 열린 대한예수교장로회 제100회 총회에서 총회장님, 부총회장님을 제외하고 목사님 3분, 장로님 3분이 임원이 되었는데 저는 기대나 상상조차도 못했는데 부족한 종을 부회록 서기로 선출해 주셨습니다. 할렐루야! 끝까지 하나님께 순종함으로 하나님의 의를 이루고 성령님이 함께하심을 믿고 하나님의 사랑받는 종이 되기 위해서 새벽부터 밤늦게까지 몸부림치며 살다 보니까 이렇게 좋은 날이 왔습니다.

임원으로 세워진 후 채영남 총회장님이 시무하시는 본향교회 중창팀의 "한량없는 은혜 갚을 길 없는 은혜 내 삶을 에워싸는 하나님의 은혜"라는 찬양이 울려 퍼지는데 가장 먼저는 지금까지 함께해 주신 주님의 변함없는 사랑과 은혜에 감사하고 감격했습니다. 그다음에는 평생토록 부족한 저에게 늘 신앙의 모범을 보여주시고 지금도 하늘나라에서 부족한 종을 위해 기도하고 계실 아버지 생각에 그렇게 눈물이 났습니다. 그와 더불어 지나간 세월 고난의 목회를 하면서 함께 십자가의 길을 걸어오면서도 모든 것을 묵묵히 참고 인내하며 그 어려울 때 함께 고생했던 우리 치유하는교회의 동역자들과 장로님들과 권사님들과 집사님들의 얼굴이 떠오르면서 그렇게 눈물이 쏟아졌습니다.

사랑하는 성도 여러분, 우리의 삶 가운데 때로는 이해가 되지 않고 억울하고 원통하고 앞이 캄캄하고 절망적인 상황이 펼쳐져도 "이제 허락하라"는 주님의 음성을 듣고 끝까지 주님의 뜻에 기쁨으로 순종하고, 순종이 안 되면 억지로라도 복종할 수 있길 바랍니다. 그리할 때 일생토록 하나님의 의를 이루고 성령님이 함께하심을 체험하고 하나님의 사랑하는 자녀들로 복되게 쓰임 받게 될 줄 확실히 믿습니다.

다 같이 찬송 '주님만이'를 함께 부르며 결단하도록 하겠습니다.

나 약해 있을 때에도 주님은 함께 계시고
나 소망 잃을 때에도 주님은 내게 오시네
나 시험당할 때에도 주님이 지켜주시고
나 실망 당할 때에도 주님이 위로하시네
주님만이 내 힘이시며 오 주님만이 날 도우시네
오 나의 주님 내 아버지여 오 나의 주님 내 사랑이여

우리를 너무도 사랑하시는 하나님 아버지, 지난날 우리가 하나님의 뜻대로 산다고 하면서도 하나님의 뜻을 이루지 못할 때가 얼마나 많이 있었습니까? 그러나 "이제 허락하라"는 주님의 명령을 따라 이번 추석뿐만 아니라 일생토록 하나님의 의를 이루게 하여 주시옵소서. 성령님이 함께하심을 체험케 해주시옵소서. 하나님의 사랑하는 자녀들이 되게 하여 주시옵소서. 그리함으로 한 번 왔다가 떠나가는 인생 가운데 복되게 쓰임 받게 하여 주시옵소서. 믿사옵고 예수님의 이름으로 기도드립니다. 아멘.

광야의 시험

마태복음 4:1-11

¹그때에 예수께서 성령에게 이끌리어 마귀에게 시험을 받으러 광야로 가사 ²사십 일을 밤낮으로 금식하신 후에 주리신지라 ³시험하는 자가 예수께 나아와서 이르되 네가 만일 하나님의 아들이어든 명하여 이 돌들로 떡덩이가 되게 하라 ⁴예수께서 대답하여 이르시되 기록되었으되 사람이 떡으로만 살 것이 아니요 하나님의 입으로부터 나오는 모든 말씀으로 살 것이라 하였느니라 하시니 ⁵이에 마귀가 예수를 거룩한 성으로 데려다가 성전 꼭대기에 세우고 ⁶이르되 네가 만일 하나님의 아들이어든 뛰어내리라 기록되었으되 그가 너를 위하여 그의 사자들을 명하시리니 그들이 손으로 너를 받들어 발이 돌에 부딪치지 않게 하리로다 하였느니라 ⁷예수께서 이르시되 또 기록되었으되 주 너의 하나님을 시험하지 말라 하였느니라 하시니 ⁸마귀가 또 그를 데리고 지극히 높은 산으로 가서 천하 만국과 그 영광을 보여 ⁹이르되 만일 내게 엎드려 경배하면 이 모든 것을 네게 주리라 ¹⁰이에 예수께서 말씀하시되 사탄아 물러가라 기록되었으되 주 너의 하나님께 경배하고 다만 그를 섬기라 하였느니라 ¹¹이에 마귀는 예수를 떠나고 천사들이 나아와서 수종드니라

예수님께서 세례 받으신 후에 복음 전도의 공생애 사역을 시작하면서 먼저 사해 북동쪽에 있는 척박한 유대 광야로 시험 받으러 가십니다. 우리가 본문 1절에서 주목해야 할 것은 성령님에게 이끌리어 마귀에게 시험을 받으러 가셨다는 사실입니다. 다시 말하면 우리가 하나님께 쓰임 받기 위해서는 이러한 성령님의 역사 속에 마귀의 시험이 누구에게나 있다는 것을 몸소 모범적으로 보여주셨습니다. 그렇다면 주님께서 어떻게 시험을 이겨내시는가를 보면서, 우리의 광야의 인생 가운데 수시로 부딪혀 오는 시험을 어떻게 이겨낼 것인가 이 시간도 들려주시는 살아계신 하나님의 음성을 함께 들을 수 있길 바랍니다.

물질의 시험을 이겨내야 함

먼저 마귀의 첫 번째 시험이 다가오는데 "네가 하나님의 아들이어든 명하여 이 돌들로 떡덩이가 되게 하라"(3절)는 것이었습니다. 40일 동안 금식하신 예수님께 먹을 것보다 더 큰 시험이 어디에 있었겠습니까? 예수님께는 가장 견디기 어려운 육신적인 물질의 시험이었습니다. 그런데 예수님께서 본문 4절에 뭐라고 대답하십니까?

> "예수께서 대답하여 이르시되 기록되었으되 사람이 떡으로만 살 것이 아니요 하나님의 입으로부터 나오는 모든 말씀으로 살 것이라."

예수님께서는 이러한 물질의 시험에 대해서 신명기 8장 3절 말씀을 인용하여 이겨내셨습니다. 그것은 사람이 떡으로만 살 것이 아니요 하나님의 입으로부터 나오는 모든 말씀으로 산다는 것입니다. 이를 누가복음에서는 "…사람이 떡으로만 살 것이 아니라…"(눅 4:4)고 물질을 부정적으로 말하였습니다. 그러나 마태복음에서는 "…사람이 떡으로만 살 것이 아니요 하나님의 입으로부터 나오는 모든 말씀으로 살 것이라"(마 4:4)고 하면서 물질에 대해서 긍정적으로 인정하면서도 그것보다 더 중요한 것이 있는데 그것은 하나님의 말씀에 순종하는 삶이라고 하였습니다.

그렇습니다. 인간에게 있어서 가장 근본적인 시험은 먹고 사는 물질의 문제입니다. 그래서 우리는 많은 때 먹고 사는 문제에 너무도 매어 살아갑니다. 그래서 물질의 시험에 빠져서 불평과 불만이 터져나오고 원망과 다툼이 끊이지 않아 불행과 고통에서 헤어나오지 못합니다.

지난 주간 문화일보와 한국보건사회연구원이 전국 50대 성인 남녀를 대상으로 설문조사를 했는데 50대의 69%가 5억 미만의 재산으로 인해 자식과 부모와 자신의 노후 걱정으로 불안해하고 있다는 것입니다. 더 나아가 청년 자녀들도 지금 3포, 5포, N포, F포 시대를 살아가고 있습니다. 지난 주간 한반도선진화재단 세미나에서 이인재 인천대 교수가 밝혔듯이 향후 3년 20대 청년들의 실업률이 2016년에는 31만 9000명, 2017년에는 31만 7000명, 2018년에는 32만 2000명으로 앞으로 3년간 100만 명 가량의 청년들이 대학을 졸업하고 사회로 쏟아져 나올 텐데 현 상황 속에서는 청년 실업이 더욱더 악화될 것이라고 예상했습니다.

그러나 여러분, 가난은 결코 죄가 아닙니다. 아무리 경제적 상황이 좋지 않고 물질이 부족하다고 해서 불행한 것은 결코 아닙니다. 잠시 불편할 뿐입니다. 한 여집사님이 추석을 맞아 시장에 갔는데 굴비가 너무도 맛있게 보여서 가격을 물었더니 주인이 "그건 제일 하품인데 10만 원이요" 그러는 겁니다. 너무 비싸서 여집사님이 자신도 모르게 한숨을 푹 쉬었습니다. '그러면 비싼 것은 도대체 얼마나 할까?' 궁금해서 물었습니다. "그럼 상품은 얼마나 해요?" 그러자 주인이 말하더랍니다. "그건 한숨 세 번이요." 그러면 얼마란 말입니까? 10만 원이라는 소리에 한숨을 한 번 쉬었으니까 한숨 세 번이면 30만 원이라는 것입니다. 그런데 그렇게 비싼 굴비 안 먹는다고 우리가 불행해집니까? 그냥 안 먹어버리면 됩니다. 저의 입맛이 서민적이라서 그런지 몰라도 저는 5만 원에 50마리짜리도 맛이 있던데요?

여러분, 비싼 굴비 먹고 물질이 넘치도록 많다고 해서 모두 다 행복한 줄 아십니까? 물질이 많으면 그만큼 신경 쓸 일도 많아지고 범죄의 유혹도 많아지고 시비와 다툼도 많아지고 자녀교육에까지도 악영향을 미칠 때가 많습니다. 그러므로 물질이 꼭 성공과 행복의 비결은 아닙니다. 오히려 가난함 속에서도 믿음으로 행복하게 일어선 사람들이 우리 주위에 얼마나 많습니까?

김현근 형제가 쓴 《가난하다고 꿈조차 가난할 수는 없다》라는 자서전이 있습니다. 그는 1987년 부산에서 태어나서 부산을 떠나 산 적이 없는 부산 토박이인데 증권회사에 다니시던 아버지가 1997년 IMF 환난으로 인해서 직장을 잃어버리게 되었습니다. 그래서 어머니가 아버지를 대신해 가족의 생계를 책임져야 했는데 월수입이 60만 원도 채 안 되는 가난한 집안 형편 때문에 꿈을 접고 모든 것을 포기해야 했습니다. 그런데 그의 생애를 바꾸어놓은 것은 초등학교 5학년 때 우연히 읽은 영화배우 남궁원 씨의 아들인 전 국회의원 홍정욱 씨가 쓴 《7막 7장》이란 책이었습니다. 그는 그 책을 읽고 미국 아이비리그 명문 대학으로의 유학의 꿈을 꾸게 되고 믿음으로 일어서서 우리나라 최초의 영재학교인 한국과학영재학교에 들어갔습니다. 그런데 중학교까지 줄곧 1등만 했던 그가 영재학교에서 과학 사고력 검사에서 60점 낙제점을 받는 등 첫 시험 결과 꼴찌그룹에 속하게 되었습니다. 그래서 자신이 영재가 아니라는 사실을 뼈저리게 느꼈지만 여기서 좌절하지 않고 하나님께 지혜를 구하면서 도전했습니다. "공부는 머리 좋은 사람이 잘하는 것이 아니라 엉덩이가 무거운 사람이 잘하는 것이다"라는 신념을 가지고 공부와의 지독한 싸움을 벌여서 고등학교 3년 내내 모두 A학점을 받아 수석 졸업을 하고 미국 최고의 명문 중 하나인 프린스턴 대학교에 수시 특차로 합격했습니다. 그리고 하나님께서 길을 열어 주셔서 대학 4년간 2억 원이 지급되는 삼성 이건희 해외장학생으로 선발되어서 그가 그토록 꿈꾸어 왔던 아이비리그 명문대학으로의 미국 유학을 실현하게 되었습니다. 그래서 《가난하다고 꿈조차 가난할 수 없다》라는 책을 쓰게 된 것입니다.

그러므로 우리가 누구를 만나도 물질적 가난 속에서도 결코 기죽지 않고 오히려 감사하고, 희망을 버리지 않고 믿음을 가지고 일어설 뿐만 아니라 이 신앙을 자녀들에게 물려줘야 합니다. 데살로니가전서 5장 18절의 "범사에 감사하라 이것이 그리스도 예수 안에서 너희를 향하신 하나님의 뜻이니라"는 말씀대로 모든 일에 감사하면서 어떠한 물질의 시험도 이겨내야 합니다.

얼마 전 청주 상당교회에서 있었던 총회에 갔다가 점심식사를 하러 가는 중에 교회 벽면에 이런 특이한 글이 쓰여 있었는데 잊혀지지가 않습니다.

"살아있다는 것이 축복입니다."

여러분도 청주에 가시면 꼭 그 교회를 찾아보십시오. 저는 그 문구를 읽는 순간, '그렇다! 내가 살아있다는 것이 축복이다!'는 생각이 들었습니다.

그렇습니다. 우리가 살아있는 것만 해도 감사하지만 건강한 것도 감사하고, 암에 안 걸린 것도 감사하고, 암에 걸렸다가 살아난 것은 더욱 감사하고, 매일 일용할 양식 주신 것도 감사하고…. 주님 안의 감사가 얼마나 많습니까? 그러므로 아무리 어려운 형편 속에서도 하나님의 말씀대로 감사하면서 믿음으로 헌신하고 서로 사랑하며 행복하게 살면서 맡겨진 사명에 충성을 다하면서 살아가야 합니다. 또 그렇게 살다 보면 살아계신 하나님께서 다 갚아주시고 채워주시고 부어주셔서 결국에는 우리의 여생이나 자손들까지도 다 잘 되는 것입니다. 그래서 시편 1편 1-3절에 진정으로 복 있는 사람에 대해서 그토록 강조한 것입니다.

> "복 있는 사람은 악인들의 꾀를 따르지 아니하며 죄인들의 길에 서지 아니하며 오만한 자들의 자리에 앉지 아니하고 오직 여호와의 율법을 즐거워하여 그의 율법을 주야로 묵상하는도다 그는 시냇가에 심은 나무가 철을 따라 열매를 맺으며 그 잎사귀가 마르지 아니함 같으니 그가 하는 모든 일이 다 형통하리로다."

우리가 밤낮으로 하나님의 말씀을 묵상하면 그 말씀이 우리에게 위로가 되고 힘이 되어 환난 많은 세상을 다 이겨내게 하고 자손 대대로 복되게 살아가게 되는 것입니다. 그러므로 어떠한 물질의 시험이 닥쳐와도 하나님의 약속의 말씀만 붙잡고 일어설 수 있길 바랍니다. 하나님의 말씀대로 살아갈 때 한때는 어려움을 겪을 수 있지만 복의 근원 되시는 하나님 아버지께서 삶의 모든 필요를 미리 아시고 부족함이 없도록 채워주시고 복되고 형통케 하실 줄 확실히 믿으시기 바랍니다.

명예의 시험을 이겨내야 함

계속해서 마귀가 예수님을 거룩한 성인 예루살렘으로 데려가서 성전 꼭대기에 세웁니다. 우리는 흔히 예수님께서 유대 광야에서만 시험을 받으신 줄 알지만 예루살렘 성전 꼭대기로까지 데려가서 시험했습니다. 거기서 "네가 만일 하나님의 아들이어든 뛰어내리라"(5-6절)고 했습니다. 사탄은 교묘하게 하나님과 가까이 교제할 수 있는 성전, 그것도 하나님과 가장 가까운 성전 꼭대기를 택하여 시험한 것입니다. 더구나 예수님이 하나님의 아들이라는 사실까지 또다시 들먹여가면서 예수님의 자존심을 흔들며 시험하니 얼마나 견디기 어려우셨겠습니까? 더욱이 이전보다 더 강도 높게 시편 91편 11-12절의 "그가 너를 위하여 그의 천사들을 명령하사 네 모든 길에서 너를 지키게 하심이라 그들이 그들의 손으로 너를 붙들어 발이 돌에 부딪히지 아니하게 하리로다"라는 말씀까지 인용하면서 시험했습니다. 이처럼 육신적인 물질의 시험에 이어 계속해서 닥쳐온 정신적인 명예의 시험을 예수님께서는 신명기 6장 16절 말씀을 인용하여 이겨내십니다.

"예수께서 이르시되 또 기록되었으되 주 너의 하나님을 시험하지 말라 하였느니라 하시니."

더이상 자존심을 건들며 시험하지 말라는 것입니다. 마귀가 예수님을 시험하는 것은 곧 하나님을 시험하는 것이었습니다.

많은 때 우리도 먹고 사는 문제가 해결된 후 그다음에 찾아오는 문제가 있다면 그것은 정신적인 명예의 시험입니다. 인간관계의 문제가 하나님께 대한 신앙까지도 뒤흔듭니다. 그런데 겸손하면 자존심 상할 것도 없고 명예에 집착할 것도 없고 더이상 시험에 빠질 일도 없습니다. 교만해지니까 결국 명예의 시험에 빠지고 맙니다. 그래서 서운한 것도 많고 상처 받는 것도 많고 시험 드는 일도 많아집니다. 그런데 이 마귀의 명예의 시험에 빠지면 자기만 손해를 보게 됩니다.

영국 복음주의 회복운동을 주도한 로이드 존스 목사님의 활동에 동참하면서 영국 복음주의 대변지였던 〈에반젤리칼 타임즈〉의 편집장으로 일하다가 1970년부터 현재까지 세계적으로 유명한 찰스 스펄전 목사님이 목회하셨던 메트로폴리탄 태버너클 교회의 담임목사로 시무하고 런던 개혁침례신학대학원 학장으로 섬기고 있는 피터 매스터스(Peter Masters) 목사님이 쓴 《성도가 성도 되게 하라》(The Personal Spiritual Life)라는 책 가운데 이런 내용이 있습니다. 우리가 하나님의 거룩한 백성인 성도로서 어떻게 살 것인가를 주제별로 잘 다루고 있는데, 제11장에서 겸손이란 주제를 다룹니다. 우리의 교만은 다양한 형태로 나타나는데 첫째, 자신의 사고나 행동이나 소유나 신앙이 최고라고 착각을 하고, 둘째, 남의 탓만 하고 자신의 잘못은 인정하지를 않으려 하고, 셋째, 다른 사람을 인정하거나 주위의 권면을 수용하려고 하지 않고, 넷째, 주위의 칭찬과 존경과 자신의 자존심과 명예와 지위에만 관심을 가지고, 다섯째, 어떠한 조직이나 규율을 따르려고 하지 않는다는 것입니다. 그러나 불신앙을 회개하고 예수님을 구주로 영접하고 신앙의 연단을 받으면서 성령님의 충만을 구해서 성숙한 신앙을 회복할 때에 전적으로 주님만 바라보게 되고 주님의 위로를 받고 새 힘을 얻으면서 겸손히 배우고자 하는 열망을 갖게 되고 오히려 자신의 헛된 교만을 회개하면서 예수님의 온유와 겸손을 배우게 되고 자연스럽게 겸손히 낮아져 섬기게 된다는 것입니다.

그런데 우리가 겸손해지지 않으면 누구를 만나든 대접이나 받으려고 하고 큰소리나 치면서 서로 마음 상하게 되고 서로 얼굴을 붉히게 됩니다.

명절에 여자들을 속 터지게 만드는 '얄미운 꼴불견 10인'이 있다고 합니다. ① 온몸이 쑤셔서 한 시라도 빨리 집에 가서 쉬고 싶은데 눈치 없이 고스톱을 계속 치고 있는 남편 ② 시댁에는 30만 원 드리면서 친정에는 불공평하게 10만 원만 드리는 남편 ③ 하루 종일 가만히 계시다가 막상 집에 가려고 하면 "아들과 한 잔 더 해야겠다"며 술상 봐 오라는 시아버지 ④ 며느리는 친정에 안 보내면서 시집 간 딸에게 길이 막히니까 빨리 오라고 계속 독촉 전화를 하는 시어머니 ⑤ 시집에 늦게 와서는 "동서 수고했네"라는 말 대신에 "아니, 뭐 할 거 있다고 아직도 일하고 있어?" 하며 큰소리치는 형님 ⑥ 엎드러지면 코 닿을 것같이 가깝게 살면서도 명절 때면 꼭 늦게 오는 동서 ⑦ 형편이 어렵다며 늘 빈손으로 와서는 돌아갈 때는 이것저것 다 싸 가는 동서 ⑧ 머리 아플 정도로 기름 냄새 맡으며 간신히 부쳐놓은 부침개를 날름날름 집어 먹어버리는 시동생 ⑨ 자기 시댁에는 갔다가 금방 오면서 친정에는 일찍부터 와서 이것저것 참견하는 시누이 ⑩ 시끄럽게 떠들고 어지럽히기도 잘 하지만 꼭 부침개 부칠 때 와서는 식용유 뒤엎어 놓는 어린 조카 등이 있습니다.

그러니 명절을 지낸 후 기쁘고 즐겁게 힘을 얻어 오는 것이 아니라 오히려 스트레스만 많이 받고 돌아옵니다. 그래서 명절만 지내고 오면 우울증이나 화병이나 관절염, 허리 디스크 등 갖가지 명절 증후군에 시달리게 됩니다. 그러나 이러한 명절 증후군의 최고의 명약은 가장 먼저 십자가의 사랑을 느끼며 내 마음의 여유와 유머를 갖는 것입니다. 우리의 부모, 형제 가운데에도 신앙이 없거나 영적으로 어린아이들과 같은 사람들이 얼마나 많습니까? 그런데 그들과 똑같이 감정적으로 대응하며 싸우면 어떻게 되겠습니까? 똑같은 사람이 되고 맙니다. 여기서 우리는 그들을 불쌍히 여기는 마음의 여유와 위기상황을 극복하기 위한 유머가 필요합니다.

프랑스의 영웅인 드골 대통령을 반대하던 한 국회의원이 드골 대통령에게 이렇게 말했습니다.

"각하, 제 친구들은 모두 다 각하가 너무도 마음에 안 든다고들 말합니다."

얼마나 대통령을 무시하고 열 받게 하는 말입니까? 그래서 이 말을 들은 대통령이 화를 낼 것 같아서 다들 긴장해 있는데 드골 대통령이 말하더랍니다.

"아! 그래요? 그런데 그렇게 수준이 낮은 친구들과 어울리지 말고 이번 기회에 친구들을 바꿔 보면 어떨까요?"

얼마나 멋집니까? 누가 이겼습니까? 주님의 사랑과 은혜에 감사하면서 마음의 여유를 가지고 어떠한 어려움도 웃음으로 넘겨버리십시오. 그렇지 않으면 이 명예의 시험을 이길 수가 없습니다.

더 나아가 입장을 바꾸어서 서로에 대해 온유와 겸손의 배려를 해야 합니다. 그런데 명절 때마다 우리 남자들이 여자들을 부려만 먹고 상처를 주다 보니까 이젠 여자들의 반격이 시작되었습니다. 요즘 여자들이 여러 면에서 남자들을 앞서는데 그 이유를 아십니까? 예로부터 "남자는 하늘, 여자는 땅"이라고 했는데 하늘은 옛날이나 지금이나 똑같이 값이 없는데 땅값은 갈수록 올라가니 여자들이 앞서는 게 당연한 거라고 합니다.

그런데 주님 안에서 높고 낮음이 어디 있습니까? 서로 이해하고 배려하고 도와주며 살아야 합니다. 시가에 가서도 남편들이 나서서 무거운 상을 펴거나 나르고 또 조카들에게 용돈 좀 주면서 설거지를 시키고 또 친정에 가서도 손가락 하나 까딱하지 않고 앉아 있지 말고 올케의 고충을 느끼면서 짐을 함께 나눠 지면서 사랑으로 섬겨야 합니다.

더 나아가 아무리 누가 뭐라고 하고 상처 주는 마음 상할 말을 해도 예수님처럼 내가 낮아지고 죽어지면 서운할 것도 없고 상처 받을 것도 없고 시험 들 일도 없습니다. 그래서 내가 십자가에서 주님과 함께 죽었음을 믿어야 합니다. 누가 욕을 하고 비난을 하고 험담을 해도 죽은 사람은 공격을 하고 험한 말을 하며 달려들 것도 없고 감정적 대응을 할 것도 없습니다. "주여, 제가 죽었는데 기분 나쁠 게 뭐가 있고, 감정 상할 게 뭐가 있고, 마음 아플 게 뭐가 있습니까? 모든 것이 저를 연단하시는 하나님의 사랑이고 은혜이고 축복인 줄 믿습니다" 하고 낮아져서 섬기고, 예수님께서 무덤에 사흘 동안 묻혀 계셨듯이 "사흘만 참자!" 하고 이겨낼 수 있길 바랍니다. 그리할 때 베드로전서 5장 5-6절에 분명히 약속하였습니다.

> "…하나님은 교만한 자를 대적하시되 겸손한 자들에게는 은혜를 주시느니라 그러므로 하나님의 능하신 손 아래에서 겸손하라 때가 되면 너희를 높이시리라."

내가 겸손히 낮아지고 자아가 깨어지고 십자가에서 죽어지면 하나님께서 우리에게 은혜를 부어주셔서 우리를 위로해 주시고 우리를 높여주십니다. 그뿐만 아니라 지금은 주위에서 안 알아줄지 몰라도 언젠가는 하나님께서 높여주시고 귀하게 쓰시고 기뻐 받아주실 줄 확실히 믿습니다.

영적인 시험을 이겨내야 함

이렇게 마귀가 물질과 명예로 예수님을 시험하다가 안 되니까 마지막으로 예수님을 지극히 높은 산으로 데리고 갑니다. 전해오는 이야기에 의하면 이 산은 여리고에 있는 시험산이라고 합니다. 그곳에서 천하만국과 그 영광을 보여주면서 만일 마귀에게 엎드려 경배하면 이 모든 것, 즉 천하 만국과 그 모든 영광을 예수님께 주겠다고 합니다. 마귀는 여기서 그의 결정적인 정체를 드러냈습니다. 첫 번째와 두 번째 시험 때처럼 "네가 하나님의 아들이어든"이란 말을 다 빼고 직접적으로 자신의 정체를 드러내서 자신에게 경배하라고 합니다(8-9절). 십계명 중 "하나님만 섬기라"는 1, 2계명에 정면으로 도전하여 하나님과 같이 높아지려고 하는 마귀의 속성을 그대로 드러낸 것입니다. 그때 역시 예수님께서는 신명기 6장 13절 말씀을 인용하여 이 마지막 영적인 시험을 이겨내십니다.

> "이에 예수께서 말씀하시되 사탄아 물러가라 기록되었으되 주 너의 하나님께 경배하고 다만 그를 섬기라 하였느니라"(10절).

예수님께서는 이 영적인 시험에 가장 단호하게 대응하십니다. "사탄아 물러가라! 기록되었으되 주 너의 하나님께 경배하고 다만 그를 섬기라!" 한마디로 말하면 우리는 하나님의 영광을 위해서 살아야지 어느 누구도 이 영광의 자리를 차지하려고 해선 안 된다는 것입니다.

왕과 신하가 세상 물정을 알아보려고 평민 복장을 하고 여기저기 돌아다녔습니다. 하루 종일 돌아다니다가 날이 어두워지자 주막을 찾아 들어갔는데 주막에 들어서던 신하가 깜짝 놀라서 왕에게 말했습니다. "전하, 들켰사옵나이다!" 왕이 "무슨 소린가?" 하고 묻자 신하가 주막 기둥에 적혀 있는 글을 가리키는데, 거기 이렇게 쓰여 있더랍니다.

"손님은 왕이다!"

그런데 장사하는 가게에서는 손님이 왕이지만 우리는 일생토록 하나님을 우리의 왕으로 모시고 살아야 합니다.

말세의 마지막 때 우리의 신앙생활 가운데에도 물질과 명예의 시험을 이겨내면 마지막으로 영적인 시험이 따릅니다. 하나님의 말씀대로 산다고 하면서도 다 자기 생각을 앞세우고, 하나님의 뜻을 따른다고 하면서도 다 자기 뜻을 굽히지 않고, 하나님의 영광을 내세운다고 하면서도 다 자기 영광을 구합니다. 모든 일에 자기 고집만 피우려 하고 자기주장만 관철하려고 하고 자기 이름만 내려고 합니다. 그래서 기분이 나쁘면 교회도 안 나와 버리고 예배도 안 드리고 기도회도 참석하지 않고 성경공부도 안 해 버리고 봉사도 안 하고 전도도 선교도 안 해 버립니다. 바로 여기에 말세 교인들의 신앙생활의 가장 심각한 영적인 문제가 있습니다. 그런데도 자신은 신앙생활 잘하고 있는 줄로 착각하지만 주님도, 주위의 사람들도 아무도 인정을 해주지 않습니다. 그러므로 더욱더 은혜롭고 축복되고 행복한 신앙생활을 하려면 우리가 여기서 과감히 돌아서야 합니다.

그렇다면 우리가 "하나님의 영광을 위하여 살게 하여 주시옵소서!" 하고 그렇게 많이 외치며 사는데, 과연 하나님의 영광을 위한 삶이 어떤 삶입니까? 늘 강조하지만 고린도전서 10장 31-33절 말씀대로 살기만 하면 됩니다.

"그런즉 너희가 먹든지 마시든지 무엇을 하든지 다 하나님의 영광을 위하여 하라 유대인에게나 헬라인에게나 하나님의 교회에나 거치는 자가 되지 말고 나와 같이 모든 일에 모든 사람을 기쁘게 하여 자신의 유익을 구하지 아니하고 많은 사람의 유익을 구하여 그들로 구원을 받게 하라."

아무리 자기가 옳다고 큰소리를 쳐도 하나님의 영광을 위한 삶은 첫째, 하나님의 교회에 거치는 자가 되지 말아야 하고 둘째, 모든 일에 모든 사람을 기쁘게 하고 셋째, 자기의 유익보다 많은 사람의 유익을 구하여서 넷째, 많은 사람들이 구원을 받게 하는 것입니다. 이것을 하나님께서 기뻐하시고 영광 거두신다고 분명히 밝히고 있지 않습니까?

그러므로 우리는 사랑하는 부모, 형제, 일가친척을 만났을 때 아무리 내가 옳아도 절대 큰소리치지 말고 더이상 상처를 주지 말고 온 가족의 사랑의 분위기를 깨뜨리지 말고 모든 가족들을 기쁘게 섬겨야 합니다. 어른들도 전체적인 불경기로 인해 직장과 사업도 모두들 힘들게 해나가지만 특별히 우리 자녀들이나 조카들이나 손주 등 다음 세대도 그들의 학업과 취직과 결혼과 출산과 자녀양육 등 진로문제로 얼마나 더 불안하고 고통스러워합니까? 그런데 우리는 이처럼 불안과 고통 가운데 있는 자녀들에게 도움도 못 주면서 "너 어느 대학 다니느냐? 취직은 됐느냐? 어느 직장 다니느냐? 언제 시집가느냐? 언제 장가가느냐?"고 너무 꼬치꼬치 물어서 스트레스나 주면 되겠습니까? 더 심한 경우는 "그래가지고 네 장래가 어떻게 되겠느냐?", "너 하는 짓이 왜 그 모양이냐?", "너희 집안 씨족들이 다 그 모양이지!" 하고 지적과 책망만 합니다. 그러나 아무리 힘들어도 희망과 용기를 잃지 않도록 위로해 주고 특히 그들이 살아계신 하나님께 대한 믿음

가운데 일어서도록 말 한마디라도 따뜻하게 축복해 주고 격려해 주어야 합니다.

　최근 흥행하는 영화 "사도"를 보면 아버지 영조와 아들 사도세자 간의 밀고 당기는 갈등과 불화가 심해져서 결국 세자를 폐위시키고 평민으로 돌아가게 하고 뒤주에 넣어 아들을 죽이고 맙니다. 그런데 아버지와 그토록 심한 갈등을 겪던 사도세자가 아버지 영조를 향해 "내가 바라는 것은 아버지의 따뜻한 눈길 한 번, 다정한 말 한마디였어요"라고 눈물로 절규하는데 그 영화를 보고 있던 저의 눈에 눈물이 핑 돌았습니다.

　기독교장로회의 정대위 목사님의 회고담에 이런 글이 나옵니다 정 목사님이 중학교를 졸업하는 날 친구들과 함께 중국집에 가서 짜장면을 먹으면서 서로의 장래 희망을 나누었습니다. 한 친구가 "나는 교수가 될 거야" 하자 다른 친구가 "나는 과학자가 될 거야" 하고 저마다 자기 희망을 말하는데 정 목사님은 "나는 목사가 될 거야" 그랬다고 합니다. 그때 마침 독립운동가였던 도산 안창호 선생님이 그 중국집에서 식사를 하다가 어린 중학생들의 이야기를 듣고 그냥 지나치지 않았습니다. "너희들이 장차 우리 대한민국을 이끌어 갈 위대한 기둥들이구나. 방금 말한 너희들의 소원대로 다 이뤄지길 바란다"고 하면서 특별히 정 목사님께 말하더랍니다. "학생은 앞으로 훌륭한 목사님이 되실 줄 믿습니다. 꼭 그렇게 되셔서 우리 민족을 영적으로 잘 이끌어 주세요" 하고 축복해 주었습니다.

　그런데 그 후부터 인생을 살아오면서 어떠한 삶의 위기가 닥쳐와도 '나는 우리 민족의 지도자이신 도산 안창호 선생님이 인정해 준 사람이다. 나는 훌륭한 목사가 될 거야. 그분이 나를 훌륭한 목사가 될 거라고 인정해 주셨으니 틀림없이 반드시 그렇게 될 거야' 하고 위로받고 힘을 내었습니다.

그 후 그는 신실한 목사가 되고 교수가 되어 한국신학대학(한신대학교 전신)의 학장과 건국대학교 총장을 역임하면서 조국의 민주화와 후진 양성을 위해 일생토록 보람되고 복된 생애를 살아갈 수 있었습니다. 우리도 서로가 말 한마디라도 따뜻하게 축복의 덕담을 나눔으로 낙심해 있는 많은 사람들을 기쁘게 해야 합니다.

더 나아가 내 이익보다 온 가족들의 이익을 구해야 합니다. 경제적으로 여유가 있다면 어려운 형제들도 도와주고 가족들이 모여 윷놀이도 꼭 이기려고 혈안이 되지 마시고 져 주는 심정으로 하십시오. 그래서 저는 "내 주여, 뜻대로 행하시옵소서!" 하고 일부러 져 주려고 막 던져 버리는데도 꼭 윷이 나오고 모가 나옵니다. 도나 개나 걸이 나와도 꼭 앞서가는 말을 잡아서 이겨버리니까 형제들이 열이 받치는지 '목사님이 목회는 안 하고 윷만 놨느냐?'고 항의 아닌 항의를 하는데, 제가 윷 연습할 시간이 어디에 있습니까? 그러나 윷도 우리 마음대로 안 됩니다. 그러려면 먼저 우리 마음부터 비워야 합니다. 그리고 윷놀이를 해서 돈을 따도 부모님이나 조카들에게 다 나눠주고 오십시오. 그것 좀 땄다고 살림에 큰 보탬이 됩니까? 가정 경제가 살아납니까? 직장이나 기업이 형통해집니까? 그거 얼마나 딴다고 형제를 약 올리고 열 받치게 하고 얼굴 붉히고 헤어지면 되겠습니까? 예수님 믿는다고 하면서 그렇게 하면 불신 가족들로부터 손가락질만 당하고 전도의 문만 다 막아버리고 하나님의 영광을 다 가리고 맙니다.

이처럼 우리가 가정에서부터 사랑의 나눔과 섬김을 베풀어야 할 뿐만 아니라 온 천하보다 귀한 영혼을 구해야 하고 외롭게 힘들게 살아가는 가정들을 둘러보고 이웃에게도 주차 갈등이나 아파트 층간 소음이 있어도 주님의 영광을 위하여 참고 주님의 사랑을 나누며 복음을 전해야 합니다.

특별히 오늘 주일을 총회가 정한 '동행하는 주일'로 지킵니다만 지난날 우리의 고향 교회가 없었다면 우리가 어떻게 복음을 듣고 믿음으로 자라서 이 복된 삶을 누릴 수 있었겠습니까? 그래서 고향에 내려가면 고향 교회에 꼭 들러서 감사헌금도 드리고 고향 교회 목회자님들에게 조그만 사례나 선물이라도 전해드리고 올 수 있다면 그 고향 교회에 큰 힘이 될 것입니다. 더 나아가 우리 교회만 생각하는 '우물 안의 개구리 신앙'에서 한국 교회와 이민 교회와 세계 선교지에 이르기까지 하나님의 영광을 위하여 치유의 복음의 역사를 확장시켜 나가야 합니다.

이처럼 일생토록 언제 어디서나 하나님의 영광을 위해 살아갈 때 우리는 평생토록 어떠한 영적인 시험도 다 이겨내고 일생이 축복되고 우리의 가정도 행복하고 하나님의 교회도 은혜롭게 부흥하면서 마지막 때 사명을 잘 감당하며 하나님의 영광을 크게 드러내게 될 줄 확실히 믿으시기 바랍니다.

지난 주일 3부 예배를 마치고 곧바로 광주 본향교회로 가서 대한예수교장로회 100회 총회장이신 채영남 목사님 취임감사예배에 참석했습니다. 예배 후 선물로 받은 강영길 집사님이 쓴 채영남 목사님의 일생을 담은 《복이 될지라》는 책을 돌아와 읽으면서 큰 은혜를 받았습니다. 강 집사님은 1973년 초등학교 3학년 때 고향 덕촌교회에 전도사로 부임하신 채영남 전도사님을 처음 만났다고 합니다. 채 전도사님은 1973년 호남신학대학교 2학년 여름방학에 여수에서 배를 타고 7시간 걸려 가는 거문도 덕촌리라는 너무도 가난한 마을의 전도여행 이야기를 한 선배 전도사님에게서 듣고 성령님의 감동하심을 받아 22살의 젊은 나이에 학교에 휴학계를 내고 무작정 거문도로 떠나

덕촌교회에 부임했다고 합니다. 그때 전도에 그렇게 방해가 되는 동네 깡패(박천식)를 만났습니다. 동네 사람들은 그가 성질이 사나워서도 피했지만 그가 폐결핵 말기 환자여서 전염되지 않으려고 피했고 막가는 인생을 사는 그에게서 무슨 화를 당할지 몰라서 피했다고 합니다. 그런데 전도사님은 결코 피하지 않았다고 합니다. 그 영혼을 살려내기 위해서 순교자의 신앙을 따라 살길 원했기 때문이었습니다. 결국 그 깡패는 그렇게 행패를 부리는데도 끝까지 사랑으로 다가가 섬기는 채 전도사님의 사랑의 섬김에 감동을 받고 기적적으로 예수님을 믿고 변화되어 살다가 하늘나라로 떠나갔습니다.

그러나 그는 전도사님에게 그만 폐결핵의 멍에를 남겨주고 떠났습니다. 잠복해 있던 폐결핵이 3년 후에 드러나면서 건강이 급속도로 악화되면서 기도원에 갔다가 돌아와 좁은 사택 방에 누워 있는데 어머니가 오셔서 병간호를 해 주셨습니다. 건강하던 막내아들이 그 머나먼 섬에서 목회한다고 하더니 폐결핵에 전염되어서 젊은 날 피를 토하며 말라 죽어가니 아들을 먼저 떠나보내야 하는 어머니의 심정이 어떠했겠습니까? 그것도 가장 사랑하는 막내아들이 가장 먼저 세상을 떠난다니 어머니는 죽고 싶은 심정뿐이었습니다. 눈물밖에 안 나오고 밤낮으로 기도하는 것밖에 다른 방법이 없었습니다. 그런데 매일 눈물로 기도하시는 어머니의 간절한 기도와 아들 채 전도사님의 주님을 바라보는 믿음과 성도들의 사랑의 간구가 결단코 헛되지 않아서 하늘 보좌에 사무쳤는지 어느 날 밤 비몽사몽간에 화려한 옷을 입으신 주님이 나타나셔서 채 전도사님의 가슴에 손을 얹고 말씀하시더랍니다.

"이제는 치유되었다. 다 끝이 났다. 이제 몸 관리를 잘 해라. 몸 관리는 잘 먹고 쉬는 것이 아니라 하나님과의 영적인 관계를 건강하게 하는 것이다."

전도사님은 "아멘, 주여!" 하고 응답했습니다. 그리고 당시에는 의약도 너무 낙후되어 죽을 수밖에 없었던 폐결핵에서 주님의 치료로 기적적으로 살아났습니다. 그리고 폐결핵으로 고생할 때 물심양면으로 극진히 간호해 주었던 고향 친구 동생이며 간호사였던 사모님과 결혼을 하게 되고, 신학대학에 복학해서 새 사역지를 위해 기도하던 중 현 본향교회의 전신인 극락교회에 부임하게 되었습니다.

광주 근교라고 하지만 거문도 못지않은 오지였는데, 교인이 30명 정도밖에 안 모이니까 경제적으로 너무도 힘들었습니다. 얼마나 경제적으로 힘이 들었는지 사모님이 전에 근무하던 목포병원에서 첫 자녀를 낳았는데도 광주에서 목포 갈 차비가 없어서 못 갔다고 합니다. 또 둘째 자녀를 낳을 때는 남편이 못 오면 안 된다고 광주에서 낳았는데, 병원 갈 돈도 없으니까 사택에서 홀로 자녀를 낳고 탯줄을 끊을 정도로 고생을 했습니다. 그런데도 목사님 내외분은 물질의 궁핍함에 한 번도 불평도, 원망도 해본 적이 없었다고 합니다. 그리고 개척교회와 같은 교회의 교인들이 신앙이 없어서 목사님에게 달려드는데도 끝까지 죽어지고 사랑으로 섬기며 '머슴 목회'를 해왔습니다.

더구나 과로로 인해 폐결핵이 재발되어서 네 번의 죽음의 위기 속에서도 "죽으면 죽으리라!"는 믿음으로 오직 하나님의 영광을 위해서 죽도록 충성만 다했습니다. 그랬더니 지난 35년 목회 동안 본향교회의 부흥만 가져온 것이 아니라 노회나 총회도 정성껏 섬기게 되었습니다. 노회장을 두 번이나 낙선하고 부총회장을 한 번 낙선했지만 돌아오시면 늘 감사의 기도만 드리면서 링컨이 아홉 번의 선거에 낙선하면서도 결국 미국의 16대 대통령이 되어서 노예 해방의 위대한 역사를 일으켰듯이 하나님의 영광을 위해 남은 생애를 써 달라고 간구했다고 합니다.

그렇게 또다시 5년이 지나고 다시 부총회장에 출마하려고 하니까 사모님이 "뛰고 나는 목사님들이 많은데 당신이 꼭 또 나가야 하느냐?"고 만류할 때에도 "나는 뛰고 날 줄은 모르지만 바닥에 엎드려 박박 기는 것을 잘 하잖아?" 하면서 끝까지 섬김의 삶을 고집했습니다. 그래서 결국 이번에 총회장이 되신 것만 해도 감사한데, 다른 때 총회장 한 것도 아니고 우리 대한예수교장로회(통합) 교단의 등록교인 281만 명(합동 272만 명), 8,730 교회로 우리 한국 교회의 최대 교단의 제100회 총회장의 영광을 누리게 된 것입니다.

사랑하는 성도 여러분, 광야와 같은 인생을 살아갈 때 일생토록 얼마나 많은 시험들이 있습니까? 그러나 예수님께서 40일 동안 금식기도 하시고 매 시험마다 하나님의 말씀으로 모두 다 이겨내신 후 천사들이 나아와 수종을 들었듯이 우리도 날마다 믿음과 기도로 영적 무장을 해서 물질의 시험도 하나님의 말씀으로 복되게 이겨내고, 명예의 시험도 겸손히 낮아지고 죽어져 섬김으로 이겨내고, 영적인 시험도 하나님의 영광만을 위해서 살아가며 이겨낼 때 평생토록 날마다 승리의 축복과 행복의 감격 속에서 살아가게 될 줄 확실히 믿습니다.

다 함께 '참 좋으신 주님'을 부르며 결단하도록 하겠습니다.

   1. 참 좋으신 주님 귀하신 나의 주
      늘 가까이 계시니 나 두려움 없네
      내 영이 곤할 때 내 맘 낙심될 때
      내 품에 안기라 주님 말씀하셨네
      광야 같은 세상 주만 의지하며

주의 인도하심 날 강건케 하시며

주의 사랑 안에서 살게 하소서

주만 의지하리 영원토록

2. 예수 이름으로 모였던 곳에서

우리가 헤어질 때 늘 함께하시며

이 세상 살 동안 주 말씀 따라서

살게 하소서 승리하게 하소서

광야 같은 세상 주만 의지하며

주의 인도하심 날 강건케 하시며

영원토록 평안함 얻게 하소서

우리 다시 만날 그날까지

복의 근원 되시는 하나님 아버지, 우리 인생의 모든 것이 하나님의 손에 달려 있는 줄 믿습니다. 광야 같은 인생의 어떠한 물질의 시험도 하나님의 말씀대로 살아감으로 이겨내게 하여 주시옵소서. 명예의 시험도 겸손히 낮아지고 죽어져 섬김으로 이겨내게 하여 주시옵소서. 영적인 시험도 하나님의 영광만을 위해 살아감으로 이겨내게 하여 주시옵소서. 그리하여 이번 추석뿐만 아니라 평생토록 날마다 승리의 축복과 행복의 감격 속에 살게 될 줄 믿사옵고 예수님의 이름으로 간절히 축복하며 기도드립니다. 아멘.

개혁자의 영적 사명

누가복음 4:14-19

¹⁴예수께서 성령의 능력으로 갈릴리에 돌아가시니 그 소문이 사방에 퍼졌고 ¹⁵친히 그 여러 회당에서 가르치시매 뭇 사람에게 칭송을 받으시더라 ¹⁶예수께서 그 자라나신 곳 나사렛에 이르사 안식일에 늘 하시던 대로 회당에 들어가사 성경을 읽으려고 서시매 ¹⁷선지자 이사야의 글을 드리거늘 책을 펴서 이렇게 기록된 데를 찾으시니 곧 ¹⁸주의 성령이 내게 임하셨으니 이는 가난한 자에게 복음을 전하게 하시려고 내게 기름을 부으시고 나를 보내사 포로 된 자에게 자유를, 눈 먼 자에게 다시 보게 함을 전파하며 눌린 자를 자유롭게 하고 ¹⁹주의 은혜의 해를 전파하게 하려 하심이라 하였더라

이번 종교개혁 500주년 기념 성지순례를 갔다가 세 번째 도착한 곳은 영국의 수도 런던이었습니다. 존 웨슬리 목사님의 생애는 한마디로 복음 증거의 '영적 사명'으로 불타올랐습니다. 그런데 존 웨슬리 목사님이 가장 좋아하시고 많이 설교하셨던 오늘 본문 말씀 가운데

존 웨슬리 목사님의 생애가 그대로 드러납니다. 본문 말씀은 예수님께서 이사야 61장 1-2절을 인용해서 하신 말씀으로, 오늘도 본문 말씀 가운데 들려오는 개혁자의 영적 사명에 대해 하나님의 음성을 다 함께 들을 수 있길 바랍니다.

가난한 자들에게 복음을 전해야 함

먼저 본문 18절 상반절 말씀을 다 함께 읽겠습니다.

"주의 성령이 내게 임하셨으니 이는 가난한 자에게 복음을 전하게 하시려고 내게 기름을 부으시고…."

오늘 본문 말씀은 예수님의 공생애의 막이 오르고 첫 기사로 고향 나사렛에서 된 일을 언급한 것은 너무도 뜻있는 일이었습니다. 예수님의 갈릴리 전도가 배척으로 시작되었지만 예수님께서 어릴 때부터 안식일을 지키고 회당에 예배드리러 가신 것은 어린 시절의 신앙교육의 중요성을 몸소 보여주신 것입니다. 성경을 읽으려고 서신 것은 당시에도 하나님의 말씀을 읽을 때 일어서고 말씀을 받을 때는 앉았음(20절)을 밝혀주고 있습니다. 특별히 구약의 수많은 말씀 가운데 이사야의 말씀을 가장 먼저 읽으신 것은 이사야 선지자가 예수 그리스도에 대해서 가장 많이 예언한 '그리스도론의 선지자'였기 때문이었습니다.

그런데 주님의 성령님이 예수님께 임하실 때 가장 먼저 가난한 자에게 복음을 전하시려고 당시 왕이나 제사장이나 선지자에게만 부었던 기름을 부으셨을 것입니다. 여기 '가난한 자'란 헬라어로 'πτωχοῖς'(프토코이스)라고 해서 물질적으로 가난한 자만을 의미한 것이 아닙니다. 그러면 부자들에게는 구원의 복음을 전하시지 않았던 것일까요? 아닙니다! 그래서 마태복음 5장 3절에 이를 보다 더 구체적으로 "심령이 가난한 자는 복이 있나니 천국이 그들의 것임이요"라고 분명히 밝히셨듯이 부자든지 가난한 자든지 상관없이 마음이 교만하고 부요한 자들은 더이상 주님이 필요치 않기 때문에 복음을 받아들이지 않지만 마음이 가난하여 갈급한 사람들은 마음 문을 열고 복음을 믿고 예수님을 구세주(메시아)로 영접하였기에 그 마음이 가난한 자들에게 복음을 전하시려고 예수님께서 기름 부으심을 받아 메시아(기름 부음을 받은 자: 만왕의 왕, 대제사장, 대선지자)가 되심을 증거하셨던 것입니다.

존 웨슬리 목사님은 일찍이 1703년 신실하신 새뮤얼 웨슬리 목사님의 가정에서 태어났는데 6살 때 밤중에 목사님 사택에 불이 났습니다. 이때 다 죽는 줄 알았는데 하나님의 은혜로 기적적으로 살아났고, 어머니 수산나 웨슬리(1669-1742)의 철저한 신앙교육을 받으며 자랐습니다. 사실 한두 명 자녀를 낳아 기르기도 결코 쉬운 일이 아닌데 수산나 웨슬리는 무려 19명의 자녀를 낳았습니다. 당시의 가난과 질병과 갖가지 사고의 열악한 환경으로 인해 10명의 자녀만 살아남았지만 그녀는 청교도 신앙을 가지고 자녀들을 13가지 자녀 양육의 원칙을 세워 키웠습니다.

1. 간식을 허락하지 마라.
2. 밤 8시 전에 아이들을 재워라.
3. 아이들이 불평 없이 약을 먹게 하라.
4. 아이들이 하나님의 구원을 받아들이도록 제멋대로 하는 마음

을 없애라.
5. 아이들이 말을 할 줄 알게 되면 곧 기도를 가르쳐라.
6. 가정예배를 드리는 동안 모두 조용히 하라고 요청하라.
7. 아이들이 울부짖으면서 무엇을 요구할 때는 들어주지 말고 공손한 태도로 요구할 때만 그것을 주라.
8. 거짓말을 하는 것을 막기 위해서 먼저 자백하게 하고 자백한 잘못에 대해서는 다시 책망하지 마라.
9. 악한 행실에 대해서는 반드시 벌을 주라.
10. 한 번 지은 죄에 대해서는 절대로 두 번 벌하지 마라.
11. 선행을 장려하고 이에 대해 상을 주라.
12. 사람들의 마음을 즐겁게 할 목적으로 한 행동은 잘못됐더라도 칭찬하라.
13. 극히 작은 물건에도 그 소유권을 명백히 해두라.

이렇게 자녀들을 신앙으로 철저히 양육하였는데 그 가운데 15번째 아들이 감리교 창시자인 존 웨슬리 목사님이고, 그 밑인 16번째 아들이 찬송가 작가로 유명한 찰스 웨슬리 목사님입니다. 그들은 영국의 명문 옥스퍼드 대학을 나와 교수 요원이 되었고 그 후 목사가 되었습니다. 존 웨슬리 목사님은 1729년 26세의 젊은 나이에 옥스퍼드 대학에 돌아와 '홀리 클럽'(Holy Club)이라는 거룩한 모임을 만들어서 동생 찰스 웨슬리, 조지 휫필드와 함께 신앙운동을 일으키면서 복음을 전하는 데 모든 열정을 쏟았습니다.

당시 존 웨슬리는 아버지 때부터 자존심이 하늘을 찌르는 영국 국교회의 목사였고 게다가 존 웨슬리 목사님도 영국 젊은이들의 1%도 대학을 못 가던 시절, 그것도 브리스톨의 대부분의 사람들은 옥스퍼드 대학생을 가까이서 본 적도 없을 때에 그는 영국 최고 명문인 옥스퍼드 대학을 졸업했으니 얼마나 교만할 수 있는 조건을 갖추고 있었습니까? 그런데도 존 웨슬리 목사님은 당시의 수많은 왕족들이나 귀족들보다는 가난한 시골 사람들에게 복음을 전했습니다. 그리하여 특히 시골에서 농사를 짓다가 직장을 찾아 도시로 이주해 온 도시의 노동자들에게 폭발적인 반응을 일으켰습니다. 익숙한 전통적인 삶에서 삭막한 도시 공장생활로 바뀌면서 피폐해진 그들에게 옥스퍼드 대학교를 나온 엘리트 영국 국교회 목사이면서 자신들이 있는 야외로 찾아와 설교를 해주고 또 그들의 아픔을 함께 느끼면서 외치는 웨슬리의 설교는 그들의 가슴에 뜨겁게 와 닿고 감동적일 수밖에 없었습니다.

특별히 그는 영국 서부 해안지역의 중심지요, 산업도시인 브리스톨에서 복음을 전했는데 그러한 도시는 가난한 노동자 가족들과 불량배들과 창녀들로 넘쳐나서 아주 위험하고 살벌한 곳이 되어 버렸습니다. 그러한 험악한 도시에서 너무도 작고 왜소한 존 웨슬리 목사님이 놀라운 하나님의 복음을 전하였고 결국 하나님의 복음만이 심령이 가난한 사람들을 회개케 하고 예수님을 개인의 구주로 영접하게 되고 성령님의 역사 속에서 그들의 삶이 놀랍게 변화되는 엄청난 열매를 맺을 수 있었습니다.

우리의 남은 생애 동안 가장 소중한 주의 일도 우리 주위의 갖가지 삶의 실패와 좌절과 고통과 불행 가운데 죽어가는 자들에게 기회가 닿을 때마다 복음을 전하는 것입니다. 그런데도 우리가 복음을 전하지 못하는 근본적인 원인이 어디에 있습니까? 근본적으로 인간관계나 환경에 얽매여서 말씀과 기도의 경건의 시간을 놓치고 성령 충만을 잃어버리고 구원의 감격이 사라져 가기 때문입니다. 그러다 보니까 영혼들에 대해 관심이 없고 영혼을 사랑하는 마음도 식어지고 복음 전도의 열정도 사라져서 삶 가운데 전혀 입을 열어서 복음 증거를 하지 못하고 마는 것입니다.

그렇기 때문에 매일 말씀과 기도의 경건의 시간부터 회복하고 주님과 우리 사이를 가로막는 모든 죄악의 문제가 해결될 때에 처음 사랑을 회복하고 성령님으로 충만함을 회복하게 되고 복음을 전하지 않고는 견딜 수 없는 감격을 누리게 됩니다. 그리하여 부모님과 형제들과 자녀들과 손주들과 일가친척과 친구들에게까지도 그들의 마음 문이 가장 많이 열려 있을 때 오늘이 마지막이라는 심정으로 복음을 전해야 합니다.

2014년 4월 16일 476명 탑승 인원 중 304명이 희생된 세월호 사고가 일어났습니다. 희생자 중 250명이 안산 단원고 학생들이었는데 그 중 조은화 학생과 허다윤 학생의 유골이 뒤늦게 발견되어 지난 월요일 장례식이 있었습니다. 그들의 유골이 학교를 거쳐 화장터로 향했는데 조은화 학생의 엄마인 이금희 집사님이 학생들 앞에서 가슴 아파서 눈물을 흘리면서 이렇게 고백했습니다. "은화가 학교에 갈 때 '선생님 말씀 잘 들어라', '친구들과 사이좋게 지내라' 등의 말을 많이 했지만 지금에 와서 가장 마음에 걸리는 것은 '은화야, 사랑한다', '너도 엄마 사랑하지?' 이 말을 못했던 것이 그렇게 마음에 걸린다"면서 흐느껴 울었습니다.

그렇습니다. 사랑하는 가족들이 막상 세상을 떠나고 나면 가장 가슴에 맺히는 것이 무엇입니까? 더 많은 시간 사랑해 주지 못하고 더 사랑을 고백하지 못한 것입니다. 그런데도 이 땅에 사는 동안에라도 그 사랑을 나누며 행복하게 살아야 하는데 그렇지 못하다 보니까 모처럼 반갑게 만났다가도 상처만 받고 오게 됩니다.

부모 자식 간에도 마찬가지입니다. 우리 아버지들은 가정에 신경을 못 쓰고 자녀들은 사랑을 못 느낍니다. 그래서 TV에 이런 광고가 나옵니다. 출근하는 아빠를 보고 어린 딸아이가 "아빠, 우리 집에 놀러 오세요" 하니까 아빠가 충격을 받았습니다. 그래서 그날 오후에 "오늘 야근은 없다! 내 몸은 내가 아껴야지" 하고 집에 빨리 들어왔는데, 어린 딸이 그럽니다. "아빠, 내일 또 놀러 와!" 딸이 얼마나 아빠의 사랑을 못 느꼈으면 그렇게 말했겠습니까?

그런데 요즘에는 그 사랑한다는 말마저도 믿을 수가 없다는 데 더욱 깊은 불행이 있습니다. 그래서 며느리의 3대 거짓말이 있다고 합니다. 3위는 "저도 어머니 같은 시어머니가 될래요"이고, 2위는 "어머니가 해주신 음식이 제일 맛있어요"이고, 1위는 "어머니, 벌써 가시게요? 더 쉬었다가 가세요"입니다. 그런데 대망의 0순위가 뭔지 아십니까? 그건 "어머니, 사랑해요!"입니다. 사랑한다는 말조차도 거짓으로 하면 되겠습니까?

우리 주위의 사랑하는 가족들이 어느 날 갑자기 세상을 떠나기 전에 가장 먼저 해야 할 것은 무엇일까요? 그들을 사랑으로 섬기고 감동케 하여 마음 문을 열고 복음을 받아들이게 하는 것입니다. 그리할 때 우리를 통해서 마음이 가난한 자들을 부르시고 진정으로 주님 안에서 행복하게 하시고 이 땅에 사는 동안에도 복을 누리게 하시고 영생에 이르게 하십니다.

우리가 무엇을 하든지 복음 전도의 계기로 삼아야 합니다. 이렇게 때를 얻든지 못 얻든지 복음을 전할 때 우리를 통해서 야고보서 2장 5절에 "내 사랑하는 형제들아 들을지어다 하나님이 세상에서 가난한 자를 택하사 믿음에 부요하게 하시고 또 자기를 사랑하는 자들에게 약속하신 나라를 상속으로 받게 하지 아니하셨느냐"고 분명히 약속하고 있지 않습니까? 그러므로 우리 일생의 사명은 마음이 가난한 자들에게 복음을 전하는 것임을 잊지 않고 실천할 때에 과거에는 전도 한 명 못한 벙어리 신자였을지라도 일생토록 기필코 온 천하보다 귀한 영혼을 주님 앞으로 강권하여 인도하는 개혁자의 영적 사명을 잘 감당하게 될 줄 분명히 믿으시기 바랍니다.

포로 된 자들을 자유케 해야 함

계속해서 본문 18절 중 하반절 말씀을 다 함께 읽겠습니다.

> "…나를 보내사 포로 된 자에게 자유를…눌린 자를 자유롭게 하고."

우리 주위에 포로 된 자들이 얼마나 많이 있습니까? 여기 '포로 된 자'라는 것은 헬라어로 'αἰχμαλώτοις'(아이크말로토이스)로서 '창으로 잡힌 자'라는 뜻입니다. 이 말씀은 문자적으로는 주님의 성령님이 임하게 될 때 이스라엘 백성들이 바벨론 포로생활에서 돌아올 것을 예언한 것이지만 영적으로는 주님의 성령님이 임하게 될 때 죄의 포로 된 자들을 자유케 하시고, 인생의 무거운 짐에 눌린 자를 자유케 할 것을 예언하신 말씀이었습니다.

신안산교회를 담임하고 있는 최용우 목사님이 이런 글을 썼습니다.

> 새는 하늘에서 가장 편안하고 자유로워집니다. 물고기는 물속에서 가장 자유로워집니다. 꽃은 흙에 뿌리를 내리고 있을 때 가장 자유로워집니다. 사람은 어디에서 가장 자유로워질

까요? 사람은 주님 안에서만 가장 자유로워집니다. 사람이 주님의 품을 떠날 때 이 세상에서 사람은 마치 새가 날지 못하고 땅 위에 있는 것과 같으며 물고기가 물에서 올라와 있는 것 같으며 꽃이 꽃병에 있는 것과 같이 불완전합니다. 사람은 오직 주님 안에서만 자유로워집니다.

사실 18세기 당시 영국에서는 전통과 관습이 매우 중요시되었는데 특히 교회에 관련된 관습은 더욱 엄격했습니다. 예배를 드릴 수 있는 공식적인 장소는 국교회뿐이어서 침례교인, 회중교인, 장로교인들은 예배를 드리기 위해 특별허가증을 받아야 했습니다. 더욱이 당시 깰 수 없던 종교적 관습은 설교는 주일에만 행해야 된다는 것이었고 그것도 예배당 안에서만 행해야 한다는 것이었습니다. 다른 예외적인 상황 속에서 드려지는 예배는 모두 이단시되었기 때문에 웨슬리 목사님이 야외에서, 그것도 평일에 설교를 한다는 것은 있을 수 없는 일이었습니다.

존 웨슬리 목사님은 평생 야외집회를 주로 하셨는데 1739년 4월 2일(월) 오후 4시 36세의 나이에 브리스톨의 거리에서 역사적인 첫 야외 설교를 시작했습니다. 그 중심에는 마태복음 22장 37-40절의 "예수께서 이르시되 네 마음을 다하고 목숨을 다하고 뜻을 다하여 주 너의 하나님을 사랑하라 하셨으니 이것이 크고 첫째 되는 계명이요 둘째도 그와 같으니 네 이웃을 네 자신같이 사랑하라 하셨으니 이 두 계명이 온 율법과 선지자의 강령이니라"는 말씀이 있었습니다. 다시 말하면 하나님 사랑, 이웃 사랑 등 바로 이러한 십자가의 사랑이 강권하였기 때문이었습니다. 그리고 그는 훗날 이렇게 회고했습니다. "나는 부끄럽고 천하게 될 각오를 하고 그때 거리를 메운 3,000명의 사람들에게 복음의 좋은 소식을 선포했다."

그때 웨슬리 목사님이 택한 성경 말씀이 바로 이사야 61장 1-3절 말씀이었습니다. 특히 1절 "주 여호와의 영이 내게 내리셨으니 이는 여호와께서 내게 기름을 부으사 가난한 자에게 아름다운 소식을 전하게 하려 하심이라 나를 보내사 마음이 상한 자를 고치며 포로 된 자에게 자유를, 갇힌 자에게 놓임을 선포하며"라는 말씀은 앞으로의 웨슬리 목사님의 인생 전체의 사역을 상징하는 핵심 주제였습니다.

이날 그의 복음의 말씀을 들은 3,000명의 군중들의 반응은 폭발적이어서 웨슬리 목사님은 이에 큰 용기를 얻게 되었고 영국 전역을 휩쓴 뜨거운 부흥운동에 불을 붙였습니다. 그리하여 수많은 사람들이 자신의 죄 짐을 십자가 앞에 내려놓았습니다. 살아오면서 인생의 무거운 짐도 얼마나 많겠습니까? 그 모든 짐들을 주님 앞에 내려놓고 진정으로 영적인 자유의 감격을 누릴 수 있었던 것입니다.

그러므로 우리도 인생의 죄악에 포로 된 자들과 무거운 짐에 눌린 자들에게 자유함을 전해주어야 합니다. 한 TV 토크쇼에서 생일 선물에 대해서 이야기하는데 '생일날 무슨 선물을 받았느냐?'는 질문에 한 여성 출연자가 말했습니다. "저는 아들이 둘 있는데요. 제 생일에 큰아들은 청소 쿠폰 100장을 주고요, 작은아들은 설거지 쿠폰 100장을 주더라고요." 그러자 거기 모인 출연자들이 다 부러워하면서 "그럼 그날부터 청소와 설거지로부터 완전 자유로워졌겠네요" 그랬더니 그 여자 출연자가 이렇게 말했습니다. "그런데 며칠 후 아들들 생일이 되어서 무슨 선물 받고 싶냐고 물었더니요. 청소와 설거지 쿠폰 면제권을 달라고 하더라고요." 그래서 결국 도로 청소와 설거지의 포로가 되어버렸다는 것입니다.

이번 추석 연휴에 부모님들도 고생하시고 남편들도 힘들지만 아내들의 스트레스가 가장 클 것입니다. 그래서 명절이 지나고 나면 신체적으로 두통, 요통, 복통, 관절통, 정신적으로 무기력증, 우울증, 화병 등의 '명절 증후군'이 다 생겨난다고 하지 않습니까? 이런 아내들을 그 포로생활에서 자유하게 해주면 얼마나 좋겠습니까? 그래서 저는 명절 때마다 꼭 설거지를 하려고 노력합니다.

MBN TV '속풀이쇼 동치미'에서 '여자들의 뒷바라지'에 대한 이야기가 나왔는데, 그 뒷바라지가 세대별로 다르다고 합니다. 20대는 남자친구를 뒷바라지한다고 합니다. 그래서 군대 갔을 때 면회도 자주 가고 편지도 매일 씁니다. 30대는 남편을 뒷바라지한다고 합니다. 그래서 심지어는 직장 상사네 집 김장까지 해줍니다. 40대는 자식을 뒷바라지한다고 합니다. 그래서 남편은 뒷전이고 자녀들에게 모든 것을 다 쏟습니다. 50대는 부모를 뒷바라지한다고 합니다. 늙으신 부모님들의 병수발을 하느라고 마음을 다 쏟습니다. 60대는 손주들 뒷바라지를 한다고 합니다. 온몸으로뿐만 아니라 돈으로까지 합니다. 그럼 70대는 뒷바라지할 일이 없을까요? 70대는 개 뒷바라지를 한다고 합니다. 그것도 자신이 원해서가 아니라 자식들이 키우다 힘들다며 맡긴 개를 어쩔 수 없이 뒷바라지합니다. 이처럼 여자들은 평생 가정의 포로가 되거나 누군가를 뒷바라지하다가 끝난다는 것입니다. 이 말을 듣고 나면 남편들은 아내들에게 할 말이 없어집니다.

그러나 주님께서는 인생의 갖가지 삶의 포로가 된 우리 모두를 위해 마태복음 11장 28절에 "수고하고 무거운 짐 진 자들아 다 내게로 오라 내가 너희를 쉬게 하리라"고 분명히 약속하시지 않습니까? 여기 '수고하고'가 헬라어로 'κοπιῶντες'(코피온테스)로서 내가 자의적으로 선택해서 수고함으로 생긴 육체적으로 지치고 정신적으로 곤고해지는 인생의 짐이라면, 다음에 나오는 '무거운 짐'은 헬라어로 'πεφορτισμένοι'(페

포르티스메노이)로서 내가 원치 않아도 타의적으로 누군가에 의해서나 환경에 의해서 어쩔 수 없이 지게 되는 인생의 짐을 말합니다. 어떠한 죄 짐이나 인생의 짐이라도 주님의 십자가 앞에 내려놓을 때 우리는 주님 품 안에서 편히 쉬게 되는 참된 평안과 안식을 누리게 됩니다.

그런데 우리의 신앙생활의 문제, 그 인생의 짐을 내려놓지 않는 것이 문제입니다. 또 예배드릴 때나 기도할 때는 내려놓았다가 마치고 돌아갈 때는 그 무거운 짐을 다시 다 싸가지고 갑니다. 그러니 평생토록 근심과 걱정과 불안과 초조와 낙심과 좌절과 불행과 고통 속에서 헤어나오지 못합니다. 그러므로 이 약속의 말씀을 그대로 믿고 행하며 살아갈 때 진정으로 영적 자유함을 누리게 됩니다. 요한복음 8장 31-32절에 "…너희가 내 말에 거하면 참으로 내 제자가 되고 진리를 알지니 진리가 너희를 자유롭게 하리라"고 분명히 약속하시지 않습니까? 그러므로 우리 인생의 모든 포로 된 죄와 억눌린 짐조차도 주님의 십자가 앞에 다 내려놓을 때 우리는 진정으로 참된 평안과 안식의 영적 자유함을 누리게 하는 개혁자의 영적 사명을 충성스럽게 감당하게 될 줄 확실히 믿습니다.

눈먼 자를 다시 보게 해야 함

마지막으로 18절 중반절과 19절 말씀을 다 함께 읽겠습니다.

"…눈먼 자에게 다시 보게 함을 전파하며…주의 은혜의 해를 전파하게 하려 하심이라 하였더라."

여기 먼저 나오는 "눈먼 자에게 다시 보게 함을 전파하며"라는 말씀은 원래 이사야 61장 1절 원문에는 없던 말씀입니다. 헬라어 번역 성경인 70인 역에 삽입된 말씀인데, 주님의 성령님이 임하게 될 때 눈먼 자들이 다시 보게 되는 치유의 기적이 일어날 것을 예언하였습니다. 그러나 그것은 문자적으로 눈먼 자들만 다시 보도록 치유하는 것만이 아니라 영적으로 눈먼 자들에게 영적인 세계를 바로 볼 수 있도록 해주시는 것입니다. 그러기 위해서 주의 은혜의 해를 전파하게 하셨습니다. 여기 '주의 은혜의 해'는 기쁨의 해인 '희년'(year of jubilee)을 말합니다.

희년은 레위기 25장 8-55절에 나오는 바와 같이 매 50년마다 모든 국민들을 위하여 자유를 공포하고 자신의 가족에게 돌아가고 땅의 경작을 쉬게 하고 빚을 탕감해 주고 노예들을 해방시켜 줌으로 주님의 기쁨을 나누었습니다. 이처럼 그들의 영의 눈이 열릴 때 인생의 의미와 삶의 가치가 새로운 감격으로 변화되었던 것입니다.

존 웨슬리 목사님도 영적인 체험 후 그의 인생의 의미와 가치가 완전히 달라졌습니다. 존 웨슬리 목사님이 겸손히 주님만 의지하며 복음의 열정을 불태울 수 있었던 결정적인 사건이 있었습니다. 그가 31세 때 동생 찰스 웨슬리와 함께 당시 아메리카 식민지인 조지아로 건너가서 2년 동안 선교를 했지만 실패하고 돌아오게 되었습니다. 그런데 그들이 미국으로 건너갈 때 거친 풍랑으로 생사의 기로에 놓여서 존 웨슬리 목사님 일행이 죽음의 공포와 두려움에 떨고 있었습니다. 그런 상황에서도 찬송하고 기도하던 체코의 종교개혁자 얀 후스의 영향을 받은 모라비안 성도들에 대해 큰 감동을 받았던 기억을 되살려서 그들과 교제를 나누며 큰 도전을 받았습니다.

그러던 중 1738년 5월 24일 35세의 나이에 뒤늦게 종교개혁자 마틴

루터의 《로마서 강해》를 읽다가 마음이 이상하게 뜨거워지는 것을 느끼면서 그때 회심하게 되었고 성령님의 은혜를 체험하고 비로소 복음 증거의 불을 붙일 수 있게 된 것입니다. 웨슬리 목사님은 영의 눈이 열리고 주님과 그의 영적인 세계를 바라보게 되고 믿음으로 헌신하게 되니까 전무후무한 일에 영적으로 도전할 수 있었습니다. 그래서 오늘날 우리가 평일에 모이는 부흥성회가 시작되었고 존 웨슬리 목사님의 영향을 받아 철저히 규칙적인 신앙생활을 한 성도들이 주위 사람들로부터 '규칙주의자'라는 비아냥을 들으면서 '규칙주의자'라는 뜻의 감리교인(Methodist)들이 된 것입니다. 1739년 36세 때 순회 전도여행을 떠나기 전 그는 이렇게 외쳤습니다.

"세계는 나의 교구다(The world is my parish)…누구든지 복음의 좋은 소식을 듣기 원한다면 나는 그들에게 가서 복음을 전하는 것을 나의 거룩한 의무로 알 것이다."

그리고 그의 여생 동안 영국 전역에 복음을 전했습니다. 사실 당시 영국 내에는 아직 제대로 된 길이 많지 않았기 때문에 여행하기도 불편했고 궂은 영국 날씨에 말을 타고 다니는 것도 매우 힘이 들었습니다. 그러나 웨슬리 목사님은 결코 불평하지 않고 끊임없이 이동하며 복음을 전했습니다. 놀라운 사실은 웨슬리가 당시 불편한 교통 여건 속에서도 말을 타고 매일 60~70마일(약 96~112km)을 다녔는데 매년 5,000마일(약 8,000km)을 다녔고 그의 사역 기간인 54년 동안 총 29만 마일(46만 4,000km) 정도로, 지구(40,075km)를 12바퀴 돈 셈입니다. 하루 평균 두 번씩, 매주 평균 15회의 설교를 했고 일 년에 730회, 평생 약 4만 번의 설교를 했습니다. 그가 하늘나라로 떠나간 후에는 그의 제자들이 전 세계를 다니면서 전도했습니다. 웨슬리는 18세기 영국판 '사도 바울'이었습니다.

웨슬리 목사님은 하나님의 말씀을 전하는 복음의 설교자였을 뿐만 아니고 복음 전도의 열정이 뛰어난 목사님이었습니다. 더 나아가 이러한 기적적인 전도를 가능케 했던 것은 그가 기도의 용사였기 때문이었습니다. 평소에도 "하나님께서는 기도에 응답하시는 일만 하신다"라고 말할 정도여서 매일 밤 9시 이후에는 잠자리에 들고 새벽 5시에 일어나서 적어도 두 시간씩 기도시간을 가졌습니다. 그리하여 웨슬리의 동역자 중 한 사람이 이렇게 회고했습니다.

"그는 기도를 그의 가장 중요한 일과로 생각했다. 나는 그가 골방에서 나올 때 얼굴이 평온하다 못해 환하게 빛나는 것을 여러 차례 보았다."

그의 끊임없이 뜨거운 열정의 기도생활이 그 놀라운 세계적인 복음 사역을 가능케 한 위대한 원동력이 되었던 것입니다. 런던에는 존 웨슬리 목사님이 생애 마지막 12년을 동역자들과 함께 전도 사역을 하면서 사셨던 사택과 기도실 그리고 그 곁에 지어진 웨슬리 기념교회가 있습니다. 그런데 그가 미국에서 돌아온 후 영국에서 54년의 사역을 다 마치고 88세에 하나님의 부르심을 받아 세상을 떠나기 며칠 전에 "예수 그리스도의 피 외에는 거룩함으로 가는 길이 없다"고 말하였고, 죽음에 임박해서는 "호흡이 있는 동안 여호와를 찬양하라"고 하였습니다. 그리고 마지막 숨을 거두기 전에는 "세상에서 가장 좋은 것은 (돈이나 명예나 향락이 아니라) 하나님이 우리와 함께 계심(임마누엘)이라"고 말한 후 그가 그토록 사랑하던 주님의 품에 안겼습니다. 그리하여 오늘날 개신교회 중 침례교, 장로교(개혁교회)와 함께 세계 3대 개신교단의 하나인 감리교의 뜨거운 부흥을 이룩하게 된 것입니다.

우리도 육적으로, 영적으로 눈먼 자들을 다시 보게 하는 기적의 치유사역을 이뤄 가고 있습니다. 우리 성도님 가운데에도 안질로 인해 고생하다가 안수기도를 받고 성령님의 능력으로 기적적으로 눈이 뜨여진 분도 있었습니다마는, 우리 치유하는교회를 통해서 얼마나 많은 치유의 기적들이 매주 끊임없이 일어나고 있습니까? 지난주 화요일에도 한 집사님과 권사님 댁에 심방을 갔는데 딸이 6년 동안 섬유근육종으로 고통이 말할 수 없이 심했는데 우리 치유하는교회에 나와서 지난 고난주간 특별새벽기도회 때 안수기도를 받고 기적적으로 통증이 사라지고 다 나았다고 합니다. 할렐루야! 그런데 우리는 지난날 이 소중한 영적인 치유사역에 깊은 관심을 가지고 믿음의 비전을 바라보면서 헌신하고 열정을 쏟기보다는 자신의 하찮은 자존심이나 잠시 누리다가 다 놓고 떠나갈 돈이나 명예나 세상 것들에 사로잡혀 살아오지 않았습니까?

저희가 집을 비우는 일이 많으니까 자꾸 나무들이 말라 죽어서 집사람이 경인고속도로 옆에 있는 상가에 가서 인조나무 한 그루를 사러 갔다고 합니다. 그런데 생각보다 비싸서 주인에게 "좀 깎아주시면 안 돼요?" 하고 사정을 했더니 그 주인이 "사모님, 싸게 해드린 거예요" 하더랍니다. 깜짝 놀라서 "어떻게 제가 사모인 걸 아세요?" 하고 물어보니 "저 치유하는교회 나가요" 그래서 알고 보니까 우리 교회에 나오시는 분이더랍니다. 그래서 아무 말도 못하고 얼른 값을 치르고 왔고 다음에 가서 한 그루 더 사 왔다고 합니다. 우리가 살면서 보이지 않게 세상 물질이나 자존심이나 명예나 편안함이나 향락에 매일 때가 얼마나 많습니까? 그런데 살아보면 이것들이 결코 인생의 전부가 아닙니다.

우리의 영적인 눈이 뜨여질 때 영적인 말씀이 보이고 영적인 세계가 열립니다. 그래서 우리가 세상적으로는 내세울 것이 없고 알아줄 것이 없을지라도 영적인 세계를 바라보면서 하나님의 말씀을 믿음으로 사는 삶이 얼마나 은혜롭고 축복되고 행복한지 모릅니다. 그래서 자신은 완벽하고 부요하고 부족함이 없다고 착각하는 오늘날 말세 교회인 라오디게아 교회를 향하여 그들의 신앙이 차든지 뜨겁든지 하라고 깨우쳐 주시면서 요한계시록 3장 17-19절에 "네가 말하기를 나는 부자라 부요하여 부족한 것이 없다 하나 네 곤고한 것과 가련한 것과 가난한 것과 눈먼 것과 벌거벗은 것을 알지 못하는도다 내가 너를 권하노니 내게서 불로 연단한 금을 사서 부요하게 하고 흰 옷을 사서 입어 벌거벗은 수치를 보이지 않게 하고 안약을 사서 눈에 발라 보게 하라 무릇 내가 사랑하는 자를 책망하여 징계하노니 그러므로 네가 열심을 내라 회개하라"고 명령하십니다.

우리가 광야의 연단 속에 정금 같은 믿음으로 나아오고 죄악된 것을 통회자복하며 성결케 되고 말씀의 안약(신약, 구약)을 통해 영의 눈이 밝아지면 회개하고 열심을 내지 않을 수 없습니다. 그러므로 이제라도 남은 인생 우리의 영적인 눈이 뜨여져서 영적인 신비의 기적의 세계를 목격하고 체험하면서 살게 된다면 이보다 더 감동적이고 감격스럽게 개혁자의 영적 사명을 감당하는 삶이 없는 줄 분명히 믿으시기 바랍니다.

지난 대한예수교장로회 102회 총회가 있던 첫째 날 오후 부총회장 선거가 있었습니다. 이번에는 다른 때보다 많은 다섯 분의 목사님들이 입후보하였습니다. 다들 총회장을 하실 만한 역량을 가진 분들이었지만 그중에 저로 하여금 가장 주목하게 한 후보는 안양에 있는 평촌교회 림형석 목사님이었습니다. 그는 저를 교육전도사 시절부터 심방전도사, 교육목사에 이르기까지 6년 동안 목회 훈련을 시켜 주셨던 증경총회장 림인식 목사님의 장남입니다. 그래서 저로서는 그 동안 받은 사랑과 은혜에 보답하기 위해서라도 그분을 도울 수밖에 없는 입장이었습니다.

림형석 목사님은 4대 목사님 가정에서 자라났는데, 증조할아버지 림준철 목사님은 평안북도 박천에서 처음 선교사님을 만나 예수님을 믿는다고 문중에서 쫓겨나는 핍박을 당하였습니다. 주의 종이 되어서 목회를 하다가 3·1만세 운동 주동자로 3년 옥고를 치르고 중국 봉천에 선교사로 파송되었습니다. 나라 잃은 서러움과 고향 산천 부모형제로부터 버림받은 외로움을 뒤로하고 온갖 고생 가운데에 독립운동을 하며 3개 교회를 개척하였습니다. 해방 후에 독립유공자가 되어 편안히 살 수 있는 길이 있었음에도 힘들고 어려운 길을 걸으면서 가족들을 희생시킨 바보 목사님이셨습니다.

또한 할아버지 림재수 목사님은 독립운동을 하며 너무도 어렵게 사셨던 증조할아버지 목사님과는 달리 조용히 농촌목회를 하셨습니다. 예나 지금이나 시골 농촌교회들이 얼마나 어렵고 힘듭니까? 그런데도 이름 없이 빛도 없이 그렇게 가난하게 사시면서도 정직하고 진실하기만 하였던 바보 목사님이셨습니다.

더구나 아버지 림인식 목사님은 6·25 때 부모님과 함께 온 가족이 평양에서 피난을 내려오셔서 6·25 한국전쟁 중에는 군목을 하시고 전쟁이 끝난 후에는 대구 영락교회를 거쳐 당시 200여 명이 모이고 그중 2/3가 구호대상자인, 너무도 어려운 노량진교회에 오셔서 평생을 가난하고 어렵게 목회를 하셨습니다. 더욱이 사택 살 돈을 교육관 헌금으로 다 바쳐서 10년간 사택도 없이 교회 강단 옆에 있는 목회준비실에서 온 가족이 힘들게 살아야 했습니다. 그러면서도 아들 림형석 목사님을 비롯한 5남매 자녀들에게 늘 하시는 말씀이 "너희는 교회가 키워 주었고 교회가 먹여 주었고 교회가 공부시켜 주었으니 교회의 좋은 일꾼이 되어 평생 교회의 은혜를 갚아라!" 하며 그렇게 어려움 속에서도 늘 감사하셨습니다. 저 자신만 해도 림형석 목사님이 얼마나 헌신적으로 교회를 위해 고생하셨는가를 잘 알고 있었는데 증경총회장 목사님 아들이라는 한 가지 이유만으로 금수저 출신이라고 상대방 후보들로부터 공격을 당할 때는 너무도 가슴 아팠습니다. 그래서 제가 6년 동안 림인식 목사님께 받은 은혜를 저버릴 수가 없어서 힘이 닿는 데까지 최선을 다해 도와드리고 총회에서 하실 다섯 분 스피치 연설문까지도 전날 밤 마지막 점검을 해드렸습니다.

선거 1차 투표 결과는 1위 후보와 106표 차이로 2위를 했습니다. 2차 투표를 하기 위해서 강단 앞쪽으로 돌아가 줄을 서다가 참으로 가슴 아픈 모습을 보았습니다. 다른 증경총회장 목사님들은 개회예배를 드리고 다 떠나셨는데 아들이 뭐기에 93세의 아버지 목사님이 저녁식사도 거른 채 선거 결과를 기다리시면서 홀로 외롭게 앉아계셨습니다. 그때 저의 마음속에 아버지의 뜨거운 사랑의 심정이 가슴 뭉클한 감동으로 밀려왔습니다. 그리고 2차 투표에 들어갔는데 투표 결과 25표 차이로 아들 림형석 목사님이 기적적으로 대역전의 승리를 거두었습니다. 사실 다른 후보들은 10년 이상 총회의 텃밭을 닦아 오신 분들인데, 림 목사님이 목회만 해오다가 선거운동에 뛰어들어 10개월 만에 기적적인 승리를 거두게 된 것입니다. 저는 그 기적의 승리의 원인이 어디에 있는가 생각해 보던 가운데 제 마음속에 감동이 되는 것은 림형석 목사님은 어려운 평촌교회에 부임해서 예배부터 시작해서 말씀과 기도와 전도와 봉사대행진 등 목회적인 영적 사명에만 충성을 다하여 갈등 가운데 있던 평촌교회를 우리 치유하는교회처럼 행복한 교회로 뜨겁게 부흥시켰습니다. 그래서 하나님 아버지께서 모든 열악한 여건을 다 뒤엎으시고 기적적인 승리를 이루게 하셨던 것입니다.

당선 발표의 순간에 제가 아버지 림인식 목사님 곁에 앉아 있었는데 당사자인 아들보다도 아버지 림 목사님이 더욱 감격해하셨습니다. 그리고 손수건을 꺼내 눈물을 닦는 모습을 곁에서 지켜보면서 제 마음속에 '저 모습이 자식만을 바라보며 자식을 위해서 일생을 살아오신 아버지의 심정이다'는 가슴 뭉클한 뜨거운 감동이 느껴지면서 저 자신조차도 눈시울이 붉어지고 감격의 눈물이 흘러내렸습니다.

사랑하는 성도 여러분, 지난날 우리의 육신의 아버지도 이처럼 평생토록 자식만 사랑하시고 자식들을 위해서 일생을 희생하시고 고생만 하시다가 더이상 자식들에게 무언가를 해줄 힘이 없을 때 떠나가십니다. 그런데 하나님 아버지께서는 어떠시겠습니까? 평생토록 우리를 응원하시면서 우리를 지켜보시면서 우리가 잘 되기만을 바라십니다. 그러므로 일생토록 심령이 가난한 자들에게 복음을 전하고 영적으로 포로 된 자들을 자유케 하고 영적으로 눈먼 자들을 다시 보게 하는 마지막 개혁자의 영적 사명을 충성스럽게 감당해야 합니다. 그리할 때에 우리의 남은 인생을 이 땅의 복과 하늘의 상으로 차고 넘치도록 채워주시고 부어주시고 갚아주실 줄 확실히 믿습니다.

다 함께 '하나님 아버지의 마음'을 부르며 믿음으로 결단하도록 하겠습니다.

> 아버지 당신의 마음이 있는 곳에
> 나의 마음이 있기를 원해요
> 아버지 당신의 눈물이 고인 곳에
> 나의 눈물이 고이길 원해요
> 아버지 당신이 바라보는 영혼에게

나의 두 눈이 향하길 원해요
아버지 당신이 울고 있는 어두운 땅에
나의 두 발이 향하길 원해요
나의 마음이 아버지의 마음 알아
내 모든 뜻 아버지의 뜻이 될 수 있기를
나의 온몸이 아버지의 마음 알아
내 모든 삶 당신의 삶 되기를

우리를 통해서 영적 사명을 감당케 하시는 하나님 아버지, 잠시 왔다가 떠나가는 인생 우리가 어떻게 살아야 하겠습니까? 일생토록 심령이 가난한 자들에게 복음을 전하게 하여 주시옵소서. 영적으로 포로 된 자들을 자유롭게 하여 주시옵소서. 영적으로 눈먼 자들을 다시 보게 하여 주시옵소서. 이렇게 개혁자의 영적 사명을 충성스럽게 감당함으로 이 땅의 복과 하늘의 상을 넘치도록 누리게 하여 주실 줄 믿사옵고 예수님의 이름으로 축복하며 기도드립니다. 아멘.

나를 따라오라

마태복음 4:18-25

¹⁸갈릴리 해변에 다니시다가 두 형제 곧 베드로라 하는 시몬과 그의 형제 안드레가 바다에 그물 던지는 것을 보시니 그들은 어부라 ¹⁹말씀하시되 나를 따라오라 내가 너희를 사람을 낚는 어부가 되게 하리라 하시니 ²⁰그들이 곧 그물을 버려 두고 예수를 따르니라 ²¹거기서 더 가시다가 다른 두 형제 곧 세베대의 아들 야고보와 그의 형제 요한이 그의 아버지 세베대와 함께 배에서 그물 깁는 것을 보시고 부르시니 ²²그들이 곧 배와 아버지를 버려 두고 예수를 따르니라 ²³예수께서 온 갈릴리에 두루 다니사 그들의 회당에서 가르치시며 천국 복음을 전파하시며 백성 중의 모든 병과 모든 약한 것을 고치시니 ²⁴그의 소문이 온 수리아에 퍼진지라 사람들이 모든 앓는 자 곧 각종 병에 걸려서 고통 당하는 자, 귀신 들린 자, 간질하는 자, 중풍병자들을 데려오니 그들을 고치시더라 ²⁵갈릴리와 데가볼리와 예루살렘과 유대와 요단 강 건너편에서 수많은 무리가 따르니라

예수님께서는 첫 번째 복음 선포 후 함께 동역할 제자들을 부르십니다. 주님께서는 웅장한 예배당을 세우는 것보다도, 또 치밀한 조직을 짜는 것보다도 또한 어떠한 계획을 세우는 것보다도 사람을 부르시고 세우시는 것을 가장 소중하게 여기셨습니다. 모든 주님의 사역에 있어서 사람이 가장 중요하기 때문이었습니다. 이처럼 예수님께서 첫 번째 복음 선포 후 제자들을 부르시는 것을 보면서 우리도 이 마지막 때 주님께서 "나를 따라오라"고 부르실 때 어떻게 응답해야 하는가 이 시간 들려주시는 하나님의 음성을 함께 들을 수 있길 바랍니다.

사람을 낚는 어부가 되어야 함

먼저 본문 19절 말씀을 다 함께 읽겠습니다.

> "말씀하시되 나를 따라오라 내가 너희를 사람을 낚는 어부가 되게 하리라 하시니."

예수님께서는 이 땅 위에서의 첫 번째 사역으로 사랑하는 제자들을 부르셨습니다. 우리의 상식과는 달리 복음 선포를 효과적으로 이루시기 위해 당시 종교적으로 힘이 있는 대제사장이나 서기관이나 바리새인이나 랍비 등 종교 지도자들을 부르지 않으셨습니다. 또한 정치적으로 권세가 있는 헤롯 왕이나 정치 지도자들을 부르시지도 않고 돈 많은 부호 상인들을 부르시지도 않았습니다. 대신 가장 먼저 왜 갈릴리 호수(게네사렛 호수 눅 5:1, 디베랴 호수 요 6:1)에서 이름도 없이, 빛도 없이 고기 잡던 베드로, 안드레 형제와 야고보와 요한 형제를 부르셨을까요? 그들은 직업의 빈부귀천에 상관없이 자신에게 주어진 일에 충실하고 있었던 어부들이었기 때문입니다. 더욱이 고기를 잡는 것과 사람을 낚는 것은 영적으로 깊은 연관관계에 있었기 때문입니다.

누가복음 5장을 보면 그들을 부르시는 상황이 자세히 기록되어 있는데 당시 호수에서 밤새도록 고기를 잡느라고 수고했지만 허탕을 치고 돌아와 아침 일찍 그물을 씻고 있을 때 다가와 부르셨습니다. 그것도 고기가 잡히지 않는 "깊은 데로 가서 그물을 내려 고기를 잡으라"고 예수님께서 명령하셨을 때 갈릴리 호수에서 잔뼈가 굵은 베드로로서는 도저히 이해할 수 없었을 것입니다. 그런데 주님께서 그렇게 말씀하셨기 때문에(because you say so) 깊은 데로 가서 그물을 내렸더니 고기가 너무도 많이 잡혀서 찢어질 정도가 되었습니다. 그래서 다른 배에 있는 동료들에게 손짓을 하여 와서 도와달라고 해서 두 배가 물에 잠길 정도로 만선이 되어 돌아온 것입니다. 바로 이 그들의 고기를 잡는 경험을 통해 "주여, 나를 떠나소서, 나는 죄인이로소이다" 하고 주님 앞에 엎드리게 되고 그가 사람을 잘 낚을 수 있으리라 믿고 그들을 사람을 낚는 어부인 주님의 제자로 부르신 것입니다.

청년부 목사님이 여자 청년들과 함께 강가에서 낚시하는 사람들을 전도하러 갔는데 낚시꾼 하나가 목사님을 보고 "고기 많이 잡으셨어요?" 하고 묻자 목사님이 말했습니다.

"저는 고기를 낚는 어부가 아니라 사람을 낚는 어부입니다."

그 말을 들은 낚시꾼이 목사님 옆에 서 있는 예쁘장한 여자 청년을 힐끗 쳐다보더니 그러더랍니다.

"네에~~ 미끼가 아주 훌륭해서 사람들이 많이 낚이겠네요."

목사님이 졸지에 이상한 사람이 되고 말았지만 그래도 상처 받지 않고 끝까지 인내하며 말씀을 전했다고 합니다.

마지막 때 주님께서 우리도 다른 일로 부르신 것이 아닙니다. 지금 이 땅 위에 얼마나 많은 사람들이 우리의 인생의 구주가 되시는 주님을 만나지 못하고 오늘도, 내일도 지옥 불못을 향해 떨어져 죽어가고 있습니까? 우리의 사랑하는 가족도, 친척도, 친구도, 이웃도 어느 누구도 예외가 없습니다. 더욱이 혼자만 지옥 가는 것이 아니고 주위 사람들까지 갑작스럽게 죽여서 지옥 불못으로 끌고 갑니다.

사람의 소중한 목숨을 파리 목숨보다 못하게 죽이는 세상이 되어 버렸습니다. 개 사료를 만드는 회사에서 유기농 원료를 사용한 고급 개 사료를 만들어서 제품 설명회를 열었습니다. 그러자 한 사람이 "그거 사람이 먹어도 됩니까?" 하고 물으니까 직원이 단호하게 "못 먹습니다!" 그러는 겁니다. 그러자 그 사람이 "아니, 유기농 청정 원료만으로 만들어서 영양가도 높고 위생적으로 제조되었다면서 왜 사람이 못 먹습니까?" 하고 물으니까 직원이 그러더랍니다.

"너무 비싸거든요."

이게 뭡니까? 정말 사람이 개만도 못하다는 겁니까?

여러분, 세상의 그 무엇보다도 사람의 목숨이 얼마나 소중한지요. 마태복음 16장 26절에 "사람이 만일 온 천하를 얻고도 제 목숨을 잃으면 무엇이 유익하리요 사람이 무엇을 주고 제 목숨과 바꾸겠느냐"고 강조하지 않습니까?

지금 미국에서도 총기 사고가 거의 매일 일어나 인명이 살상을 당하고 있는데 올해 1~7월까지만 해도 210건이나 터졌다고 합니다. 지난 2015년 10월 1일에도 미국 오리건 주 로즈버그에 있는 엄프콰 커

뮤니티 컬리지에서 있었던 총기 난사 사건도 마찬가지였습니다. 그 대학 근처에 살던 크리스 머서라는 청년이 권총 세 자루와 자동소총 한 자루로 무장하여 총을 쏘면서 대학 강의실에 난입했습니다. 그리고는 충격에 빠진 학생들을 하나씩 일으켜 세운 뒤 "크리스천이냐?"고 물은 다음에 "그렇다"고 대답하면 "좋아! 네가 크리스천이니까 1초 뒤에 네가 믿는 하나님을 만나게 될 것이다" 하고 사살하고, "아니다!"고 하면 다리에 총을 쏘아서 10명이 죽고 7명이 부상하는 참사가 일어났습니다.

그런데 이번 총기 참사 때 이라크전에 참전했던 늦깎이 학생인 크리스 민츠(30)라는 청년이 총기 난사범이 첫 번째 강의실에서 여러 명을 죽인 후 그다음 강의실로 뛰어들 때 강의실 문을 잡고 버티다가 바깥쪽에서 범인이 쏜 총 3발에 복부와 등에 관통상을 입고 두 다리는 골절이 되고 말았습니다. 이렇게 크리스가 쓰러지자 범인이 문을 열고 들어섰습니다. 그때 크리스가 범인을 향해 "오늘이 자폐증으로 아직도 기저귀를 차고 말을 못하는 아들의 여섯 번째 생일"이라며 살려달라고 애원을 했는데도 범인은 크리스를 향해 잔혹하게 4발을 더 쐈습니다. 만약 크리스가 문을 붙잡고 있지 않았다면 더 많은 학생들이 죽었을 텐데 그가 총성을 듣고 경보기를 울린 후 온몸으로 범인을 막는 사이에 학생들이 탈출해서 많은 학생들을 살릴 수 있었습니다. 그리고 총탄 7발을 맞았는데도 경찰에 의해 발견되어 병원에 옮겨져서 하나님의 은혜로 기적적으로 살아났습니다. 그런데 놀라운 사실은 범인의 이름이 크리스 머서인데 이 범인을 막다가 쓰러진 이 불사신의 영웅의 이름도 크리스 민츠였습니다. 이 크리스(Chris)라는 이름은 원래 'Christian'이라는 이름의 약칭이기도 한데, 같은 '크리스천'이라는 은혜로운 이름을 가지고도 한 사람은 10명이나 되는 엄청난 인명을 살해하고 7명을 부상케 했지만 한 사람은 그 죽음의 공포 속에서 7발의 총탄을 맞고 자신을 고통을 이겨내 가면서까지 많은 학생들을 살릴 수 있었습니다.

우리도 육신의 생명과 비교할 수 없을 정도로 소중한 영혼의 생명을 살리기 위해 사람을 낚는 어부가 되어야 합니다. 우리의 사랑하는 가족들로부터 시작해서 친척들, 친구들, 이웃들에 이르기까지 온 천하보다 귀한 생명을 살려내는 사람 낚는 어부가 될 수 있길 바랍니다. 그리할 때 주님께서 다니엘 12장 3절에 뭐라고 분명히 약속하십니까?

"지혜 있는 자는 궁창의 빛과 같이 빛날 것이요 많은 사람을 옳은 데로 돌아오게 한 자는 별과 같이 영원토록 빛나리라."

우리는 "나를 따라오라"는 주님의 부르심을 받아 사람을 낚는 어부가 되어서 영혼을 향하는 불타는 사랑을 가지고 수많은 영혼들을 구원해야 합니다. 그리할 때 하나님께서 약속하신 대로 세상의 스타(스스로 타락한 자)가 아니라 이 땅에 사는 동안에도 온 천하보다 귀한 영혼들을 살려내고 하늘나라의 영원한 스타로 기억될 줄 분명히 믿으시기 바랍니다.

부르심의 장애물을 버려야 함

계속해서 본문 20절 말씀을 다 함께 읽겠습니다.

"그들이 곧 그물을 버려 두고 예수를 따르니라."

"나를 따라오라"는 주님의 부르심을 받고 베드로와 안드레 형제는 그들의 그물을 버려두고 예수님을 따르게 됩니다. 이 그물이라는 것은 그들의 생계 수단이었습니다. 그렇기 때문에 그들이 예수님에 대해서 아무것도 모르면서 그 갈릴리 호수의 기적의 만선 사건 하나만으로 자신들의 생계 수단을 포기하고 주님을 따른 것은 대단한 믿음이었습니다. 그런데 더 대단한 믿음은 그다음 22절에 나옵니다. 다 함께 읽겠습니다.

"그들이 곧 배와 아버지를 버려 두고 예수를 따르니라."

야고보와 요한 형제는 그물 정도가 아니라 그들의 가장 소중한 재산인 배와 더불어서 평생 함께 살아온 아버지까지 버려두고 예수님을 따랐습니다. 그것은 한마디로 말해서 주님을 따르는 데 장애물이 된다면 자신의 모든 것을 포기하면서까지 주님을 따르려는 믿음을 보여준 것입니다. 그렇게 그물과 배와 아버지까지 버리고 주님을 따랐던 그 제자들의 여생이 어떻게 되었습니까? 특별히 베드로와 야고보와 요한은 주님의 가장 사랑받는 제자들로 일생토록 복되게 쓰임 받고 2,000년이 지난 지금까지도 주님뿐만 아니라 모든 그리스도인들의 사랑과 존경을 받으며 복된 영광을 누리게 되었습니다.

그런데 우리는 어떠합니까? 주님을 따르기는커녕 주일에 딱 한 번 예배드리러 나오면서도 기분 나쁘면 안 나와 버리고, 부부싸움을 해도 안 나와 버리고, 자식들이 속을 썩여도 안 나와 버리고, 곗돈 받는 날이면 안 나와 버리고, 단풍철이 돼서 주위에서 놀러가자면 안 나와 버립니다. 더욱이 가족이 많이 아프다거나 경제적인 손실을 본다거나 가정에 불행과 고통스러운 일이 생기면 더더욱 안 나와 버립니다. 우리에게 이 모든 것이 주님 앞에 나오는 데 다 장애물이 됩니다. 여러분, 그런 믿음으로 무슨 주님의 은혜를 받고 축복을 누리고 행복의 감격 속에 살 수 있겠습니까? 이처럼 우리가 신앙생활을 하다 보면 이러한 세상의 물질이나 명예나 감정이나 이해관계가 주님을 따르는 데 결정적인 장애물이 될 때가 얼마나 많습니까?

2015년 9월 22일 독일의 폭스바겐사가 최소 1100만 대의 디젤 차량의 배기가스 기준에 맞추려고 검사 때만 배출 가스를 줄이는 저감장치가 작동하는 엔진을 달았다고 밝혔습니다. 앞서 미국 환경보호청(EPA)이 발표한 48만여 대보다 20배 이상 많은 숫자인 셈인데 이것은 완전히 자신들의 자동차를 많이 팔기 위해 정부와 소비자를 속인 사기 행위였습니다. 이로 인해 빈터콘 폭스바겐 그룹 회장이 사임했고 우리나라에서뿐만 아니라 전 세계 고객들의 배상소송이 이어지고 있습니다. 그런데 영국 BBC 조사에서 나왔듯이 우리 한국 사람들은 유난히 독일에 우호적이어서 세계 평균 60%보다 높은 84%의 신뢰도를 가지고 있었고 폭스바겐이 세계 최대 자동차 그룹이었을 뿐만 아니라 우리나라 수입차 1위를 지켜왔기에 그 배반감이 더욱 컸습니다.

서울시 교육청이 최근 충암고등학교 감사를 통해 이 학교 전 이사장 등이 급식 예산 4억 1035만 원을 횡령한 의혹을 확인하고 이사장, 교장, 행정실장, 용역업체 직원 등 관계자 18명을 검찰에 고발한 사건이 있었습니다. 급식비를 내지 않은 학생들은 급식을 먹지 말라 하고, 또 학생들이 밥이나 반찬을 더 달라고 해도 더 배식할 음식이 없었습니다. 그뿐만 아니라 급식에서 벌레가 나오고 급식을 먹으면 배가 아프고 속이 쓰렸다고 합니다. 그런데 알고 보니까 매일 차량 두

대가 쌀과 김치 등을 반출하고 국거리가 모자라 조리가 안 될 정도였고 식용유는 새까맣게 변할 때까지 몇 번이고 재사용하고 나머지는 다 빼돌렸는데 학생 급식을 위해 사용한 양보다 빼돌린 양이 더 많을 정도였습니다.

요즘 모두들 얼마나 어렵게 살아갑니까? 지난 7일(수)에도 우리 교회에서 가까운 강서구 내발산동 다세대주택에서 이 모(58) 씨와 그의 아내 김 모(49) 씨와 특목고생 딸(16)이 숨진 채로 발견되었습니다. 세 사람의 시신에 외상이 없고 외부인의 침입 흔적이 없고, 아내로 인해 부채가 많고 사는 게 힘들다는 유언장을 남긴 것으로 보아서 생활고에 시달리다가 말기암 환자 아내와 딸을 살해하고 자신도 자살한 것으로 보입니다. 이렇게 모두들 너무도 힘들어서 죽어가는 사람들도 있는데 돈 많은 사람들이 돈 좀 풀어서 나눠주며 더불어 행복하게 살면 얼마나 좋겠습니까? 그런데 있는 사람들이 더 무섭습니다. 그렇게 살다가 어느 날 갑자기 세상을 떠나 주님 앞에 서게 될 때 주님으로부터 얼마나 책망을 받겠습니까? 또 그 물질 때문에 자식들 사이에 의가 다 상하고, 또 공짜로 얻은 그 물질이 소중하게 쓰여질 줄 아십니까? 결국 그들이 축복으로 받은 물질이 그들의 신앙생활에 엄청난 걸림돌이 되어 버리고 주님께서 쓰시고자 하시는 부르심의 결정적인 장애물이 되고 맙니다.

그러나 우리가 복음 전도를 위해 장애가 되는 모든 것을 버릴 때 주님께서 어떻게 갚아주십니까? 마태복음 19장 29절에 "또 내 이름을 위하여 집이나 형제나 자매나 부모나 자식이나 전토를 버린 자마다 여러 배를 받고 또 영생을 상속하리라"고 약속하시고 우리의 일생을 복되게 하시고 귀하게 쓰시고 크게 영광 거두십니다.

지난 금요심야기도회에 미국 LA의 국제신학대학원(International

Theological Seminary)의 이승현 총장님이 오셔서 너무도 은혜로운 말씀을 전해 주셨습니다. 그는 어린 시절 앨버트 슈바이처 박사처럼 의대에 가서 의료선교를 하려고 했는데 적성에 안 맞아서 결국 신학대학원에 가게 되었습니다. 그래서 유니온 신학대학원에서 구약학 전공으로 철학박사 학위를 받은 후 42세 젊은 나이에 아시아, 아프리카 등 제3세계 신학생들을 양성하는 국제신학대학원의 총장이 되어 세계 선교에 힘쓰고 있습니다. 마치 부족한 종의 과거를 듣는 것 같았습니다.

저도 중학교 3학년 때 앨버트 슈바이처 박사의 전기를 읽고 은혜를 받아 의료선교사가 되고 싶어 적성에 안 맞는 이과를 택해 의대를 가려고 하다가 결국에는 실패하고 주님의 부르심을 받아 세상의 부귀, 영화, 향락을 다 버리고 주의 종이 되었습니다. 그때 부모님의 반대도 심했지만 그때의 심정으로는 가출을 해서라도 신학을 공부하려고 했는데 결국 부모님이 다 이해하게 되셨고 세월이 흐른 후에는 부모님이 그렇게 자랑스럽게 여기는 아들이 되었습니다. 그뿐만 아니라 저 자신도 얼마나 많이 은혜를 받고 축복을 누리고 이 모든 것에 감사하는 행복한 목사가 되었는지 모릅니다. 그러므로 이제는 "나를 따라오라"는 주님의 부르심에 장애물이 되는 것이 있다면 날마다 순간마다 철저히 버리고 주님만 따를 때 우리가 진정으로 복되게 쓰임 받으며 영광 돌리게 될 줄 확실히 믿습니다.

영·혼·육의 치유의 사랑을 감당해야 함

마지막으로 본문 23절 말씀을 다 함께 읽겠습니다.

"예수께서 온 갈릴리에 두루 다니사 그들의 회당에서 가르치시며 천국 복음을 전파하시며 백성 중의 모든 병과 모든 약한 것을 고치시니."

예수님께서 제자들과 함께 갈릴리를 두루 다니시면서 유대 회당에서 가르치시고 천국 복음을 전파하시면서 그들의 영혼만 구원하신 것이 아니라 사람들의 모든 병도 고쳐주시고 모든 약한 상처까지도 치유해 주셨습니다. 그래서 마태복음 8장 17절에 주전 700여 년 전의 이사야 53장 3절 말씀을 인용하여 "이는 선지자 이사야를 통하여 하신 말씀에 우리의 연약한 것을 친히 담당하시고 병을 짊어지셨도다 함을 이루려 하심이더라"고 성취하시지 않습니까? 예수님께서는 십자가에서 우리의 죄 짐만 담당하신 것이 아닙니다. 여기 '우리의 연약한 것을 친히 담당하셨다'는 것은 우리의 상처를 말하고, '병을 짊어지셨다'는 것은 우리의 질병조차도 십자가에서 대신 지셨다는 것입니다. 그러므로 우리가 이 믿음으로 주님 앞에 나아가 영혼의 죄악을 회개함으로 용서를 받고 그다음에 마음의 상처도 치유를 받아야 합니다.

지금 우리나라는 유교의 가부장적 문화로 인해 수직적인 상하 관계의 관료문화가 뿌리내려서 위로부터 대화가 단절되고 소통이 이루어지지 않고 억압적이고 폐쇄적인 분위기 속에서 살아갑니다. 그래서 더욱더 스트레스를 많이 받는 사회 환경입니다. 지난 2015년 9월 20일 동아일보와 대한만성피로학회가 공동 조사한 발표에 따르면 휴식시간과 편한 동료와 마음의 평안이 없는 '3무 샐러리맨'들이 점점 늘어간다고 합니다. 그래서 만성피로가 20대는 41.48%, 30대는 40.31%, 40대는 37.74%, 50대는 31.86%에 이르러서 젊을수록 삶의 좌절과 반복적 분노가 갑자기 폭발하는 '분노조절장애'에 빠져가고 있습니다.

건강보험심사평가원의 발표에 따르면, 이러한 분노조절장애 환자들이 2010년 41만 9000여 명에서 2014년 50만 2000여 명으로 4년 만에 10만 명이 늘어났고, 매년 50여 건에 이르는 증오 살인범죄가 금년 1~7월만 해도 28건에 이르고 있는데, 한 달에 4건이니까 매주 한 건씩 일어난 것입니다.

지난 주간에도 운전을 하다가 앞길을 가로막는다고 차를 세우고 항의하려고 하자 그대로 차로 밀어버려서 살인미수혐의로 구속된 사람이 있었습니다. 이처럼 주위에서 흔히 볼 수 있는 이웃과의 층간다툼이나 운전이나 주차 중 폭력 시비와 살인사건이 끊임없이 터져나오고 있습니다.

지난 주간에는 구리의 한 아파트 주차장에서 여성을 칼로 위협한 강도사건이 있었잖습니까? 심지어 김일곤이라는 사람은 지난 2015년 9월 9일 충남 서산의 한 대형마트에서 여인을 납치해서 살해한 뒤 시신을 차 안에 놓고 불태웠습니다. 그는 척수장애 6급으로서 배달원, 자동차 부품공장 근로자, 일용직 등을 전전하다가 임금 체불을 당하고 미수금 등을 받지 못해 사회에 대한 증오가 쌓였던 중 자신을 무시하거나 불친절하게 대했던 사람들 28명의 명단을 쪽지에 적어가지고 다닐 정도로 복수심에 불타올랐습니다. 그나마 경찰에 일찍 체포되어서 그 나머지 살인을 막을 수가 있었는데 그가 체포된 후에도 어떠한 뉘우침도 없이 "이것을 다 죽여야 하는데…" 하면서 분을 못 삭히더랍니다.

우리가 폭력까지는 이르지 않아도 극심한 스트레스와 분노와 증오심 속에서 하루 10~14시간씩 기계처럼 일하다가 갑자기 쓰러져 세상을 떠나는 우리나라 40대, 50대 남성 사망률이 세계 1위라고 합니다. 그러므로 이제는 우리가 주님 앞에 나아와 치유를 받아야 합니다. 어떠한 상처의 감정이라도 주님 앞에 다 쏟아놓고 주님의 사랑을 간구하고 체험해서 그 사랑으로 어떠한 원수라도 용서함으로 우리의 지난날의 마음의 상처를 치유받아야 합니다. 이렇게 지난날의 상처를 치유받을 때 육신의 질병도 치료를 받을 수 있는 것입니다.

지난 주일 3부 예배 후 은퇴하신 두 장로님이 찾아오셨는데 그중 한 장로님이 불면증으로 몇 달 동안 밤에 잠을 못 이뤄서 너무나 고통스럽고 몸이 다 말라서 피골이 상접할 정도가 되었다고 합니다. 그래서 안타까운 마음에 그 장로님 가정에 가서 예배를 드리고 말씀을 나누고 기도하는 가운데 성령님의 기적적인 치유를 받고 그날 밤부터 편히 잠들게 되어서 지금은 건강하고 그렇게 행복할 수가 없으시다고 합니다. 또 함께 오신 장로님은 10여 년 전부터 신장암으로부터 시작해서 금년 초 폐암까지 전이가 되었지만 새벽마다 부인 권사님과 함께 주님 앞에 나아와 기도하고 어려운 위기 때마다 합심해서 기도하고 간절히 안수 기도하는 가운데 역시 성령님께서 기적적으로 치료해 주셔서 이렇게 건강해졌다며 그렇게 감사하시다는 것이었습니다.

여러분, 이것이 인간의 의술이나 능력으로 가능했겠습니까? 주님의 기적적인 치유가 이 모든 것을 가능케 한 것입니다. 그래서 우리 치유하는교회가 이 십자가의 복음의 깊은 뜻을 깨닫고 영혼의 죄악의 구원뿐만 아니라 마음의 상처의 치유와 육신의 질병의 치료를 체험하고 영·혼·육의 전인치유의 사명을 받고 마지막 때 한국교회와 이민교회와 세계 선교지를 치유하고 있지 않습니까?

지난날 우리 한국교회가 강단에서 교인들에게 "영적으로 은혜 받아라!", "육적으로 축복 받아라!"고 강조해서 영적으로 은혜도 많이 받았고 육적으로 축복도 많이 받았습니다. 그런데 문제는 마음의 상처를 치유받지 못하여 그렇게 영적인 은혜도 많이 받고 육적인 축복도 많이 받았는데도 마음에 사랑도 없고 감사도 없고 평안도 없고 행복도 없습니다. 그래서 예수님을 믿는다고 하면서도 그저 입만 열면 시기하고 질투하고 험담하고 비방하고 서로 이간질하고 고통과 불행을 안겨 주면서 불화와 분쟁이 끊이지 않고 지옥처럼 살아가고 있습니다. 그러면서도 혼자 예수님을 제일 잘 믿는 줄 착각하고 위선과 독선에 빠져 살다가 지옥 불못에 떨어지고 말 것입니다.

예수님을 믿어도 너무 잘못 믿고 있습니다. 그러니 그런 교회를 뭐 하러 나가겠습니까? 그래서 한국교회들이 다 허물어져 가고 있습니다. 그런데 이처럼 하나님께서 특별히 우리 치유하는교회를 택해 주시고 다른 어느 교회와 비교할 수 없을 정도로 불같이 연단하시고 정금같이 나오게 하셔서 말세에 한국교회와 이민교회와 세계 선교지까지 치유하는 교회로서 귀하게 쓰시니 얼마나 감사하고 감격스러운 일입니까? 그러므로 마지막 때 "나를 따라오라"는 주님의 부르심을 받아 영·혼·육의 치유의 사명을 감당할 때 주님이 기뻐하시는 천국의 삶을 살아가면서 진정으로 주님께 귀하게 쓰임 받게 될 줄 분명히 믿으시기 바랍니다.

지지난주 당회원 수련회 때 전북 김제시 금산면에 있는 ㄱ자 교회로 유명한 금산교회를 방문하게 되었습니다. 교회에 도착하자마자 그 교회 담임하시는 이인수 목사님이 저희를 반갑게 맞이해 주셨습니다. 예배 중 목사님이 말씀을 전하면서 그 교회의 역사를 소개하시는데 큰 은혜를 받았습니다. 우리나라에 복음을 전해 준 미국 언더우드 선교사님이 시카고의 맥코믹 신학대학원에서 조선 선교 보고를 할 때 신학생이었던 테이트(L. B. Tate, 한국 이름 최의덕) 선교사가 은혜를 받고 조선 선교에 헌신했습니다. 1893년 조선에 와서 전주를 중심으로 전도하다가 1904년 금산리 마방의 주인인 조덕삼과 마부 이자익에게 복음을 전하게 되고 그다음 해인 1905년 조덕삼 성도의 집에 교회를 세우고 은혜로운 신앙생활을 했습니다.

그런데 장로 선거에서 문제가 터졌습니다. 조덕삼 영수(장로 바로 밑 직분)는 44세의 중년으로 금산리의 대지주요 유지였고 자신의 집에서 교회를 개척했고 마을 사람들 중에 조덕삼 영수의 도움을 받지 않은 사람이 거의 없을 정도여서 장로 피택이 확실했습니다. 이자익 영수는 32세의 청년으로 원래 경남 남해에서 태어난 고아였는데 살길을 찾아 그 멀리 전북 김제시 금산면까지 와서 얼마나 외롭고 서럽고 힘들고 눈물 나는 삶을 살았겠습니까? 더군다나 그는 조덕삼 영수 집 마방의 마부였으니 당시 상황에서는 장로 피택을 기대하기가 어려웠습니다. 그런데 막상 장로 선거 결과를 보니까 모든 사람이 피택되리라 기대했던 지주 조덕삼 영수는 떨어지고 마부인 이자익 영수가 피택이 되고 말았습니다. 당시 양반이 장로 선거에서 떨어지고 천민이 장로가 되었으니, 이쯤 되면 교회는 갈라질 수밖에 없는 위기가 닥친 것입니다. 그것은 그 이전에 연동교회에서 천민이 장로가 되었다고 묘동교회가 갈라져 나갔고, 승동교회에서 백정이 장로가 되었다고 안동교회가 갈라져 나간 사례가 있었기 때문이었습니다.

그런데 조덕삼 영수가 장로 피택 선거가 끝나자마자 발언권을 얻더니, "우리 금산교회 교인들은 참으로 훌륭한 일을 해냈습니다. 저희 집에서 일하고 있는 이자익 영수는 저보다 신앙의 열의가 더 대단합니다. 참으로 감사합니다" 하고 오히려 감사 인사를 드렸습니다. 그리고는 마부 장로님을 더 겸손히 잘 섬기고 그 후 성전건축에도 힘을 써서 오늘의 금산교회를 헌당까지 하게 되고 결국 그도 2년 뒤에 장로 피택이 되었습니다. 그리고는 사람 낚는 어부인 주의 종으로 소명을 받은 이자익 장로님을 평양신학교로 유학까지 보내고 아무런 대책도 없이 그저 믿음으로 결단하고 떠났던 이자익 장로님의 학비와 가족들의 생활비까지 다 책임을 져 주었습니다.

조덕삼 장로님의 아름다운 섬김의 소문이 퍼지자 교회는 더욱 부흥할 수밖에 없었습니다. 그러던 중 이자익 목사님을 금산교회 2대 목사로 청빙해서 수많은 영혼들을 구원하며 교회의 목회를 잘 하도록 열심히 뒷바라지를 하고 노회와 총회까지도 잘 섬기게 해서 이자익 목사님이 한국 기독교 역사상 전무후무하게도 대한예수교장로회 13, 33, 34회 3회에 걸쳐 총회장으로 섬길 수 있게 하였습니다. 조덕삼 장로님이 없이는 이자익 목사님은 존재할 수 없었던 것입니다. 그리고 이러한 신앙의 아름다운 모범은 여기서 그치지 않고 자손들에게까지 이어져서 두 가문이 아들과 손자까지 3대 장로 가정을 이루는 믿음의 복을 누리게 되었습니다.

그리하여 지난 2012년 6월 20일 대전신학대학교에서 이자익 목사 기념관 현판식이 있었을 때 이자익 목사님의 손자인 고분자 화학박사로서 교수였던 이규완 장로님(대전제일교회)이 조덕삼 장로님의 손자인 4선 국회의원과 주일대사를 역임한 조세형 장로님(금산교회)을 만나서 허리를 굽히며 "우리 할아버지 이자익 목사님이 주인 조덕삼 장로님을 잘 만났습니다. 할아버지께서 주인을 잘못 만났다면 우리 할아버지도 안 계셨을 것이고 오늘의 우리도 없었을 것입니다. 조덕삼 장로님과 그 모든 후손들에게 진심으로 감사드립니다" 하면서 눈물로 감사 인사를 드렸습니다. 이 얼마나 아름답고 감동적인 신앙의 모습입니까?

사랑하는 성도 여러분, 어차피 우리는 한 번 왔다가 어느 날 갑자기 떠나가야 할 인생들입니다. 그러나 우리가 "나를 따라오라"는 주님의 부르심을 따라 사람을 낚는 어부가 되고 부르심의 장애물이 되는 것들을 미련 없이 버리고 영·혼·육의 치유의 사명을 잘 감당하게 될 때 우리의 여생도 이 땅에 사는 동안 온 천하보다 귀한 수많은 영혼을 살리며 진정으로 의미 있고 보람되고 복되게 쓰임 받게 될 줄 확실히 믿습니다.

우리 다 같이 찬송 '주는 완전합니다'를 함께 부르며 결단하도록 하겠습니다.

주여 우린 연약합니다
우린 오늘을 힘겨워합니다
주 뜻 이루며 살기엔 부족합니다
우린 우린 연약합니다
주여 우린 넘어집니다
오늘 하루 또 실수합니다
주의 긍휼을 구하는 죄인입니다
우린 주만 바라봅니다
한없는 주님의 은혜 온 세상 위에 넘칩니다
가릴 수 없는 주 영광 온 땅 위에 충만합니다
주님만이 길이오니 우린 그 길 따라갑니다
그날에 우릴 이루실 주는 완전합니다

우리를 부르시고 귀하게 쓰시는 하나님 아버지, 우리로 예수님을 믿게 하시고 지금까지 복되게 살게 하신 것을 진심으로 감사드립니다. 우리의 남은 인생도 "나를 따라오라"는 주님의 부르심을 따라 사람을 낚는 어부가 되게 하여 주시옵소서. 소명에 장애물이 되는 것을 모두 다 버리게 하여 주시옵소서. 그리고 이 땅에 사는 동안 영·혼·육의 치유의 사명을 잘 감당하게 하여 주시옵소서. 그리함으로 우리의 여생이 온 천하보다 귀한 영혼을 살리며 복되게 쓰임 받으며 크게 영광 돌리게 하실 줄 믿사옵고 예수님의 이름으로 기도드립니다. 아멘.

심령이 가난한 자의 복

마태복음 5:3

심령이 가난한 자는 복이 있나니 천국이 그들의 것임이요

지금 우리는 세계 마지막 분단국가의 불행 가운데 살고 있습니다. 요즘에는 남남갈등의 고통까지 심화되고 있습니다. 지역 간 갈등은 말할 것도 없고 이념 간 충돌과 계층 간 불화와 세대 간 갈등까지 점점 극심해지고 있습니다. 말세에 우리의 마음이 점점 강퍅해지고 완악해지고 있다는 증거입니다. 마태복음 5-7장에 예수님께서 산 위에서 하신 보배로운 말씀이라고 해서 '산상보훈'(The Sermon on the Mount)의 말씀이 나옵니다. 이 산은 신약의 시내 산이라고 불리는 핫틴(Hattin) 산이었는데 모세가 시내 산에서 율법을 받은 것처럼 예수님은 이 핫틴 산에서 율법의 완성인 천국 복음을 전해주셨습니다. 그래서 대표적인 복음주의 신약학자인 F. F. 브루스(Bruce) 박사는 이 산상보훈을 '그리스도의 전체 교훈의 요약'이라고 했고, 소력

(Tholuck) 박사는 산상보훈을 '천국의 대헌장'이라고 했습니다.

산상보훈의 서론으로 '천국 시민의 자격'에 대해서 8가지 복 있는 사람을 말씀하시는데, 그 첫 번째 말씀이 본문 3절의 말씀입니다. 다 함께 읽겠습니다.

"심령이 가난한 자는 복이 있나니 천국이 그들의 것임이요."

마태복음과는 달리 누가복음 6장 20절에서는 단순히 "…가난한 자는 복이 있나니 하나님의 나라가 너희 것임이요"라고 말씀하신 것은 당시 주위의 가난한 사람들을 바라보시고 위로하며 말씀하셨던 것으로 보여집니다. 그러나 여기 '심령이 가난한 자'란 뜻은 헬라어로 'οἱ πτωχοὶ τῷ πνεύματι'(호이 프토코이 토 프뉴마티)라고 하는데 'the poor in spirit'(영이 가난한 자)란 뜻입니다. 이렇게 영이 가난한 자는 복이 있는데 그 복이란 'μακάριος'(마카리오스)라고 해서 구약의 축복의 개념으로서의 외적인 물질적 축복만을 말하는 것이 아니라 그것을 넘어선 신약의 축복의 개념인 내적인 영적 행복을 말합니다. 이렇게 심령이 가난한 자의 복은 "천국이 그들의 것"이라고 선언하고 있습니다. 심령이 가난한 것은 천국 시민이 되는 조건일 뿐만 아니라 천국 시민이 된 자들의 삶의 모습이라는 것입니다. 그리하여 날마다 순간마다 천국의 축복과 행복의 감격 속에 살아가게 된다는데, 심령이 가난한 자란 어떠한 사람일까요?

마음이 겸손한 사람

 심령이 가난하다는 것은 먼저 '마음의 겸손'을 의미합니다. 예수님 당시 율법을 중시하는 바리새인들과 제사를 중시하는 사두개인들은 자신들이 종교적, 지적, 지위적으로 높은 것을 자부하며 살았습니다. 그러다 보니까 예수님을 구세주로 발견할 수도 없었고 믿을 수도 없었고 회개하고 영접할 수도 없었고 그래서 천국을 누릴 수도 없었습니다. 오늘날에도 영적 교만에 빠진 사람들은 어떠한 말씀을 들어도 은혜로 못 받고 자신의 회개할 것을 찾지도 못합니다. 그러니 삶의 변화도 일어나지 않고 천국의 복을 누릴 수 없습니다.
 2015년 11월 19일(목) 저녁 2015 세계 야구 국가 대항전인 '프레미어 12' 첫 대회로 일본과의 준결승전이 있었습니다. 사실 땅덩어리도 우리(10만 km)의 4배 정도(37만 km) 되고, 인구도 우리나라(0.5억)의 3배 정도(1.3억) 되고, 고교 야구팀도 우리나라는 50개인데 일본은 4,000개로 80배나 많고, 프로야구 출범도 우리나라는 1982년인데 일본은 1936년으로 50년 정도 이르고, 세계 랭킹도 우리나라는 8위인데 일본은 1위여서 지난 개막전에서 우리나라는 일본에 0:5로 완패를 당하고 말았습니다. 더욱이 그때 오타니 쇼헤이 투수에게 농락을 당해 준결승전에서도 7회까지 안타 1개만 허용하고 삼진을 11개나 잡으면서 0:3으로 완전히 우리나라를 제압해서 우리로서는 속수무책이었습니다. 그래서 일본은 다 이겼다고 생각하고 결승전을 대비하기 위해 8회에 선발 오타니 선수를 뺐습니다. 그들의 교만은 거기서 그치지 않고 8회에 우리 선수들을 더욱 자극하였습니다.
 그런데 이때 안타의 포문이 열리기 시작해서 결국에는 9회 초 만루에서 우리나라의 4번 타자 이대호 선수가 역전 2루타를 쳐서 4:3으로 기적적인 역전승을 거두어 2006, 2015에 이어 또다시 도쿄 대첩을 성공으로 이끌었습니다.

그러므로 우리는 이러한 실패와 고통의 전철을 되풀이하지 않기 위해서 가장 먼저 겸손하신 주님께 배워야 합니다. 빌립보서 2장 6-8절을 보면 "그는 근본 하나님의 본체시나 하나님과 동등됨을 취할 것으로 여기지 아니하시고 오히려 자기를 비워 종의 형체를 가지사 사람들과 같이 되셨고 사람의 모양으로 나타나사 자기를 낮추시고 죽기까지 복종하셨으니 곧 십자가에 죽으심이라"고 증거하고 있습니다. 예수님께서는 근본 하나님과 같은 분이셨지만 하나님과 동등됨을 취할 것으로 여기지 아니하시고 오히려 자기를 비워 종의 형체를 가지사 사람들과 같이 되셨고, 사람의 모양으로 나타나사 자기를 낮추시고 죽기까지 복종하셔서 십자가에서 죽으셨습니다. 그런데 예수님께서 십자가에서 죽기까지 낮아지셨더니 하나님께서 그를 죽음에서 살려주시고 영광스럽게 높여주시는 대역전극을 펼치셨습니다.

경상도 시골에 사는 할머니 세 분이 모여서 이야기를 나누는데 한 할머니가 말합니다. "어이, 예수가 죽었단다." 그러자 다른 할머니가 "와 죽었다 카드노?" 하고 물으니까 처음 할머니가 "못에 찔려 죽었다 안카나?" 그럽니다. 그러니까 다른 할머니가 "어이구, 머리 풀어헤치고 돌아다닐 때 알아봤다!"라고 합니다. 그때 아무 말도 안 하고 있던 또 다른 할머니가 "어이, 예수가 누꼬?" 하니까 다른 할머니가 "몰라, 우리 며늘아가 아부지 아부지 해쌌는 거 보이 사돈 어른인 갑지 뭐?" 그럽니다. 그러자 또 다른 할머니가 "그래, 문상은 갔드나?" 하고 물으니까 그 할머니가 "아니, 안 갔다!" 그럽니다. 다른 할머니가 "왜 안 갔노?" 하니까 그 할머니가 이렇게 말하더랍니다.

"갈라 캤더니 사흘 만에 살아났다 카드라."

예수님께서 십자가에서 죽기까지 낮아지셨더니 하나님께서 그를 다시 살려주시고 높여주셨습니다. 그래서 빌립보서 2장 9-11절에 "이러므로 하나님이 그를 지극히 높여 모든 이름 위에 뛰어난 이름을 주사 하늘에 있는 자들과 땅에 있는 자들과 땅 아래에 있는 자들로 모든 무릎을 예수의 이름에 꿇게 하시고 모든 입으로 예수 그리스도를 주라 시인하여 하나님 아버지께 영광을 돌리게 하셨느니라"고 증거하지 않습니까? 그러므로 우리도 예수님을 본받아 늘 낮아져 겸손해야 합니다.

영국의 설교가 존 라일 목사님이 쓴 《휫필드와 웨슬리》라는 책이 있습니다. 존 웨슬리(John Wesley) 목사님과 조지 휫필드(Geroge Whitefield) 목사님은 18세기 영국의 신앙부흥 운동을 일으켰던 유명한 목사님들입니다. 그런데 그들의 구령의 열정은 똑같이 뜨거웠지만 구원론에 대해서는 의견이 달랐습니다. 웨슬리 목사님이 인간의 자유의지를 강조한 알미니안주의자였다면 휫필드 목사님은 하나님의 절대 주권을 강조한 칼빈주의자였습니다. 두 사람의 구원론이 다른 것을 안 한 교인이 휫필드 목사님께 물었습니다. "웨슬리 목사님은 목사님과 구원론이 다른데 천국에서 두 분이 볼 수 있을까요?"라고 하자 휫필드 목사님이 말했습니다.

"아마도 난 천국에서 웨슬리 목사님을 보지 못할 것입니다. 왜냐하면 웨슬리 목사님은 하나님의 보좌 가장 가까운 곳에 앉아 계실 것이고 내 자리는 멀리 떨어져 있을 것이기 때문입니다."

얼마나 겸손한 대답입니까? 휫필드 목사님은 비록 구원론이 다르긴 했지만 웨슬리 목사님을 겸손히 그만큼 인정했던 것입니다. 이같은 휫필드 목사님의 겸손함이 있었기 때문에 웨슬리 목사님과 더불어 동시대의 영국판 베드로 사도와 바울 사도처럼 쓰임 받을 수 있었던 것입니다. 그래서 하나님께서 뭐라고 분명히 약속하십니까?

베드로전서 5장 5-6절에 "…하나님은 교만한 자를 대적하시되 겸손한 자들에게는 은혜를 주시느니라 그러므로 하나님의 능하신 손 아래에서 겸손하라 때가 되면 너희를 높이시리라"고 분명히 약속하십니다.

저는 어렸을 때부터 지금까지 신앙생활을 해오고 38년 동안 목회하면서 봐 왔는데 겉으로는 겸손한 체하면서 그 안에 교만이 가득한 사람들은 한때는 잘나가는 것 같아도 나중에는 다 무너지고 맙니다. 그러나 예수님을 본받아 끝까지 겸손한 사람들은 한때는 어려움을 겪어도 하나님께서 나중에는 다 해피엔딩으로 끝을 맺어 주십니다. 여러분, 이 마지막 때 우리에게 절실히 필요한 것은 어떠한 믿음의 능력보다도 우리의 마음속 깊은 곳의 사랑의 겸손입니다. 그러므로 심령이 가난해져서 예수님을 본받아 마음이 겸손할 때 천국의 복을 누리게 되어서 하나님께서 우리에게 충만한 은혜를 베푸실 뿐만 아니라 언젠가는 귀하게 쓰시고 크게 높여주실 줄 분명히 믿으시기 바랍니다.

세상 욕심을 버린 자임

심령이 가난하면 세상 욕심을 다 버리게 됩니다. 그러나 심령이 가난하지 못하면 자꾸 세상적인 부요함을 추구하게 됩니다. 세상 욕심을 부리게 됩니다. 이 '욕심'이라는 것은 하나님께서 허락하신 것에 감사하고 만족하기보다 이보다 더 많은 것을 바라는 마음을 말합니다. 물질이나 명예나 향락 등 더한 것을 구하지만 결국 그러한 욕심은 다 허무하고 무상한 것으로 우리에게 더 이상의 행복도 축복도 가져다 주지 못하고 결국 실망과 불행을 가져다줄 뿐입니다.

우리 부목사님들이 말씀을 은혜롭게 잘 전하시는데 지난 금요심야 기도회에서도 한 목사님이 너무도 은혜롭게 기도회를 인도했습니다. 그런데 며칠 전 밤에 자다가 잠이 깨어 화장실에 가려고 거실로 나왔는데 어둠 속에서 한 젊고 아름다운 여자가 서 있더랍니다. 잠깐 마음이 흔들렸는데, 그 어둠 속의 여자가 말하더랍니다. "아빠도 화장실 갈 거야?"라고 하는데 그 순간 너무나 어이없고 허무하고 무상했다고 합니다.

사실 우리가 욕심을 내서 바라는 것들을 다 얻으면 잠시 잠깐 낙을 누릴지는 몰라도 주님을 떠난 인생은 결코 행복한 것이 아닙니다. 그런데도 그런 것을 부러워하며 욕심을 부리다 어느 날 갑자기 그 소중한 인생을 끝내고 마니 이 얼마나 허무하고 무상한 일입니까?

2011년 10월 5일 56세의 젊은 나이에 췌장암으로 갑작스럽게 세상을 떠난 세계적인 컴퓨터 회사 애플의 공동창업자요 최고경영자였던 스티브 잡스가 생의 마지막으로 이런 고백을 남겼습니다.

> 나는 비즈니스 세계에서 성공의 끝을 보았다.
> 타인의 눈에 내 인생은 성공의 상징이다.
> 하지만 일터를 떠나면 내 삶에 즐거움은 많지 않다.
> 결국 부는 내 삶의 일부가 되어버린 하나의 익숙한 사실일 뿐이었다.
> 지금 병들어 누워 과거의 삶을 회상하는 이 순간에 나는 깨닫는다.
> 정말 자부심 가졌던 사회적 안정과 부는 결국 닥쳐올 죽음 앞에 희미해지고 의미가 없어져 간다는 것을….

어둠 속 나는 생명 연장 장치의 녹색 빛과 윙윙거리는 기계음을 보고 들으며 죽음의 신의 숨결이 다가오는 것을 느낄 수 있다. 이제야 나는 깨달았다.

생을 유지할 적당한 부를 쌓았다면 그 이후 우리는 부와 무관한 것을 추구해야 한다는 것을….

부보다 더 중요한 게 있다면 그것은 관계라든가, 예술이라든가, 또는 젊었을 때의 꿈일 것이다.

끝없이 부를 추구하는 것은 결국 나와 같이 뒤틀린 개인만을 남긴다.

하나님은 우리에게 부가 가져오는 환상이 아닌 만인이 가진 사랑을 느낄 수 있도록 감각을 선물하셨다.

내 인생을 통해 얻은 부를 나는 가져갈 수 없다.

내가 가져갈 수 있는 것은 사랑이 넘쳐나는 기억들뿐이다.

그 기억들이야말로 너를 따라다니고, 너와 함께하고, 지속할 힘과 빛을 주는 진정한 부이다.

사랑은 수천 마일을 넘어설 수 있다. 생의 한계는 없다. 가고 싶은 곳을 가라.

성취하고 싶은 높이를 성취하라. 이 모든 것이 너의 심장과 손에 달려 있다.

이 세상에서 제일 비싼 침대가 무슨 침대일까? 그것은 '병들어 있는 침대'이다.

너는 네 차를 운전해줄 사람을 고용할 수 있고, 돈을 벌어줄 사람을 구할 수도 있다.

하지만 너 대신 아파줄 사람을 구할 수는 없을 것이다.

잃어버린 물질적인 것들은 다시 찾을 수 있다.

하지만 '인생'은 한 번 잃어버리면 절대 되찾을 수 없는 유일한 것이다.

한 사람이 수술대에 들어가며 본인이 끝까지 읽지 않은 유일한 책을 깨닫는데 그 책은 바로 '건강한 삶에 대한 책'이다.

우리가 현재 삶의 어느 순간에 있든지 결국 시간이 지나면 우리는 삶이란 커튼이 내려오는 순간을 맞이할 것이다.

가족 간의 사랑을 소중히 하라. 배우자를 사랑하라. 친구들을 사랑하라.

너 자신을 잘 대해 줘라. 타인에게 잘 대해 줘라.

이처럼 그토록 부요하고 유명했던 스티브 잡스는 그동안 자신의 모든 것을 쏟으며 열심히 쌓아 왔던 부와 명예와 비교할 수 없이 중요한 것들이 있었던 것을 뒤늦게 죽음을 앞두고서야 깨닫고 얼마나 가슴을 치며 후회하며 떠나갔습니까?

예수님께서는 이러한 세상 욕심을 다 물리치시고 오히려 청빈의 모범을 보여주셨습니다. 마태복음 8장 20절을 보면 "예수께서 이르시되 여우도 굴이 있고 공중의 새도 거처가 있으되 인자는 머리 둘 곳이 없다"고 하시면서 얼마나 청빈한 삶을 사셨는지 모릅니다. 우리는 예수님에 비하면 얼마나 잘 먹고 잘 입고 잘 누리고 잘 삽니까? 그런데도 감사하지 못하고 만족하지 못하고 입만 열면 불평을 하고 원망만 일삼고 있으니 얼마나 불행한 일입니까? 그러므로 우리가 어렵고 힘들게 살아가도 하나님께서 우리의 필요를 미리 아시고 부족함이 없도록 채워주신다는 것을 확실히 믿고 서로 사랑하면서 감사하며 행복하고 감동적으로 살아가야 합니다.

서울 글짓기대회에서 1등을 한 어느 어린 천사의 눈물겹도록 감동적인 글이 있습니다.

사랑하는 예수님, 안녕하세요?
저는 구로동에 사는 용욱이예요. 구로초등학교 3학년이구요.
우리는 벌집에 살아요. 벌집이 무엇인지 예수님은 잘 아시지요?
한 울타리에 55가구가 사는데요, 1, 2, 3…. 번호가 써 있어요. 우리 집은 32호예요.
화장실은 동네 공중변소를 쓰는데 아침에는 줄을 길게 서서 차례를 기다려야 해요.
줄을 설 때마다 21호에 사는 순희 보기가 부끄러워서 못 본 척하거나 참았다가 학교 화장실에 가기도 해요.
우리 식구는 외할머니와 엄마, 여동생 용숙이랑 네 식구가 살아요.
우리 방은 할머니 말씀대로 라면 박스만해서 네 식구가 다 같이 잘 수가 없어요.
그래서 엄마는 구로 2동에 있는 술집에서 주무시고 새벽에 오셔요.
할머니는 운이 좋아서 한 달에 두 번 정도 취로사업에 가서 일을 하시고 있어요.
아빠는 청송교도소에 계시는데 엄마는 우리보고 죽었다고 말해요.
예수님, 우리는 참 가난해요.
그래서 동회에서 구호양식을 주는데도 도시락 못 싸가는 날이 더 많아요.

엄마는 술을 많이 먹어서 간이 나쁘다는데도 매일 술 취해서 어린애마냥 엉엉 우시길 잘하고 우리를 보고 "이 애물단지들 아! 왜 태어났니…같이 죽어 버리자"라고 하실 때가 많아요.

지난 4월 달 부활절 날 제가 엄마 때문에 회개하면서 운 것, 예수님은 보셨죠.

저는 예수님이 제 죄 때문에 돌아가셨다는 말은 정말로 이해 못했거든요.

저는 죄가 통 없는 사람인 줄만 알았던 거예요. 그런데 그날은 제가 죄인인 것을 알았어요.

저는 친구들이 우리 엄마보고 '술집 작부'라고 하는 말을 듣는 것이 죽기보다 싫었구요. 매일매일 술 먹고 주정하면서 "다 같이 죽자"고 하는 엄마가 얼마나 미웠는지 아시죠?

지난 부활절 날 저는 "엄마 미워했던 거 용서해 주세요"라고 예수님께 기도했는데, 예수님께서 십자가에서 피 흘리는 모습으로 "용욱아, 내가 너를 용서한다"라고 말씀하시는 것 같아서 저는 그만 와락 울음을 터트리고 말았어요.

그날 교회에서 찐계란 두 개를 부활절 선물로 주시길래 집에 갖고 와서 할머니와 어머니에게 드리면서 생전 처음으로 전도를 했어요. 예수님을 믿으면 구원을 받는다구요.

몸이 아파서 누워 계시던 엄마는 화를 내시면서 "흥! 구원만 받아서 사냐?" 하시면서 "집주인이 전세금 50만 원에 월세 3만 원을 더 올려달라고 하는데 예수님이 구원만 말고 50만 원만 주시면 네가 예수를 믿지 말라고 해도 믿겠다" 하시지 않겠어요?

저는 엄마가 예수님을 믿겠다는 말에 신이 나서 기도한 거 아시지요?

학교 갔다 집에 올 때도 몰래 교회에 들어가서 기도했잖아요.

근데 마침 어린이날 기념 글짓기 대회가 덕수궁에서 있다면서 우리 담임선생님께서 저를 뽑아서 보내 주셨어요.

저는 청송에 계신 아버지와 서초동에서 꽃가게를 하면서 행복하게 살던 때 얘기를 그리워하면서 불행한 지금의 상황을 썼거든요.

청송에 계신 아버지도 어린이날에는 그때를 분명히 그리워하시고 계실 테니 엄마도 술 취하지 않고 희망을 갖고 살아 주면 좋겠다고 썼어요.

예수님, 그날 제가 1등 상을 타고 얼마나 기뻐했는지 아시지요?

그날 엄마는 너무 몸이 아파서 술도 못 드시고 울지도 못하셨어요.

그런데 그날 저녁에 뜻밖에 손님이 찾아오셨어요.

글짓기의 심사위원장을 맡으신 할아버지 동화 작가 선생님이 물어물어 저희 집에 찾아오신 거예요.

대접할 게 하나도 없다고 할머니는 급히 동네 구멍가게에 가셔서 사이다 한 병을 사 오셨어요.

할아버지는 엄마에게 "똑똑한 아들을 두었으니 힘을 내라"고 위로해 주셨어요.

엄마는 눈물만 줄줄 흘리면서 엄마가 일하는 술집에 내려가 계시면 약주라도 한잔 대접하겠다고 하니까 그 할아버지는 자신이 지으신 동화책 다섯 권을 놓고 돌아가셨어요.

저는 밤늦게까지 할아버지께서 지으신 동화책을 읽다가 깜짝 놀랐어요.

그것은 다름이 아니라 책갈피에서 흰 봉투 하나가 떨어지는 것이 아니겠어요.

펴 보니 생전 처음 보는 수표가 아니겠어요?

엄마에게 보여 드렸더니 엄마도 깜짝 놀라시며 '세상에 이럴 수가…이렇게 고마운 분이 계시다니…" 하고 말씀하시다가 눈물을 흘리셨어요.

저는 마음속으로 '할아버지께서 오셨지만 사실은 예수님께서 주신 거예요'라고 말하는데, 엄마도 그런 내 마음을 아셨는지 "얘! 용욱아, 예수님이 구원만 주신 것이 아니라 50만 원도 주셨구나"라고 울면서 말씀하시는 거예요.

할머니도 우시고 저도 감사의 눈물이 나왔어요.

동생 용숙이도 괜히 따라 울면서 "오빠, 그럼 우리 안 쫓겨나구 여기서 계속 사는 거야?"라고 말했어요.

너무도 신기한 일이 주일날 또 벌어졌어요.

엄마가 주일날 교회에 가겠다고 화장을 엷게 하시는 것이었어요.

교회에 가신 엄마가 얼마나 우셨는지 두 눈이 솔방울만해 가지고 집에 오셨더라구요.

나는 엄마가 우셨길래 '또 같이 죽자고 하면 어떻게 하나?' 하고 겁을 먹고 있는데 "용욱아, 그 할아버지한테 빨리 편지 써, 엄마가 죽지 않고 열심히 벌어서 주신 돈을 꼭 갚아 드린다고 말이야"라고 하는 것 아니겠어요?

저는 엄마가 저렇게 변하신 것이 참으로 신기하고 감사했어요.
고마우신 예수님! 참 좋으신 예수님! 감사합니다.
할아버지께서 사랑으로 주신 수표는 제가 커서 꼭 갚을게요.
그러니까 제가 어른이 될 때까지 동화 할아버지께서 건강하게 사시도록 예수님이 돌봐 주세요.
이것만은 꼭 약속해 주세요.
예수님! 너무나 좋으신 예수님!!
이 세상에서 최고의 예수님을 용욱이가 찬미합니다!!! 예수님을 사랑합니다!

여러분, 우리가 비록 가진 것도 없고 내세울 것도 없고 자랑할 것이 없어도 주님으로 인하여 우리가 서로 감사하면서 사랑하면 얼마나 행복합니까? 그래서 디모데전서 6장 6-8절을 보면 "그러나 자족하는 마음이 있으면 경건은 큰 이익이 되느니라 우리가 세상에 아무것도 가지고 온 것이 없으매 또한 아무것도 가지고 가지 못하리니 우리가 먹을 것과 입을 것이 있은즉 족한 줄로 알 것이니라"고 권면합니다. 그러므로 우리의 심령이 가난해져서 세상 욕심을 버릴 때 우리는 오히려 감사하고 사랑하면서 천국의 복을 누리게 되고 주님이 펼치시는 기적 속에서 평생토록 행복하게 살아가게 될 줄 확실히 믿습니다.

하나님만 바라보고 의지하는 자임

마지막으로 예수님께서 심령이 가난한 자의 모범을 우리에게 보여 주시는데 예수님께서는 이 땅에 오셔서 수많은 환난과 핍박 속에서도 하나님만 바라보셨습니다. 그리고 하나님만 믿고 의지하셨습니다. 그의 신앙의 절정은 십자가의 고난을 앞두고 겟세마네 동산에서 드리신 기도에서 보여집니다. 죽음을 앞두고 얼마나 두렵고 떨리셨겠습니까? 땀방울이 핏방울같이 변하실 정도로 간절히 기도하시면서 "…아버지여 만일 아버지의 뜻이거든 이 잔을 내게서 옮기시옵소서 그러나 내 원대로 마시옵고 아버지의 원대로 되기를 원하나이다…"(눅 22:42) 하고 간구하셨습니다. 그때 예수님께서는 그토록 믿고 의지했지만 꾸벅꾸벅 졸고 있는 제자들을 바라보지도 않으시고 그들에 대해 실망하지도 않으시고 그들의 허물조차도 다 용서하셨습니다. 그리고 끝까지 하나님만 바라보시고 하나님만 의지하시고 하나님의 뜻에 순종해서 외롭게 십자가를 지고 인류 구원의 위대한 역사를 이루셨습니다. 그러므로 우리는 때로 주위 사람들이 상처를 주고 실망을 안겨다 주고 시험에 빠뜨리는 일이 있어도 절대 시험에 들지 말아야 합니다.

요즘도 이런 강심장의 남편이 있는지는 모르겠는데 아내가 만든 반찬이 맛이 없다고 늘 불평을 하는 남편이 있었습니다. 어느 날 밤 아내가 곤히 잠자고 있는 남편을 다급하게 흔들어 깨웠습니다. "여보, 어떡해요? 도둑이 들었어요. 무슨 소리가 나길래 나가 봤더니 도둑이 부엌에서 내가 만들어 놓은 갈비찜을 먹고 있더라고요"라고 하자 남편이 물었습니다. "정말 그 도둑이 당신이 만들어놓은 갈비찜을 먹고 있단 말이야?", "그렇다니깐요"그러자 남편이 난감해하며 말하더랍니다.

"이거 경찰차를 불러야 해? 구급차를 불러야 해?"

아내의 음식솜씨가 너무 엉망이어서 도둑이 갈비찜을 먹고 탈이 나지 않을까 걱정한 것입니다. 그런데 이런 말 들어도 시험에 들면 안 되겠지요?

우리가 사람을 바라보면 꼭 실망하고 세상을 바라보면 꼭 실족하니까 히브리서 12장 1-2절의 "이러므로 우리에게 구름같이 둘러싼 허다한 증인들이 있으니 모든 무거운 것과 얽매이기 쉬운 죄를 벗어 버리고 인내로써 우리 앞에 당한 경주를 하며 믿음의 주요 또 온전하게 하시는 이인 예수를 바라보자 그는 그 앞에 있는 기쁨을 위하여 십자가를 참으사 부끄러움을 개의치 아니하시더니 하나님 보좌 우편에 앉으셨느니라"는 예수님처럼 하나님만 바라보며 의지하며 살아갈 수 있길 바랍니다.

사랑하는 딸 이민아 목사님의 눈물의 기도와 간곡한 권면으로 예수님을 믿게 된 이화여대 명예교수이자 초대 문화부장관을 역임한 이어령 박사님이 쓴 《지성에서 영성으로》의 서두에 이어령 박사가 쓴 "어느 무신론자의 기도"라는 글이 있습니다.

하나님
당신의 제단에 꽃 한 송이 바친 적이 없으니
절 기억하지 못하실 것입니다.

그러나 하나님
모든 사람이 잠든 깊은 밤에는
당신의 낮은 숨소리를 듣습니다.

그리고 너무 적적할 때 아주 가끔
당신 앞에 무릎을 꿇고 기도를 드립니다.

하나님

어떻게 저 많은 별들을 만드셨습니까.
그리고 처음 바다에 물고기를 놓아
헤엄치게 하셨을 때
저 은빛 날개를 만들어
새들이 일제히 날아오를 때
하나님도 손뼉을 치셨습니까.

아! 정말로 하나님
빛이 있어라 하시니 거기 빛이 있더이까.

사람들은 지금 시를 쓰기 위해서
발톱처럼 무딘 가슴을 찢고
코피처럼 진한 눈물을 흘리고 있나이다.

모래알만 한 별이라도 좋으니
제 손으로 만들 수 있는 힘을 주소서
아닙니다. 하늘의 별이 아니라
깜깜한 가슴속 밤하늘에 떠다닐
반딧불만 한 빛 한 점이면 족합니다.

좀 더 가까이 가도 되겠습니까?
당신의 발끝을 가린 성스러운 옷자락을
때 묻은 손으로 조금 만져 봐도 되겠습니까.

아, 그리고 그것으로 저 무지한 사람들의

가슴속을 풍금처럼 울리게 하는 아름다운 시 한 줄을
쓸 수 있도록 허락해 주시겠습니까

하나님!

이어령 박사님은 평생 누구에게도 무릎을 꿇어 본 적이 없었다는데 세례를 받으면서 처음으로 무릎을 꿇었고 어린아이처럼 엉엉 울었다고 합니다. 그러면서 이렇게 고백했습니다.
"그 동안 누군가에게 몸을 맡겨본 적이 없었으니 얼마나 외로운 삶이었겠습니까? 혼자 바들바들 떨면서 여기까지 온 내가 너무도 불쌍했습니다."
그가 이제는 하나님만 바라보고 의지하며 남은 생을 살기로 결단했다고 합니다.
그러므로 우리의 심령이 가난해져서 하나님만 바라보고 의지할 때 하나님께서 모든 슬픔과 고통의 시험을 이겨내게 해주시고 오히려 더 놀라운 천국의 복을 누리게 하시고 영원히 주님의 위로 속에 천국의 소망 가운데 살게 해주실 줄 확실히 믿으시기 바랍니다.
현대그룹 고 정주영 명예회장이 설립한 아산사회복지재단이 수여하는 제27회 아산상 의료봉사상에 우간다에서 '나 홀로 의료선교'를 28년째 하고 있는 유덕종 선교사님이 수상했습니다. 1992년, 서른세 살의 젊은 나이에 유덕종 선교사는 우간다로 향했습니다. 세 살, 두 살 된 딸들과 셋째를 임신한 아내가 눈에 밟혔지만 아프리카 의료봉사는 이 젊은 의사의 오랜 꿈이었습니다. 우간다 수도 캄팔라의 물라고 국립병원에 도착했지만 체온계나 혈압계는커녕 소독약 냄새조차 없었고 1,500개 침대에 에이즈 환자와 결핵 환자만 넘쳐서 너무나 충격이 컸습니다. 차마 그 정도일 줄은 몰랐기 때문입니다. 더구나 인구의 60%가 의사 한 번 만나 본 적 없이 생을 마감하는 형편이라 그나마 병원에 온 사람은 큰 행운이었습니다. 그런데도 하루 40~50명의 입원 환자를 봤지만 약이 없으니 죽어나가는 사람이 태반이어서 그의 의료선교는 보람은커녕 오히려 좌절을 느낄 정도였습니다.

사실 유 선교사님이 그 오지에 뛰어든 것은 경북대 의대를 졸업하고 군의관을 마친 후 한국국제협력단(KOICA)의 정부 파견 의사로 우간다에 갔었는데 그 이후 2년 계약을 계속 갱신해가며 남았습니다. 그리고 그곳에 간 지 16년이 된 2008년 한국국제협력단이 파견의 제도를 없앤 후에도 그는 남아서 진료했으니 얼마나 외롭고 힘들었겠습니까?

더욱이 20년 가까이 아프리카에서 의료 봉사하는 이는 드물었습니다. 왜냐하면 치안도 불안하고 질병에 걸릴 위험도 높기 때문입니다. 그래서 자신도 에이즈 환자를 치료하다 주삿바늘에 찔리고 결핵균이 옮아 늑막염으로 한참 동안 고생하기도 했고 그곳에 간 지 8개월 후에 합류한 가족들의 고생도 마찬가지였습니다. 다른 것은 다 참고 이겨낼 수 있었지만 초등학교 2학년 큰딸이 뇌염에 걸려 경련을 일으키고 숨도 제대로 쉬지 못하는데 인공호흡기를 갖춘 병원은 하나도 없는 데다 전기마저 끊긴 터라 부모로서 아무런 손도 쓰지도 못하고 의사이면서도 자식 하나 살려내지 못하고 어둠 속에서 죽어가는 딸을 바라만 봐야 하는 부모의 심정이 어떠했겠습니까? 다른 어떤 방법도 없고 주님께 눈물로 간구할 수밖에 없었습니다.

그리하여 딸이 몇 주 만에 기적적으로 살아나자 '이젠 정말 귀국하자. 내가 발버둥 친다고 뭐가 달라지나' 싶었지만 '도움을 갈망하는 더 불쌍한 눈빛들을 등지고 내가 어떻게 편하게 살 수 있을까?' 하는 생각 때문에 떠날 수가 없었습니다. 죽음에서 살아난 딸도 "나는 아빠 덕에 나았지만 아빠가 한국으로 돌아가면 여기 사람들은 어떻게 해요?"하고 눈물로 호소해서 유 선교사님은 귀국하는 대신에 병원다운 병원을 짓기로 마음을 정했습니다.

그러나 한국 정부의 지원도 전혀 없었고 정부 직원 몇 사람에게 도움을 청했다가 오히려 영리를 추구하는 거 아니냐는 오해만 받았습니다. 그래서 의대에서 시간당 9,000원짜리 강사로 일해서 번 돈을 모두 쏟아부었고 지인들과 함께 모금에 나서서 80개 병상을 갖춘 6층 병원을 짓게 되었고 이제는 의과대학까지 세우게 되었습니다. 사실 그는 한국에도, 우간다에도 집 한 채 없습니다. 그래도 사는 목표가 있어서 행복하다며 이렇게 말했습니다.

"전에는 미쳤다고 하는 사람이 많았어요. '한국에도 어려운 사람은 많지 않느냐? 왜 가족까지 고생시키느냐?'는 등 별의별 말을 다 들었어요. 그런데 가보지 않으면 몰라요. 우간다의 가난은 우리와 차원이 다른 가난이에요. 남들은 미쳤다고 하지만 우리 아이들이 저보고 멋지다고 하는데, 그럼 된 거죠."

한국에 있었으면 풍요롭고 안락한 삶이 보장되어 있었는데도 유 선교사님은 지난 23년 동안 겸손하게 이름도 없이 빛도 없이 세상의 모든 욕심을 버리고 하나님만 바라보며 의지하는 삶을 살아온 것입니다. 그는 진정으로 심령이 가난한 자였기 때문이었습니다. 그 결과 영광스러운 봉사상도 받게 되었는데 그가 더욱 소중하게 생각하는 것은 주님 앞에 서게 될 때 받을 영광의 면류관입니다.

사랑하는 성도 여러분, 우리의 여생이라도 마음이 겸손하고 세상 욕심을 버리고 하나님만 바라보고 의지할 때 모두 심령이 가난해져서 이 땅에 사는 동안에도 진정으로 천국을 소유하게 될 뿐만 아니라 영원토록 천국의 축복과 행복의 감격 속에 살아가게 될 줄 확실히 믿습니다.

우리 다 함께 '십자가 그 사랑'을 부르며 결단하도록 하겠습니다.

1. 십자가 그 사랑 멀리 떠나서
    무너진 나의 삶 속에 잊혀진 주 은혜
    돌 같은 내 마음 어루만지사
    다시 일으켜 세우신 주를 사랑합니다
    주 나를 보호하시고 날 붙드시리
    나는 보배롭고 존귀한 주님의 자녀라
    주 나를 보호하시고 날 붙드시리
    나는 보배롭고 존귀한 주의 자녀라
2. 지나간 일들을 기억하지 않고
    이전에 행한 모든 일 생각지 않으리
    사막에 강물과 길을 내시는 주
    내 안에 새 일 행하실 주만 바라보리라
    주 너를 보호하시고 널 붙드시리
    너는 보배롭고 존귀한 주님의 자녀라
    주 너를 보호하시고 널 붙드시리
    너는 보배롭고 존귀한 주의 자녀라
후렴) 주 우릴 보호하시고 우릴 붙드시리
    우린 보배롭고 존귀한 주님의 자녀라
    주 우릴 보호하시고 우리 붙드시리
    우린 보배롭고 존귀한 주의 자녀라

우리에게 참된 마음을 보여주신 하나님 아버지, 우리 마음이 세상 것으로 가득 참으로 인해 주님을 뵈옵지 못할 때가 얼마나 많았습니까? 이제 남은 인생에서는 마음이 가난하게 하여 주시옵소서. 세상 욕심을 버리게 하여 주시옵소서. 하나님만 바라보고 의지하게 하여 주시옵소서. 그리함으로 우리의 심령이 가난함으로 천국을 누리며 영원히 살게 하여 주실 줄 믿사옵고 예수님의 이름으로 간절히 축복하며 기도드립니다. 아멘.

애통하는 자의 복

애통하는 자는 복이 있나니 그들이 위로를 받을 것임이요

이 말세의 마지막 때를 '무감각의 시대'라고 합니다. 나 자신의 감정 표현은 곧잘 하면서도 말할 수 없는 불행을 겪고 있는 가족이나 남 모르는 눈물을 흘리고 있는 교우들이나 견디기 어려운 고통을 겪고 있는 이웃이나 절망 가운데 몸부림치고 있는 북녘 땅이나 해외에 흩어져 외롭게 살아가고 있는 우리의 동포들이나 지구촌 곳곳에서 테러 공격으로 죽어가는 수많은 사람들이나 지옥 불못을 향해 떨어져 죽어가고 있는 세계 오지의 수많은 영혼들에 대해서 무관심하게 지나쳐 버릴 때가 얼마나 많았습니까? 그래서 예수님은 오늘 본문 마태복음 5장 4절에 말씀하십니다.

"애통하는 자는 복이 있나니 그들이 위로를 받을 것임이요."

여기 '애통하는 자'란 헬라어로 'οἱ πενθοῦντες'(호이 펜둔테스)라고 해서 '고통스럽게 슬퍼하는 자(mourn)'를 의미합니다. 구약성경의 헬라어 번역본인 70인 역(LXX)에 아들 요셉이 죽었다는 소식을 듣고 아버지 야곱이 애통하는 것을 표현하는 데 이 단어를 쓰고 있습니다 (창 37:34). 다시 말하면 스스로 주체할 수 없는 가슴을 찢는 극심한 슬픔을 의미합니다.

이렇게 애통하는 자에게는 어떠한 복이 있다고 했습니까? "그들이 위로를 받을 것임이요"라고 했습니다. 여기 '위로를 받는다'는 단어가 헬라어로 'παρακλθήσονται'(파라클레데손타이)라고 하는데, 이는 'παρακαλέω'(파라칼레오)의 미래수동태입니다. '곁으로 부른다'는 뜻으로서 '돕기 위해 부름을 받은 자'란 뜻의 'παράκλητος'(파라클레토스, 우리를 보호해 주시고 은혜 베푸시고 가르쳐 주시는 보혜사 성령님)의 사역과 맥을 같이합니다. '성령님이 곁에서 위로하신다'는 뜻으로 해석할 수 있습니다.

그렇다면 우리가 어떻게 애통하는 삶을 살아야 하겠습니까?

자신의 죄악에 대해 애통해야 함

가장 먼저 하나님과 우리 사이를 가로막는 우리의 죄악에 대해서 애통해야 합니다. 죄란 무엇입니까? 'ἁμαρτία'(하마르티아)라고 해서 '과녁을 벗어난 것'을 말합니다. 다시 말하면 하나님의 말씀을 벗어나고 믿음을 벗어나고 하나님의 뜻을 벗어난 것이 죄입니다. 말세의 가장 심각한 문제는 우리가 하나님의 말씀과 믿음과 그의 뜻을 떠나 살면서도 그것이 죄인지도 모르니까 회개는 상상도 못합니다. 더욱이 회개는 하는데 죄악을 되풀이하다 보니까 이제는 회개할 염치조차 없을 정도로 죄에 대해서 무감각해지고 애통하며 회개할 용기조차 갖지를 못합니다.

한 교회 목사님이 "우리는 모두 다 회개를 해야 합니다"라고 설교한 후에 교인들에게 물었습니다.

"그럼 우리가 회개하려면 먼저 무엇부터 해야 할까요?"

그러자 다들 꿀 먹은 벙어리처럼 입을 다물고 있는데 한 집사님이 말합니다.

"먼저 죄부터 지어야 합니다."

회개하기 위해서 먼저 죄를 지어야 한다는 것이 말이 됩니까? 지금 자기는 회개할 죄가 없다는 뜻 아닙니까? 이처럼 말세의 교인들은 남의 허물은 곧잘 지적하면서도 정작 자신의 죄에 대해서는 너무도 무감각합니다.

이러한 말세의 마지막 때 자신의 죄를 통회하는 모범을 보여주는 인물이 있습니다. 누가복음 18장을 보면 바리새인은 성전에 서서 따로 기도하며 이르되 "하나님이여 나는 다른 사람들 곧 토색(속여 빼앗음), 불의, 간음을 하는 자들과 같지 아니하고 이 세리와도 같지 아니함을 감사하나이다"라고 합니다. 기도하면서 남의 허물은 왜 들추면서 감사합니까? 또 "나는 이레에 두 번씩 금식하고 또 소득의 십일조를 드리나이다" 하고 자신을 한껏 내세우며 의로운 체합니다. 그런데 세리는 멀리 서서 감히 눈을 들어 하늘을 쳐다보지도 못하고 다만 가슴을 치며 이르되 "하나님이여 불쌍히 여기소서 나는 죄인이로소이다" 하고 울부짖습니다.

그때 주님께서 "저 바리새인이 아니고 이 사람이 의롭다 하심을 받고 그의 집으로 내려갔느니라"고 말씀하십니다. 여러분, 주님께서는 자신은 죄가 없다고 의로운 체하는 사람을 기뻐 받으시는 것이 아니라 자신의 죄악을 애통하며 회개하는 이를 기뻐 받아주십니다.

한 어린아이가 시골의 할머니 댁에 놀러갔다가 삼촌이 선물로 사준 고무총을 가지고 가서 이것저것 쏘는 연습을 하며 재미있게 놀다가 할머니가 가장 아끼는 오리가 걸어오는 것을 보고는 장난삼아서 오리를 겨냥해서 쐈습니다. 그런데 그만 머리에 명중해서 오리가 죽고 말았습니다. 설마 그렇게 명중하리라고는 생각하지 못했던 아이는 겁이 나서 주위를 살펴보니 마침 아무도 보는 사람이 없어서 얼른 죽은 오리를 큰 나무 밑에 파묻었습니다. 그러나 두렵고 걱정이 되어서 그날 저녁부터는 할머니께서 맛있게 해주신 식사도 먹는 둥 마는 둥 했고 밤에 잠도 오지 않았습니다. 눈만 감으면 할머니가 보이고 죽은 오리가 나타났습니다. 또 할머니를 보면 무섭기만 하고 도무지 괴로워서 견딜 수가 없었습니다. 다음 날 아침, 차라리 할머니께 말씀드리고 벌을 받는 것이 더 마음 편하겠다고 생각한 아이는 할머니 방으로 들어가서 용기를 내어 자기가 지은 죄를 고백했습니다. 그런데 아이의 고백을 듣고 계시던 할머니가 이 아이를 안아주면서 말씀하십니다.

"얘야, 내가 네 잘못을 다 용서해 주마. 사실은 어제 오후에 이층에 있으면서 네가 하는 일을 다 보았단다. 그리고 네가 이렇게 나에게 고백하기를 기다리고 있었어. 이제 네가 지은 죄를 다 고백했으니 아무 걱정 말아라. 내가 다 용서하마."

할머니의 용서의 말씀에 아이는 할머니 품에 안겨 엉엉 울었습니다.

이처럼 하나님께서는 우리가 지은 죄를 이미 다 알고 계십니다. 그런데 우리는 자신의 죄를 깨닫지도 못하고 깨달아도 감추고 애통하지 않으니까 그 죄악의 고통과 불행에서 헤어나오지 못합니다. 시편 32편 3-5절에서 다윗은 이렇게 고백하고 있습니까?

"내가 입을 열지 아니할 때에 종일 신음하므로 내 뼈가 쇠하였도다 주의 손이 주야로 나를 누르시오니 내 진액이 빠져서 여름 가뭄에 마름같이 되었나이다 내가 이르기를 내 허물을 여호와께 자복하리라 하고 주께 내 죄를 아뢰고 내 죄악을 숨기지 아니하였더니 곧 주께서 내 죄악을 사하셨나이다."

이 시편을 기록한 다윗 왕은 천민인 목동에서 이스라엘의 2대 왕이 되는 영광을 누린 자였습니다. 그런데 그가 하나님의 은혜를 잊어버리고 간음죄와 살인죄까지 저질렀지만 시편의 7대 회개시인 시편 6, 32, 38, 51, 102, 103, 143편에 잘 나와 있듯이 밤마다 눈물로 그의 침상을 띄우며 요를 적실 정도로 얼마나 눈물로 통회 자복했는지 모릅니다(시 6:6). 그 결과 하나님께서 지난날의 그의 모든 죄를 용서해 주시고 그의 생애에 마지막 은총을 베풀어 주셔서 그의 후손 가운데 인류의 구세주인 예수 그리스도께서 탄생하시는, 이 세상에서 가장 영광스러운 복을 누리게 되었습니다. 이제라도 지난날의 죄를 애통하며 회개하면 놀라운 은혜와 축복과 행복의 감격 속에 귀하게 쓰임 받으며 영광 돌리게 되는 것입니다.

한 청년이 아프리카 알제리의 타가스테에서 태어났는데 젊은 시절 가출하여서 하나님 아버지의 품을 떠나 이방종교인 마니교에 빠졌습니다. 그는 14년 동안이나 이방 여인과 동거하면서 아들까지 낳고 신앙의 어머니와 절교까지 하면서 타락한 삶을 살았습니다. 이 아들의 장래에 어떤 희망도 보이지 않았습니다. 그러나 어머니 모니카는 이렇게 타락한 아들을 위해 날마다 성전에 가서 회개하고 돌아오기만을 눈물로 기도했습니다. 그때 시골 교회 목사님이 그 어머니를 위로하면서 이렇게 말했습니다.

"모니카 성도여, 눈물의 기도가 있는 부모의 자식은 결코 망하는 법이 없습니다."

이 같은 어머니 모니카의 기도가 헛되지 않았습니다. 그 아들이 386년 여름 이탈리아 밀라노의 한 정원의 나무 그늘 아래 지쳐 앉아 있었는데 담장 너머에서 뛰놀던 아이들이 "Tole rege"(Take and read, 집어 읽어라)라는 노래를 불렀습니다. 그때 고향을 떠나올 때 어머니가 싸주셨던 성경을 찾게 되었고 무슨 말씀이든지 하나님의 음성을 듣길 원하는 갈급한 마음으로 성경책을 펼쳤습니다. 그 순간 놀랍게도 로마서 13장 13-14절 말씀이 눈앞에 펼쳐졌습니다.

"낮에와 같이 단정히 행하고 방탕하거나 술 취하지 말며 음란하거나 호색하지 말며 다투거나 시기하지 말고 오직 주 예수 그리스도로 옷 입고 정욕을 위하여 육신의 일을 도모하지 말라."

그는 이 말씀을 대하는 순간 지난날의 자신의 모든 죄악을 눈물로 통회하고 자복하면서 회심하고 고향으로 돌아왔습니다. 그가 고향에 도착하기 전에 그가 돌아오기만을 애타게 기다리던 어머니는 이미 하늘나라로 떠나가신 뒤였습니다. 그러나 그의 어머니의 기도가 결단코 헛되지 않아서 그 후 그는 중세의 위대한 신학자 성 어거스틴이 되어서 《고백록》(Confessions)이라는 유명한 참회록을 펴내게 되는데, 거기서 그는 이렇게 고백하고 있습니다.

"내가 하나님의 품에 돌아오기까지 세상 그 어디에서도 참된 평안을 누릴 수 없었노라."

그래서 사도행전 3장 19절에 "그러므로 너희가 회개하고 돌이켜 너희 죄 없이 함을 받으라 이같이 하면 새롭게 되는 날이 주 앞으로부터 이를 것이요"라고 분명히 약속하지 않습니까? 그러므로 우리도 남을 탓하기 이전에 주님의 십자가의 사랑과 은혜와 축복에 감사하고 감격하면서 자신의 죄악부터 깨닫고 진정으로 애통하며 통회 자복해야 합니다. 이처럼 내가 먼저 애통하며 나 자신의 죄악부터 진정으로 회개할 때에 지난날의 자신의 모든 죄악이 용서를 받고 성령님의 위로를 받으면서 주님 안에서 진정으로 새롭게 되는 복된 여생을 살아가게 될 줄 분명히 믿으시기 바랍니다.

사랑하는 가족을 위해 애통해야 함

그다음으로 우리는 사랑하는 가족을 위해 애통해야 합니다. 예수님께서 머리에 가시관을 쓰시고 무거운 십자가를 지시고 골고다 언덕을 향해 나아가실 때에 요한 사도를 제외한 주님의 제자들은 다 두려움에 빠져 달아나 버렸습니다. 그러나 예루살렘의 백성들과 수많은 믿음의 여인들이 그를 위하여 가슴을 치며 슬피 울며 예수님의 뒤를 따랐습니다. 그때 누가복음 23장 28절에서 예수님께서 뭐라고 권면하십니까?

"예수께서 돌이켜 그들을 향하여 이르시되 예루살렘의 딸들아 나를 위하여 울지 말고 너희와 너희 자녀를 위하여 울라."

십자가를 지신 예수님을 위하여 울기보다는 '너희와 너희 자녀를 위하여 울라'고 명령하셨습니다.

많은 때 우리는 TV 연속극을 보거나 슬픈 음악을 들으면서는 많이 웁니다. 그런데 문제는 내 남편이나 아내나 부모나 형제나 자식이나 손주 등 사랑하는 가족들을 위해서는 얼마나 애통하며 눈물로 기도하고 있습니까? 지금 우리 남편들이 IMF 때보다 더 어려운 때를 살아가고 있습니다. 직장생활을 하는 분들은 말할 것도 없고 사업하는 분들도 지금 경제가 예전에 비해 최악의 상태라고 합니다. 그러니 우리 아내들이 애통하며 남편을 위해서 기도하지 않으면 그들이 어떻게 되겠습니까? 남편이 돈 많이 벌어 오지 못하고 가정생활에 신경을 안 쓴다고 불평하거나 원망하지 마십시오. 집에 꼬박꼬박 들어오는 것만 해도 감사하고 돈까지 벌어오면 더 감사하고 신앙생활까지 하면 "할렐루야 아멘!" 해야 합니다.

그렇다면 우리 아내들은 행복하게 잘 살고 있습니까? 이렇게 남편들이 힘들어지니까 가정에 돌아와 따스한 사랑을 베풀기는커녕 상처 주고 스트레스 주는 말만 쏟아놓으니 우리의 가정이 어떻게 되겠습니까? 남편들도 아내들을 위해 애통하며 기도해야 하고 말 한마디라도 따뜻하게 해주어야 합니다. 그런데도 서로 애통하며 기도해 주기보다도 상처를 주며 다툴 때가 얼마나 많습니까?

어떤 부부가 부부싸움을 하다가 아내의 잔소리에 화가 잔뜩 난 남편이 그만 아내를 창밖으로 던져버렸습니다. 다행히 큰 상처가 안 났는데 화가 난 아내가 경찰서로 달려가서 남편을 가정폭력으로 신고해 버렸습니다. 불려온 남편에게 경찰이 물었습니다.

"정말 당신이 아내를 창밖으로 던졌어요?"

아직 화가 가라앉지 않은 남편이 "그렇소!" 하고 대답하니까 경찰이 화를 버럭 내며 말하더랍니다.

"아니 뭐라고요? 당신이 그러다가 지나가던 사람이 맞아서 다치면 어쩌려고 그런 거요?"

경찰이 한술 더 떴습니다. 그러니 둘 다 얼마나 창피했겠습니까?

이처럼 부모들이 불화하며 사는데 우리 자녀들은 어떠합니까? 갈수록 입시나 취업이나 결혼이나 출산이나 내 집 마련이 힘들어지고 꿈과 희망이 없이 살아가고 있습니다. 이 자녀들을 위해 애통하며 기도하지 않고 신앙으로 양육하지 않으면 자녀들의 장래가 어떻게 되겠습니까?

전전주 토요일 오전 한국어린이전도협회 남서울지회 설립감사예배가 있어서 김동엽 증경총회장 목사님을 모시고 갔는데 설교 중에 이런 말씀을 하셨습니다. 필리핀에 사는 아들네 손주가 집에 전화할 때면 "할아버지, 제가 노래하는 것 들어보세요" 하고는 "눈도 삐뚤, 코도 삐뚤, 입도 삐뚤삐뚤…" 이런 노래만 부르더랍니다. 어린애가 어렸을 때부터 "눈도 삐뚤, 코도 삐뚤, 입도 삐뚤삐뚤…" 이런 노래나 부르고 있으니 애 인생이 얼마나 삐뚤어지겠는가 싶어서 "엄마, 전화 바꿔라"고 해서 "애들에게 복음적인 노래가 얼마든지 있는데, 왜 그런 노래만 부르게 하느냐?"고 깨우쳤더니 다음번에 전화가 왔을 때는 찬송가 563장 "예수 사랑하심을 성경에서 배웠네 우리들은 약하나 예수 권세 많도다…" 하고 그때 비로소 믿음으로 찬양하더랍니다. 그러므로 자녀들을 위해서도 우리가 깨어서 마치 그들의 죄악이 우리의 탓인 것처럼 애통하며 기도하지 않을 수 없는 것입니다.

우리가 한때는 기도도, 금식도 곧잘 하고 간절히 눈물로도 기도하다가 우리의 심령에 주님의 사랑과 은혜가 메말라 가면 다시 불평과 원망이 터져나오고 그 간절한 기도와 금식이 멈춰버릴 때가 얼마나 많습니까? 이것이 지난날 우리의 가족들을 변화시켜 나가는 데 한계였습니다. 그러나 그들을 불쌍히 여기면서 우리의 십자가를 기쁨으로 지면서 그들을 위해 끝까지 기도하며 사랑으로 섬기며 인내해야 합니다. 그래서 주님께서는 우리가 결코 낙심하지 않도록 격려하시기 위해 갈라디아서 6장 9-10절에 뭐라고 명령하십니까?

"우리가 선을 행하되 낙심하지 말지니 포기하지 아니하면 때가 이르매 거두리라 그러므로 우리는 기회 있는 대로 모든 이에게 착한 일을 하되 더욱 믿음의 가정들에게 할지니라."

여기 '믿음의 가정들'이란 NIV 영어 성경을 보면 "especially to those who belong to the family of believers"라고 기록되어 있는데 직역하면 '믿는 자들의 가족에 속한 자들' 다시 말하면 우리 '믿는 자들의 가족들'에게 더욱더 낙심하지 말고 포기하지 말고 착한 일을 계속하라는 것입니다.

남편 집사님이 잠자리에 들려다가 일어나 양복 주머니에서 꼬깃꼬깃 구겨진 2만 원짜리 한 장을 꺼내서 아내 집사님에게 주었습니다. 그리고는 무슨 돈이냐며 묻는 아내 집사님에게 이렇게 말했습니다.

"내가 그동안 모은 비상금인데, 당신의 핼쑥한 모습이 너무 안쓰러우니까 내일 몰래 혼자 뷔페에 가서 힘차게 소고기나 실컷 먹고 오시오."

그 돈을 받은 아내 집사님이 눈물을 보이며 "여보, 저 하나도 힘들지 않아요"라고 말하고 나서 아내 집사님은 차마 그 돈으로 뷔페에 가질 못했습니다. '고기 못 먹고 산 게 하루이틀도 아닌데…'라고 속으로 생각하며 그 2만 원을 노인정에 가시는 시아버지 손에 쥐어드렸습니다.

"아버님, 그동안 제대로 용돈 한 번 못 드려서 죄송해요. 작지만 이 돈으로 음료수라도 사서 그동안 신세 진 친구분들하고 나눠드세요."

시아버지는 어려운 살림을 힘겹게 해나가는 며느리가 보기에 너무 안쓰럽고 고마워서 그 2만 원을 차마 쓰지를 못했습니다. 그리고 노인정에 가서 "여보게! 우리 며느리가 오늘 용돈 빵빵하게 줬다네" 하고 실컷 며느리 자랑만 하고 돌아와서 그 돈을 장롱 깊숙한 곳에 넣어 두었습니다. 그리고 설날이 되자 조그맣던 어린 손녀가 이제는 훌쩍 자라 내년엔 학교에 가게 되어서 절을 받으신 할아버지가 장롱 깊숙이 넣어 두었던 그 2만 원을 세뱃돈으로 손녀에게 주었습니다. "할아버지, 감사합니다" 하고 돈을 받은 손녀는 부엌에서 손님상을 차리는 엄마에게 물었습니다.

"엄마, 책가방이 얼마예요?"

엄마가 "왜?" 하고 묻자 세뱃돈 2만 원을 엄마에게 내밀며 말했습니다.

"이 돈으로 내년에 나 학교 갈 때 예쁜 책가방 사 주세요."

아이 가방 살 돈은 이미 준비해 두었지만 아이의 마음이 예뻐서 엄마는 그 돈을 받았습니다. 그런데 요즘 남편 집사님이 너무 피곤해 보여서 아내 집사님이 밤에 조용히 일어나 남편 집사님 양복 속주머니에 "내일은 이 돈으로 맛있는 것 사 드시고 힘내세요. 우리가 있잖아요!"라는 쪽지와 함께 딸이 맡긴 2만 원을 넣었습니다. 남편 집사님에게서 나온 만 원짜리 두 장이 온 식구를 돌아 제자리로 돌아온 것입니다. 만 원짜리 두 장은 그대로이지만 그 만 원짜리가 돌아가면서 온 가족들의 마음을 사랑으로 행복하게 채워 주었습니다. 이처럼 조그만 것에도 거기에 사랑이 담기면 우리 모두의 마음을 따뜻하게 하고 행복하게 해주는 것입니다.

그러므로 우리가 사랑하는 가족들을 위해 애통하며 간구하고 사랑으로 섬겨나갈 때 성령님께서 위로해 주시고 우리의 사랑의 섬김에 가족들이 감동을 받고 언젠가는 그들이 다 주님의 품에 돌아와서 천국과 같이 행복한 가정을 모두 다 회복하게 될 줄 확실히 믿습니다.

고통당하는 이웃을 위해 애통해야 함

마지막으로 고통당하는 이웃을 위해 애통해야 합니다. 지금 우리 주위에 불행과 고통 가운데 살아가고 죽어가는 사람들이 얼마나 많은지 모릅니다. 그런데 우리는 많은 때 이웃에 대해서는 관심조차 없고 우리 가정만 복 받고 잘 살면 된다는 극단적인 이기주의와 기복신앙에 빠져 살 때가 얼마나 많습니까?

요즘 국내 거주 외국인 150만 명 시대를 맞이하게 되었습니다만 인종과 언어와 문화가 다른 낯선 이국땅에 온 그들이 얼마나 외롭고 힘들게 살겠습니까? 그런데 처음 우리나라에 온 외국인들이 가장 무서워하는 것은 우리나라 음식 이름들이라고 합니다. 한 외국인이 가까이 지내는 한국 사람과 같이 식당에서 식사를 하고 나왔더니 한국 사람이 계산대에서 사탕을 집어 주면서 "입가심으로 계피 사탕 하나 먹을래요?"라고 해서 개의 피로 만든 사탕인 줄 알고 징그러워서 안 먹겠다고 했습니다. 그랬더니 주머니에서 사탕을 꺼내면서 "그럼 눈깔사탕은 어때?" 그래서 놀라서 쳐다봤더니 그 한국 사람이 이렇게 말하더랍니다.

"내가 오늘 아침에 우리 와이프 꺼 몰래 빼 왔어."

그 말을 들은 외국인이 그만 기절해 버리고 말았다고 합니다. 겨우 정신을 차렸더니 그 한국 사람이 말합니다. "그렇게 기절하는 것 보니까 요즘 기운이 없는 것 같군. 우리 집에 갑시다. 가서 우리 와이프 내장탕 먹으면 기운이 날 거요."

외국인이 그 말을 듣고 다시 기절해서는 며칠 동안 못 깨어났다고 합니다. 얼마나 무서웠으면 그랬겠습니까? 그런데 그런 사람들도 주위의 사랑으로 한국 생활에 익숙해지면 그 이름도 무서운 '뼈다귀 해장국'이나 '할머니 산채 비빔밥'도 얼마나 잘 먹는지 모릅니다.

시골 소년이 소에게 꼴을 먹이려고 뒷산에 올라갔다가 소가 한가로이 풀을 뜯고 있어서 자기도 한숨 늘어지게 자고 일어났습니다. 그런데 자기네 소가 인색하고 성질 고약한 이웃집 할아버지네 콩밭에 들어가서 마구 뜯어먹고 있었습니다. 아이는 어떻게 하나 걱정을 하다가 이웃 할아버지 집으로 가서 말했습니다.

"할아버지, 할아버지네 소가 우리 콩밭에 들어와서 마구 뜯어 먹었어요. 어떻게 해요?"

그러자 인색한 할아버지가 변상해 달라고 할까 봐 이렇게 말합니다.

"아니, 이웃 간에 콩 좀 뜯어 먹었기로 뭘 그렇게 야단이야? 그리고 소가 콩을 뜯어 먹었으면 똥오줌을 싸서 거름으로 갚았겠구먼…."

그 말을 들은 아이가 말했습니다.

"참 그렇네요. 그런데 제가 말씀을 잘못 드렸네요. 할아버지네 소가 아니라 우리 소가 할아버지네 콩밭에 들어가서 다 뜯어먹은 거예요. 그래도 이웃 간이니까 다 이해해 주실 거죠? 그리고 우리 소도 콩 뜯어 먹은 게 미안했던지 거름으로 똥오줌을 많이 싸 놓았더라고요."

이 말을 듣고 할아버지가 자기가 한 말이 있으니까 야단을 칠 수 없었다고 합니다.

우리는 많은 때 이웃의 아픔과 고민에 대해서는 관심조차 없고 더 나아가 자신의 이익과 감정만 앞세울 때가 얼마나 많습니까? 이처럼 이웃에 대해서 무관심하고 무감각하고 무책임한 말세의 세대를 향해 예수님께서 마태복음 11장 17절에 "우리가 너희를 향하여 피리를 불어도 너희가 춤추지 않고 우리가 슬피 울어도 너희가 가슴을 치지 아니하였다 함과 같도다"라고 탄식하지 않으셨습니까? 잔칫집에서 피리를 불어도 흥겨워하지 않고 함께 춤추지도 않고, 상갓집에서 그렇게 슬피 울어도 자신은 가슴을 치며 슬퍼하지도 않습니다. 다시 말하면 다른 사람들의 기쁨이나 슬픔에 대해서 아무런 관심도 없고 감정도 표현하지 않고 반응도 보이지 않는다는 것입니다.

그러나 먼저 주님의 변함없으신 사랑을 깨닫고 치유의 은혜를 체험하고 천국의 축복을 누리고 행복의 감격 속에 살아가면서 그들의 아픔을 함께 느끼고 나누면서 그들의 눈에서 흘러내리는 눈물을 닦아주고 상처 난 가슴을 어루만져 주고 그들의 상처를 치유해 주어야 합니다. 그러기 위해서는 결코 쉬운 일은 아니지만 로마서 12장 15절의 "즐거워하는 자들과 함께 즐거워하고 우는 자들과 함께 울라"는 말씀과 같이 그들의 즐거움을 함께 나누며 웃음으로 마음 문을 열게 하고 그들의 눈물을 함께 나누며 눈물로써 상처의 감정을 씻어내면서 치유해 나가야 할 것입니다. 이처럼 고통당하는 이웃을 위해 애통할 때 성령님의 위로를 받으면서 우리의 이웃과 나라와 민족과 세계 열방의 수많은 심령들을 치유하며 의미 있고 보람되고 행복한 생애를 살아가게 될 줄 분명히 믿으시기 바랍니다.

2015년 11월 22일 주일 새벽 0시 22분에 제14대 대통령을 역임하신 김영삼 장로님이 88세를 일기로 하늘나라로 떠나가셨습니다. 만 26세에 제3대 민의원에 최연소 당선된 후 9선 국회의원을 역임하셨지만 그의 인생 역정은 결코 겉으로 보이는 화려함과는 달리 눈물겹고 가슴 아파 애통하는 일들이 수없이 많았습니다. 1959년 자유당 정권의 3선 개헌에 항의해 탈당 후 민주당 창당에 참여했고, 1960년 어머니 박부련 여사가 북한 간첩에 의해 살해되는 아픔을 겪어야 했고, 1963년 군정연장 반대집회 거리 시위로 서대문형무소에 23일간 수감되기도 했고, 1969년 박정희 전 대통령의 3선 개헌 반대 투쟁을 주도하다가 초산 테러를 당하기도 했습니다. 1970년 40대 기수론을 제창하고 나섰지만 신민당 대통령 후보 지명대회에서 김대중 전 대통령에게 패배했고, 1972년 유신 선포에 반대하다가 가택 연금을 당하기도 했고, 1979년 신민당 총재 직무집행 정지 및 국회의원 제명까지 당했습니다. 그러나 그는 헌정 사상 첫 의원직 제명 후에 "닭의 모가지를 비틀어도 새벽은 온다"고 외쳤고, 1983년에는 민주화를 요구하며 23일간 단식을 하기도 했습니다. 이처럼 조국의 민주화에 대한 신앙과 신념을 가지고 험산준령과 같은 인생길에도 평생 이 땅의 민주화와 개혁의 길을 개척해 나가셨습니다.

부족한 종은 신학생 시절에 새문안교회에서 있었던 인권회복을 위한 총회 기도회에 참석했다가 최선봉에 서서 최류탄을 맞고 죽을 고비를 넘겼고 명동성당에서 있었던 구국기도회에 비를 맞아가면서 참석해서 빗물인지 눈물인지 모를 정도로 눈물을 흘리며 기도했습니다. 또 서울역 광장에서 마지막으로 데모할 때는 최루탄 가스를 얼마나 마셨는지 눈에서 눈물이 하염없이 쏟아지는데 하늘을 쳐다보면서 "하나님 아버지, 우리 조국의 민주화를 허락해 주시옵소서! 고통받고 희생당해 죽어가는 우리 백성을 불쌍히 여겨 주시고 군부독재정권이 하루속히 무너지게 하여 주시옵소서!" 하고 얼마나 애통해하며 눈물로 간구했는지 모릅니다. 그런데 온 국민들의 간절한 눈물의 기도와 희생의 간구가 결단코 헛되지 않아서 결국 1987년 6·10 민주항쟁으로 온 국민의 염원이었던 직선제의 관철과 더불어 오늘의 우리 조국의 민주화의 길이 열리게 되었습니다.

우리 조국의 민주화 운동에 김대중 전 대통령과 함께 그 중심에 서서 이 땅의 민주화의 역사를 이끌어 가셨던 김영삼 장로님이 살아생전에 늘 외우며 큰 힘을 얻으셨던 하나님의 말씀이 바로 이사야 41장 10절의 "두려워하지 말라 내가 너와 함께 함이라 놀라지 말라 나는 네 하나님이 됨이라 내가 너를 굳세게 하리라 참으로 너를 도와 주리라 참으로 나의 의로운 오른손으로 너를 붙들리라"는 하나님의 위로의 말씀이었습니다. 그리고 늘 즐겨 부르던 찬송은 384장 '나의 갈 길 다 가도록'이었습니다.

　　1. 나의 갈 길 다 가도록 예수 인도하시니
　　　 내 주 안에 있는 궁휼 어찌 의심하리요
　　　 믿음으로 사는 자는 하늘 위로 받겠네
　　　 무슨 일을 만나든지 만사 형통하리라
　　　 무슨 일을 만나든지 만사 형통하리라
　　2. 나의 갈 길 다 가도록 예수 인도하시니
　　　 어려운 일 당한 때도 족한 은혜 주시네
　　　 나는 심히 고단하고 영혼 매우 갈하나
　　　 나의 앞에 반석에서 샘물 나게 하시네
　　　 나의 앞에 반석에서 샘물 나게 하시네

3. 나의 갈 길 다 가도록 예수 인도하시니
      그의 사랑 어찌 큰지 말로 할 수 없도다
      성령 감화 받은 영혼 하늘나라 갈 때에
      영영 부를 나의 찬송 예수 인도하셨네
      영영 부를 나의 찬송 예수 인도하셨네

 이처럼 그는 65년 고난의 세월에 동고동락했던 손명순 여사에게 2011년 60주년 회혼식 때 "아내에게 꼭 들려주고 싶은 말은 '그동안 참 고마웠소. 사랑해요'이 두 마디뿐이다"라는 마지막 고백을 남겼습니다. 그리고 이 사회에는 통합과 회합이 절대적으로 필요하다는 유훈을 남기고 주일 새벽 하나님 아버지 품에 안기셨습니다. 그리고 천국 문 앞에서 기다리고 계시던 그동안 그토록 보고 싶었던, 앞서가신 아버지, 어머니를 뵈옵고 또한 현충원에서 가장 가까이 묻혀 있는 김대중 전 대통령을 비롯한 민주 인사들과 기쁨의 만남을 가지셨을 것입니다. 그리고 주님께서 그동안의 그의 모든 눈물을 그 눈에서 닦아 주시고 다시는 사망이 없고 애통하는 것이나 곡하는 것이나 아픈 것이 다시 있지 않은 영원한 평안과 안식을 누리게 되셨을 것입니다.
 사랑하는 성도 여러분, 우리의 인생도 이렇게 다 떠나갑니다. 그러나 이 땅에 사는 동안 자신의 죄악에 대해 애통하고, 사랑하는 가족을 위해 애통하고, 고통당하는 이웃을 위해 애통할 때에 어떠한 인생의 고난 속에서도 성령님의 위로를 받으며 진정으로 행복하고 축복된 여생을 살아가게 될 줄 확실히 믿습니다.
 이 시간 다 같이 '아바 아버지'를 함께 부르며 결단하도록 하겠습니다.

아바 아버지 아바 아버지
나를 안으시고 바라보시는 아바 아버지
아바 아버지 아바 아버지
나를 도우시고 힘 주시는 아버지
주는 내 맘을 고치시고
볼 수 없는 상처 만지시네
나를 아시고 나를 이해하시네
내 영혼 새롭게 세우시네

우리의 소망과 위로가 되시는 하나님 아버지, 지난날 우리가 얼마나 무감각하고 무관심하고 무기력한 고통의 삶을 살아왔습니까? 이제 남은 인생이라도 자신의 죄악에 대해 애통하게 하여 주시옵소서. 사랑하는 가족을 위해 애통하게 하여 주시옵소서. 고통당하는 이웃을 위해 애통하게 하여 주시옵소서. 그리함으로 어떠한 인생의 고난 속에서도 성령님의 위로를 받으며 진정으로 행복하고 축복된 여생을 살게 하여 주실 줄 믿사옵고 예수님의 이름으로 기도드립니다. 아멘.

온유한 자의 복

온유한 자는 복이 있나니 그들이 땅을 기업으로 받을 것임이요

요즘 세대를 '충동 조절 장애의 세대'라고 합니다. 자신의 충동도 조절하지 못하고 감정도 절제하지 못하고 분노도 억제하지 못해서 우리의 가정이나 교회나 사회 곳곳에서 갖가지 폭력이 터져나오고 있습니다. 지난 주간에도 버스 기사를 차에 매달고 달린 승용차 운전자가 있었습니다만 순간을 참지 못하는 보복운전이 매주 끊이지 않고 있습니다. 그뿐만 아니라 세계 곳곳에서 총기 난사와 테러가 끊임없이 터지고 있어서 수많은 사람들을 죽음의 공포 속으로 몰아가고 있습니다. 이러한 때에 오늘 본문인 마태복음 5장 5절의 예수님의 말씀은 너무도 소중한 말씀입니다.

"온유한 자는 복이 있나니 그들이 땅을 기업으로 받을 것임이요."

'온유한 자'란 헬라어로 'οἱ πραεῖς'(호 프라에이스)라고 해서 '하나의 힘이 잘 조절되어 그것이 인격에 나타나는 덕성'을 말하는데 부드러운 마음으로 대하면서 감정적으로 대응하지 않고 어떠한 악의에도 오래 참는 것을 말합니다. 그렇게 온유한 자가 복이 있는데 "그들이 땅을 기업으로 받을 것임이요"라고 약속하십니다. '땅을 기업으로 받는다'는 것은 이스라엘 백성들이 가나안 땅을 기업으로 받은 데서 온 말이지만 이것은 지리적이거나 현실적인 축복만을 의미하는 것이 아닙니다. 우리가 온유함으로 인해 주위의 많은 사람들을 얻게 됨으로 인해서 결국 우리의 삶의 영역이 넓어질 것을 약속하셨습니다.

우리 주변을 보면 온유하고 겸손하게 섬기는 사람들을 다 좋아하고 사람들이 그 주위에 몰려듭니다. 반대로 자신만 의로운 척 큰소리치고 감정 터트리고 혈기 부리면 사람들이 다 등 돌리어 스스로 설 땅을 잃어버리고 맙니다. 그렇다면 우리가 어떻게 해야 진정으로 온유한 자가 될 수 있을까요?

예수님의 온유를 배워야 함

이 온유의 최고의 모범을 보여주신 분이 바로 예수님입니다. 그래서 주님께서 이 땅에 오시기 700여 년 전에 이사야 53장 7절에 "그가 곤욕을 당하여 괴로울 때에도 그의 입을 열지 아니하였음이여 마치 도수장으로 끌려 가는 어린 양과 털 깎는 자 앞에서 잠잠한 양같이 그의 입을 열지 아니하였도다"라고 십자가의 고난을 예언하였던 것입니다. 여러분, 죄 없는 하나님의 아들이 우리를 구원하기 위해서 이 땅에 오신 것만 해도 감사합니다. 그런데 우리의 죄악과 상처와 질병을 대신 지기 위해 살점이 뜯겨 나가는 말로 다할 수 없는 고통 가운데 모진 채찍질을 당하시고 십자가에 매달리셔서 6시간 동안 고통 중에서도 결코 변명도 저항도 해명도 하지 않고 끝까지 감내하시다가 십자가의 사명을 다 감당하시고 돌아가셨습니다. 그리고 부활하신 후에 하늘나라로 떠나가셨습니다. 그러므로 우리는 이 예수님을 본받아 온유한 자가 되어야 합니다.

덴마크의 수도 코펜하겐의 한 교회에는 신고전주의 조각가인 소왈슨이 만든 "수고하고 무거운 짐 진 자들아 다 내게로 오라"(마 11:28)고 초청하시는 예수님의 유명한 동상이 있습니다. 한 관광객이 그 동상 앞에 서서 한참을 바라보더니 그러는 겁니다.

"유명한 동상이라고 해서 일부러 여기까지 보러 왔는데, 별거 아니구먼!"

실망해서 돌아가려는 관광객을 보고 그 교회의 한 교인이 말하더랍니다.

"이 동상은 그렇게 앞에 서서 보지 말고 더 가까이 다가가서 그 앞에 무릎을 꿇고 올려다봐야 예수님의 얼굴을 바로 볼 수 있어요."

그 말을 들은 관광객이 동상 앞에 무릎을 꿇고 올려다 본 순간 사랑으로 바라보고 계시는 예수님의 얼굴을 보고 뜨거운 감동을 받고 한없이 눈물을 흘렸다고 합니다.

이처럼 우리가 예수님을 바라볼 때 우리의 마음이 진정으로 온유할 수 있습니다. 그래서 마태복음 11장 29-30절에 "나는 마음이 온유하고 겸손하니 나의 멍에를 메고 내게 배우라 그리하면 너희 마음이 쉼을 얻으리니 이는 내 멍에는 쉽고 내 짐은 가벼움이라 하시니라"고 약속하십니다. 예수님의 마음이 온유하고 겸손하신데 그 주님께 온유와 겸손을 배워야 한다는 것입니다.

그런데 우리는 어떠합니까? 지난날 우리는 말 한마디를 해도 어쩌면 그렇게 상처를 주고받으며 불행과 고통 가운데 살아왔습니까?

아내가 만든 반찬이 맛이 없다고 늘 불평하는 남편이 있었는데 어느 날 한밤중에 아내가 곤히 자는 남편을 흔들어 깨웠습니다.

"여보, 어떡해요? 도둑이 들었어요. 소리가 나기에 나가 봤더니 도둑이 부엌에서 내가 어제저녁에 만들어 놓은 갈비찜을 먹고 있더라고요."

그러자 남편이 놀라서 물었습니다.

"정말 그 도둑이 당신이 만들어 놓은 갈비찜을 먹고 있단 말이요?"

"그렇다니깐요…."

그러자 남편이 순간적으로 이렇게 말하더랍니다.

"이거 112로 신고해서 경찰을 오게 해야 해? 119 구급대를 불러야 해?"

무슨 말입니까? 아내 음식 솜씨가 너무 엉망이라 그걸 먹은 도둑이 탈이 나지 않겠느냐는 것입니다. 평생 자기에게 음식을 만들어 준 아내에게 어떻게 이렇게 말할 수 있습니까? 이런 사람은 늙어서 아내에게 구박받으며 굶어 죽기 딱 맞는 사람입니다. 그래서 저는 절대 반찬 투정 안 합니다.

우리가 주님의 온유와 겸손의 마음을 배워야 하는데 우리는 예수님의 온유를 배우기 위해서 어떻게 해야 합니까? 나의 멍에, 즉 주님의 십자가를 지고 주님께 배워야 한다는 것입니다. 자신이 희생되고 손해보고 억울한 일을 당했다고 하더라도 주님을 위해 우리가 져야 할 십자가라면 우리의 가정에서든지 직장에서든지 교회에서든지 무엇이든지 기쁨으로 질 수 있길 바랍니다. 그렇지 않고 이 주님의 십자가를 지지 않으려고 하는 것은 겉으로 볼 때는 온유하고 겸손한 것

같지만 그것은 거짓 온유이고 거짓 겸손이고 자기 이익만 챙기는 것이고 자기 의만 내세우는 거짓 신앙임을 영적으로 잘 분별할 수 있길 바랍니다.

이렇게 우리가 주의 멍에를 메고, 다시 말하면 주님의 십자가를 지고 주님의 온유와 겸손을 배워야 합니다. 그리하면 평안한 쉼을 얻게 되는데 이는 주님의 멍에는 쉽고 주님의 짐은 가벼움이라고 약속하십니다. 주님과 함께 지는 십자가가 그때는 어렵고 힘들게 느껴지지만 세월이 흐른 후에 보면 그 주님의 십자가가 우리의 삶의 고통과 불행에 비교해 보면 얼마나 쉽고 가벼웠는지를 깨닫게 됩니다. 왜냐하면 그것이 우리에게 더 이상이 고난이 아니라 부활의 영광으로 돌아오기 때문입니다. 우리가 어떠한 어려운 상황 속에서도 주님의 십자가를 지고 갈 때 이 모든 것이 결단코 헛되지 아니하여 머지않아 우리에게 한없는 은혜와 축복과 행복으로 돌아오게 되는 것입니다.

지난 화요일(2015. 12. 1) 2015 동아스포츠대상 시상식이 있었습니다. 프로 야구에는 박병호 선수, 프로 축구에는 염기훈 선수, 프로 남자농구에는 양동근 선수, 프로 여자농구에는 박혜진 선수, 프로 남자배구에는 서재덕 선수, 프로 여자배구에는 이효희 선수, 프로 남자골프에는 이수민 선수, 프로 여자골프에는 전인지 선수 그리고 특별상에는 김인식 야구대표팀 감독이 뽑혔습니다. 이 가운데 우리가 잘 모르고 그렇게 유명하지 않은 수상자들도 있는 이유는 이 상은 다른 상과는 달리 각 종목별로 선수들이 직접 뽑기 때문에 다른 상은 실력과 기록 위주로 MVP(최우수선수상)를 주지만 이 상만은 평소에 그가 얼마나 동료들로부터 인정을 받았느냐에 따라 결정이 됩니다. 그 사람이 얼마나 온유하고 겸손하고 희생적으로 섬기면서 열정을 다 쏟느냐에 달려 있기에 다른 어떠한 상보다도 수상자들이 가장 의미

깊고 소중하고 영광스럽게 받는 상인 것입니다.

찬송가 216장 '성자의 귀한 몸'이란 찬송에도 나오지 않습니까?

  1. 성자의 귀한 몸 날 위하여 버리신 그 사랑 고마워라
    내 머리 숙여서 주님께 비는 말 나 무엇 주님께 바치리까
  2. 지금도 날 위해 간구하심 이 옅은 믿음이 아옵나니
    주님의 참사랑 고맙고 놀라워 찬송과 기도를 쉬지 않네
  3. 주님의 십자가 나도 지고 신실한 믿음과 마음으로
    형제의 사랑과 친절한 위로를 뉘게나 베풀게 하옵소서
  4. 만가지 은혜를 받았으니 내 평생 슬프나 즐거우나
    이 몸을 온전히 주님께 바쳐서 주님만 위하여 늘 살겠네

그러므로 예수님의 온유를 배우기 위해서 아무리 희생되고 손해 보고 억울한 일을 당하더라도 주님의 십자가를 기쁨으로 지게 될 때 우리는 자연스럽게 온유한 자의 삶을 살아가게 되고 많은 사람들이 우리를 따름으로 인해서 땅을 기업으로 받게 될 줄 분명히 믿으시기 바랍니다.

하나님의 사랑을 행해야 함

더 나아가 하나님의 사랑을 체험하게 될 때 우리는 자연스럽게 온유한 자가 됩니다. 하나님의 사랑에 대해서(요일 4:7-8) 구체적으로 가장 잘 기록한 사랑장인 고린도전서 13장 4-7절입니다.

"사랑은 오래 참고 사랑은 온유하며 시기하지 아니하며 사랑은 자랑하지 아니하며 교만하지 아니하며 무례히 행하지 아니하며 자기의 유익을 구하지 아니하며 성내지 아니하며 악한 것을 생각하지 아니하며 불의를 기뻐하지 아니하며 진리와 함께 기뻐하고 모든 것을 참으며 모든 것을 믿으며 모든 것을 바라며 모든 것을 견디느니라."

바로 이 하나님의 사랑 가운데, 사랑은 온유하다고 분명히 강조하고 있지 않습니까? 그런데 오늘의 우리는 이러한 하나님의 사랑과 다르게 거꾸로 살아가고 있습니다.

암컷 악어 두 마리가 만났습니다. 한 악어가 다른 악어의 핸드백을 보더니 말합니다.

"와! 핸드백 너무 예쁘다."

그 말을 들은 다른 악어가 이렇게 말하더랍니다.

"응. 이거 내 전 남편이야."

아직 이해가 안 가십니까? 전 남편 가죽으로 만든 악어백이라는 것입니다. 여자들은 다들 악어백 가지고 싶어 한다고 하지만, 아무리 이혼했기로 이러면 되겠습니까?

이처럼 우리는 진정으로 불의를 기뻐하지 아니하고 진리와 함께 기뻐하는 삶을 사는 것이 아니라 다 자신에게 얼마나 이익이 되는가 하는 이해관계, 자존심 등 감정, 얽힌 인간관계에 매여 살아가니까 사랑도, 정의도, 진리도 없습니다. 조그만 일에도 오래 참지 못하고 자신의 감정과 혈기를 마음껏 터트리고 폭력조차도 서슴지 않습니다.

지난 2015년 11월 14일 서울 도심을 무법천지로 만든 불법 폭력시위가 있었는데 이 시위로 인해 330여 명에 대한 수사가 계속되고 있습니다. 집회와 시위의 자유가 철저히 통제되었던 군사독재정권이 종식된 지 20년이 훨씬 넘은 오늘날에도 민주주의의 열의는 더욱 깊어만 가면서도 시위문화는 오히려 역주행을 거듭해서 폭력시위가 만성화된 양상을 보이고 있습니다. 그러나 시위를 하는 노동자들이나 농민들이나 이를 막는 경찰이든지 어떠한 이유로도 폭력을 정당화해서는 안 됩니다. 어른들이 이렇게 대낮에 도심에서 폭력을 일삼으니까 우리 자녀들이 다 보고 그대로 따라서 하는 것입니다.

지난 11월 14일 지방 의학전문대학원 학생이 밤중에 네 가지(?) 없이 전화를 받았다고 새벽 3시에 같은 의학전문대학원 학생인 여자친구 집에 찾아갔습니다. 그리고 4시간 동안 감금하고 "치아를 뽑아 버리겠다…이제야 죽여 버릴 수 있어서 속 편하다…"라고 온갖 폭언을 다 쏟아부으면서 뺨을 100여 대 때리고 발길질을 하고 목을 졸랐습니다. 주인을 폭행하자 달려들어 무는 강아지까지도 목을 졸라서 부상을 입혔습니다. 그렇게 폭행을 하고 일어나라고 해서 일어나면 또 폭행하고 못 일어나면 못 일어난다고 폭행했습니다. "살려 달라!"는 112신고를 받고 달려온 경찰에 의해 구조가 되었지만 전치 3주의 부상을 당했고, 그 학생은 1200만 원 벌금형을 선고받았습니다.

그런데 다른 사람도 아니고 앞으로 의사가 될 사람이 히포크라테스의 봉사정신을 외면한 채 인간 이하의 폭행을 행사할 수 있느냐는 여론이 들끓어서 결국 지난 화요일 의학전문대학원으로부터 제적을 당하고 그의 앞길까지도 다 망치고 말았습니다.

여러분, 폭력은 결코 진정한 사랑이 될 수 없습니다. 어느 누구에게도 어떠한 감동도 줄 수 없고 결국에는 다 불행과 고통으로 끝나고 맙니다. 그래서 프랑스의 나폴레옹 황제는 총칼로 세계를 정복하려다가 실패하고 세인트 헬레나 섬으로 유배를 가서 일생을 마쳤습니다. 그러나 예수님께서는 비폭력, 무저항, 박애의 정신으로 온유하게 섬기다가 십자가의 고난을 당하심으로 모든 것이 끝난 줄 알았지만 그 사랑이 전 세계를 감동시키고 지금은 전 세계 73억 2천만 명 중의 1/3인 24억 4천만 명이 크리스천이 되었습니다.

더욱 심각한 문제는 안 믿는 사람들은 그렇다고 치더라도 하나님의 사랑을 먼저 체험했다는 우리의 삶은 어떠합니까?

영국의 극작가 버나드 쇼가 자신과 정치적 성향이 달라 사이가 별로 좋지 않았던 처칠 수상에게 새로 시작하는 자신이 각본을 쓴 연극의 입장권 두 장을 보냈는데, 초대장에는 이렇게 적혀 있었습니다.

"제가 하는 새 연극의 첫날 공연 입장권 두 장을 보냅니다. 한 장은 당신을 위한 것이고 다른 한 장은 당신 친구를 위한 것입니다. 혹시 당신에게 친구가 있다면 말입니다."

처칠 수상의 성격이 독특하니까 무슨 친구가 있겠느냐는 비아냥이 담겨 있었습니다. 초대장을 받은 처칠 수상은 다음과 같은 답장을 보냈습니다.

"시간이 없어서 당신의 첫날 공연에는 가보지 못하지만 둘째 날 입장권을 보내 준다면 기꺼이 가도록 하지요. 혹시 당신 연극이 둘째 날에도 공연된다면 말입니다."

무슨 말입니까? 그 연극이 관객이 없어서 하루 만에 막을 내릴 거라고 저주하는 거잖습니까? 세계적으로 유명한 인물들이었지만 감정이 앞서니까 막상막하 아닙니까?

이러니 어떻게 하나님의 사랑을 나눌 수 있겠습니까?

우리는 누가복음 6장 27-28절의 "그러나 너희 듣는 자에게 내가 이르노니 너희 원수를 사랑하며 너희를 미워하는 자를 선대하며 너희를 저주하는 자를 위하여 축복하며 너희를 모욕하는 자를 위하여 기도하라"는 말씀대로 행해야 합니다. 원수를 사랑해야 하는데 안 되면 미워하는 자를 선대해야 하고, 안 되면 저주하는 자를 축복해야 하지만 안 되면 우리를 모욕하는 자를 위해서 기도해야 한다는 것입니다.

하나님의 사랑을 간구해야 성령님께서 하나님의 사랑으로 내 마음에 가득 채워 주셔서 어떠한 원수라도 온유하게 사랑하며 섬기며 승리할 수 있습니다. 더 나아가 먼저 체험한 이 사랑을 사랑에 굶주리고 고통당하고 있는 이웃과 함께 나누어야 합니다.

미국 노스캐롤라이나 주 샬럿의 공무원인 한국계 미국인 이 형 집사님은 작년 11월에 난소암에 시달리던 아내 캐서린 장거(Catherine Zanga)를 먼저 하늘나라로 떠나보냈습니다. 최근 1주기를 맞아 아내의 사랑을 기릴 수 있는 방법을 생각하던 중 10살, 7살 남매와 함께 아내에게 하고 싶은 말을 담은 사랑의 편지 100통을 쓰기 시작했습니다. 첫 번째에서 예순 번째까지는 가족과 함께했던 시간을 담고, 예순한 번째부터 아흔 번째까지는 암 투병을 하던 아내와 함께했던 날들을 담고, 마지막 10통에는 아내가 세상을 떠난 후를 추억하는 내용을 담았습니다. 그리고 이 편지를 가지고 길거리로 나가 지나가는 사람들에게 나눠주면서 "사랑하는 사람에게 이 편지를 전해 달라"고 부탁했습니다. 편지에는 이런 글들이 담겨 있었습니다.

"나 혼자서 겪었던 모든 불안과 고통은 당신이 곁에 있으면 눈 녹듯 사라져요. 당신은 나에게 최고의 약이에요."

"내가 알게 된 건 인생은 사랑으로 가득 차 있다는 것…그걸 나에게 가르쳐 준 캐서린, 그녀의 사랑을 기리며 살 거예요."
"우리는 사랑하는 사람이 영원히 그 자리에 있을 것으로 착각합니다. 삶에서 가장 중요한 것은 사랑을 나누는 것입니다. 오늘 잠깐 시간을 내어 당신의 사랑을 함께 나눌 수 있길 바랍니다. 지금 아내와 단 1분만이라도 손을 잡을 수 있다면 우리는 모든 불행을 이겨낼 수 있습니다."

의미 있고 가슴에 와 닿는 사랑의 감동적인 글들을 담고 있는데 이 '100통의 사랑의 편지'(100 Love Notes)라는 글이 인터넷과 언론을 통해 퍼져 나가면서 수많은 미국 사람들을 울리고 전 세계에 훈훈한 사랑의 큰 감동을 주고 있습니다.

여러분, 사랑하는 가족들이 떠난 후에 사랑을 베풀어도 감동적인데 살아 있는 동안 그 사랑을 나눌 수 있다면 더욱 감동적일 것입니다. 그러니까 예배 후에 집으로 돌아가는 차 안에서 손을 꼭 잡아주고 "여보, 그동안 너무 고생 많았소. 사랑해요!"라고 한마디씩이라도 따뜻하게 고백할 수 있길 바랍니다. 그때 "어이고, 옆구리 찔러서 절받네. 목사님이 시키니까 하는 거요?" 그러지 마시고 "여보, 고마워요. 저도 사랑해요!" 그러십시오. 이처럼 우리가 이 하나님의 사랑을 행하게 될 때 자연스럽게 온유한 자가 되고 결국 주위의 모든 사람들과의 관계가 회복되면서 많은 땅을 기업으로 받게 될 줄 확실히 믿습니다.

🌱 성령님의 열매를 맺어야 함

마지막으로 하나님의 말씀과 기도로 성령님의 충만함을 구해서 성령님의 열매를 맺게 될 때 우리는 또한 자연스럽게 온유한 자가 됩니다. 그래서 갈라디아서 5장 22-23절에 "오직 성령의 열매는 사랑과 희락과 화평과 오래 참음과 자비와 양선과 충성과 온유와 절제니 이같은 것을 금지할 법이 없느니라"고 증거하고 있지 않습니까? 바로 이 성령님의 열매 가운데 온유가 분명히 나오고 있지 않습니까?

그런데 우리가 성령님의 열매를 다 맺으며 살고 싶은데도 그러지를 못하는 것입니까? 그다음 24절에 방법을 명백하게 가르쳐 주고 있습니다.

> "그리스도 예수의 사람들은 육체와 함께 그 정욕과 탐심을 십자가에 못 박았느니라."

그러므로 이제는 우리의 육체와 정욕과 탐심에 대해서 십자가에 못 박아 죽어져야 합니다.

요즘 김장철로 주부들이 대단히 분주합니다만 맛있는 김치가 되기 위해서는 배추가 다섯 번 죽어야 한다고 합니다. 어떻게 다섯 번 죽는지 아십니까? 이걸 알고 김장을 하셔야 합니다. 첫 번째는 땅에서 뽑히면서 죽고, 두 번째는 배추통이 갈라지면서 죽고, 세 번째는 소금에 절여지면서 죽고, 네 번째는 독한 고춧가루와 젓갈에 버무려지면서 죽고, 마지막 다섯 번째는 깜깜한 김치통에 들어가면서 죽는다고 합니다. 이렇게 맛있는 김치가 되기 위해서는 배추가 다섯 번이나 죽는다는데 우리는 멋진 성도가 되기 위해서 얼마나 죽어지고 있느냐는 것입니다.

그렇다면 우리가 어떻게 죽어질 수 있습니까? 분노의 순간마다 십자가의 주님을 바라보고 "주여! 주여!" 하고 주님 앞에 상처의 감정을 쏟아붓고 주님의 도우심을 구할 때 성령님의 역사 속에서 사랑의 위로와 힘을 얻어서 어떠한 원수라도 용서하면서 자연스럽게 성령님의 열매를 맺고 그 가운데 온유의 열매도 맺게 되는 것입니다.

그러므로 우리는 교회에 와서 은혜 받을 때만 죽어지는 것이 아니라 날마다 순간마다 우리의 삶의 현장 속에서 주님의 십자가에서 육체와 정욕과 탐심에 대해서 죽어져야 합니다. 그래서 바울 사도가 고린도전서 15장 31절에서 담대히 고백했던 "형제들아 내가 그리스도 예수 우리 주 안에서 가진 바 너희에 대한 나의 자랑을 두고 단언하노니 나는 날마다 죽노라"고 한 고백을 날마다 순간마다 행하며 살아가길 원합니다.

이처럼 우리가 날마다 주님의 십자가에서 죽어질 때 우리 안에 계시는 성령님이 충만하게 역사하셔서 자연스럽게 성령님의 온유의 열매를 맺게 되고 우리의 가정에서나 직장에서나 교회에서나 언제 어디서나 많은 사람들에게 감동을 주고 많은 땅을 기업으로 받게 될 줄 분명히 믿으시기 바랍니다.

지난 주간에 우간다의 김군희(조이고) 선교사님이 자신의 저서 《우간다를 가슴에 품고》라는 선교 이야기를 담은 책을 선물로 보내왔습니다. 김 선교사님은 원래 천주교회에 다니는 가정에서 자라났는데 주님을 만나기 전까지 너무나 고집불통이었다고 합니다. 서너 살 때까지는 한 번 울기 시작하면 눈물이 마르고 목이 쉬어 머리가 아프고 음성이 안 나올 때까지 울고, 사춘기 때는 아버지가 "너는 네 뱃속에 철로 만든 꼬챙이가 서 있구나"라고 할 정도로 아버지 말도 안 듣고 아버지가 하시는 일에까지 옳고 그름을 지적할 정도였다고 합니다. 20대에 연애를 할 때는 그 강한 고집 때문에 사사건건 남자친구와 의견 충돌이 있었고 화가 풀리질 않아 버스로 가야 할 거리를 세 시간 이상 걸어서 집에 돌아올 정도로 고집이 세서 절대 먼저 용서를 구하지 않고 상대방이 용서를 구할 때까지 2-3주간 냉전을 거듭했다고 합니다.

이러한 삶은 결혼 후에도 계속되어서 남편과의 충돌로 인해 너무도 힘든 고통과 불행을 겪어야 했습니다. 특별히 남편의 음주 때문에 부부싸움이 끊이지 않았고 더욱이 가정부로 들어온 할머니가 주인 행세를 하는 바람에 심한 갈등을 겪었습니다.

그러다가 사랑하는 친구의 권면을 받아 금식기도원에 들어가서 주위 사람들을 따라 "주여! 주여! 주여!" 하고 힘을 다해 외치는데 갑자기 뱃속 깊은 곳에서 그 동안 가슴속 깊이 억눌려 있던 감정의 응어리가 터져 나왔습니다. 한없이 울면서 부르짖는데 갑자기 "네가 나를 죽였느니라!"는 주님의 음성이 들려왔습니다. 그래서 "제가 얼마나 하나님을 열심히 믿고 섬겨 왔는데요. 왜 제가 주님을 죽여요?" 하고 항변을 했지만 환상이 보이는데 자신이 사형수로 감옥에 갇혀서 죽을 날만 기다리고 있더랍니다. 너무도 살고 싶어서 "하나님 아버지, 죄 많은 저를 살려주시옵소서! 용서해 주시옵소서!" 하고 한없이 눈물로 통회 자복하며 울부짖는 가운데 해방되는 환상을 보게 되었습니다. 그리고 그 순간부터 고집 세고 자기중심적이었던 삶이 그토록 온유하고 겸손한 삶으로 변하고 주위 사람들을 사랑으로 섬기기 시작했습니다.

그 후 좌골신경통으로 20년 이상 고통을 겪으면서도 방언 등 성령의 은사를 체험하고 하나님의 살아계심을 뜨겁게 체험하고 40세에 미국으로 이민을 갔습니다. 그리고 미시간 주의 앤아버에 예수님께서 물로 포도주를 만드셨던 지역인 가나를 상징해서 KANA 식당을 차리고 20년 동안 복음 증거의 삶을 살았습니다. 그러면서 뒤늦게 신학을 공부하고 선교사 훈련을 받고 60세의 늦은 나이에도 불구하고 자기를 부인하고 주님의 십자가를 지고 주님을 진정으로 따르기 위해서 미국에서의 이민생활을 정리했습니다. 20년간 기반을 닦아 펼쳐질 편안하고 안락한 노후를 포기하고 하나님의 사랑이 강권하여 아프리카에서도 가장 비천하고 열악한 우간다를 불쌍히 여기는 사랑을 품고 평안과 기쁨과 감사하는 마음으로 우간다를 향해 나아가게 된 것입니다.

육신적으로는 너무도 외롭고 힘들고 가슴이 아프고 피눈물 나는 고생을 하면서도 주님의 십자가를 지고 예수님의 온유를 본받아 살아가게 될 때 그렇게 위로가 넘치고 힘이 솟아서 지난 15년 동안 성령님의 기적적인 역사 속에 우간다 선교를 행복하게 할 수 있었다고 합니다. 그리고 이번에 안식년을 얻어 한국에 귀국했다가 감동적인 자서전을 출판해서 선물로 보내주셨습니다.

사랑하는 성도 여러분, 지난날 우리가 얼마나 분노하고 감정을 풀지 못하고 폭력적이었습니까? 그러나 이제라도 우리의 남은 인생 예수님의 온유를 배우고 하나님의 사랑을 행하고 성령님의 열매를 맺으면서 성부 하나님과 성자 예수님과 거룩한 영인 성령님인 성 삼위일체께서 강하게 역사하실 때 우리가 아무리 강퍅하고 완악하게 살아왔을지라도 자연스럽게 온유한 자가 되어서 많은 사람들의 사랑을 받으면서 많은 땅을 기업으로 받게 되어서 날마다 천국의 축복과 행복의 감격 속에 살아가게 될 줄 확실히 믿습니다.

우리 다같이 찬송가 455장 '주님의 마음을 본받는 자'를 함께 부르며 믿음의 결단을 하도록 하겠습니다.

1. 주님의 마음을 본받는 자 그 맘에 평강이 찾아옴은
   험악한 세상을 이길 힘이 하늘로부터 임함이로다
2. 주 모습 내 눈에 안 보이며 그 음성 내 귀에 안 들려도
   내 영혼 날마다 주를 만나 신령한 말씀 늘 배우도다
3. 가는 길 거칠고 험하여도 내 맘에 불평이 없어짐은
   십자가 고난을 이겨 내신 주님의 마음 본받음이라
4. 주 예수 세상에 다시 오실 그날엔 뭇성도 변화하여
   주님의 빛나는 그 형상을 다 함께 보며 주 찬양하리
후렴) 주님의 마음 본받아 살면서 그 거룩하심 나도 이루리

온유하신 하나님 아버지, 지난날 우리가 얼마나 강퍅하고 완악하게 살았습니까? 이제라도 남은 여생 예수님의 온유를 배우게 하여 주시옵소서. 하나님의 사랑을 행하게 하여 주시옵소서. 성령님의 열매를 맺게 하여 주시옵소서. 그리함으로 온유한 자로서 많은 사람들의 사랑을 받으며 많은 땅을 기업으로 얻는 천국의 축복과 행복의 감격 속에서 영광 돌리는 복된 생애를 모두 다 살게 하여 주시옵소서. 믿사옵고 예수님의 이름으로 간절히 축복하며 기도드립니다. 아멘.

의에 주리고 목마른 자의 복

마태복음 5:6

의에 주리고 목마른 자는 복이 있나니 그들이 배부를 것임이요

말세의 마지막 때인 요즘은 그 어느 때보다도 불의가 난무하고 불법이 판을 치는 세상입니다. 우리 믿는 사람은 상상도 못할 죄악이 온 세상에 관영해서 노아 홍수의 심판 때나 소돔과 고모라 성의 불의 심판 때나 다를 바가 전혀 없을 정도로 타락한 세상입니다. 그것이 세상뿐만 아니라 우리의 가정과 직장과 교회 안에까지 불의와 불법이 들어왔다는 데 문제의 심각성이 있습니다. 이러한 때 오늘 본문 마태복음 5장 6절의 예수님의 말씀은 더욱더 놀라운 도전을 안겨다 줍니다.

"의에 주리고 목마른 자는 복이 있나니 그들이 배부를 것임이요."

여기 '의'라는 단어는 헬라어로 'δικαιοσύνην'(디카이오쉬넨)으로서 구약성경에는 500번 이상, 신약성경에만 해도 무려 200번 이상 기록되어 있는데 바로 이 '의'는 성경의 중심 사상입니다. 왜냐하면 우리가 믿음으로 의롭다 함을 받아 하나님의 자녀가 되고 영생을 얻고 천국의 소망 가운데 살면서 하나님께 영광 돌릴 수 있기 때문입니다. 그런데 주님께서 "의로운 자는 복이 있다"고 말씀하지 않으시고 "의에 주리고 목마른 자는 복이 있다"고 하신 말씀을 주목하시기 바랍니다. 왜냐하면 이 땅에 의인은 없나니 하나도 없다고 말씀하시고(롬 3:10) 우리 주위에 자신을 의롭다고 하는 목사나 교인들을 보면 더 심각한 문제들을 더 많이 보기 때문입니다. 그래서 자신의 죄인 됨을 입술로만이 아니라 삶으로 고백하면서 의에 주리고 목마른 자를 주님께서 찾으십니다. "의에 주리고 목마른 자는 복이 있나니 그들이 배부를 것이라"고 축복을 약속하십니다.

이 말씀에서 '배부를 것'이라는 단어는 헬라어로 'χορτασθήσονται'(코르타스데손타이)라고 해서 그냥 육적인 허기나 갈증만 면하는 정도가 아니라 넘칠 만큼 영육 간에 부족함이 없으리라는 것입니다. 더구나 이 단어는 미래형으로서 이 배부름이 한순간에 이루어지는 것이 아니라 계속해서 이루어질 것이며 완전히 성취될 날이 미래에 꼭 오게 되어서 천국의 축복과 행복의 감격 속에 살게 되리라는 것입니다. 그러나 그 궁극적인 성취는 천국에 이를 때 이루어지는 것으로 강렬한 천국의 소망을 갖게 합니다. 그렇다면 의에 주리고 목마른 자는 구체적으로 어떠한 사람일까요?

세상보다 하나님을 사랑하는 자임

가장 먼저 의에 주리고 목마른 자는 세상보다 하나님을 사랑하는 자입니다. 왜냐하면 하나님이 의의 근원이시고 '의' 자체이시기 때문입니다. 그래서 예레미야 23장 6절에 "…그의 이름은 여호와 우리의 공의라 일컬음을 받으리라"고 증거하지 않습니까? 우리가 세상을 사랑하면 이 하나님의 의를 이루지 못하고 죄악에 빠지고 맙니다. 그래서 의에 주리고 목마른 자란 세상보다 하나님을 사랑하는 사람입니다.

요한일서 2장 15-17절을 보면 "이 세상이나 세상에 있는 것들을 사랑하지 말라 누구든지 세상을 사랑하면 아버지의 사랑이 그 안에 있지 아니하니 이는 세상에 있는 모든 것이 육신의 정욕과 안목의 정욕과 이생의 자랑이니 다 아버지께로부터 온 것이 아니요 세상으로부터 온 것이라 이 세상도, 그 정욕도 지나가되 오직 하나님의 뜻을 행하는 자는 영원히 거하느니라"고 증거하고 있습니다. 우리가 세상을 사랑하면 아버지의 사랑이 그 안에 있지 않아서 의에 주리고 목마를 수가 없습니다. 그런데 세상에 있는 모든 것이 육신의 정욕 즉 성욕, 안목의 정욕 즉 물질욕, 이생의 자랑 즉 명예욕인데, 우리가 이러한 세상에 사로잡혀 살아갈 때가 얼마나 많습니까?

자동차 왕 헨리 포드가 죽어서 하늘나라에 갔습니다. 세상 사람들이 다 알아주는 자기를 하나님께서 아주 반갑게 맞이해 주실 줄 알았는데 아는 척도 안 하셨습니다. 그래서 화가 나서 하나님께 이렇게 얘기했다고 합니다.

"저는 전 세계 사람들이 타고 다니는 자동차를 만든 헨리 포드인데요. 제가 만든 자동차는 모든 사람들이 좋아하는데 하나님이 만드신 여자는 정말 애물단지더라고요. 첫째, 마누라로 삼으려면 돈이 너무 많이 들고요. 둘째, 늘 마음 써 주지 않으면 사랑이 식었느냐고 잔소리를 하고요. 셋째, 옷이다, 화장품이다 해서 유지관리비가 너무 많이 들고요. 넷째, 무엇보다도 귀가 따갑게 말을 많이 해서 시끄러워 죽겠어요."

그러자 조용히 듣고 계시던 하나님이 말씀하시더랍니다.

"그러면 네가 만든 자동차는 뭐가 그렇게 대단하냐? 첫째, 여자는 돈이 아닌 사랑이 있으면 되지만 자동차는 살 때도 돈이 너무 많이 든다. 둘째, 여자는 자기가 알아서 씻지만 자동차는 며칠에 한 번씩은 꼭 깨끗이 씻어줘야 하니 얼마나 귀찮냐? 셋째, 자동차도 보험료, 가스비, 엔진오일, 오일필터, 에러필터 또 사고 나면 수리비 등 유지관리비가 여자 못지않게 많이 든다. 넷째, 자동차도 갈수록 낡아져서 여자만큼이나 시끄럽지 않느냐?"

괜히 자동차 왕이라고 으스대려다가 하나님께 혼만 나고 말았다고 합니다.

여러분, 우리가 아무리 세상적으로 지위가 오르고 돈 많이 벌고 유명해졌다고 자랑할 것도 없고 교만할 것도 없습니다. 왜냐하면 이 세상도, 그 정욕도 다 지나가고 하나님의 뜻을 행하는 자는 영원히 거하기 때문입니다. 그러므로 우리는 하나님의 말씀대로 하나님을 사랑하여서 육신의 정욕(성욕)에 대해서는 피해야 하고(고전 6:18, 딤후 2:22), 인간의 정욕(물질욕)에 대해서는 물리쳐야 하고(눅 12:15), 이생의 자랑(명예욕)에 대해서는 낮아져 섬겨야 합니다(눅 18:14).

그리하여 하나님을 진정으로 사랑하게 될 때 우리가 '하나님께 드릴 기쁨의 선물'이 있습니다. 얼굴은 하나님께서 주셨지만 밝은 표정은 하나님께 드릴 선물입니다. 몸은 하나님께서 주셨지만 건강은 우리가 하나님께 드릴 선물입니다. 시간은 하나님께서 주셨지만 시간을 유용하게 활용하는 것은 우리가 드릴 선물입니다. 눈은 하나님께서 주셨지만 그 눈으로 하나님의 말씀을 읽는 것은 우리가 드릴 선물입니다. 입은 하나님께서 주셨지만 그 입으로 좋은 말과 찬양을 하는 것은 우리가 드릴 선물입니다. 귀는 하나님께서 주셨지만 그 귀로 하나님의 말씀을 듣는 것은 우리가 드릴 선물입니다. 손은 하나님께서 주셨지만 그 손으로 땀 흘려 봉사하는 것은 우리가 드릴 선물입니다. 발은 하나님께서 주셨지만 그 발로 복음을 전파하러 다니는 것은 우리가 드릴 선물입니다. 가정은 하나님께서 주셨지만 그 가정을 천국으로 만드는 것은 우리가 드릴 선물입니다. 남편이나 아내는 하나님께서 주셨지만 남편이나 아내를 사랑하고 섬겨 행복하게 하는 것은 우리가 드릴 선물입니다. 자녀들은 하나님께서 주셨지만 그 자녀들을 신앙으로 잘 양육하는 것은 우리가 드릴 선물입니다. 교회는 하나님께서 주셨지만 그 교회에 충성을 다하며 섬기는 것은 우리가 드릴 선물입니다. 생명은 하나님께서 주셨지만 회개하여 겸손하고 말씀에 순종하며 살다가 천국 가는 것은 우리가 드릴 선물입니다. 이처럼 우리의 모든 신앙생활은 하나님만 사랑하고 하나님만 의지하고 하나님께만 영광 돌리며 살아야 합니다.

13세기 스페인의 귀족이며 명문 대학의 교수였던 라몬 룰 목사님은 평생 평안하고 형통한 삶을 살 수 있었으나 자신의 유망한 장래를 포기하고 주의 종으로 헌신했습니다. 그는 목사 안수를 받을 때에 "오, 주 하나님 당신께 나 자신, 나의 아내, 나의 자녀, 그리고 나의 모든 소유를 드립니다"라고 고백했습니다. 그리고 이슬람교도들을 복음화하기 위해 떠났는데 두 번이나 그 나라에서 추방당하였고 일 년 반을 감옥에 감금당했습니다. 노인이 되어서 성벽으로 끌려가 돌에 맞아 죽게 된 순간에 그는 이렇게 말했습니다.

"사랑하지 않는 사람은 살아 있지 않은 것이고, 그리스도로 인하여 사는 사람은 영원히 죽지 않는다."

순교할 때에 그의 마지막 말은 "오직 예수"(Only Jesus)였다고 합니다. 그는 죽는 날까지 주님을 향한 뜨거운 사랑과 믿음을 가슴속 깊이 간직하며 어떠한 불행과 고통 속에서도 행복하게 사명을 감당했습니다. 그의 이름은 스페인 교회사뿐만 아니라 세계 교회사에까지 아름답고 감동적으로 남아 있습니다.

이렇게 세상보다 하나님을 사랑하게 될 때 한때는 어려운 일을 당해도 하나님 아버지께서 세상 끝날까지 우리와 항상 함께하시고 우리를 변함없이 뜨겁게 사랑하시고 우리의 작은 신음에도 귀 기울여 응답하시고 항상 가장 좋은 것으로 채워주시고 영원히 우리의 앞길을 인도하십니다.

우리가 너무도 잘 아는 뽀빠이 이상용 성도님의 어머니는 그를 뱃속에 넣고 아버지를 찾아 열 달간 걸어서 백두산까지 걸어갔다가 아버지를 못 만나고 친정인 부여에 와서 그를 낳았다고 합니다. 그런데 뱃속에서부터 못 먹어서 거품에 싸인 채 나왔는데 날 때부터 너무나 건강이 안 좋아서 병투성이였습니다. 친정 식구들이 어머니에게 평생 짐 덩어리가 될 것이고 어머니가 다시 시집을 갈 수도 없다고 갓난아이를 땅에 묻었는데 그걸 본 이모가 파 가지고 솜에 싸서 도망갔다고 합니다. 온 동네에 난리가 나서 이틀 만에 찾아 거의 죽은 걸 데리고 내려와서 누워서 6년을 보내고 여섯 살에야 걸음마를 시작했고 열두 살까지 온갖 병을 다 앓았습니다. 그런데 열세 살에 아령을 시작해서 열여덟 살에 미스터 대전고, 미스터 충남이 되고 1966년 미스터 고려대 응원단장을 했고 ROTC 탱크 장교로 근무하고 나와서

22가지 직종의 외판원을 하다가 스물여덟 살에 TV에 나와 뽀빠이가 됐다고 합니다. 지금 그는 덤으로 살아가고 있다고 생각해서 누구에게나 무엇이나 다 감사한 마음으로 하루하루 살아왔는데 세상에 가장 약하게 태어났지만 가장 건강한 뽀빠이가 되었으니 더이상 바랄 게 없다고 고백합니다.

그런데 그가 출연했던 '우정의 무대'의 인기로 천하를 호령하던 1996년 가을에 대전에서 국회의원으로 나오라는 것을 거절했다가 끌려가 갖은 고통을 다 당하고 '우정의 무대'는 없어지고 나쁜 놈이라고 욕을 먹게 되었습니다. 32년간 심장병 어린이 567명을 수술해 주고 국민훈장을 두 개나 받았는데도 한 명도 수술 안 했다고 하고, 지프를 20년째 타는데 벤츠 탄다고 신문에 났습니다. 무죄로 대법원 판결이 났는데도 신문에 안 내줘서 죽고 싶었다고 합니다. 그런데 그 인생의 절망의 밑바닥에서도 함께하시는 하나님의 사랑을 느끼면서 진실한 국민들의 격려로 참고 살아왔더니 71세 된 지금은 건강도 다 회복되고 주님만 바라보며 행복하게 살아가고 있다고 합니다.

그는 우리에게 다섯 가지 끈으로 살라고 당부합니다. ① 다른 사람에게 흠 잡히지 않도록 '매끈'하게 살고 ② 불의한 일에 대해서는 '발끈'하며 살고 ③ 모든 주어진 일에 대해서는 '화끈'하게 살고 ④ 어떤 낙심과 절망 속에서도 '질끈' 동여매고 살고 ⑤ 어떠한 원수라도 '따끈'한 하나님의 사랑으로 사랑하는 삶을 살라는 것입니다.

그러므로 우리가 죄악된 세상의 그 무엇보다도 진정한 우리의 의가 되시는 하나님을 사랑하게 될 때 진정으로 의에 주리고 목마르게 되고, 이러한 자들은 하나님의 품 안에 영원히 거하게 됨으로 영육 간에 부족함이 없게 될 줄 분명히 믿으시기 바랍니다.

육신보다 성령님을 사모하는 자임

그다음 의에 주리고 목마른 자는 육신보다 성령님을 사모하는 자입니다. 그래서 요한복음 7장 37-39절에 "…예수께서 서서 외쳐 이르시되 누구든지 목마르거든 내게로 와서 마시라 나를 믿는 자는 성경에 이름과 같이 그 배에서 생수의 강이 흘러나오리라 하시니 이는 그를 믿는 자들이 받을 성령을 가리켜 말씀하신 것이라…"고 말씀하시지 않습니까? 다시 말하면 성령을 사모할 때 풍성히 부어주시고 우리의 심령 속에 생수의 강이 끊임없이 흘러넘칠 것을 약속하십니다. 우리가 성령님을 모시고 살아갈 때에 사슴이 시냇물을 찾기에 갈급함 같이(시 42:1) 성령님의 은혜를 사모하고 성령님의 능력을 사모하고 성령님의 축복을 사모하고 성령님의 행복을 사모하고 성령님의 기적을 사모하며 살아가야 합니다.

개그작가 전영호 감리교회 권사님이 KBS 2TV 심야 토크프로그램인 "밤으로 가는 쇼"에 고정 게스트로 출연할 때의 일입니다. 임성훈 씨가 미스코리아 출신인 장윤정 씨와 공동 MC를 보는 게 너무 부러워서 자기 파트너로 멋진 미스코리아 출신 게스트가 왔으면 좋겠다고 생각했다고 합니다. 그리고 '성령님이 계신다면 내 기도를 들어달라'고 떼쓰듯이 열심히 기도했더니 어느 날 사도행전 2장 38절의 "예수 그리스도의 이름으로 세례를 받고 죄 사함을 받으라 그리하면 성령의 선물을 받으리니"라는 말씀을 주시더랍니다. 그리고는 며칠 뒤 드디어 새 게스트가 왔는데 누가 왔는 줄 아십니까? 미스코리아 출신인 탤런트 김성령 씨가 왔더랍니다. 성령을 선물로 받은 거 맞습니까? 그 성령이 그 성령입니까? 그렇지만 너무나 좋았다고 합니다.

많은 때 우리는 성령님을 모시고 살아간다고 하면서도 돈에 목마르고 명예에 목마르고 육신의 사랑에 목마르고 세상의 향락에 목말라할 때가 얼마나 많습니까? 그러나 이러한 육신적인 것에 목말라 하면 영적인 충족도 없고 참된 만족도 없습니다. 그러나 성령님을 사모할 때 어떠한 인생도 하나님의 의를 이루면서 진정으로 은혜롭고 축복되고 행복하게 쓰임 받게 되는 것입니다.

요즘 인기리에 상영되고 있는 영화 "내부자들"이 500만 명을 돌파했는데 주연 배우인 이병헌과 연기력의 쌍벽을 이루고 있는 조승우는 영화 "퍼펙트게임" 이후 4년 만에 스크린으로 돌아와 이병헌과 어깨를 나란히 하며 최고의 연기력을 펼쳤습니다. 그는 충무로를 들썩이게 하고 뮤지컬계에서 흥행 파워를 입증하는 캐스팅 영순위 배우인데 그의 인생은 성령님이 예비하시고 인도하셨습니다.

그는 초등학교 2학년 때 누나를 따라 작은 교회를 다니기 시작했다고 합니다. 중2 때 뮤지컬을 처음 보면서 "하나님, 나도 저거 하게 해주시면 정말 열심히 하나님을 믿을게요"라고 했는데 하나님이 그때를 다시 보여주시며 "너 그때 그렇게 기도하지 않았니? 네가 지금 잘 된 것은 다 그때 그 기도 때문이다"라는 음성을 들려주셨다고 고백했습니다. 그가 하나님께 뮤지컬 배우가 되게 해달라고 간절히 기도했는데 하나님께서 그의 꿈을 허락하신 것입니다.

조승우는 지금도 무대에 오르기 전 그룹 기도 외에도 개인 기도를 늘 드리고 있다고 합니다. "하나님이 배우로 저를 지명하여 이곳에 세우셨습니다. 저는 하나님 없이는 아무것도 아닌 사람입니다. 하나님이 관객들을 감동시켜 주십시오. 주님의 의로운 오른손으로 공연을 붙잡아 주장하시고 성령 충만하게 하여 주십시오. 저는 하나님의 사람이고 하나님의 배우이고 내가 나 된 것은 성령님의 기름 부으심과 은혜로 된 것이니 하나님만 믿고 갑니다"라고 기도하고 다 맡겨

버린다고 합니다. 그가 공연이 끝날 때 오른손을 위로 뻗는데 그것은 하나님께 감사하며 영광 돌리는 사인이라고 합니다. 그리고 이렇게 고백합니다.

"어떻게 하면 내가 그리스도인으로서 살아가는 모습을 관객들에게 보여줄까 하는 것이 고민이에요. 때로는 믿음이 흔들릴 때도 있지만 성령님 외에는 붙들 것이 없습니다."

사실 그렇습니다. 우리가 인생을 살다 보면 때로는 하나님도, 예수님도 안 보여도 세상 끝날까지 성령님이 함께하시고 위로하시고 새 힘을 부어주시고 우리의 기도에 기적적으로 응답하시고 영육 간에 치유하시고 마지막 때 사명을 주시고 하나님의 영광을 위해 귀하게 쓰시고 크게 거둬 주십니다.

지난 주일 3부 예배를 마치고 한 안수집사님이 안수기도를 받으러 찾아오셨습니다. 이분은 위암 3기 판정을 받고 수술이 어려울 정도로 암이 많이 전이되어 있었는데 얼마나 성령님의 은혜를 사모하고 그의 능력을 사모하고 그의 기적을 사모하는지 모릅니다. 두 내외분이 매 주일마다 예배 후에 목사실에 오셔서 안수기도를 받았습니다. 그래서 수술도 받지 않고 하나님께서 기적적으로 치료해 주셨는데 기적적인 치유의 기쁨도 잠시잠깐이고 복막암으로 전이가 되어서 1년을 넘기기 어렵다는 청천벽력 같은 충격적인 소식을 접하게 되었습니다. 그러자 집사님 내외분은 또다시 하나님께 매어 달렸습니다. 그래서 매 주일마다 또다시 예배 후에 안수기도를 받고 가셨는데 지난 주일 3부 예배 후에 오셔서 하는 말이 많이 치료가 되었다는 것입니다. 1년도 못 넘긴다고 했는데 어떻게 이런 기적적인 치유가 일어납니까? 그것은 갈급한 심령에 대한 성령님의 기적적인 치료의 응답이었습니다.

저는 많은 병자들의 기적적인 치료를 보면서 하나님의 권능이 임하고 목사의 사랑의 간절한 기도도 중요하지만 당사자가 얼마나 겸손하게 성령님의 능력을 믿고 그의 치유를 간절히 사모하느냐가 관건이라는 것을 늘 깨닫곤 합니다. 그러므로 우리는 언제 어디서나 성령님을 간절히 사모해야 합니다. 요한복음 4장 13-14절에 "예수께서 대답하여 이르시되 이 물을 마시는 자마다 다시 목마르려니와 내가 주는 물을 마시는 자는 영원히 목마르지 아니하리니 내가 주는 물은 그 속에서 영생하도록 솟아나는 샘물이 되리라"고 분명히 약속하시지 않습니까? 우리가 육신의 물을 마시면 다시 목마르지만 주님이 주시는 물인 성령님을 사모하면 의에 주리고 목마른 자가 되고 영육 간에 부족함이 없이 채워지게 될 줄 확실히 믿습니다.

하나님의 나라와 의를 구함

마지막으로 의에 주리고 목마른 자는 하나님의 나라와 의를 구하는 자입니다. 그리하여 자기 삶의 영역이나 자기 의를 내세우지 않습니다. 자기의 삶이나 자기 의를 내세우는 사람은 겉으로 볼 때는 청렴하고 의로운 것 같지만 엄밀히 말하면 주님이 바라시는 희생이나 순종을 하지 않고 자기 이익과 감정에 따라 움직이는 사람입니다. 그래서 실제로는 사탄에게 다 속아서 자기 의를 드러내다 보니까 주위 사람들과의 갈등과 불화를 가져오고 분열과 고통을 안겨다주고 맙니다. 이것을 말세에 우리가 영적으로 잘 분별해야 합니다. 그래서 로마서 14장 17절에 "하나님의 나라는 먹는 것과 마시는 것이 아니요 오직 성령 안에 있는 의와 평강과 희락이라"고 증거하는 것입니다. 우리가 하나님 나라의 삶을 살아가게 되면 자연히 오직 성령 안에서 의와 평강(평화)과 희락(기쁨)의 삶을 살아가게 됩니다.

우리가 어려운 법이라 할지라도 거기에 순종해야만 할 때가 있습니다. 최근에 영국 작가인 리처드 하퍼가 《세계 여러 나라의 엉뚱한 법들에 관한 책》(The Law is an Ass)을 펴냈습니다. 스위스의 아파트에서는 밤 10시 이후에는 화장실 물 내리는 것이 불법이라고 합니다. 그러니까 밤 10시 이전에 볼일을 다 봐야 하고 아무리 배가 아파도 아침까지 참아야 하니 얼마나 고역이겠습니까? 또 덴마크의 레스토랑에서는 식사하고 나서 배가 부르지 않으면 돈을 내지 않아도 된다고 하는데 대식가들은 늘 공짜로 음식을 먹을 수 있으니 다들 덴마크로 이민 가면 좋을 것 같습니다. 또 태국에서는 속옷을 입지 않고 집 밖으로 나오면 법에 걸린다고 한다는데 속옷을 입었는지 안 입었는지 어떻게 알 수 있습니까? 또 미국의 코네티컷 주에서는 소방차도 제한속도 40km를 반드시 지켜야 하는데 거기서 불이 났다가는 몽땅 타고 말 것 같습니다. 또 오클라호마 주에서는 다른 사람의 햄버거를 한 입 베어 먹는 것이 불법이라고 합니다. 또한 루이지애나 주에서는 자연 치아로 사람을 물면 단순 폭행이지만 의치로 물면 가중 폭행이라고 하니까 의치를 하신 어르신들은 미국 루이지애나 주에 가실 때는 조심하셔야겠습니다. 노스캐롤라이나 주에서는 음정에 맞지 않게 노래를 부르는 것이 불법이라고 합니다. 심지어 덴마크에서는 탈옥이 불법이 아닌데 죄수가 탈옥하고 싶어 하는 것은 자연스러운 일이기 때문에 죄수들의 '행복추구권'을 보장해 줘야 한다는 것입니다. 이렇게 이상한 법이지만 법이니까 순종해야 합니다. 아니면 벌금을 내야 하지 않습니까?

영적인 순종도 마찬가지입니다. 그런데 우리가 하나님의 나라와 의를 구하지 않으면 어느 누구도 하나님의 의와 평강과 희락의 삶을 살지 못하니 얼마나 불행한 삶입니까? 바리새인들처럼 자기의 의가 하나님의 의나 되는 것처럼 착각하고 자기의 의가 다른 사람보다 나은 것처럼 착각을 합니다. 그러니까 영적 교만에 빠져서 영적 지도도 받지 않으려고 해서 영적 파멸에 이르고 맙니다. 그러므로 교만하게 자기의 삶과 자기의 의를 내세우는 것이 아니라 겸손히 하나님의 나라와 그의 의만을 구해야 합니다. 그런데 놀라운 것은 하나님의 나라와 의를 구하면 하나님께서 마태복음 6장 33절에 뭐라고 분명히 약속하십니까?

"그런즉 너희는 먼저 그의 나라와 그의 의를 구하라 그리하면 이 모든 것을 너희에게 더하시리라."

우리의 먹을 것, 마실 것, 입을 것 등 모든 필요를 미리 아시고 부족함이 없도록 채워 주십니다.

황경애 사모님이 쓴 《백만불 장학생 엄마 되기》라는 베스트셀러가 있습니다. 미국 이민 2세와 결혼하여 성공적인 목회를 하고 있었는데 남편 목사님이 국제사기단에 걸려서 전 재산을 다 잃고 집을 나가 버렸습니다. 8살, 10살, 12살의 세 아이들을 데리고 살아갈 길이 막막한 정말 낙심되기 쉬운 상황이었습니다. 교인들마저 외면하는, 너무도 외롭고 서럽고 눈물 나고 앞이 캄캄한 절망적인 환경 속에서도 육체 노동을 하면서 홀로 1남 2녀를 눈물로 기도하면서 믿음으로 잘 길러냈습니다. 그런데 이 삼남매가 미국 정부와 빌 게이츠 재단과 대학 등에서 받은 장학금이 20억 원이 넘는다고 합니다.

특별히 막내딸 은희 양은 고등학교에서 전교 수석을 하고 SAT 성적이나 뛰어난 리더십이나 다양한 봉사활동 그리고 우수한 경력, 고교 대표 운동선수, 오케스트라 활동, 개근상, 교사 추천서 등 부족함이 전혀 없었습니다. 그런데 스탠포드 대학교에 떨어지고 말았습니다. 모두들 이해할 수 없다고 했고 본인도 충격과 실망이 적지 않았지만 성령님을 모시고 열심히 신앙생활을 하던 은희는 실망하고 낙심하기보다는 오히려 하나님을 찬양하며 열심히 신앙생활을 하고 봉사하며 하나님께 영광을 돌리고 비록 스탠포드 대학교에 떨어지긴 했지만 분명히 하나님께서 더 좋은 계획을 가지고 인도해 주실 것을 확실히 믿었습니다. 그런데 얼마 후에 하버드 대학교와 예일 대학교에서 동시에 스탠포드 대학교보다 훨씬 좋은 조건으로 합격통지서를 보내와서 하버드 대학교에서 4년 전액장학금을 받았을 뿐만 아니라 빌 게이츠 재단에서 10억 원의 장학금을 받았습니다. 그녀가 대학에 떨어졌는데도 하나님의 나라와 의를 구했을 때 하나님께서는 전과 비교할 수 없는 놀라운 축복을 허락하신 것입니다.

또한 큰딸은 보스턴 대학교 국제정치학과를 4년 전액 장학생으로 졸업한 뒤 미 정부 장학금을 받아 스페인 바르셀로나 대학교에서 유학을 마친 후에 대형 법률회사에서 일하다가 지금은 미 국무성에서 근무하고 있습니다. 아들 역시 보스턴 대학교 정치외교학과를 4년 장학생으로 마친 후 하버드 대학교 법대 대학원을 졸업하고 지금은 변호사로 활동하고 있습니다.

황경애 사모님은 사랑하는 남편이 떠난 후 절망적인 상황 속에서도 하나님의 의에 주리고 목말라했을 때 은혜가 풍성하신 하나님께서 영육간에 부족함이 없도록 채워 주셨던 것입니다.

하나님의 나라와 의를 구하는 자가 의에 주리고 목마른 자입니다. 이런 사람에게 하나님께서는 그 필요를 미리 아시고 모든 것을 더하여 주셔서 영육 간에 부족함이 없게 해주실 줄 분명히 믿으시기 바랍니다.

하나님께서는 부족한 종을 불쌍히 여겨 주셔서 치유하는교회 담임목사로 행복하게 목회하게 해주신 것만 해도 너무 감사합니다. 크리스찬치유상담대학원 대학교 교수로 많은 주의 종들과 평신도 상담자들을 가르치게 해주시고 한국교회와 이민교회와 세계 선교지에 이르기까지 치유의 복음을 전할 수 있게 해주셔서 얼마나 감사하고 감격스러운 일인지 모릅니다. 금년에 영등포노회 노회장과 총회 임원까지 되게 해주신 것만 해도 감개무량한 일인데, 지난 주간에는 전국노회장협의회 회장에 만장일치로 추대까지 되었습니다. 모든 것이 여러분의 사랑과 기도의 후원의 열매로 한국교회가 우리 치유하는교회에 거는 기대가 얼마나 큰가를 보여준 것입니다.

그런데 백조가 수면 위에서는 우아한 모습으로 떠 있지만 수면 아래에서는 수없이 발을 움직인다고 하듯이 목회를 하다 보면 교회는 평안해도 끝없는 영적 전쟁을 치러야 합니다. 사탄은 어떻게 해서든지 주의 종과 양 떼와의 사이를 갈라놓으려고 갖가지 거짓말로 역사합니다. 교인들 가운데 거짓말로 주의 종을 공격하고 나오면 목사는 일일이 대응할 수가 없기 때문에 그대로 당할 수밖에 없습니다. 그것도 가장 믿었던 사람의 입을 통해서 그런 말이 나올 때 '아, 사람은 절대 믿을 것이 아니구나!' 하는 것을 다시 한 번 깨닫지 않을 수 없어서 마음이 울적한 가운데 주말을 맞았습니다. 그런데 지난 금요일 심야기도회 때 오이여전도회 회장님의 기도부터 그렇게 은혜가 되고 위로가 되고 힘이 되었습니다. 특별히 오이여전도회원들이 '나의 하나님'이란 찬양을 하는데, 그 찬송은 10여 년 전에 우리 교회가 한참 어려울 때 같이 부르면서 참 눈물을 많이 흘렸던 찬양이어서 깊은 위로가 되고 은혜가 되었습니다.

나의 하나님 그 크신 사랑 나의 마음속에 언제나
슬픈 눈물 지을 때 나의 힘이 되시는 나의 영원하신 하나님
나의 구원의 반석 나의 생명의 주인 나의 사랑의 노래
실패하여 지칠 때 나의 위로 되시는 나의 하나님을 찬양해
세월이 지나도 변치 않으리 내가 주를 사랑하는 마음
1. 즐거운 날이나 때론 슬픈 날이나 모두 하나님을 사랑합시다
 세월이 지나도 비바람 불어도 모두 하나님을 사랑합시다
2. 외로운 밤이나 험한 골짜기라도 나의 하나님은 동행하시니
 내 영혼 언제나 하나님을 바라며 세상 끝날까지 사랑하리라

지난 심야기도회 때 일본에서 오신 임미정 선교사님의 간증부터 가슴을 파고들었습니다. 일본에서 선교하면서 외롭고 힘들 때마다 "주여!" 하고 눈물로 부르짖으면 주님께서 "그래, 내가 응답하마!" 하고 말씀하시는 것이 아니라 "그래, 내가 다 안다!"라고 응답하셨다는 것입니다. 그러면서 '주님 내 안에'라는 찬송을 불렀습니다.

언제나 내 모습 너무나 부끄러워
무릎으로 주님께 기도로 가오니
나 홀로 서 있는 죽은 내 영 깨우사
주님만 나를 세워 내 영 살게 하소서
주님 내 안에 주님 내 안에 내 안에 계시고
주님 내 안에 주님 내 안에 나를 세워 주소서

가사 한 절 한 절이 그렇게 은혜가 되는 가운데 이어서 '늘 언제나 늘 가까이'라는 찬송을 불렀습니다.

> 늘 언제나 늘 가까이 그대를 지켜주시는 분
> 늘 언제나 늘 가까이 그대를 사랑하시는 분
> 그분의 도움이 필요할 때면 손 내밀어 잡아주시고
> 위로해 주시고 인도하시며 이해하게 도와주시는
> 하나님 그분 나의 하나님
> 늘 언제나 늘 가까이 내 곁에 계시는 분
> 내가 항상 주님 그 품에 거하게 하소서

눈물의 찬양을 통해 저 역시 하염없이 눈물이 쏟아지면서 저의 마음도 다 치유해 주셨습니다. 그래서 지난 금요일 밤 심야기도회에서 최근의 가슴 아프고 마음 상했던 상처의 아픔을 다 치유받고 주님만 바라보고 의에 주리고 목마른 심령으로 다시 일어설 수 있게 되었습니다.

사랑하는 성도 여러분, 살다 보면 뜻하지 않은 어렵고 힘든 순간이 없는 사람이 어디 있습니까? 그러나 어떠한 절망적인 어려움 속에서도 세상보다 하나님을 사랑하고 육신보다 성령님을 사모하고 하나님의 나라와 의를 구할 때 진정으로 의에 주리고 목마른 자가 되어 영육 간에 부족함이 없는 풍성한 은혜와 축복과 행복의 삶을 모두 다 누리게 될 줄 확실히 믿습니다.

다 함께 '마음이 상한 자를'을 함께 부르며 믿음으로 결단하도록 하겠습니다.

1. 마음이 상한 자를 고치시는 주님
　　하늘의 아버지 날 주관하소서
　　주의 길로 인도하사 자유케 하소서
　　새 일을 행하사 부흥케 하소서
2. 성령으로 채우사 주 보게 하소서
　　주의 임재 속에 은혜 알게 하소서
　　주 뜻대로 살아가리 세상 끝날까지
　　나를 빚으시고 새날 열어 주소서
후렴) 의에 주리고 목이 마르니 성령의 기름 부으소서
　　의에 주리고 목이 마르니 내 잔을 채워 주소서

　　의로운 하나님 아버지, 지난날 우리가 얼마나 불의하게 살았습니까? 이제는 세상보다 하나님을 사랑하게 하여 주시옵소서. 육신보다 성령님을 사모하게 하여 주시옵소서. 하나님의 나라와 의만 구하게 하여 주시옵소서. 그리함으로 의에 주리고 목마른 자가 되어 하나님으로부터 배부름을 얻는 복된 여생이 모두 다 되게 하여 주실 줄 믿사옵고 예수님의 이름으로 축복하며 기도드립니다. 아멘.

긍휼히 여기는 자의 복

긍휼히 여기는 자는 복이 있나니 그들이 긍휼히 여김을 받을 것임이요

말세의 마지막 때 또 하나의 징조는 긍휼이 사라졌다는 것입니다. 사람들의 마음이 강퍅해지고 삶이 점점 완악해지고 있어서 우리의 가정이나 세상은 말할 것도 없습니다. 어젯밤 TV 뉴스를 보니까 주차시비를 하면서 손도끼까지 들고 위협한 사람이 생길 정도입니다. 그런데 세상의 마지막 희망인 교회 안에서까지도 이 긍휼을 찾아보기 어려운 세대가 되면 어떻게 되겠습니까? 이러한 때 오늘 본문의 예수님의 말씀은 더욱 우리의 가슴에 뜨겁게 와 닿습니다. 팔복 중 지금까지 나온 4가지 복이 자기 신앙의 성숙에 초점을 맞추었다면 오늘부터 나오는 4가지 복은 자기 신앙의 실천에 초점을 맞추고 있는데 본문 마태복음 5장 7절 말씀을 다 함께 읽겠습니다.

"긍휼히 여기는 자는 복이 있나니 그들이 긍휼히 여김을 받을 것임이요."

'긍휼히 여기는 자'란 헬라어로 'οἱ ἐλεήμονες'(호이 엘레에모네스)라고 하는데 히브리어로 '슬픔'을 뜻하는 '라함'(רחם)이란 단어와 '인자'를 뜻하는 '헤세드'(חסד)란 단어로 해석할 수 있습니다. 상대방의 입장에서 슬퍼하면서 불쌍히 여기고, 여기서 그치지 않고 상대방의 어려움을 돕기 위해 구체적으로 행동하는 것까지 의미하는 것입니다. 그렇게 긍휼히 여기는 자는 복이 있는데 "그들이 긍휼히 여김을 받을 것임이요"라고 약속하고 계십니다. 여기 '긍휼히 여김을 받는다'는 'ἐλεηθήσονται'(엘레에데손타이)로서 미래수동태인데 우리가 상대방을 긍휼히 여기면 현재 긍휼히 여김을 못 받아도 멀지 않은 미래에 긍휼히 여김을 꼭 받게 된다는 것입니다. 그런데 내가 긍휼히 여김을 받고 싶어서 받는 것이 아니라 먼저 긍휼의 근원이 되시는 하나님으로부터 긍휼히 여김을 받게 되어서 결국 사람들로부터도 긍휼히 여김을 받게 된다는 것입니다. 그렇다면 우리가 어떻게 긍휼히 여기는 자가 되어야 하겠습니까?

마음부터 긍휼히 여겨야 함

가장 먼저 우리는 마음으로부터 긍휼히 여겨야 합니다. 우리의 모든 삶이 마음으로부터 시작되기 때문입니다.

사랑하는 남녀 사이에도 마음이 다 다릅니다. 여자는 남자가 옷을 멋있게 입고 나오면 바람둥이라고 생각하고, 옷을 아무렇게나 입고 나오면 별 볼 일 없는 사람이라고 생각합니다. 남자가 자기를 칭찬하면 사람을 제대로 볼 줄 아는 사람이라고 생각하고, 자기를 칭찬해 주지 않으면 예의 없는 사람이라고 생각합니다. 차를 탈 때 남자가 문을 열어주고 도와주면 작업한다고 생각하고, 도와주지 않으면 매너가 빵점이라고 생각합니다. 그러나 이처럼 아무리 남녀 사이에 차이가 있다 할지라도 서로를 마음으로 긍휼히 여기면 한마음이 될 수 있습니다.

예수님께서는 마음에서부터 시작하면 처음에는 오해해도 나중에는 다 풀리게 되는 그 긍휼의 모범을 보여주십니다. 우리를 먼저 마음으로부터 긍휼히 여기셔서 마태복음 20장 28절에 "인자가 온 것은 섬김을 받으려 함이 아니라 도리어 섬기려 하고 자기 목숨을 많은 사람의 대속물로 주려 함이니라"고 증거하지 않습니까? 그러므로 우리도 마음에서부터 긍휼히 여겨야 합니다. 그냥 가난하고 병들고 소외된 사람을 긍휼히 여기기는 쉽습니다. 그러나 배신을 하고 상처를 주고 불행과 고통의 못을 박고 떠나가는 사람을 긍휼히 여기는 것은 결코 쉬운 일이 아닙니다.

부부 사이가 좋지 않던 가정에서 아내 집사님이 혼자서 주일 저녁예배를 드리고 오더니 남편에게 매우 잘 해주었습니다. 남편은 너무나 오랜만에 행복감을 느낀 한편 아내가 갑자기 왜 그런지 궁금했습니다. 그래서 아무래도 주일 저녁예배 때 목사님의 설교에 감동을 받은 것이라고 생각하고는 다음 날 남편이 과일을 사들고 목사님을 찾아가서 물었습니다. "목사님! 감사합니다. 목사님 덕분에 제가 너무 행복해졌습니다. 제 아내가 목사님 주일 저녁예배 설교를 듣고 감동을 받았는지 저한테 잘해줍니다. 설교의 내용이 뭐였습니까?"라고 하자 목사님이 굉장히 난감해하며 머뭇거리다가 그말씀하시더랍니다.

"네, '원수를 사랑하라'였는데요."

이처럼 아무리 미운 남편이라도 말씀의 은혜를 받으면 마음으로 긍휼히 여기게 되어서 사랑하게 되는 것입니다.

지난 월요일 밤늦게 한 집사님이 문자 메시지를 보냈습니다. 2년 가까이 뜨거운 사랑을 쏟아주었던 교인이 있는데 자신을 이용만 했다는 것입니다. 그래서 시간도, 물질도, 가정까지도 큰 피해를 보았다면서 더 이상 상종도 하기 싫다고 했습니다. 그래서 주님만 바라보며 꼭 힘내라고 하면서 마태복음 5장 44절 말씀을 전해 드렸습니다.

"나는 너희에게 이르노니 너희 원수를 사랑하며 너희를 박해하는 자를 위하여 기도하라."

그렇습니다. 주님께서 우리를 사랑으로 위로하시고 격려하시면서 강조하신 말씀입니다. 그런데 우리가 원수를 사랑해야 하지만 도저히 마음에 내키지 않아 사랑이 안 될 때 어떻게 해야 하느냐는 것입니다. "너희를 박해하는 자를 위하여 기도하라"고 하셨습니다. 강퍅하고 완악해서 회개치 않고 계속해서 우리를 괴롭혀도 우리는 끝까지 말씀에 의지하여서 그들을 위해 기도해야 합니다. 그리할 때 우리의 감정으로는 도저히 용서할 수 없고 사랑할 수 없는데 성령님께서 우리의 마음속에 하나님의 사랑을 부어주셔서 어떠한 원수라도 긍휼히 여기게 하시고 뜨겁게 사랑하게 하셔서 언젠가는 변화시켜 주십니다. 그러나 그들이 거절하고 변화되지 않으면 그들은 불행과 고통 가운데 살지만 우리는 주위의 사랑이 절실한 사람들을 불쌍히 여기면서 의미 있고 보람되고 복된 생애를 살아가게 되는 것입니다.

몇 달 전부터 아들의 담임선생님의 건강을 위해 간절히 기도를 요청하는 집사님이 있었습니다. 선생님이 우울증으로 인해 죽고 싶어한다는 것입니다. 지난 수요일 새벽기도회에 모시고 나왔는데 마침 그날 성령님께서 예비라도 하신 듯이 그날 새벽 말씀이 창세기 14장이었습니다. 믿음의 조상 아브라함이 전쟁에 승리한 후 주님과의 영적인 교제를 회복하고 인내하는 중에 하나님의 축복을 누리고 십일조 헌금을 통해 나누고 베푸는 삶을 살아가는 내용이 나왔는데 그 선생님이 그날 말씀에 큰 은혜를 받았습니다. 앞으로 가장 먼저 주님과의 영적인 관계를 회복하고 남편과 자녀에 대해서 인내하면서 맡겨 주신 학생들을 위해 주님의 사랑을 베풀고 복음을 전하기로 결단하면서 눈물을 흘리며 감격해 했습니다. 그래서 두 분을 위해서 간절히 기도해 드리는데 멀리 일산에서부터 새벽부터 인도해 온 집사님의 눈에서까지 뜨거운 눈물이 흘러내리고 있었습니다.

우리가 고통당하는 이웃을 불쌍히 여기며 위해 주다 보면 우리 자신까지도 그 감격의 은혜와 축복과 행복을 누리게 됩니다. 이렇게 서로를 긍휼히 여기며 사랑으로 섬길 때 사실은 우리 자신이 복을 누리는 것입니다.

노스캐롤라이나 대학교의 달스트롬 교수가 의대생들을 대상으로 분노와 죽음의 관계를 연구했습니다. 감정의 응어리를 풀지 못하고 적대감이 높은 그룹과 낮은 그룹을 정하고 25년이 지나 그들이 50대가 되었을 때 사망률을 조사했더니 적대감이 높았던 그룹이 낮은 그룹보다 사망률이 7배나 높았고 심장질환 환자도 5배나 많았습니다. 또 법대생을 대상으로 한 조사에서도 비슷한 결과가 나왔는데 25년이 지난 후 적대감이 낮은 그룹의 사망률은 4%에 불과했지만 적대감 수치가 높았던 그룹은 이미 20%가 사망했습니다.

그렇습니다. 우리가 불쌍히 여기게 되고 원수라도 위해서 기도해

주면 하나님께서 가장 먼저 우리의 기도에 응답해 주시고 우리의 마음을 편안케 하시고 육신도 건강하게 하시고 삶도 축복되게 하시고 영육 간에 복을 부어주십니다. 그래서 베드로전서 3장 8-9절에 "마지막으로 말하노니 너희가 다 마음을 같이하여 동정하며 형제를 사랑하며 불쌍히 여기며 겸손하며 악을 악으로, 욕을 욕으로 갚지 말고 도리어 복을 빌라 이를 위하여 너희가 부르심을 받았으니 이는 복을 이어받게 하려 하심이라"고 분명히 약속하지 않습니까? 그러므로 우리는 어떠한 상처를 받고 어떠한 원수라도 우리 주위 사람들을 불쌍히 여기면서 마음으로부터 긍휼히 여길 때 하나님 아버지께서 우리의 기도에 응답해 주시고 영육 간에 놀라운 복으로 갚아주실 줄 분명히 믿으시기 바랍니다.

말로도 긍휼히 여겨야 함

계속해서 말로도 긍휼히 여겨야 합니다. 말세에 우리는 말로 얼마나 상처를 주고받으며 살아갑니까?

유명한 사진작가가 친구 집에 저녁식사 초대를 받아 가면서 자기가 찍은 작품사진 몇 장을 선물로 들고 갔습니다. 그 작품사진을 본 친구 부인이 그러는 겁니다.

"사진들이 참 멋지네요. 카메라가 좋아서 잘 찍었나 봐요."

카메라가 좋아서 사진이 잘 나왔다는 말을 들은 사진작가가 기분이 나빴지만 꾹 참았습니다. 그리고는 저녁을 다 먹은 후 돌아가면서 친구 부인에게 이렇게 말했다고 합니다.

"저녁 아주 맛있게 잘 먹었습니다. 아마도 좋은 요리기구들을 쓰시나 봐요."

음식 솜씨가 좋은 게 아니라 요리기구가 좋은 거 아니냐는 말이지요? 가는 말이 고와야 오는 말이 곱다는 말이 있지 않습니까?

우리의 문제의 심각성은 자신이 남에게 상처를 주면서도 자신이 주는 상처는 모르고 남이 주는 상처만 기억한다는 것입니다. 그런 점에서는 강단에서 말을 많이 하는 제가 여러분에게 상처를 제일 많이 주는지도 모르니까 이 시간을 빌어서 용서를 구합니다. 한 가지 해명을 한다면 악의는 없고 여러분이 정말 영적으로 은혜롭고 축복되고 행복하게 사명 감당하면서 하나님께 영광 돌리길 바라는 것 이상 바라는 것이 아무것도 없습니다. 그런데 우리의 가장 심각한 문제는 이러한 사실조차도 영적으로 분별하지 못하고 계속해서 사탄의 도구로 쓰임 받다가 인생을 끝내버리는 것입니다.

에베소서 4장 29절에 "무릇 더러운 말은 너희 입 밖에도 내지 말고 오직 덕을 세우는 데 소용되는 대로 선한 말을 하여 듣는 자들에게 은혜를 끼치게 하라"고 명령합니다. 여기 '더러운 말'이란 무엇보다도 거짓의 아비인 사탄 마귀에게 속아 사실을 확인하지도 않은 거짓말을 하고 입만 열면 불평하고 원망하고 남을 비방하고 험담하고 남을 음해하고 고소하는 말들을 말합니다. 이러한 더러운 말은 우리 입 밖에도 내지 말고 오직 덕을 세우는 데 소용되는 대로 서로 위로하고 격려하고 칭찬하고 사랑하는 선한 말만 하라는 것입니다. 그리할 때 듣는 자들에게 은혜를 끼치고 성령님이 역사하시고 하나님이 영광을 거두시게 됩니다.

2002년 한일월드컵 때 있었던 일입니다. 이탈리아와 경기를 하고 있는데 설기현 선수가 골을 넣지 못하고 지쳐 있는 것을 본 히딩크 감독이 이렇게 격려했습니다.

"넌 세계 최고 축구선수가 될 수 있으니까 힘내!"

그 말을 들은 설기현 선수는 다시 기운을 내서 뛰었고 결국 동점골을 터뜨릴 수 있었습니다. 또한 페널티킥을 실축해서 실망에 빠져 있는 안정환 선수에게는 이렇게 격려했습니다.

"그래도 난 다시 너를 믿을 거야. 너는 꼭 골을 넣어서 모든 국민들에게 희망을 줄 거야!"

결국 안정환 선수는 연장전에서 시원하게 헤딩슛으로 역전골을 터뜨려 우리나라 팀을 승리로 이끌었습니다. 후에 안정환 선수는 이렇게 고백했습니다.

"히딩크 감독님이 날 믿고 격려해 주는 순간 하나님께서 내 머리에 골을 얹어 놓듯이 골이 날아와 헤딩슛을 성공시킬 수 있었어요."

감독의 긍휼히 여기는 칭찬과 격려의 말이 그에게 큰 힘이 되어 주었던 것입니다.

여러분, 우리가 살면 얼마나 더 살겠습니까? 이제 주님 다시 오실 날도 점점 가까워지고 우리가 세상 떠날 날도 점점 가까워지고 있는데 다른 것 잘하려고 하지 말고 말 한 마디라도 따뜻하게 하시기 바랍니다.

미국의 조지 부시 대통령이 2015년 5월 17일 미국 명문대학 중 하나인 남부감리교대학교(South Methodist University) 졸업식에서 이렇게 축사를 했습니다.

"최우수상이나 우등상 등 우수한 성적을 거둔 졸업생 여러분을 축하합니다. 그런데 특별히 C학점을 받은 졸업생 여러분도 축하드립니다. 여러분도 저처럼 미국 대통령이 될 수 있습니다."

부시 대통령도 C학점을 많이 받았던 모양입니다. 하지만 성적이 좋지 않아 의기소침해 있는 학생들에게는 얼마나 마음을 따뜻하게 하는 위로의 말이었겠습니까? 이러한 위로와 격려의 말이 사람을 살리고 지난날을 치유하고 무한한 가능성을 열어줍니다.

데살로니가전서 4장 17-18절에 "그 후에 우리 살아남은 자들도 그들과 함께 구름 속으로 끌어 올려 공중에서 주를 영접하게 하시리니 그리하여 우리가 항상 주와 함께 있으리라 그러므로 이러한 말로 서로 위로하라"고 명령하지 않습니까? 우리가 서로 위로하며 살 날들도 많이 남아 있는 것이 아닙니다. 그러므로 남은 인생 천국의 소망 가운데 말 한마디라도 따뜻하게 하면서 말로도 긍휼히 여기며 살아갈 수 있길 바랍니다.

지난 주간 한 성도님이 "참 좋은 한마디"라는 제목의 감동적이 글을 보내주셨습니다.

천하보다 소중한 한 글자: 나
그 어떤 것도 이길 수 있는 두 글자: 우리
세상에서 가장 아름다운 세 글자: 사랑해
평화를 가져오는 네 글자: 내 탓이오
돈 안 드는 최고 동력 다섯 글자: 정말 잘했어
더불어 사는 세상 만드는 여섯 글자: 우리 함께 해요
뜻을 이룬 사람들의 일곱 글자: 처음 그 마음으로
인간을 돋보이게 하는 여덟 글자: 그럼에도 불구하고
다시 한 번 일어서게 하는 아홉 글자: 지금도 늦지 않았단다
나를 지켜주는 든든한 열 글자: 내가 항상 네 곁에 있을게

이런 말만 하며 살면 이 땅에 사는 동안 우리의 삶 가운데 천국을 이루지 않겠습니까?

이처럼 우리가 말로도 긍휼히 여기며 살게 될 때 돈 들이지도 않고 힘쓰지도 않고 백 쓰지 않아도 이 땅에 사는 동안에도 천국처럼 행복하게 살다가 영원한 천국에 이르게 될 줄 확실히 믿습니다.

물질로도 긍휼히 여겨야 함

마지막으로 우리는 물질로도 긍휼히 여겨야 합니다. "네 보물 있는 그곳에는 네 마음도 있느니라"(마 6:21)고 말씀하시기 때문입니다. 우리는 많은 때 물질을 나누면 손해 보는 것이라고 착각합니다. 그러나 실제로 우리가 살아가면서 주위의 어려운 사람들을 불쌍히 여기고 물질을 나누어 주면 그것이 얼마나 우리에게 은혜가 되고 축복이 되고 행복이 되는지 모릅니다. 그래서 잠언 11장 24-25절에 "흩어 구제하여도 더욱 부하게 되는 일이 있나니 과도히 아껴도 가난하게 될 뿐이니라 구제를 좋아하는 자는 풍족하여질 것이요 남을 윤택하게 하는 자는 자기도 윤택하여지리라"고 분명히 증거하고 있습니다.

실제로 믿음의 역사를 보면 구제를 많이 하는 분들이 큰 복을 받았음을 알 수 있습니다. 미국의 석유왕 록펠러부터 시작해서 마이크로소프트 회사 빌 게이츠 회장이나 세계적인 투자가인 워렌 버핏 등 세계적인 부호들을 보십시오! 최근에는 2015년 12월 1일 페이스북 설립자요 회장인 마크 저커버그가 딸 맥스의 출생을 맞아 자신이 보유한 회사 주식 지분의 99%, 즉 450억 달러, 한화로 약 52조 1100억 원을 평생에 걸쳐 기부하겠다고 밝혔습니다. 우리가 성탄절을 맞이하면서 어려운 형제와 이웃과 선교사님들을 위해 매년 사랑의 선물 나누기 행사를 하는데 1년에 10만 원, 100만 원도 못 나누는 것에 비하면 얼마나 통 큰 기부입니까? 그러므로 우리가 다른 사람을 사랑 없다고 말하기 이전에 나 자신부터 돌아보고 우리가 이렇게 큰 기부는 못한다 할지라도 우리의 삶 가운데서 물질 아까워하지 말고 불쌍한 사람들을 그냥 지나치지 말고 조그만 사랑이라도 베풀어야 합니다.

좀 부족한 사오정 집에 밤중에 강도가 들어와 집안을 여기저기 뒤졌지만 훔쳐갈 것이 없자 화가 나서 잠자고 있는 사오정을 깨웠습니다. "야, 일어나! 꼼짝 말고 손들어! 돈 있는 거 다 내놔! 아니면 죽을 준비 해!" 그러자 사오정이 벌벌 떨면서 살려달라고 하면서 부엌으로 뛰어갔다 오더니 그러더랍니다. "저기, 배 많이 고프세요? 그런데 어떡하죠? 우리 집에 지금 죽이 없는데, 그냥 밥으로 드리면 안 될까요?" 도둑이 죽을 준비를 하라는 게 먹는 죽을 준비하라는 말이었습니까? 그런데 강도 배고플까 봐 걱정해 주는 그 마음에 강도도 감동하지 않았을까요?

내 가정, 내 가문, 내 사업, 내 자녀만 생각하는 유교문화와는 달리 우리를 위해서 생명까지 아낌없이 내어주려 이 땅에 오신 예수님을 맞이하여 미국 등 서구 기독교 국가에서는 성탄절에 더욱 사랑의 구호의 손길을 베풉니다. 또한 어른들의 모범을 따라 자녀들까지도 그 사랑의 행렬에 동참합니다. 북미의 가장 인기 있는 스포츠 중의 하나인 아이스하키 주니어 리그에서는 일 년에 하루는 사랑의 곰 인형을 아이스 링크(얼음판)에 쏟아 놓는 세리머니를 행합니다. 그런데 지난 12월 7일 캐나다 캘거리의 스코샤뱅크 새들돔 경기장을 가득 메운 1만 9,289명이 함성을 지르며 일제히 일어서서 미리 준비해 온 곰 인형을 아이스 링크로 집어 던져서 곰 인형 2만 8,815개가 하늘로 날아오르는 장관이 펼쳐졌는데 이 인형을 모아서 병원과 복지기관 어린이들에게 전달했다고 합니다. 조그만 사랑의 정성이지만 얼마나 감동적인 일입니까?

지난 주간에 우리 치유하는교회 한 성도에게서 문자 메시지가 왔습니다. 자신이 생각하기에 세상에서 가장 불쌍한 사람이 있는데 바로 비가 오나 눈이 오나 길거리에서 폐지를 주우러 다니시는 할아버지, 할머니라는 것입니다. 그래서 추운 겨울에 폐지를 주우러 다니는 것이 얼마나 안돼 보이던지 가지고 있던 돈을 다 건네주고 왔다고 했습니다. 이 얼마나 가슴 뿌듯한 일입니까? 그뿐만이 아닙니다. 지난 12월 9일 우리 교회가 운영하는 화곡어르신복지센터와 연지어르신복지센터의 자원봉사자 만남의 날을 가졌는데 얼마나 많은 성도들이 늙고 병들고 가난하고 소외된 어르신들을 위해 봉사하고 있는지 모릅니다.

우리가 이렇게 우리 주위의 불쌍한 사람들을 물질로 긍휼히 여기면 우리 마음부터 기쁘고 행복하고 하나님께서 다 기억하시고 이 땅에 사는 동안에 다 갚아주십니다. 그래서 누가복음 6장 38절에 "주라 그리하면 너희에게 줄 것이니 곧 후히 되어 누르고 흔들어 넘치도록 하여 너희에게 안겨 주리라 너희가 헤아리는 그 헤아림으로 너희도 헤아림을 도로 받을 것이니라"고 분명히 증거하지 않습니까? 우리가 하나님께 바치고 나누는 일에 아까워하며 찔찔찔 나누면 하나님께서도 우리에게 복을 찔찔찔 주십니다. 그런데 주님께서 쓰시겠다 하실 때 팍팍 쓰면 하나님께서도 우리에게 복을 팍팍 주십니다. 그러므로 우리가 주위의 도움이 절실한 사람들에게 물질로 긍휼히 여길 때 하나님께서 다 기억하시고 천국의 축복과 행복의 감격 속에 살게 하실 줄 분명히 믿으시기 바랍니다.

지난 주간에는 대구에 있는 교회 부흥성회를 인도하고 왔습니다. 교회가 갈라지는 어려움 속에서 16년 전에 새 목사님이 부임하셔서 은혜로운 교회로 부흥하고 있었습니다. 이번에 가서 귀한 장로님, 권사님 내외분을 만났습니다. 이 장로님의 아버님은 평생을 울릉도에서 목회하시다가 은퇴를 하셨는데 오직 주님만 바라보면서 한평생 충성스럽게 목회를 했는데 막상 은퇴하고 나니까 모아 놓은 돈도 없고 오갈 데도 없었습니다. 5남 1녀 중 서울에 사는 큰아들, 작은아들 집으로 가셨는데 모두들 사정이 있어서 모시지 못하겠다고 거절해서 눈물을 흘리며 셋째 아들인 이 장로님이 계시는 대구로 내려오셨습니다. 그런데 대구에 내려오신 부모님의 모습이 그렇게 초라해 보이고 불쌍하게 보이고 자기마저 거절하면 노부모님이 어떻게 되시겠는가 하는 생각이 들더랍니다. 그래서 평생 모은 것 없이 헌신적으로 목회하시고 이제는 저렇게 오갈 데 없으신 부모님을 불쌍히 여기고 끝까지 모시겠다는 다짐을 하고 집으로 모셔와서 그 동안 베풀어주신 사랑과 은혜에 감사하면서 물질도 아까워하지 않고 매일 요양사 두 분이 오전, 오후 교대로 모시도록 했더니 부모님이 그렇게 눈물을 흘리면서 고마워하시더랍니다.

그렇게 어느덧 20여 년이 지나 이제 아버지가 올해 99세가 되시고 어머니는 93세이신데 부모님 살아계시는 동안 모실 수 있다는 것이 얼마나 큰 복인지 모르겠다고 하셨습니다. 그리고 시부모님을 모시고 산다는 것이 결코 쉬운 일이 아니지만 끝까지 참고 모셔 준 부인 권사님께도 감사하다고 했습니다. 이렇게 긍휼히 여기는 삶을 살아가는 장로님 내외분을 하나님께서 다 기억하시고 이 땅 위의 복으로 갚아주셔서 경영하는 회사가 너무나 잘 된다고 했습니다. 또한 교회가 어려울 때 장로님 내외분이 앞장서서 큰 힘이 되어 주셔서 하나님의 복을 크게 누리고 귀하게 쓰임 받고 계셨습니다.

사랑하는 성도 여러분, 우리가 또다시 성탄절과 연말연시를 맞이하면서 우리가 멀리 갈 것도 없습니다. 우리의 부모나 형제, 남편이나 아내, 자녀들, 이웃과 교인들 그리고 먼 오지의 선교사님들에 이르기까지 우리가 긍휼히 여겨야 할 사람들이 우리 주위에 얼마나 많습니까? 우리의 조그마한 사랑의 정성이 그들을 얼마나 감동시키고 눈물을 펑펑 흘리게 하고 감격시키는지 모릅니다. 그러므로 죄인 되었던 우리를 위해 모든 것을 다 주시기 위해 이 땅에 오신 예수님을 본받아 우리의 마음부터 긍휼히 여기고 말로도 긍휼히 여기고 물질까지도 긍휼히 여길 때 우리의 남은 인생 넘치는 하늘의 상과 이 땅의 복으로, 자손들에게까지도 차고 넘치게 갚아주실 줄 확실히 믿습니다.

다 함께 '참 좋으신 주님'을 함께 부르며 결단하도록 하겠습니다.

    1. 참 좋으신 주님 귀하신 나의 주
       늘 가까이 계시니 나 두려움 없네
       내 영이 곤할 때 내 맘 낙심될 때
       내 품에 안기라 주님 말씀하셨네
    2. 예수 이름으로 모였던 곳에서
       우리가 헤어질 때 늘 함께하시며
       이 세상 살 동안 주 말씀 따라서
       살게 하소서 승리하게 하소서
   후렴) 광야 같은 세상 주만 의지하며
       주의 인도하심 날 강건케 하시며
    1. 주의 사랑 안에서 살게 하소서
       주만 의지하리 영원토록
    2. 영원토록 평안함 얻게 하소서
       우리 다시 만날 그날까지

긍휼이 풍성하신 하나님 아버지, 지난날 우리의 삶 가운데 주님의 긍휼이 메말라갈 때가 얼마나 많았습니까? 이제 여생이라도 우리의 마음으로부터 긍휼히 여기게 하여 주시옵소서. 말로도 긍휼히 여기게 하여 주시옵소서. 물질까지도 긍휼히 여기게 하여 주시옵소서. 그리함으로 주님으로부터 긍휼히 여김을 받는 복된 생애가 다 되길 간절히 바라옵고 예수님의 이름으로 축복하며 기도드립니다. 아멘.

마음이 청결한 자의 복

마태복음 5:8

마음이 청결한 자는 복이 있나니 그들이 하나님을 볼 것임이요

2015년 12월 8-14일 교수신문이 전국 대학교수들을 대상으로 설문조사를 벌인 결과 '올해의 사자성어'는 '昏庸無道'(혼용무도)였습니다. 혼용(昏庸)은 어리석고 무능한 군주를 가리키는 혼군(昏君)과 용군(庸君)을 함께 일컫는 말이고 무도(無道)는 세상이 어지러워 도리가 제대로 행해지지 않음을 묘사한 논어의 '천하무도'(天下無道)에 나오는 표현입니다. 그런데 올 상반기에는 메르스 사태로 온 나라의 민심이 흉흉했지만 정부가 이를 제대로 통제하지 못한 채 무능함을 보여줬고 중반에는 청와대가 여당 원내대표에게 사퇴 압력을 넣어 삼권분립과 의회주의 원칙이 크게 훼손되었습니다. 또한 후반에는 역사 교과서 국정화 논란으로 국론이 분열되고 국가 대외 이미지가 추락하고 국력이 낭비되었다고 추천 이유를 설명했습니다.

이처럼 말세의 마지막 때 온 세상이 혼란하고 불의하고 부패한 세상으로 변질되어 가고 있습니다. 이러한 때 하나님께서는 오히려 청결하고 성결하고 깨끗한 사람을 찾고 계십니다. 그래서 오늘 본문 마태복음 5장 8절에 다음과 같이 말씀하십니다.

"마음이 청결한 자는 복이 있나니 그들이 하나님을 볼 것임이요."

여기 "마음이 청결한 자"는 헬라어로 'οἱ καθαροὶ τῇ καρδίᾳ'(호이 카다로이 테 카르디아)인데 '마음'은 'τῇ καρδίᾳ'(테 카르디아)로서 3절에 나오는 심령(πνεῦμα)과 본질적으로 동일한 단어입니다. 다시 말하면 영혼이 청결한 자가 복이 있는데, '청결하다'의 헬라어인 'καθαροὶ'(카다로이)라는 단어는 '더러움이 없이 깨끗하다'는 의미입니다. 구약성경의 헬라어 번역본인 70인역(LXX) 성경에서는 히브리어로 'טהרה'(타호르)라는 단어로 번역되는데, 주로 제사를 드리는 의식적인 측면에서 자주 사용되었습니다(창 7:2; 레 4:12, 13:13; 신 12:15).

그런데 마음이 청결한 자의 복으로 "그들이 하나님을 볼 것이요"라고 말씀하십니다. 다시 말하면 제물이 깨끗해야만 하나님께 바칠 수 있듯이 영혼이 깨끗해야 하나님을 볼 수 있다는 것입니다. 하나님을 '본다'라는 단어는 헬라어로 'ὄψονται'(옵손타이)라고 해서 '보다'(요 8:4), '알다'(요 9:30)라는 뜻인데 구약성경 70인역(LXX)에서 히브리어로 'ראה'(라아)라는 단어로 번역되듯이 이것은 하나님을 눈으로 목격할 뿐만 아니라 직접 체험하게 된다는 의미입니다. 이것이야말로 우리 신앙의 절정이 아니겠습니까?(엡 1:8) 그렇다면 어떻게 마음이 청결해야 하나님을 볼 뿐만 아니라 체험할 수 있을까요?

불신앙의 죄를 버려야 함

마음이 청결한 자가 되려면 가장 먼저 불신앙의 죄를 버려야 합니다. 우리가 산상보훈 중에 8복의 말씀을 나누고 있는데 어디서 보니까 사탄의 8복도 있다고 합니다. 첫째는 "피곤하고 바쁘다는 핑계로 교회에 나가지 않는 자는 복이 있나니 그들이 나의 가장 믿을 만한 일꾼이 될 것임이요"라는 예배 결석의 복이고, 둘째는 "목사나 교인들의 흠만 보고 트집을 잡는 자는 복이 있나니 그들이 은혜를 받지 못할 것임이요"라는 불평불만의 복이고, 셋째는 "자기 교회인데도 목사가 교인들이 나오라고 사정해야만 나오는 자는 복이 있나니 그들은 교회를 힘들게 하는 자가 될 것임이요"라는 애걸복걸의 복이고, 넷째는 "남의 흉보기 좋아하는 자는 복이 있나니 그들은 다툼과 분쟁을 일으킬 것임이요"라는 흉보는 자의 복이고, 다섯째는 "걸핏하면 토라지는 자는 복이 있나니 그들은 조그만 일에도 화를 내고 교회를 떠날 것임이요"라는 삐지는 자의 복이고, 여섯째는 "하나님 일에 인색한 자는 복이 있나니 그들은 사탄을 가장 많이 도와주는 자가 될 것임이요"라는 인색한 자의 복이고, 일곱째는 "성경을 읽거나 기도를 할 수 없을 만큼 바쁜 자는 복이 있나니 그들은 사탄의 유혹에 잘 넘어갈 것임이요"라는 너무도 바쁜 자의 복이고, 여덟째는 "하나님을 사랑한다고 하면서도 형제나 이웃을 미워하는 자는 복이 있나니 그들은 사탄의 영원한 친구가 될 것이니라"는 미워하는 자의 복이라고 합니다. 혹시 아직도 이러한 사탄의 복을 버리지 못한 분들이 있습니까?

그러나 지옥 가는 죄이기도 하고 신앙생활 가운데서도 하나님의 살아계심을 믿지 못하게 하는 죄가 있다면 그것은 불신앙의 죄입니다. 요한복음 16장 9절에 "죄에 대하여라 함은 그들이 나를 믿지 아니함이요"라고 증거했습니다. 우리가 하나님을 믿고 신앙생활을 하면서도 삶의 결정적인 순간에 하나님을 믿지 못할 때가 얼마나 많습니까?

형식적으로 교회만 왔다 갔다 하던 한 집사님이 죽게 되었는데 도저히 천국에 갈 자신이 없어서인지 너무도 불안해했습니다. 그러자 임종예배를 인도하던 목사님이 요한복음 3장 16절을 찾아 이렇게 읽었습니다.

"하나님이 세상을 이처럼 사랑하사 독생자를 주셨으니 이는 그를 믿는 자마다 멸망하지 않고 영생을 얻을까 말까 하노라."

그러자 집사님이 그래도 들은 것은 있어서 깜짝 놀라며 말했습니다.

"목사님, '영생을 얻을까 말까 하노라'가 아니라 '영생을 얻게 하려 하심이라' 아니에요?"

이 말을 듣고 목사님이 "지금 집사님이 '영생을 얻을까 말까' 하고 불안해하고 있지 않나요?"라고 하자 집사님이 그제서야 진심으로 자신의 불신앙을 회개하고 구원의 확신을 가지고 세상을 떠났다고 합니다.

오늘날에도 이런 구원의 확신이 없는 교인들이 우리 주위에 얼마나 많습니까? 그러나 이 불신앙의 죄를 회개할 때에 지난날의 모든 죄를 용서함 받고 깨끗하게 될 뿐만 아니라 살아계신 하나님께 대한 믿음을 갖게 됨으로써 하나님의 살아계신 증거를 많이 체험하게 되는 것입니다. 그래서 믿음장인 히브리서 11장 1-2절에 "믿음은 바라는 것들의 실상이요 보이지 않는 것들의 증거니 선진들이 이로써 증거를 얻었느니라"고 증언했습니다. 다시 말하면 우리가 믿음을 가지면 미래에 바라는 것들이 실제로 이루어지지만 과거에 보지 못한 것들의 증거도 얻게 되어서 지금까지 믿음으로 살았던 우리의 수많은 신앙의 선조들이 그러한 증거를 얻었다는 것입니다.

　미국의 베스트셀러 작가요, 리더십 계발 강사인 존 맥스웰 목사님이 오하이오 주에서 목회하던 시절의 이야기입니다. 그는 사냥꾼으로 유명한 교우와 함께 100리쯤 쭉 뻗은 고속도로를 갈 기회가 여러 번 있었는데 그때마다 그 교우의 특별한 면을 발견하고 놀랐다고 합니다. "목사님, 저기 다람쥐가 있네요." 그러나 그에게는 보이지 않았습니다. "목사님, 저기를 보십시오. 오리가 두 마리나 있습니다." 그래도 맥스웰 목사는 여전히 보지 못했습니다. "목사님, 사슴을 보십시오", "토끼가 지나갔습니다." 목적지에 이르기까지 사냥꾼 교우는 십여 마리의 짐승을 보았지만 같은 길을 같은 차를 타고 가면서도 사냥꾼은 쉽게 보는 것을 맥스웰 목사는 보지 못했고 그가 본 것은 오직 고속도로뿐이었습니다.

　그런데 "믿음은 바라는 것들의 실상이요 보지 못하는 것들의 증거니…"라는 말씀처럼 보지 못하는 것을 보게 하는 것이 믿음의 눈입니다. 우리가 믿음의 눈으로 보지 않으면 살아가면서 하나님의 믿음의 기적들을 다 놓쳐버리고 맙니다. 여호수아와 갈렙 두 사람은 이 믿음의 눈이 있었기에 다른 열 사람의 정탐꾼들이 보지 못했던 것들을 보았습니다. 우리도 그 믿음의 눈을 회복해야 합니다. 그러기 위해서는 지나온 삶 가운데 얼마나 살아계신 하나님께서 기적적으로 역사하셨고 은혜 베푸셨고 축복하셨는가를 분명히 기억해야 합니다.

　히브리서 11장 6절에 계속해서 명령하십니다.

　"믿음이 없이는 하나님을 기쁘시게 하지 못하나니 하나님께 나아가는 자는 반드시 그가 계신 것과 또한 그가 자기를 찾는 자들에게 상 주시는 이심을 믿어야 할지니라."

우리가 다른 것은 못 믿어도 하나님이 분명히 살아계시고, 살아계신 하나님을 믿고 따르는 이들에게 이 땅에 사는 동안에도 복을 주시고 주님 앞에 서게 될 때 상을 주신다는 것만은 믿어야 한다는 것입니다.

미국의 신앙의 기업가 앨버트 알렉산더 하이드는 소득 중 십 분의 구를 하나님께 드렸던 신실한 크리스천이었습니다. 그는 미국의 경제 공항 중에도 하나님께 서원한 헌금을 바치기 위하여 집까지 팔 정도여서 사람들은 그를 보고 미쳤다고 조롱했습니다. 그러나 그는 노아가 120년 동안 방주를 지었던 믿음을 본받아 확신 있는 기도를 멈추지 않았습니다. 1889년 그는 하나님으로부터 영감의 음성을 듣고 약사인 친구와 함께 우리에게도 잘 알려진 멘소래담이라는 제약회사를 설립했는데 그때도 사람들은 그를 미쳤다고 조롱했습니다. 그러나 하나님은 하이드의 기도를 응답하셔서 공항 중에도 소염진통제인 멘소래담 로션으로 유명하여 그의 사업은 번창하여 세계적으로 으뜸가는 회사로 발전했습니다. 126년이 지난 오늘날까지도 멘소래담은 세계적으로 유명하지 않습니까? 하나님을 의지하는 변함없는 믿음을 소유했기에 그는 큰 축복을 받고 하나님의 나라를 위해 귀하게 쓰임 받을 수 있었던 것입니다.

우리가 일생토록 꿈에도 잊지 말아야 할 것은 하나님은 분명히 살아계시고 우리의 죄악 됨에도 불구하고 변함없이 사랑하시고 우리의 작은 신음의 기도에도 응답하시고 지금까지 기적적인 역사를 수없이 보여주시고 세상 끝날까지 우리와 항상 함께하신다는 사실입니다. 그러므로 우리의 얼마 남지 않은 여생이라도 불신앙의 죄를 미련 없이 내어 버리고 오직 살아계신 하나님께 대한 믿음으로만 살아가면 우리가 진정으로 마음이 청결한 자가 되어서 우리의 신앙생활 가운데 하나님께서 살아 역사하시는 것을 믿음의 눈으로 목격하고 우리의 삶 가운데 체험하게 될 줄 분명히 믿으시기 바랍니다.

위선의 죄를 버려야 함

더 나아가 마음이 청결한 자가 되려면 위선의 죄를 버려야 합니다. 우리는 유교의 체면문화 속에 살다 보니까 남의 눈을 의식해서 위선의 삶을 살기 쉽습니다. 특별히 지난날의 사랑의 상처가 많은 사람일수록 자존감이 낮아져서 열등감을 쉽게 느끼고 그것을 어떻게라도 보상받기 위해 명예욕에 사로잡히게 됩니다. 그리고 그것이 따라주지 않을 때 겉과 속이 다르고 앞에서와 뒤에서의 삶이 다르고 교회에서나 가정이나 세상에서의 삶이 다른 위선의 죄에 빠지고 맙니다.

예수님께서는 이러한 위선의 삶을 싫어하셨습니다. 예수님이 이 땅에 사시는 동안 가장 진노하셨던 대상은 죄인이나 세리나 창녀나 병자가 아니었고 위선적인 대제사장들과 제사장들과 서기관들과 바리새인들이었습니다. 그래서 마태복음 23장에서 "화 있을진저 외식하는 서기관들과 바리새인들이여"(마 23:13, 15, 16, 23, 25, 27, 29) 하고 일곱 번이나 책망하셨습니다. 그러면서 마태복음 23장 27절에 "화 있을진저 외식하는 서기관들과 바리새인들이여 회칠한 무덤 같으니 겉으로는 아름답게 보이나 그 안에는 죽은 사람의 뼈와 모든 더러운 것이 가득하도다"라고 결정적으로 책망하셨습니다. 겉으로는 그 사람이 청렴해 보이고 결백해 보이고 이런 사람이 없다고 칭찬들을 하는데 속으로는 명예욕, 육신욕, 세상욕으로 가득 차 있는 것을 질타하신 것입니다.

영국의 소설가 로버트 스티븐슨이 쓴 "지킬 박사와 하이드"라는 소설이 있습니다. 어느 마을에 마음씨 착하고 선행을 많이 베푸는 지킬 박사가 살고 있었는데 사람들은 그를 천사처럼 여기며 존경했습니다. 그런데 그 동네에는 거의 매일 밤 살인과 절도와 유괴 등 끔찍한 사건이 일어났고 범인은 잡히지 않았습니다. 그러던 어느 날 마침내 범인의 단서가 잡혔습니다. 칼 경이라는 유명인사가 지팡이에 맞아 살해되었는데 그 범행에 사용된 지팡이가 발견된 것입니다. 그리고 그 지팡이는 앤더슨이란 변호사가 지킬 박사에게 선물한 것이라는 놀라운 사실이 밝혀졌습니다. 그런데 경찰이 지킬 박사의 집에 들이닥쳤을 때 지킬 박사의 옷을 입은 하이드가 자살한 것을 보게 됩니다. 천사 같던 지킬 박사와 끔찍한 연쇄 사건의 범인인 하이드는 동일한 인물이었던 것입니다. 이 소설은 인간에게는 '선'과 '악'이 함께 공존한다는 것을 보여주고 있는데 인간이 악함을 버리지 않고 마음속에 숨긴 채 선한 척할 때 위선자가 되고 이중인격자로 전락하고 맙니다.

인류의 최초의 조상 아담이나 최초의 살인자 가인에게서도 위선의 뿌리를 발견할 수 있습니다. 주님을 판 대가로 은 30냥을 받고서도 "너희 중에 한 사람이 나를 팔리라"는 예수님의 말씀에 "나입니까?" 하며 가증스런 태도를 보이던 유다에게서도 그 위선자의 모습을 볼 수 있습니다. 그러므로 우리가 예수님을 본받아 선한 삶으로 변화되어야 하는데 그것이 안 되면 위선의 삶을 살게 되고 그것마저도 포기하게 되면 타락하고 맙니다.

이탈리아가 낳은 세계적인 화가 레오나르도 다빈치가 불후의 명작인 "최후의 만찬"을 그릴 때 예수님과 다른 제자들의 그림은 다 그렸는데 가룟 유다의 얼굴만은 영감이 떠오르지 않아 그릴 수가 없었습니다. 그렇게 몇 년이 지난 후 다빈치는 로마의 뒷골목을 거닐다가 술에 취한 소름이 끼치는 한 험상궂은 사람을 만났는데 '저 사람이야말로 가룟 유다의 모델이 될 수 있겠다'고 생각되어 모델이 되어 줄 것을 부탁했습니다. 그래서 그를 데려다가 그림을 완성하고 모델료를 지불하려고 하는데 그에게서 "선생님, 제가 몇 년 전에 예수님의 모델이었던 삐에뜨르 반디넬리입니다"라는 말을 듣고 깜짝 놀라지 않을 수 없었습니다. 지난날의 그의 선하디선한 모습은 사라지고 가장 교활하고 험악한 모습으로 변해버리고 만 것입니다.

어느 마을에 거대한 참나무 한 그루가 있었는데 그 나무는 마을 사람들의 자랑거리였습니다. 그 나무는 마을 사람들이 태어나기 훨씬 전부터 있었고 또한 그들보다 더 오래 살아남을 것이라고 모두들 생각하고 있었습니다. 그러던 어느 날, 세찬 폭풍으로 그만 참나무는 반으로 쪼개지고 말았습니다. 그러자 나무의 속이 훤히 드러났는데 속은 완전히 썩어서 텅 비어 있더랍니다. 겉으로는 힘과 장수의 상징처럼 보였지만 속으로는 병들어 죽어가고 있었던 것입니다. 우리는 이것을 두려워하고 경계해야 합니다. 이것이 바로 예레미야 선지자가 "만물보다 거짓되고 심히 부패한 것은 마음이라 누가 능히 이를 알리요마는"(렘 17:9)이라고 탄식했던 인간의 마음입니다.

몇 해 전에 한 사극에 출연하여 너무도 청순한 이미지로 남성들뿐만 아니라 온 국민들의 마음을 사로잡았던 인기 최고인 한 여성 탤런트가 있었습니다. 그런데 몇 년이 지나지 않아 그의 사생활이 밝혀졌는데 온갖 마약과 섹스에 빠져 있는 여자임이 밝혀져서 결국 연예계에서 물러났습니다. 그 후 몇 차례 컴백을 시도했지만 아직까지도 회복이 안 되고 있는데 아마도 죽을 때까지 회복이 어려울 것 같습니다.

이것은 비단 세상 연예계만의 일이 아닙니다. 종교계도 마찬가지입니다. 중 행세를 하며 신도들에게 돈을 받아내는 가짜 중이 있었는데 어느 날 절 뒷산에서 닭을 잡아먹으려고 닭의 털을 뽑다가 신도에게 들키고 말았습니다. 깜짝 놀란 신도가 "이니! 스님, 불가에서 살생을 하시다니 어찌된 노릇입니까?" 하자 그 가짜 중이 점잖게 말하더랍니다.

"글쎄, 이 닭이 어찌나 불심이 강한지 세상의 고뇌를 청산하고 삭발하겠다기에 지금 털을 뽑아 주고 있는 거요."

닭이 삭발한다는 소리는 처음 들어봅니다.

교회 안에서도 마찬가지입니다. 중한 직분을 받은 사람일수록 남의 눈을 의식해서 더욱더 위선적인 거짓의 사람이 되는 유혹을 받기 쉽습니다. 한때 빈민촌의 대부로 불리면서 청렴하고 결백한 성직자로 소문 난 목사가 있었습니다. 그는 한국교회의 부패를 질타하고 세상 물질이나 명예에 빠진 목사들을 소리 높여 비난하면서 한국교회의 개혁의 아이콘으로 이름을 날렸습니다. 제가 신학생 때 그는 모든 신학생들의 선망의 대상이어서 우리 동기 전도사님들이 그 교회의 교육전도사로 들어가 그분을 가까이 모시게 되었습니다. 그런데 그 전도사님들의 말에 의하면 실제로 그 목사님에게는 어떠한 영성도, 청렴한 삶의 모범도, 삶의 감동도 없었습니다. 그러면서도 마치 자신만이 선한 목자이고 나머지 목사들은 모두 다 삯꾼 목자인 것처럼 가면을 쓰고 다른 목사들을 매도하였지만 그의 명예욕에 불타는 거짓과 위선의 삶은 다 드러나고 말았던 것입니다. 그래서 저는 그 뒤부터는 그 목사님을 더이상 존경하지 않았습니다. 그 후 그가 한 도시에 교회를 개척했을 때 그 지역 교회들의 장로, 권사, 집사 등 수천 명의 교인들이 몰려들어 한때 급성장을 했지만 결국 그 교회는 큰 불화와 분쟁에 휩쓸려서 교인들이 다 흩어지고 말았습니다.

여러분, 사람은 그 가족이 제일 잘 알고 교인은 교인이 제일 잘 알듯이 목사는 목사가 제일 잘 압니다. 사실 목회하면서 제일 힘든 것은 설교도 아니고 새벽기도도 아니고 심방도 아니고 행정도 아닙니다. 내가 강단에서 말씀을 증거한 대로 먼저 살고 있느냐가 가장 힘이 듭니다. 그래서 부족한 종이 미국 유학과 이민 목회의 연단 속에서 배운 큰 교훈이 있어서 저의 성경책 앞에 써 붙인 글귀가 있습니다.

"산 만큼 설교하고 설교한 만큼 살자."

이것이 쉬운 일은 아니지만 그렇게 살아가야만 우리의 일생도 복되고 이 세상 떠난 다음에도 자손대대로 큰 감동을 남기는 것입니다.

늘 교회도 안 나오고 아내 집사님의 속만 썩이던 남편이 죽어서 장례를 치르게 되었습니다. 아내 집사님의 요청으로 목사님이 장례를 주관하게 되었는데 죽은 사람에 대해서 나쁘게 말하는 게 좋지 않을 것 같아서 고인이 강한 의지를 가졌고 가정생활이나 직장생활이나 참으로 근면하고 성실했다고 설교를 했습니다. 그런데 그 말을 듣고 있던 아내 집사님이 옆에 있는 아들에게 이렇게 속삭이더랍니다.

"얘야, 관 속에 있는 사람이 정말 니네 아버지 맞는지 가서 좀 보고 와라."

남편의 삶과 목사님의 설교가 많이 차이가 있었던 모양입니다. 제가 죽은 다음에 장례를 치를 때 혹시 저의 집사람이 저의 딸 안나에게 관 한번 들여다보라고 할까 봐 겁이 납니다.

다윗은 범죄한 후 나단 선지자의 책망을 받은 후 시편 51편 10-12절에 "하나님이여 내 속에 정한 마음(pure heart)을 창조하시고 내 안에 정직한 영(steadfast spirit)을 새롭게 하소서 나를 주 앞에서 쫓아내지 마시며 주의 성령을 내게서 거두지 마소서 주의 구원의 즐거움을 내게 회복시켜 주시고 자원하는 심령을 주사 나를 붙드소서"라고 간절히 간구하였습니다. 그러므로 우리가 주님의 구원의 즐거움을 회복하고 자원하는 심령으로 주님의 일을 하기 위해서는 이제라도 위선의 가면을 다 벗어버리고 내 모습 이대로 주님 앞에 나와 엎드려 세리의 고백과 같이 "하나님이여 나를 불쌍히 여기소서 나는 죄인이로소이다"(눅 18:13) 하고 고백할 수 있길 바랍니다. 그리하면 우리가 진정으로 마음이 청결한 자가 되어서 삶의 순간마다 분명히 살아계신 하나님을 목격하고 체험하게 될 줄 확실히 믿습니다.

교만의 죄를 버려야 함

마지막으로 마음이 청결한 자가 되려면 교만의 죄를 버려야 합니다. 늘 강조하지만 불신앙의 죄와 위선의 죄 다음으로 무서운 죄가 교만의 죄입니다. 왜냐하면 천사장 루시퍼가 타락하여 사탄이 되고 최초의 인간 아담과 하와가 타락하여 에덴동산에서 쫓겨나고 말세에 그렇게 은혜 받고 축복받았던 목사, 장로, 권사, 집사가 타락하여 몰락하는 이유도 바로 이 교만의 죄 때문입니다. 여러분, 우리는 처음 은혜 받았을 때는 얼마나 주님 한 분만으로 만족하고 행복했습니까? 그런데 서리집사가 되면서부터 목에 힘이 들어가고 안수집사, 권사가 되면 목에 깁스를 하고, 장로가 되면 목에 철근, 콘크리트를 깔아버립니다. 그러니 더 이상의 무슨 은혜가 있고 축복이 있고 행복의 감격이 있겠습니까? 그렇게 교만한 순간부터 우리는 영적으로 잠들고 병들고 죽어가고 있는 것입니다. 그래서 잠언 16장 18절에 "교만은 패망의 선봉이요 거만한 마음은 넘어짐의 앞잡이니라"고 경고하고 있습니다.

1912년 4월 영국의 초호화 여객선 타이타닉 호가 북대서양에서 빙산과 충돌해서 탑승객 2천 2백여 명 중 무려 1천 5백여 명이 사망한 세계 최대의 해난사고가 있었습니다. 세계 최고를 자랑하며 첫 출항을 했던 이 배의 선장은 "하나님이라도 이 배를 어떻게 할 수 없을 것"이라고 큰소리를 쳤습니다. 선장의 그런 교만한 마음뿐만 아니라 통신사까지도 사고해역에 이르기 전 "빙산과의 충돌의 사고 가능성이 있다"는 여섯 번이나 걸친 무선연락의 경고를 무시해 버렸습니다. 타이타닉호의 사고는 바로 교만이 빚어낸 참사였던 것입니다. 그러므로 우리가 은혜 받고 건강하고 축복되고 행복하고 형통하고 잘나갈 때에 늘 영적으로 깨어서 겸손하고 온유하고 낮아지고 죽어져야 합니다.

어느 날 사랑의 성자 성 프랜시스에게 제자들이 물었습니다.

"선생님은 어떻게 그렇게 예수님처럼 사랑이 많고 온유하고 겸손할 수 있습니까?"

그 말을 듣고 한참 눈을 감고 있더 성 프랜시스가 제자들에게 이렇게 대답했습니다.

"지금까지 내게 베풀어주신 주님의 은혜를 생각하면 내가 교만할 것이 무엇이 있겠는가? 모든 것이 다 주님의 은혜인데…."

지구촌교회 원로목사이신 이동원 목사님이 쓰신 《회개행전》에 이런 이야기가 나옵니다. 시카고가 낳은 세계적인 부흥사 드와이트 무디 목사님이 미국의 어느 중소도시에서 전도대회를 인도하게 되었습니다. 대회 며칠 전에 그곳에 도착했는데 다음 날 아침에 일어나서 신문을 봤더니 머리기사로 '교만한 전도자 무디'라는 기사가 실렸더랍니다. 기자들의 인터뷰 요청을 사정상 거절했더니 화가 난 기자들이 그런 기사를 쓴 것입니다. 그 기사를 보고 스태프들이 화가 나서 "무디 목사님, 말도 안 되는 기사입니다. 이건 인격 살인이 아닙니까? 어떻게 할까요?" 하고 야단들이었지만 무디 목사는 가만히 그 기사를 읽더니 껄껄 웃으며 이렇게 말하더랍니다.

"이 사람들이 나를 잘 모르는 것 같네요. 사실 나는 이 기사에 쓰인 것보다 훨씬 더 교만한데, 이만하면 잘 써 준 거 같은데요? 여러분, 이건 하나님께서 우리에게 겸손하라고 말씀하시는 사인입니다. 좀 더 겸손하기 위해서 우리 모두 기도합시다."

바로 이것이 신학교도 나오지 않은 무디 목사님이 세계적인 부흥사가 된 근거입니다. 우리는 남들이 조금만 잘한다, 뛰어나다 하면 그냥 교만해지고 맙니다. 거기서부터 우리의 신앙도, 은혜도, 축복도 다 무너지고 맙니다. 그러므로 이것을 우리는 평생토록 경계해야 합니다. 사람들 앞에서만 겸손해선 안 되고 입술로만 겸손한 체해서도 안 되고 뼈를 깎는 고통의 심정으로 하나님 앞에서 진정으로 삶으로 겸손해져야 합니다.

주일 주보란에 "축하: 담임목사/ 전국노회장협의회장 피선"이란 광고가 나온 주일이었는데, 2부 예배를 마치고 담임목사실에 들어왔더니 한 장로님이 찾아오셔서 축하한다고 저를 안아주셨습니다. 그러면서 "목사님, 진심으로 축하드립니다. 그런데 이제부터 더욱더 겸손하게 낮아져 섬기셔야 합니다"라고 하셨습니다. 그래서 제가 말했습니다.

"그럼요! 더 낮아져 섬겨야지요!"

제가 늘 강조하지만 저는 이렇게 은혜롭고 행복하게 부흥하는 치유하는교회 담임목사 된 것만 해도 감사하고 감격스럽습니다. 그런데 크리스찬치유상담연구원, 치유상담대학원대학교 교수가 된 데다가, 영등포노회 노회장, 전국 노회장협의회 회장, 총회 임원까지 되고 한국교회와 이민 교회와 세계 선교지에까지 이르러 치유의 복음을 전하게 되었으니 이보다 더 자랑스럽고 영광스러운 일이 어디에 있겠습니까? 그런데 사실 이 모든 것이 저 혼자의 힘으로 되었겠습니까? 첫째는 하나님의 은혜요, 둘째는 여러분의 밤낮 끊이지 않는 기도와 뜨거운 사랑과 물심양면의 후원에 힘입었고, 셋째는 저 자신에 대해서 '네가 지금 여기서 교만하면 그때부터는 죽는 길이다'라고 늘 경계하며 살고 있습니다.

그래서 16년 전 치유하는교회에 처음 왔을 때부터 그때그때 상황에 따라 휴대폰 컬러링이 달라졌습니다. 처음 부임할 때에는 "하나님의 사랑을 사모하는 자"였는데 고소, 고발이 심해서 너무도 힘들 때는 우리 성도님들의 기도로 이겨내면서 "누군가 널 위해 기도하네"로 바꿨습니다. 또 교회 문제가 치유되고 회복되면서 "You raise me(날 세우시리)"였다가 더욱 겸손히 충성해야겠다는 믿음을 가지고 "십자가를 질 수 있나"였습니다. 그러다가 이 모든 것이 하나님의 은혜라는 것을 가슴속 깊이 느끼고 총회 임원이 되고 노회장이 되고 전국 노회장협의회장이 된 다음에는 이 모든 것이 하나님의 은혜임을 잊지 않고 더욱 겸손해져야 한다는 마음에 휴대폰 컬러링을 곧바로 "하나님의 은혜"라는 찬송으로 바꾸었습니다.

그렇습니다. 우리의 지나간 모든 삶이 주님의 은혜가 없이는 단 한 순간도 버틸 수 없었습니다. 그러므로 늘 가슴속에 되새기는 말씀인 고린도전서 15장 10절의 "그러나 내가 나 된 것은 하나님의 은혜로 된 것이니 내게 주신 그의 은혜가 헛되지 아니하여 내가 모든 사도보다 더 많이 수고하였으나 내가 한 것이 아니요 오직 나와 함께 하신 하나님의 은혜로라"는 바울 사도의 이 신앙이 우리의 신앙이 되길 바라고 바울 사도의 이 삶이 우리의 삶이 되길 바라고 바울 사도의 이 고백이 우리의 고백이 될 수 있길 바랍니다. 이렇게 모든 것이 하나님의 은혜임을 감사하고 감격하면서 교만의 죄를 버리고 겸손히 낮아져 섬길 때 우리는 진정으로 마음이 청결한 자가 되어서 날마다 순간마다 하나님을 목격하고 체험하는 기적의 삶을 살아가게 될 줄 분명히 믿으시기 바랍니다.

이번 주 수요밤예배를 마지막으로 드리고 경주중앙교회로 떠나가는 김창식 목사님은 부족한 종이 1997년 미국 유학을 마치고 돌아와 1998년 장신대 신학대학원에서 가르칠 때 만났던 제자 목사님이었습니다. 그때부터 김 목사님은 수많은 학생들 가운데 참으로 영적으로 특출한 신학생이었는데 치유하는교회에 와서 봤더니 김정차 장로님, 강경자 권사님의 아드님이었습니다. 김 목사님은 1남 2녀 중 둘째이자 외아들로 태어나서 집에서는 귀한 아들이요, 부모님의 자랑거리였고 특히 어머니에게 그는 특별한 아들이었습니다. 아버지는 전형적인 경상도 분으로 남자 고등학교 선생님에 가부장적인 분이셨고 어머니는 반대로 정 많고 다정하셨던 외할아버지가 당시 딸 아들 차별하지 않고 대학에 보내서 약사가 되셨습니다. 그런데 그 다정한 아버지 밑에 자라다가 가부장적인 아버지와 결혼하신 어머니는 참 많이 힘드셔서 그런지 어머니는 그에게 애정이 더 각별하셨습니다. 그런 어머니가 외아들에게 집착하지 않고 주의 종으로 내어놓으신 사건이 있었다고 합니다. 그가 하나님의 종으로 부름 받고 선교사로 죽을지도 모르는 곳을 다녀오고 지금도 목회가 바쁘다는 핑계로 잘 찾아뵙지도 못하지만 그저 하나님의 종으로 맡기고 뒤에서 어떤 말보다 그저 기도로 돕는 것으로 바꾸시게 된 사건이었습니다.

그가 고3 개학을 눈앞에 둔 2월 마지막 주일에 자전거를 타고 이른 아침에 교회로 갔습니다. 당시 고3 학생들은 주일 아침 7시에 일찍 예배를 드리고 학교에 갔는데 아침 6시 반쯤 교회로 간 목사님이 8시가 가까워지는 시간에 넋이 나간 모습으로 눈에 초점을 잃고 걸어 들어오더랍니다. 그래서 놀라 살펴보니까 사고가 있었는지 곳곳에 상처는 나고 정신은 반이 나가서 같은 말만 반복하고 자전거는 앞바퀴가 완전히 찌그러져 어떻게 끌고 왔는지 모르게 끌고 왔는데 김 목사님은 그날 어떤 사고가 있었는지 전혀 기억이 나지를 않는다고 합니다. 온몸에 상처가 나고 갈비뼈는 부러져 있었고 머리를 부딪쳐 뇌진탕을 입어 눈에 초점이 풀려 있었고 정신이 거의 나간 상태로 돌아왔는데 자전거 앞바퀴는 심하게 찌그러져 휘어져 있었고 어떻게 1시간여를 헤매다가 집으로 왔는지, 그날 무슨 일이 있었는지 전혀 알 수가 없었습니다.

나중에 수소문해 보니까 그의 자전거가 승용차와 부딪혀서 그가 공중에 붕 떴다가 떨어지는 사고가 있었다는 것을 어떤 목격자를 통해 알게 되었습니다. 그런데 그 뺑소니차는 이미 가 버렸고 목사님은 거의 정신이 없는 상태로 길거리를 헤매다가 가까스로 집으로 찾아 들어온 것이었습니다. 그때 그가 살아 있다는 것만 해도 감사하고 걸어서 집으로 돌아온 것은 그야말로 기적이었는데 그날 어머니는 놀란 가슴에도 병원에 가지 않고 일단 그를 방에 눕혀 두고는 당시 초등학생이던 여동생에게 옆에서 살펴보라고 하신 후에 주일 예배를 드리러 다녀오셨습니다. 그리고는 주일 예배를 다 마치신 후에야 그를 병원에 데리고 가서 검사받게 하셨습니다.

　나중에 그가 그때 그 일을 알고 좀 서운하기도 하고 평소 어머니와 같지 않아 이상해서 왜 그러셨느냐고 물어보았더니 그때 어머니가 하신 말씀이 참 놀라웠습니다. 그 긴박하고 당황한 순간에 하나님의 음성이 분명히 들렸다는 것입니다. 첫째는 "이 아들은 내 아들이다. 걱정하지 마라" 하신 것이었고, 둘째는 "이 아들의 평생을 나에게 맡겨라"는 말씀이었다고 합니다.

　그래서 어머니는 그 자리에서 먼저 하나님께 예배하러 교회로 올라갔다고 이야기하셨고 그 후 어머니는 평생 그에 대한 마음을 바꾸셨습니다. 그가 무엇을 선택해도 다른 어떤 말보다 "그래, 하나님이 너와 함께하실 거다. 나는 그것을 믿는다"고 하셨고 기도하면서 당신의 마음을 감추셨습니다. 잘 다니던 직장을 그만두고 신학대학원을 간다고 할 때도, 목사 안수를 받고 곧바로 아무것도 알지 못하는 험한 나라 카자흐스탄 선교사로 간다고 할 때도, 그곳에서 몇 번이나 죽을 고비를 넘긴다는 이야기를 들으셨을 때도 그저 하나님의 종이요, 하나님께 맡겨진 아들이기에 하나님께서 책임지실 거라고 믿고 기도하실 뿐이었습니다. 그저 아들이 너무 힘들어 보여서 한마디 말할 때면 예전에 그 교통사고 속에서 하나님께서 부르셨던 그 이야기를 상기시키듯이 "넌 하나님의 아들이다. 하나님께서 책임지는 아들이다"는 말 한마디뿐이었습니다.

　그는 이런 어머니의 믿음과 마음을 잘 알고 믿음과 순종을 보며 자라나서 그 마음이 느껴질 때마다 그는 더욱 주의 십자가를 바라보고 어머니께 부끄럽지 않은 아들이 되려고 주의 몸 된 교회를 위해 그를 사용하시는 하나님께 더 집중해 왔다고 합니다.

　그는 선교사로 9년여 동안 카자흐스탄에서 선교를 했는데 이슬람

문화권에서 심한 긴장 속에 복음을 전하고 교회를 개척하고 안식년도 없이 9년여의 시간을 지내다 보니 그와 가족들은 심각한 탈진(번아웃)을 경험해야 했습니다. 영과 혼과 육이 지칠 대로 지쳐서 아내와 아이들을 돌아볼 여유조차 없어서 결국 가족들까지도 모두 탈진 상태에 빠져서 그야말로 죽기를 구하는 엘리야의 심정을 경험하기도 했다고 합니다.

카자흐스탄에서 하나님은 그로 하여금 교회를 개척할 수 있는 특별한 은혜를 주셨습니다. 당시 그는 1년 반 동안 첫 도시 알마타에서 교회 사역을 하면서 언어를 익히고 문화와 법을 습득하고 있었는데 하나님께서는 본의 아니게 익숙한 도시를 떠나 완전히 새로운 곳인 수도 아스타나로 가서 교회를 개척하게 되었습니다. 선교지에서는 "한국에서 선교지로 나올 때 선교사들이 유서를 한 장 쓰고 나오지만 선교지로 정착한 도시에서 다른 도시로 이동한다는 것은 유서를 10장 써야 한다"는 우스갯소리가 있는데, 그도 이 말이 얼마나 실감나는 말인지 교회를 개척하면서 알았다고 합니다.

처음에 있던 알마타라는 도시는 비교적 따뜻한 남쪽 도시였는데 하나님은 완전히 새로운 1,300km 북쪽의 도시 아스타나에 개척하도록 하셨습니다. 그곳은 겨울이 1년에 7개월 이상이고 겨울 평균 기온이 영하 25도이며 추운 날은 영하 40도 이하로 내려가는 곳입니다. 영하 40도라고 하면 머리에 모자 안 쓰고 5분만 나가 있으면 머리가 멍해지는데 뇌수가 얼어서 죽는다고 합니다. 그 당시 외국인은 거주 등록이라는 법이 있어서 한 도시에 5일 이상 머물려면 이민국에 가서 신고를 해야 했기 때문에 그는 교회 등록 서류를 준비하고 접수하기까지 꼬박 6개월을 한 주는 남쪽에, 한 주는 북쪽에, 이렇게 매주 왕복 2,600km(서울-부산 거리가 대략 450km이니까 약 5배가 넘는 거리)를 오가며 교회 등록 준비를 했고, 등록 서류 접수를 6개월에 걸쳐 마치고 허가를 기다렸습니다.

　이슬람 국가로 구소련 붕괴 후 아직 법이 제대로 정비되지 않아 허술한 면이 있었지만 실제로 나중에 교회 허락을 받고 나자 시장이 교회 관련 지도자들을 불러 놓고 그 교회 이름을 거론하면서 그 라두가 교회가 마지막 등록 교회가 될 것이라고 말하기도 했습니다. 정말 하나님의 은혜로 기적적으로 교회 등록의 막차를 티게 된 것입니다.

　등록을 기다리는 피 말리는 시간 동안 허가가 아직 나지 않았지만 믿음으로 북쪽으로 이사를 하기로 했습니다. 당시 사모님은 둘째를 막 낳은 후라 어떻게 도와줄 수가 없어서 5살 난 딸아이와 함께 한국으로 잠시 보내두고 정말 죽기 살기로 교회 설립에 나섰습니다. 1월의 중순이라 가장 추울 때였는데 당시 그의 차인 현대 스타렉스에 짐을 잔뜩 싣고 이사를 감행했습니다. 얼마 전에 북쪽으로 가는 도로가 열렸다는 소식을 듣고 어떤 선교사들도 가본 일 없는 길을 따라 현지인 한 명과 함께 1,300km를 운전해 갔습니다. 출발하는 남쪽은 괜찮았는데 북쪽 도시는 영하 40도였고 도시가 영하 40도이지만 광야 지역은 영하 50도를 넘나들었습니다. 새로 난 길이라 지도도 없고 무엇보다 기름을 어디서 넣을 수 있을지 알 수가 없어서 기름 넣는 곳이 보이면 무조건 기름을 넣었습니다. 그 차는 디젤 기름을 썼는데 디젤은 영하 10도만 넘으면 기름이 얼어버린다는 지식도 없었다고 합니다. 나중에 알았지만 북쪽에는 영하 40-60도를 견딜 수 있는 특수한 기름을 만들어 사용하고 있었다고 합니다. 당시에는 그런 것을 알 수도 없었습니다. 한마디로 무식하고 무모한 열정만 있었던 것입니다.

　해가 떨어지자 기온이 무섭게 떨어졌는데 차가 달리면 엔진 열이 있어서 따뜻해야 하는데 얼마나 추운지 히터는 고사하고 기름이 연료 필터에서 얼어서 굳어져 초와 비슷한 파라핀이 되어가니 차가 앞으로 가지를 않았습니다. 오가는 차도 없고 어디 들어갈 곳도 없는 완전한 몇백 킬로미터의 광야에 갇힌 것입니다. 스타렉스 연료 필터에 조그만 펌프 같은 것이 있다는 것이 생각나서 그걸 몇 번 펌프질하면 조금 연료가 들어가서 차가 가는데 그렇게 5km 가면 서고 또 펌프질하면 가다가 7, 8km 가면 서고…. 이러다 나중에는 펌프도 얼어서 딱딱해지는데 이러다간 여기서 죽겠구나 싶었습니다. 유일한 온기라고는 손밖에 없으니 장갑을 빼고 맨손으로 펌프 붙잡고 간절히 기도하면서 녹이면 또 조금 기름 들어가고…. 그렇게 무려 300km를 7-8시간을 사투하면서 가까스로 그 얼음 속의 광야지역을 빠져 나왔습니다. 손은 동상에 걸렸고 지칠 대로 지쳐서 도시에 도착하자마자 쓰러졌다가 다음날 차를 점검하려고 본네트를 열어보고는 정말 하나님의 은혜에 놀라지 않을 수 없었다고 합니다. 엔진 오일이 다 터져서 본네트 안이 온통 시커멓게 되어 있었는데 정말 기적같이 하나님이 그를 목적지에 도착하게 하시고 살려주신 것입니다.

그 먼 거리와 추위와 외로움과 싸우면서 교회를 개척하는 일이 얼마나 힘이 들었는지 모릅니다. 그래서 한 번은 쓰러져서 인사불성으로 3일 동안 혼수상태에 있다가 깨어난 적도 있었는데 그때도 하나님께서는 특별한 도움의 손길을 보내셔서 그를 살려주시고 일주일 만에 간신히 일어나게 하셨습니다. 또한 의약이나 의료시설이 제대로 갖추어지지 않은 나라에서 담석 수술을 받고 2차 감염으로 인해 죽을 고비를 또 넘겨야 했습니다. 그 외에도 교회를 세우면서 일어난 일을 말하자면 정말 끝도 없는 간증거리라고 합니다.

이렇게 죽을 고비를 수없이 넘기고 5년 전 우리 치유하는교회로 왔으니 그가 살아있다는 것 자체가 감격이었습니다. 선교지의 광야의 혹독한 연단 속에서 그는 이미 그의 불신앙도 위선도 교만도 다 깨어져 있었습니다. 그러니 그의 깊은 영성에서 우러나오는 복음의 열정적인 설교를 들을 때마다 저의 지난날 그 눈물겨웠던 이민 목회의 힘든 세월이 떠오르면서 그렇게 뜨겁게 가슴에 와 닿았습니다. 저는 한쪽 켠에서 항상 눈물을 흘리며 그의 설교를 듣곤 했습니다. 그런데 그가 이제 떠난다고 하니 한쪽 팔이 떨어져 나가는 듯한 허전함과 아쉬움이 있지만 불교의 아성인 경주를 향해 나아간다니 또다시 선교사로 파송하는 심정으로 그의 가정과 목회를 위해 더욱 간절히 눈물로 간구하지 않을 수 없습니다.

사랑하는 성도 여러분, 오늘 송년주일을 보내면서 우리의 지나온 인생과 지나간 한 해의 삶을 돌이켜 볼 때 모든 것이 다 하나님의 은혜였음을 진심으로 감사드리지 않을 수 없습니다. 앞으로 우리의 삶 가운데 어떠한 고난과 역경이 닥쳐와도 우리가 불신앙의 죄와 위선의 죄와 교만의 죄를 다 내어 버릴 때 진정으로 마음이 청결한 자가 되어서 남은 인생 날마다 순간마다 하나님을 뵈옵는 기적적인 역사를 체험하며 살아가게 될 줄 확실히 믿습니다.

다 함께 지나온 인생과 지나간 한 해의 삶을 돌이켜보며 찬송 '하나님의 은혜'를 함께 부르며 결단하도록 하겠습니다.

나를 지으신 이가 하나님
나를 부르신 이가 하나님
나를 보내신 이도 하나님
나의 나 된 것은 다 하나님 은혜라
나의 달려갈 길 다 가도록

나의 마지막 호흡 다하도록
나로 그 십자가 품게 하시니
나의 나 된 것은 다 하나님 은혜라
한량없는 은혜 갚을 길 없는 은혜
내 삶을 에워싸는 하나님의 은혜
나 주저함 없이 그 땅을 밟음도
나를 붙드시는 하나님의 은혜

거룩하신 하나님 아버지, 우리의 마음이 더러운 죄악으로 가득할 때가 얼마나 많았습니까? 불신앙의 죄부터 버리게 하여 주시옵소서. 위선의 죄도 버리게 하여 주시옵소서. 교만의 죄도 버리게 하여 주시옵소서. 그리함으로 거룩하신 주님을 닮아 진정으로 마음이 청결하여 날마다 순간마다 하나님을 뵈옵게 하여 주실 줄 믿사옵고 예수님의 이름으로 간절히 축복하며 기도드립니다. 아멘.

화평하게 하는 자의 복

마태복음 5:9

화평하게 하는 자는 복이 있나니 그들이 하나님의 아들이라 일컬음을 받을 것임이요

말세의 마지막 때를 가리켜 '갈등과 불화의 시대'라고 부릅니다. 어디서나 평안하고 행복한 삶을 찾기 어렵기 때문입니다. 2015년 12월 29일 옥션 사이트를 방문한 20대 이상 국민들을 대상으로 설문조사한 결과 새해 소망의 1위는 39%로 가족의 건강과 화목이었고, 2위는 15.4%로 돈 모으기였고, 3위는 8.0%로 취업, 구직 등이었습니다. 그런데 우리의 현실은 어떠합니까? 엊그제 밤에도 술 취한 아버지가 어머니를 폭행한다고 격분한 11살 난 아들이 아버지를 살해한 사건이 있었습니다. 이처럼 우리의 가정이나 직장은 말할 것도 없고 교회마저도 예외는 아닙니다. 공중의 권세를 잡고 있던 사탄이 주님의 공중 재림에 밀려서 이 지상 교회에 얼마나 교활하고 극렬하게 역사하는

지 모릅니다. 특별히 마지막 때 선교적 사명을 뜨겁게 감당하고 있는 한국교회에 융단폭격을 쏟고 있다 보니까 교회마다 갈등과 불화에서 헤어나오지 못하고 있습니다. 교회가 이처럼 화평의 사명을 감당하지 못하니까 우리나라와 민족도 갈등과 불화에서 헤어나오지 못하고 있는 것입니다.

지난 수요일에도 북한이 기습적으로 제4차 핵실험을 감행해서 정부가 김정은 국방위원장의 생일인 지난 금요일을 기점으로 최전방부대 11곳에서 지난 5개월 동안 멈췄던 대북 확성기 방송을 재개했습니다. 그리고 정부는 북한이 이 확성기를 조준, 타격하겠다고 하니까 북한의 확성기 타격 땐 3, 4배로 응징하겠다고 해서 남북관계가 급냉각되고 말았습니다.

이처럼 말세 마지막 때 지구상 어디에도 평안한 데가 없는데 우리가 불화하면 그 결과는 갈라디아서 5장 14-15절 말씀과 같이 "온 율법은 네 이웃 사랑하기를 네 자신같이 하라 하신 한 말씀에서 이루어졌나니 만일 서로 물고 먹으면 피차 멸망할까 조심하라"고 분명히 경고하고 있습니다.

새해를 맞이하면서 가장 먼저 변해야 할 우리에게 너무도 절실한 것이 무엇인지 아십니까? 온 세상에 점점 갈등과 불화가 심해질 때 금년 제100회기 우리 총회 주제가 "주님, 우리로 화해하게 하소서!"인데 오늘 본문인 마태복음 5장 9절에 주님께서 친히 말씀하십니다.

"화평하게 하는 자는 복이 있나니 그들이 하나님의 아들이라 일컬음을 받을 것임이요."

여기 '화평하게 하는 자'란 헬라어로 'oi εiρηvoπoιoί'(호이 에이레

노포이오이)라고 해서 '평화'(εἰρήνη, 에이레네)와 '만들다'(ποιέω, 포이에오)라는 단어가 합해져서 된 말입니다. 이것은 단순히 마음이 평안하거나 평화를 지키는 자란 의미가 아니라 '불화하는 사람 사이에 적극적으로 화평을 만들어내는 자'를 의미합니다. 이렇게 '화평하게 하는 자'는 복이 있나니 그들이 '하나님의 아들'이라 일컬음을 받는다고 약속하십니다.

여기 '아들'이 헬라어로 'υἱοὶ θεοῦ'(휘오이테우)인데 영어로 'the children of God'이라고 해서 '하나님의 자녀들'이란 뜻입니다. 우리가 오래 교회 다녔다고 하나님의 자녀라고 하는 것이 아니고, 봉사나 헌금 많이 했다고 하나님의 자녀라고 하는 것도 아니고, 교회의 중한 직분 받았다고 하나님의 자녀라고 하는 것도 아니라 주님의 사랑으로 화평하게 하는 자가 주위 사람들에게 모범이 되고 감동을 주어서 하나님의 자녀라고 일컬음을 받는다는 것입니다.

이해인 수녀님은 《서로 사랑하면 언제라도 봄》이라는 시집의 서시를 이렇게 썼습니다.

우리 서로
사랑하면
언제라도 봄
겨울에도 봄
여름에도 봄
가을에도 봄
어디에나
봄이 있네

다시 말하면 우리가 서로 사랑하고 화평하면 하나님의 자녀로서 언제 어디서나 아니 영원토록 따스한 천국의 축복과 행복의 감격 속에 살아가게 된다는 것입니다.

이것을 역설적으로 말씀드리면 입만 열면 불평과 원망을 쏟아놓고 어떻게 해서든지 비방이나 험담이나 하면서 우리 사이를 갈라놓고 불화하고 분쟁하게 하는 자는 사탄의 자식들이라는 것을 분명히 밝히고 있습니다. 그렇다면 우리가 어떻게 화평하게 하는 자가 될 수 있습니까? 우리가 이 화평의 문제를 풀기 위해서는 마태복음 22장에 나오는 예수님의 말씀과 연결하여 풀어갈 필요가 있습니다.

하나님과 화평해야 함

먼저 마태복음 22장 37-38절 말씀을 다 함께 읽겠습니다.

> "예수께서 이르시되 네 마음을 다하고 목숨을 다하고 뜻을 다하여 주 너의 하나님을 사랑하라 하셨으니 이것이 크고 첫째 되는 계명이요."

마음을 다하고 목숨을 다하고 뜻을 다하여 주 하나님을 사랑하기 위해서는 무엇보다 먼저 하나님과 화평해야 합니다. 그래야 하나님과 진정한 사랑을 나눌 수 있습니다. 흔히 불화하는 사람들이 있으면 양쪽을 화평케 하기 위해 나오라고 해서 차나 식사를 대접하고 대화를 시키고 악수나 포옹도 시키면서 설득하면서 화해케 하는 데 주력합니다. 그러나 그렇게 한다고 해서 진정한 화해는 안 됩니다. 왜냐하면 불화하는 근본적인 이유가 적어도 양쪽 중 한 편은 분명히 하나님 앞에서 영적으로 바로 서 있지 못하기 때문입니다. 이것을 바로잡기 전에는 진정한 화해는 없습니다.

결혼한 지 얼마 안 된 부부가 불화를 겪다가 결국 헤어지기로 결정해서 가정법원에 갔더니 판사가 남편에게 이렇게 물었습니다.

"두 분은 뭣 때문에 이혼을 하기로 결정했나요?"

그러자 남편이 말했습니다.

"우리 부부는 결혼하고 여섯 달 동안 함께 살았는데 단 한 번도 두 사람의 의견이 일치한 적이 없습니다."

그러자 옆에서 듣고 있던 아내가 얼른 그러더랍니다.

"일곱 달이잖아?"

이혼 법정에 와서까지도 끝까지 의견 일치가 안 된 것입니다. 그런데 두 사람 중 한 사람이라도 먼저 자신을 회개하고 믿음 위에 바로 서서 하나님과 화평했다면 이렇게까지는 안 되었을 것입니다.

하나님과 화평하게 될 때 우리 자신이 먼저 하나님의 은혜를 회복하고 행복을 회복하고 축복을 회복하게 되고 더 나아가 거기서부터 주위 사람들과의 모든 불화는 풀리기 시작합니다. 그래서 욥기 22장 21절에 "너는 하나님과 화목하고 평안하라 그리하면 복이 네게 임하리라"고 분명히 증거한 것입니다.

지난 월요일 아침 총회 신년하례예배가 있어서 갔더니 채영남 총회장님이 설교 중에 이런 말씀을 하셨습니다. 하나님께서 왜 우리를 밀림의 왕인 사자나 부지런한 소라고 부르지 아니하시고 양이라고 부르시는지 아느냐고 하였습니다. 사자는 남을 해치며 살아가니 다른 동물과 화평할 수 없고 또 소는 부지런히 자기 일만 하니 평생토록 얼마나 고생을 합니까? 그런데 양은 아무것도 걱정하지 않고 염려하지 않고 목자에게 모든 것을 맡기면 목자가 다 알아서 먹여주고 재워주고 쉬게 해 주고 다 알아서 해 주니 얼마나 복된 삶이냐는 것입니다. 그러므로 우리도 가장 먼저 인생의 선한 목자가 되시는 하나님과의 관계부터 회복할 수 있길 바랍니다.

베트남 전쟁이 한창일 때 전 세계에 끔찍한 고통과 충격을 가져다 준 사건이 있었습니다. 1972년 6월 8일 미군 폭격기의 폭격을 맞고 집에서 뛰어나오는 어린 소녀가 있었는데 그 소녀의 이름은 판티 킴푹(Phan Thi Kim Phuc)이었습니다. 그때 킴푹이 온몸에 불이 붙은 채로 옷을 벗고 뛰어나오는 광경을 AP통신 기자가 찍었는데 원래 나체 사진은 보도될 수 없었지만 그 사진이 온 세계에 소개되면서 모든 이들에게 큰 충격을 주었습니다. 그 사진으로 기자는 퓰리처상까지 받게 되었지만 킴푹은 그때의 사건으로 인해 캐나다로 망명한 후에도 오랜 세월 동안 마음에 큰 고통과 상처를 가지고 살아갔습니다. 자기를 그렇게 만든 사람들에 대한 미움과 증오 속에서 살아가니 마음의 평안이 없고 고통과 불행 가운데 살았습니다.

그러던 중 그녀는 한 목사님으로부터 전도를 받고 예수님을 영접하게 되었습니다. 그녀가 괴롭던 마음의 고통과 상처를 십자가 앞에 다 내려놓았더니 지난날의 상처가 다 치유되고 놀랍게도 마음의 평안이 찾아왔고 또한 죄 사함을 받은 기쁨으로 삶이 변하기 시작했습니다. 그리하여 하나님과 화평하게 됨으로써 자신을 그렇게 만든 사람들에 대한 미움과 저주가 사라지고 사랑과 소망이 싹트기 시작했습니다. 그 후 그녀는 행복한 결혼생활을 하게 되고 캐나다 시민권을 얻었으며 유네스코(유엔교육과학문화기구)의 평화문화 친선대사가 되어서 수많은 믿지 않는 사람들에게 복음을 전하는 사람이 되었습니다. 이렇게 킴푹에게 놀라운 삶의 변화를 가져다 준 것은 그녀가 하나님과 화평했기 때문이었습니다.

그렇습니다. 부족한 종이 어떠한 일을 당해도 지난 39년째 목회를 하는 가운데 얻은 결론이 있습니다. 우리가 "하나님의 뜻이 어디에 있습니까?" 하고 먼저 하나님 앞에 엎드리고 하나님의 뜻을 구하고 하나님과 화평하고 믿음에 굳게 서 있으면 지금은 주위에서 이해받지 못하고 비난받고 공격받을 수 있어도 언젠가는 진실이 드러나게 되고 진심은 통하게 되어 결국에는 승리하게 됩니다. 그리하여 모든 관계가 화평케 되고 하나님의 온전한 복을 누리고 또한 주위의 어떠한 불화하는 관계도 화평케 하는 역사를 일으키며 살아가면서 진정으로 하나님의 자녀 된 삶을 살게 될 줄 분명히 믿으시기 바랍니다.

자신과 화평해야 함

계속해서 마태복음 22장 39절을 다 함께 읽겠습니다.

"둘째도 그와 같으니 네 이웃을 네 자신같이 사랑하라 하셨으니."

하나님과 화평한 후에 우리는 곧바로 이웃과 화해해야 할 줄 알지만 여기서 주목해야 할 말은 '네 이웃을 사랑하는 데 있어서 네 자신같이 사랑하라'는 것입니다. 다시 말하면 우리가 먼저 우리 자신을 사랑하지 않고 우리 자신과 화평하지 않고 우리 자신이 먼저 치유받지 않고는 이웃과의 진정한 화평을 이룰 수 없다는 것입니다. 그러므로 하나님과 화평한 다음에 우리 자신과도 화평하여 자존감(Self-esteem), 즉 자신을 존중하는 마음을 회복해야 합니다. 그렇지 않으면 나 자신이 남들보다 열등하다고 위축되는 열등감에 빠지게 되어서 사사건건 주위의 말이나 행동에 상처를 받고 시험에 빠지게 됩니다. 반대로 나 자신이 남들보다 우월하다고 착각하는 우월감에 사로잡히면 자신이 최고라는 영적 교만에 사로잡혀 어떠한 영적인 지도도 받지 않으려고 해서 이웃과의 관계가 다 깨어지고 맙니다. 그러나 자신과 화평함으로 자존감을 회복하게 되면 어떠한 상처의 고통 가운데에도 더이상 상처를 받지 않고 주님의 위로를 받으며 다 이겨낼 수 있습니다.

이동원이 쓴 《회개행전》이란 책에 이런 이야기가 나옵니다. 시카고가 낳은 세계적인 부흥사 드와이트 무디 목사님이 미국의 한 도시에서 전도집회를 인도하게 되었습니다. 집회 며칠 전 그곳에 도착했는데 다음 날 아침에 일어나서 신문을 봤더니 머리기사로 '교만한 전도자 무디'라는 기사가 실렸더랍니다. 기자들의 인터뷰 요청을 사정상 거절했더니 화가 난 기자들이 그런 기사를 쓴 것입니다. 그 기사를 보고 스태프들이 화가 나서 "무디 목사님, 이거 말도 안 되는 기사입니다. 인격 살인이 아닙니까? 어떻게 할까요?" 하고 야단들이었지만 무디 목사님은 가만히 그 기사를 읽더니 웃으면서 이렇게 말하더랍니다.

"이 사람들이 나를 잘 모르는 것 같네요. 사실 나는 이 기사에 쓰인 것보다 훨씬 더 교만한데, 이만하면 잘 써 준 거 같은데요? 여러분, 이건 하나님께서 우리에게 겸손하라고 말씀하시는 사인입니다. 좀 더 겸손하기 위해서 우리 모두 기도합시다."

이것이 자신과 화평함으로 자존감이 회복된 자의 삶입니다. 그러면 어떻게 이렇게 여유 있는 자존감을 회복할 수 있을까요? 미국의 자존감의 대가인 나다니엘 브랜든(Nathaniel Branden) 박사가 쓴 《자부심 키우기》(How to Raise Your Self-esteem)라는 유명한 책이 있는데 자존감을 회복할 수 있는 3단계 방법을 소개하고 있습니다. 첫째는 내가 누구인가 하는 '자기인식'(Self-awareness)의 단계, 둘째는 그럼에도 불구하고 우리의 어려운 현실을 있는 그대로 받아들이는 '자기수용'(Self-acceptance)의 단계, 마지막 셋째는 모든 것을 감사함으로 하는 '자기표현'(Self-expression)의 단계입니다.

손자 오이가 있었는데 학교에 가면 친구들이 "너 오이 맞아? 무슨 오이가 그 모양이니?" 하고 자꾸 놀렸습니다. 자기가 생각해도 자신이 오이 같지가 않아서 할머니에게 "할머니, 나 오이 맞아요?"라고 물었습니다. 그러자 할머니가 귀여워 죽겠다는 표정으로 그러시는 거예요. "응~~ 당근이지~~"

이 말을 들은 손자 오이는 자기가 당근인 줄 알고 충격을 받아 친엄마를 찾아 가출했다고 합니다. 이처럼 자기인식이나 자기수용이나 자기표현을 못하면 자존감이 낮아져서 스스로 불행과 고통에서 헤어나올 수가 없습니다.

부족한 종이 미국 유학시절 이 책을 읽고 나서 성경을 읽는 가운데 놀랍게도 지금으로부터 2,000년 전에 이미 바울 사도를 통해 고린도후서 6장에서 이 자존감의 회복의 선언을 하고 있는 것을 발견하게 되었습니다. 먼저 바울 사도는 고린도후서 6장 1절에서 "우리가 하나님과 함께 일하는 자로서 너희를 권하노니 하나님의 은혜를 헛되이 받지 말라"고 말하고 있습니다. 바울 사도는 하나님과 함께 일하는 동역자라는 '자기인식'을 잘 고백하고 있습니다. 우리가 강서구청장과 함께 일해도 목에 힘이 들어가는데 서울시장과 함께 일하면 목에 더 힘이 들어가고 대통령과 함께 일한다면 어떻게 되겠습니까? 목에 완전히 힘이 들어가 굳어질 것입니다.

우리나라에서뿐만 아니라 전 세계적으로 유일하게 박 대통령을 떨게 만들 수 있는 사람이 있는데 그게 누구인 줄 아십니까? 미국의 오바마 대통령이요? 중국의 시진핑 주석이요? 일본의 아베 총리요? 다 아닙니다. 바로 청와대 보일러공이라고 합니다. 추운 겨울에 보일러가 고장 났는데 보일러공이 안 고쳐주면 박 대통령이라도 떨 수밖에 없지 않습니까?

우리는 만왕의 왕이요, 만주의 주이신 하나님과 함께 일하는 자라는 것이 얼마나 영광스럽고 자랑스러운 일입니까? 그래서 치유상담대학원에서 강의를 하면서 "나는 누구인가?" 하고 학생들에게 질문하고 학생들의 대답을 듣는데, 저 자신도 그 질문을 받고 기도하는 마음으로 생각한 끝에 얻은 대답은 이것이었습니다.

"하나님께서 죄 없으신 아들을 십자가에서 죽게 하면서까지 사랑해 주신 존재." 그런데 그렇게 말하는 순간 저도 모르게 눈물이 핑 돌았습니다. 이렇게 우리는 주님 안에서 나 자신의 존재를 바로 깨달아야 합니다.

그런데 그럼에도 불구하고 우리의 현실을 어떠합니까? 계속해서 고린도후서 6장 4-5을 보면 바울 사도는 "오직 모든 일에 하나님의 일꾼으로 자천하여 많이 견디는 것과 환난과 궁핍과 고난과 매 맞음과 갇힘과 난동과 수고로움과 자지 못함과 먹지 못함 가운데서도" 선교 사역을 해야 했습니다. 그가 하나님의 일꾼으로 자천하여서도 많이 견디고 환난을 당하고 궁핍도 당하고 고난도 당하고 매 맞음도 당하고 갇힘도 당하고 난동도 당하고 수고로움도 당하고 자지 못함도 당하고 먹지 못함도 당했다는 것입니다. 이처럼 복음을 전하다가 말로 다할 수 없는 고난을 당했는데도 바울 사도는 '내가 주의 일을 하다가 이렇게 고통과 불행만 겪었다'는 불만을 조금도 품지 않고 불평도

단 한마디 하지 않고 원망도 단 한마디 하지 않고 모든 것을 다 믿음으로 '자기수용'을 한 것입니다.

영국의 수학자요 철학자인 버트런드 러셀(Bertrand Russell)이 쓴 《행복의 정복》이란 그의 행복론에 이런 내용이 나옵니다.

"공작새는 다른 공작새의 꼬리를 부러워하지 않는다. 왜냐하면 공작새는 자기 꼬리가 세상에서 가장 아름답다고 믿기 때문이다. 그래서 공작새는 세상에서 가장 평안하고 행복한 새다."

평신도 신학자였던 영국의 케임브리지 대학교의 C. S. 루이스 교수는 이렇게 말했습니다.

"말세에 사탄이 가장 교묘하게 사용하는 무기는 비교의식이다."

우리가 우리의 현실을 있는 그대로 받아들이지 않고 자신을 다른 사람들과 비교하면 불행해지고 말지만 비교하지 않고 나 자신을 있는 그대로 받아들이면 언제나 행복할 수 있다는 것입니다.

그러나 여기에 그치지 않고 바울 사도는 마지막으로 고린도후서 6장 8-10절에 모든 것을 감사하는 '자기표현'을 함으로 자존감의 절정을 이루었습니다. 거기서 뭐라고 선언하고 있습니까?

"…우리는 속이는 자 같으나 참되고 무명한 자 같으나 유명한 자요 죽은 자 같으나 보라 우리가 살아 있고 징계를 받은 자 같으나 죽임을 당하지 아니하고 근신하는 자 같으나 항상 기뻐하고 가난한 자 같으나 많은 사람을 부요하게 하고 아무 것도 없는 자 같으나 모든 것을 가진 자로다."

얼마나 위대한 신앙의 고백이요, 행복의 선언입니까? 아무리 어려운 여건 속에서도 이 믿음을 가지고 감사를 고백하면서 살아가면 행복할 수밖에 없습니다.

세계적인 소프라노 조수미 씨는 큰 음악회를 끝내고 집으로 돌아오면 늘 일기에 이렇게 쓴다고 합니다.

"조수미, 너 오늘 노래 정말 잘했어! 넌 최고야!"

그녀는 이렇게 고백하고 있습니다.

"데뷔해서부터 지금까지 30여 년째 그렇게 나 자신을 최고로 인정하는 일기 한 줄이 외모나 실력이나 독신 등 갖가지 콤플렉스를 느꼈던 나 자신을 최고로 만들어 주었어요."

그러니 그의 자존감은 높아지고 행복하게 성장해 갈 수밖에 없던 것입니다.

우리도 더 이상의 열등감이나 우월감에 빠질 이유가 없습니다. 우리는 하나님이 만드신 이 지구상의 유일한 최고의 걸작품입니다. 그러므로 우리가 이처럼 자신을 존중하는 자존감을 회복하게 되면 부족함이 없다고 느끼기 때문에 자신과 화평할 수밖에 없고 이웃과 화평하면서 날마다 천국의 행복의 감격 속에 진정으로 하나님의 자녀 된 삶을 살아가게 될 줄 확실히 믿습니다.

이웃과 화평해야 함

마지막으로 마태복음 22장 39-40절을 다 함께 읽겠습니다.

> "둘째도 그와 같으니 네 이웃을 네 자신같이 사랑하라 하셨으니 이 두 계명이 온 율법과 선지자의 강령이니라."

우리가 자신을 사랑하지 못하고 열등감이나 우월감에 사로잡히면 우리의 이웃을 진정으로 사랑할 수 없지만 자신을 사랑하게 될 때 우리의 이웃도 진정으로 사랑할 수 있습니다. 더 나아가 이렇게 하나님을 사랑하고 이웃을 사랑하는 것이, 율법과 선지자는 당시 신약성경이 완성되기 전의 구약성경을 의미하는 것으로, 하나님 말씀의 핵심이라는 것입니다.

아주 절친한 두 친구가 깊은 산속을 지나가다가 그만 호랑이를 만나고 말았습니다. 호랑이가 금방이라도 두 사람을 덮칠 것처럼 무서운 눈빛으로 노려보는데 한 친구가 갑자기 신발 끈을 단단히 묶는데 그걸 본 다른 친구가 말했습니다.

"야, 신발 끈 단단히 묶는다고 네가 호랑이보다 빨리 뛰어 살아날 수 있을 것 같아?"

그러자 신발 끈을 묶던 친구가 말합니다.

"내가 어떻게 호랑이보다 빨리 뛸 수 있겠냐? 난 너보다 조금만 더 빨리 뛰면 돼."

자기가 친구보다 조금만 빨리 뛰면 친구가 호랑이한테 잡아먹히는 동안 자기는 도망갈 수 있다는 것입니다. 이거 절친한 친구 맞습니까? 아마도 배신감에 치를 떨었을 것 같습니다.

우리도 살아가면서 가장 가까운 가족이나 친구나 이웃에게 가장 견디기 어려운 배신을 당할 때가 얼마나 많이 있습니까? 그때마다 십자가의 주님을 바라보시기 바랍니다. 여러분, 십자가의 복음의 의미가 무엇입니까? 위, 아래(종)로는 하나님께 대한 신앙이고 양옆(횡)으로는 사람들에 대한 신의입니다. 목회를 하면서 저는 하나님께 대한 신앙을 강조하지만 사람들에 대한 의리도 많이 강조합니다. 그래서 배신을 하고 가슴에 못질을 하고 떠나간 교인이나 주의 종들에 대해서 그들이 주님 품으로 돌아올 때까지 위해서 기도하고 기다립니다.

그렇다면 구체적으로 어떻게 이러한 원수들과 화평할 수 있을까요? 저는 에베소서 4장 말씀대로만 하면 화평하지 못할 이웃이 없다고 확신합니다. 가장 먼저 에베소서 4장 31절을 보면 "너희는 모든 악독과 노함과 분냄과 떠드는 것과 비방하는 것을 모든 악의와 함께 버리고"라고 말합니다. 마음의 상처의 증상인 모든 악독과 노함과 분냄과 떠드는 것과 비방하는 것과 모든 악의를 버리라는 것인데, 우리는 이러한 상처의 감정들을 사람들 앞에 쏟아놓음으로 인해 서로의 감정만 악화시킵니다. 그러므로 모든 억울한 형편과 사정을 누구보다 더 잘 아시는 주님 앞에 모든 상처의 감정들을 조금도 남김없이 다 쏟아버리시기 바랍니다.

그리고 우리의 빈 마음에 하나님의 사랑을 간구하여서 성령님으로 말미암아 하나님의 사랑이 우리의 마음에 가득 차게 될 때(롬 5:5) 두 번째 단계인 에베소서 4장 32절 상반절에 이르게 됩니다.

"서로 친절하게 하며 불쌍히 여기며…."

우리의 감정으로는 도저히 친절하게 대할 수도 없고 불쌍히 여길 수도 없지만 하나님의 사랑이 우리를 강권하심으로 그들도 상처의 피해자요, 희생자임을 알게 됩니다. 그리고 오죽이나 지난날의 상처가 치유되지 못했으면 만만한 나에게 그 가슴 아픈 상처의 감정을 쏟아놓았을까 하고 생각하면 자연스럽게 그들을 친절하게 대하게 되고 불쌍히 여기게 됩니다.

그러나 여기서 그쳐선 안 됩니다. 마지막으로 에베소서 4장 32절 하반절을 보면 "…서로 용서하기를 하나님이 그리스도 안에서 너희를 용서하심과 같이 하라"고 말합니다. 치유의 마지막 과정은 용서입니다. 용서하지 않으면 먼저는 하나님께서도 우리를 용서하지 않으시고 지난날의 어떠한 상처도 치유받을 길이 없고 어떠한 원수와도 화평하지 못합니다. 그것이 쌓여서 성격장애가 되고 신경증이 되고 결국에는 정신병에까지 이르러서 평생을 정신병원에서 인생을 끝내는 분들도 있습니다. 더 나아가 신체적으로도 현대인들의 질병의 2/3에 해당된다는 갖가지 신경성 질환을 일으킬 뿐만 아니라 현대 의학자들이 말하길 암 발병 원인의 70-80%가 스트레스 때문이라고 합니다. 이처럼 마음의 상처가 우리의 신체에 악영향을 끼쳐서 그 감정의 응어리들이 풀리지 않으면 결국에는 그것들이 암 덩어리가 되고 맙니다. 우리 자신이 건강하게 장수하기 위해서라도 어떠한 사람이라도 다 용서해야 합니다.

행복한 가정의 비결로 우리가 집에서 소 다섯 마리만 키우면 되는데 첫 번째 소는 "내가 죽었소!"이고, 두 번째 소는 "나를 용서하소!"이고, 세 번째 소는 "당신이 옳소!"이고, 네 번째 소는 "당신 맘대로 하소"이고, 다섯 번째 소는 "제발 밥만 주소!"라고 합니다. 새해에는 우리 모두 다 이 다섯 마리의 소를 키우기로 약속합시다.

황해도 안악골 마을 사람들은 하루 동안 깡패 두목이었던 김익두를 안 만나는 것이 소원일 정도였습니다. 그가 하루는 동네 사람들에게 "김익두가 죽었다"는 부고장을 돌려서 동네 사람들이 살판 났다고 좋아했는데, 알고 보니까 날마다 사람들을 폭행하고 괴롭히던 옛날 김익두는 죽고 그리스도 안에서 다시 태어났다는 것입니다. 그 후 목사님이 되어 전국을 돌며 자신의 변화된 삶과 주님의 권능을 행하면서 부흥운동을 일으켰습니다. 그러다가 한번은 산속을 지나다가 강도들을 만났는데 옛날 같으면 다 두들겨 패서 쓰러뜨릴 수 있었지만 오히려 그들에게 얻어맞은 다음에 "예수는 내가 믿고 복은 자네들이 다 받았네. 꼭 예수 믿고 천국 가소" 하더랍니다. 옛날 같으면 한 주먹에 다 죽었을 텐데, 그가 예수님을 믿어서 그들이 이렇게 살아나 복을 받았다면서 모든 것을 다 용서하고 지나갔다고 합니다.

신체적으로나 정신적으로나 영적으로 살고 주위 사람들에게 감동을 주는 화평의 삶을 살기 위해서는 어떠한 원수라도 주님께서 나 같은 죄인을 어떻게 용서해 주셨는가를 기억하며 용서할 수 있어야 합니다. 주님께서 나 같은 죄인을 어떻게 사랑해 주셨는가를 기억하며 사랑할 수 있길 바랍니다. 주님께서 나 같은 죄인을 얼마나 오래 참고 기다리셨는가를 기억하며 끝까지 인내할 수 있길 바랍니다. 그리할 때 어떠한 원수와도 화평하게 됩니다.

평생 예일대 심리학과 교수로 있다가 페루 빈민가에서 선교를 하고 그의 마지막 생애를 캐나다 정신박약 장애인 공동체인 데이브레이크에서 마감했던 헨리 나우웬 박사가 《상처 입은 치유자》라는 책에서 강조했듯이 우리의 신앙도, 성격도, 삶도 변화됩니다. 이러한 체험이 없는 사람들은 성격이나 삶이 안 변하는데 그러한 사람들은 마가복음 9장 23, 27절, 빌립보서 4장 13절 말씀을 바꾸어 읽어야 할 것입니다. 우리가 하나님과 화평하고 자신과 화평하고 이웃과 화평할 때 삶이 놀랍게 변화될 수밖에 없습니다. 그래서 지난날의 상처의 경험들이 치유의 자원이 되어서 '상처 입은 치유자'로서 진정으로 모든 이웃과 화평하게 하며 진정으로 하나님의 자녀가 된 삶을 살아가게 될 줄 분명히 믿으시기 바랍니다.

미국의 35세 젊은 목사님이 어느 날 사냥을 나갔다가 멀리 노루 한 마리를 보고 조준하여 총을 쐈는데 달려가서 보니까 노루가 아니라 사람이 총에 맞아 죽어 있었습니다. 법의 심판도 받아야 했지만 무엇보다도 윤리적, 도덕적 책임을 지고 담임목사직을 사임해야만 하는 심각한 위기에 빠지게 되었습니다. "이제 내 인생과 목회는 다 끝났구나" 하며 절망에 빠졌고 교인들은 "사람을 죽인 목사가 어떻게 목회를 할 수 있느냐? 당장 담임목사직을 사임하고 교회에서 떠나라"고 비난을 퍼부었습니다. 교계와 언론도 그에 대한 시선이 싸늘해지고 모두 다 등을 돌리고 말아서 결국 교회를 떠나야만 할 상황이 되었는데 그때 전혀 예기치 않은 일이 일어났습니다. 그 교회 원로장로님 한 분이 전교인들 앞에 나와서 이렇게 말했습니다.

"사랑하는 성도 여러분, 사람을 죽인 목사님을 이 땅의 어느 교회가 받아주겠습니까? 우리가 목사님을 용서하지 않으면 우리 목사님은 평생 갈 곳이 없습니다. 예수님께서 십자가에서 죽기까지 우리를 용서해 주셨듯이 우리도 예수님의 사랑으로 우리 목사님을 한 번만 용서합시다!"

원로장로님의 그 말을 듣고 있던 젊은 목사님의 눈에서는 뜨거운 눈물이 하염없이 흘러내리고 있었고 교인들의 눈에서도 눈물이 흘러내렸습니다. 결국 그 원로장로님의 제안을 온 교인들이 받아들이고 목사님을 용서하기로 했습니다. 그리고 목사님은 곧바로 기도원(Retrreat Center)으로 들어가서 "하나님 아버지, 목회에 충실해야 할 목사가 노루 사냥이나 다녔으니 이런 사고가 날 수밖에 없지 않습니까?" 하고 먼저 하나님께 통회 자복하고 하나님과 화평하고 자신과 화평함으로 지난날의 죄책감까지도 다 치유받았습니다. 그리고 자기 같은 목사를 용서해 준 교인들에게 감사하며 평생토록 사랑으로 섬기기로 다짐하며 내려왔습니다.

그 후 이 목사님은 그 교회에서 새롭게 충성을 다해 사역을 하게 되었고 목사님의 목회 철학은 '용서'가 되었습니다. 변화된 목사님이 십자가의 사랑과 용서에 대해서 설교할 때마다 목사님도 우시고 교회도 늘 울음바다가 되곤 했습니다. 그렇게 하나님의 은혜 가운데 그가 섬기던 댈러스 제일침례교회는 미국의 최대 교회 중 하나로 뜨겁게 부흥하게 되었습니다. 그 목사님이 바로 미국 침례교 총회장을 지내고 평생 54권의 강해서 등 저서를 내고 80세가 넘도록 그 교회에서 50년을 목회하고 당시 2만 명 출석이라는 제일 큰 침례교회를 이룬 미국의 대표적인 복음주의 목사님인 크리스웰(W. A. Criswell) 목사님입니다. 교인들이 주님의 사랑으로 용서함으로 크리스웰 목사님도 평생 용서의 복음을 전하는 화평의 치유자가 될 수 있었던 것입니다.

사랑하는 성도 여러분, 우리 가운데 아직도 다른 사람과 갈등을 빚고 불화하는 사람이 있습니까? 그런 사람은 교회에 다니는 종교인은 될 수 있을지 모르지만 진정한 의미에서 하나님의 자녀라고 할 수가 없습니다. 이런 사람들은 영생을 받지 못한 자이고 엄밀히 말하면 죽은 후에 천국에도 갈 수 없는 자입니다. 왜냐하면 요한일서 4장 20절에 "누구든지 하나님을 사랑하노라 하고 그 형제를 미워하면 이는 거짓말하는 자니 보는 바 그 형제를 사랑하지 아니하는 자는 보지 못하는 바 하나님을 사랑할 수 없느니라"고 분명히 증거하기 때문입니다. 여러분, 세상에 흠허물 없는 사람이 어디에 있습니까? 그러므로 먼저 하나님과 화평하고 그다음 자신과 화평하고 마지막으로 이웃과 화평하게 될 때 진정으로 화평하게 하는 자가 되어 우리 자신만 화평한 것이 아니라 모든 사람을 화평케 할 뿐만 아니라 진정으로 하나님의 자녀라고 일컬음을 받는 영광스러운 복을 영원히 누리게 될 줄 확실히 믿습니다.

다 같이 사랑의 성자 성 프랜시스의 기도문인 '평화의 기도'를 함께 찬양하며 결단하도록 하겠습니다.

주여 나를 평화의 도구로 써 주소서

1. 미움이 있는 곳에 사랑을

   상처가 있는 곳에 용서를

   분열이 있는 곳에 일치를

   의혹이 있는 곳에 믿음을 심게 하소서

2. 오류가 있는 곳에 진리를

   절망이 있는 곳에 희망을

   어둠이 있는 곳에 광명을

   슬픔이 있는 곳에 기쁨을 심게 하소서

후렴) 위로받기보다는 위로하며

   이해받기보다는 이해하며

   사랑받기보다는 사랑하며

   자기를 온전히 줌으로써 영생을 얻기 때문이니

   주여 나를 평화의 도구로 써 주소서

화평의 하나님 아버지, 저희가 불화함으로 불행과 고통 가운데 살 때가 얼마나 많았습니까? 남은 여생 하나님과 화평하게 하여 주시옵소서. 자신과도 화평하게 하여 주시옵소서. 이웃과도 화평하게 하여 주시옵소서. 그리함으로 하나님의 자녀라고 일컬음을 받는 영광스럽고 복된 자녀들이 모두 다 되길 간절히 바라며 예수님의 이름으로 축복하며 기도드립니다. 아멘.

의를 위하여 박해를 받은 자의 복

마태복음 5:10-12

¹⁰의를 위하여 박해를 받은 자는 복이 있나니 천국이 그들의 것임이라 ¹¹나로 말미암아 너희를 욕하고 박해하고 거짓으로 너희를 거슬러 모든 악한 말을 할 때에는 너희에게 복이 있나니 ¹²기뻐하고 즐거워하라 하늘에서 너희의 상이 큼이라 너희 전에 있던 선지자들도 이같이 박해하였느니라

말세의 마지막 때 또 하나의 징조는 불의가 난무해진다는 것입니다. 우리의 가정이나 직장이나 세상은 말할 것도 없고 심지어 교회 안에도 불의한 일들이 얼마나 많이 일어나고 있습니까? 그래서 우리가 의롭게 살려고 하면 박해가 주어지는데 오늘 본문 마태복음 5장 10절을 보면 예수님께서 친히 우리를 위로하십니다.

"의를 위하여 박해를 받은 자는 복이 있나니 천국이 그들의 것임이라."

오늘 본문의 복이 8복 중 마지막 복입니다. 의를 위하여 박해를 받은 자는 복이 있는데 우리가 그 환난 가운데서도 천국을 소유하게 된다는 것입니다. 사실 이 천국은 죽은 후에만 가는 것이 아니라 이 땅에 사는 동안에도 누릴 수 있습니다. 이처럼 첫 번째 복과 마지막 여덟 번째 복이 같은 '천국이 그들의 것'입니다. 팔복은 천국에서 천국에 이르는 여정을 말씀하신 것입니다. 중간 여섯 가지 복은 그 천국을 설명하고 있다고 해도 과언이 아닙니다. 우리의 심령이 가난하면 천국이 임하게 되어서 애통하는 자, 온유한 자, 의에 주리고 목마른 자, 긍휼히 여기는 자, 마음이 청결한 자, 화평하게 하는 자가 되면서 점점 그 신앙이 깊어지다가 의를 위하여 박해를 받아 순교하면 신앙의 절정에 이르러 영원한 천국을 누리게 된다는 것입니다. 다시 말하면 이 팔복은 천국 성도의 이 땅 위에서의 순례자의 여정을 기록하고 있습니다. 그렇다면 의를 위하여 박해를 받은 자가 천국의 어떠한 복을 누릴 수 있을까요?

그리스도의 고난에 동참하기 때문임

먼저 본문 11-12절 상반절의 말씀을 다 함께 읽겠습니다.

> "나로 말미암아 너희를 욕하고 박해하고 거짓으로 너희를 거슬러 모든 악한 말을 할 때에는 너희에게 복이 있나니 기뻐하고 즐거워하라…."

예수님을 믿고 하나님의 말씀대로 살면서 하나님의 의를 따르려고 하면 우리를 욕하고 박해하고 온갖 거짓으로 험담하고 비방하는데 그때 우리에게 복이 있기 때문에 기뻐하고 즐거워하라는 것입니다. 신앙생활을 하면서 좀 앞장서서 현실적으로 봉사하려고 하면 꼭 사탄의 시험이 따릅니다. "교회 나온 지 얼마나 되었다고 설쳐?" "굴러 온 돌이 박힌 돌을 빼려고 해?" "자기 이름 내려고 그러지?" "장로 되려고 그렇게 나서는 거야?" "목사에게 잘 보이려고 그러는 거야?" 등등 별의별 소리를 다 듣습니다. 그러나 그럴 때 복이 있기 때문에 기뻐하고 즐거워하라는 것입니다.

그러면 그 첫 번째 복이 무엇일까요? 불 같은 고난 가운데 신앙으로 이겨낼 것을 강조한 베드로전서 4장 13-14절을 보면 "오히려 너희가 그리스도의 고난에 참여하는 것으로 즐거워하라 이는 그의 영광을 나타내실 때에 너희로 즐거워하고 기뻐하게 하려 함이라 너희가 그리스도의 이름으로 치욕을 당하면 복 있는 자로다 영광의 영 곧 하나님의 영이 너희 위에 계심이라"고 증거하고 있습니다. 다시 말하면 박해를 받는 것은 그리스도의 고난에 참여하는 것이기 때문에 기뻐하고 즐거워하라는 것입니다. 그리스도의 영광을 나타내실 때에 우리로 즐거워하고 기뻐하게 하실 뿐만 아니라 그리스도의 이름으로 고난을 당하면 하나님의 영광이 우리와 함께하여서 우리를 위로하시고 새 힘을 주시고 능히 감당케 하시며 오히려 우리에게 더 큰 은혜와 축복을 체험케 하시기 때문입니다.

한 신학생이 군대를 갔는데 자대에 배치되자마자 중대장이 인상을 쓰면서 그러는 겁니다. "여기 일요일에 교회에 가야 할 놈 있으면 나와!" 그래서 이 신학생이 얻어맞을 줄 뻔히 알면서도 앞으로 나갔더니 그야말로 떡이 되도록 두드려 맞았습니다. 그런데 몇 날 며칠을 걷지도 못할 정도로 패더니 중대장이 그러더랍니다.

"너만 앞으로 제대할 때까지 일요일에 교회에 가! 넌 진짜 예수 믿는 사람인 것 같다."

그런데 우리의 삶은 어떠합니까? 그리스도의 고난에 동참하기는커녕 세상에서는 예수님을 안 믿는 사람들과 똑같이 욕심 부릴 것 다 부리고 감정 안 푼 것 다 안 풀고 싸울 것 다 싸우니 안 믿는 사람들과 우리가 다를 게 뭐가 있습니까? 요즘 고위공직자 청문회를 볼 때마다 늘 부패 백화점을 보는 듯한 느낌을 받습니다. 최근에 장관 후보 청문회에서도 이준식 사회부총리 겸 교육부 장관 후보의 딸의 미국 국적 보유에 따른 문제들과 부동산투기, 세금체납 의혹과 더불어서 강은희 여성가족부 장관 후보의 아들의 병역특혜 개입 논란 등 일반 서민들보다 더 비도덕적인 문제들이 되풀이되고 있습니다. 그런데 부패한 모습으로 온 국민들의 지탄의 대상이 되면서 장관직에 오르는 것보다 비록 세상 사람들이 우리를 알아주지 않을지 몰라도 그리스도의 고난에 동참하는 것이 얼마나 큰 복입니까?

매년 1월 셋째 주일을 대한예수교장로회 총회가 정한 여전도회주일로 지내고 있습니다만 가정이나 교회나 사회의 어두운 곳에서 여성들은 늘 이름도 없이, 빛도 없이, 말도 없이, 고난 속에서도 자신을 희생하며 섬겨왔습니다. 그래서 오늘의 가정과 교회와 이 사회가 존재하는 것입니다.

김주기 권사님은 1971년에 20살의 꽃다운 나이에 사랑하는 가족들을 먹여 살리기 위해 말도 통하지 않는 독일에 가서 7년간 간호사로 가게 되었는데, 매일 밤 사랑하는 부모형제에 대한 그리움 속에 외로움의 눈물을 흘리며 일해야 했습니다. 이렇게 자신이 번 돈으로 생활해 나갈 가족들을 생각하면 그나마 큰 위로가 되었습니다. 중간에 고국에 들르고 싶은 마음도 많았지만 비행기삯이 아까워 고국에 돌아오고 싶은 마음까지도 억누르며 살았습니다. 7년 만인 1978년에 꿈에 그리던 고국에 돌아왔을 때 뜻밖의 불행이 닥쳐왔습니다. 그다음 해 4월 불의로 사고로 뇌를 다쳐서 온몸이 마비가 되고 말았습니다. 그때의 심정은 기어서라도 한강대교까지 갈 수 있다면 목숨을 끊고 싶은 심정이었지만 그 절망의 구렁텅이에서 십자가에서 죽기까지 그녀를 사랑해 주신 주님을 만나게 되었습니다. 그리고 하나님께 눈물로 간절히 부르짖으며 꾸준히 재활치료를 받은 끝에 지금은 간신히 걸을 정도가 되었지만 3급 지체장애인이라는 꼬리표만 남고 생계가 막막한 기초생활수급자가 된 김 권사님은 월 40만 원으로 살아야 했습니다. 그러나 권사님은 엄청난 인생의 고난을 겪고 나니까 어느 순간부터 인생이 달라 보였습니다. 그리스도의 사랑이 느껴지고 고통당하는 이웃들의 아픔이 느껴졌습니다. 어차피 빈손으로 왔다가 빈손으로 떠나갈 인생인데 나보다 더 고통당하는 이웃을 위해 살아야겠다는 마음을 갖게 되었습니다. 그런데 어느 날 푸르메 재단으로부터 한국에 장애인을 위한 병원이 턱없이 부족하다는 소식을 듣고 그 어려운 살림 속에서도 기부를 결심하고 2007년부터 지난 9년 동안 생활비를 쪼개 매월 3만 원을 보내고 있다고 합니다. 그러면서 그 어려운 삶 속에서도 기부는 삶의 즐거움이라면서 인생의 고난 속에서도 주님을 모시고 사는 삶이 그렇게 위로가 되고 힘이 된다고 고백했습니다.

여러분, 이러한 교인들의 이야기를 들으면 정말 목사인 저 자신부터 힘을 얻을 때가 너무도 많습니다. 온갖 부정한 방법으로 치부하는 사람들의 3억 기부보다도 훨씬 더 소중한 3만 원입니다. 그래서 믿음장인 히브리서 11장에서 고난에 동참한 그 대표적인 인물로 이스라엘 백성들을 출애굽시킨 모세를 꼽는데, 11장 24-25절을 보면 "믿음으로 모세는 장성하여 바로의 공주의 아들이라 칭함 받기를 거절하고 도리어 하나님의 백성과 함께 고난 받기를 잠시 죄악의 낙을 누리는 것보다 더 좋아하고"라고 모세의 일생이 복되게 쓰임 받은 것을 증거해 주지 않습니까?

부족한 종이 30여 년 전 교육전도사 시절 노량진교회 소년부를 섬기고 있을 때였습니다. 70명에 이르는 선생님들과 함께 뜨겁게 말씀의 은혜를 나누고 찬양도 뜨겁게 하고 통성으로 부르짖고 매주 토요일마다 한 주도 빠짐없이 비가 오나 눈이 오나 열심히 학교 앞에 나가서 전도를 해서 소년부(초등학교 5-6학년)가 배가, 3배가가 되어서 500-600명이 모일 때였습니다. 그때 6학년 1반을 맡은 이북선 안수집사님이 계셨는데 60대 중반의 할아버지 선생님이셨습니다. 연초에 명단에는 8명이 있었는데, 막상 반을 맡고 보니까 2명밖에 안 나와서 잃어버린 양들을 찾아 심방을 다니게 되었습니다. 그때 우리 소년부에는 노량진교회 뒤편의 달동네 어린이들이 많이 나왔었습니다. 한 집에 찾아가서 아들을 찾으니까 "어디서 왔느냐?"고 물어서 "노량진교회 소년부에서 나왔다"고 했습니다. 그러자 그 엄마가 아무 말 없이 집 안으로 들어갔다 나오더니 바가지에다 소금을 담아 가지고 나와서 얼굴에다 확 뿌려버리더랍니다. 얼떨결에 소금 세례를 받고 말았습니다.

소금이 눈에 들어와서 얼마나 쓰라리던지 눈을 뜰 수가 없어서 벽을 더듬어 그 자리를 피한 후 전봇대를 붙잡고 서 있는데 눈에서 눈물이 하염없이 쏟아지더랍니다. 그때 십자가에서 고난당하신 주님이 떠올랐고 주님은 나 같은 죄인을 위해서 십자가에서 죽기까지 사랑해 주셨는데 내가 그 주님의 복음을 전하다가 이렇게라도 십자가의 고난에 동참할 수 있다는 것이 얼마나 자랑스럽고 영광스러웠는지 몰랐다고 합니다. 처음에는 소금이 눈에 들어가서 쓰라려서 울었지만 나중에는 십자가의 사랑이 너무도 감사하고 감격스러워서 눈물이 나오더랍니다. 결국 이 집사님은 우리가 목표했던 부활주일에 배가 전도는 말할 것도 없고 28명이 출석하는 최우수반 전도상까지 받았습니다.

하나님의 의를 위하려 살려고 할 때 우리를 욕하고 박해하고 거짓으로 모든 악한 말을 할 때 낙심하지 마시고 오히려 기뻐하고 즐거워하시기 바랍니다. 이러한 박해를 통해 우리가 영광스러운 그리스도의 고난에 동참한다는 놀라운 사실을 분명히 믿으시기 바랍니다.

하늘의 상이 크기 때문임

계속해서 본문 12절 중반절 말씀을 다 함께 읽겠습니다.

"…하늘에서 너희의 상이 큼이라…."

19세기 영국의 위대한 설교자 찰스 스펄전 목사님은 "하늘에서 면류관 쓴 자들 중에 이 땅에서 가시관을 쓰지 않은 자들은 하나도 없다"라고 말했습니다. 우리가 하나님의 의를 위하여 박해를 받는 것은 이 땅 위에서만 자손대대로 복을 받기 위한 것이 아니라 하늘의 상도 크다는 것을 결코 잊어서는 안 됩니다. 그런데도 많은 때 현실의 이익만 바라보고 현실의 감정에만 매어서 현실의 환경 속에 불의와 타협하면서 불의와 나태에 빠져 살아갈 때가 얼마나 많습니까?

어느 날 하나님께서 닭과 개와 돼지를 부르시더니 인간 세상에 가서 일을 하라고 명령하셨습니다. 그런데 닭이 인간 세상에 와 보니까 사람들이 너무 게을러 늦잠을 자서 새벽마다 일찍 일어나라고 "꼬끼

오!" 하고 소리를 질러댔습니다. 그랬더니 사람들이 일찍 일어나는 것을 보신 하나님께서 잘했다며 닭에게 벼슬을 상으로 주셔서 닭 머리에 벼슬이 있다고 합니다. 그런데 개도 인간 세상에 와 보니까 도둑이 너무 많아서 밤마다 "멍멍!" 짖어대면서 도둑을 쫓아냈더니 하나님께서 잘했다고 하시면서 개가 원래 다리가 세 개였는데 상으로 뒷다리를 하나 더 달아주셨다고 합니다. 그래서 개는 소변을 볼 때 하나님께서 주신 귀한 뒷다리가 젖을까봐 번쩍 든다고 합니다. 그리고 마지막으로 돼지도 인간 세상에 왔는데 별로 할 일이 없는 것 같아서 그냥 먹고 놀고 잠만 잤더니 하나님께서 꾸짖으시면서 코를 치셔서 돼지 코가 그렇게 납작해졌다고 합니다. 조크로 한 이야기이니까 진짜인 줄 알고 어디 가서 이야기하시면 절대 안 됩니다.

우리의 신앙생활 가운데에도 아무리 주님의 은혜가 넘치고 행복의 감격을 얻고 부족함이 없는 축복을 누려도 우리의 신앙이 여기에 너무 자만하거나 안주하거나 나태하거나 침체해선 안 됩니다. 우리에게 영생의 소망이 있고 이 땅 위에서의 사명이 있고 머지않은 장래에 주님의 심판대 앞에 서게 될 때에 하늘의 상과 면류관이 있기 때문입니다. 그래서 히브리서 11장 6절에 "믿음이 없이는 하나님을 기쁘시게 하지 못하나니 하나님께 나아가는 자는 반드시 그가 계신 것과 또한 그가 자기를 찾는 자들에게 상 주시는 이심을 믿어야 할지니라"고 분명히 증거하지 않습니까?

지금까지 하나님께서 살아계신 것과 천국과 지옥에 대한 수많은 간증들이 있었지만 그 중에서 가장 신뢰할 만한 간증은 총신대 신학대학원 원장을 역임하시고 충현교회를 담임하셨던 신성종 목사님이 쓰신 《내가 본 지옥과 천국》이란 책의 간증입니다. 목사님이 칠순을 넘기시면서 이제는 구체적으로 죽음을 준비해야겠다는 마음에 죽음에 관한 수많은 책을 사다가 읽고 기도하는 가운데 비몽사몽간에 천국과 지옥을 목격한 간증을 이 책 가운데 담고 있습니다. 그런데 분명한 사실은 천국과 지옥이 분명히 존재하고, 주님을 믿지 않거나 바른 믿음을 갖지 못한 자들은 무서운 지옥의 형벌이 분명히 있지만 주님을 바로 믿고 의를 위해 박해를 받은 자들에게 하늘의 상과 면류관이 분명히 있다는 사실입니다. 그래서 수많은 주의 종들과 성도들이 믿음을 지키고 그들의 일생이 복음 사역에 드려지는 것입니다.

이 땅에 많은 선교사들이 왔습니다. 남자 선교사들만 있었던 것이 아니라 여자 선교사들도 많았습니다. 요즘 국민일보에 연재되고 있는 우리나라 의료분야의 여성 개척자인 로제타 홀 선교사님은 뉴욕 빈민가 무료진료소에서 인턴 과정을 밟던 중 우연히 미국 감리교 해외여선교회에서 발행하는 책자를 읽게 되었습니다. 그것은 미국의 첫 여자 신학교인 마운트 홀리요크 여자신학교를 세운 메리 라이언 학장의 글이었습니다. "아무도 가려 하지 않는 곳에서 아무도 하지 않는 일을 하라"며 기독교의 봉사의 신앙으로 해외 선교에 나설 것을 호소하는 음성을 듣고 해외선교를 지원했습니다. 원래 희망했던 나라는 중국이었는데 조선이라는 미지의 나라에 배정을 받았다고 합니다. 그 순간부터 조선은 그녀의 첫사랑이 되어버렸습니다.

조선에 도착하여 짐은 푼 그다음 날부터 보구여관(여성을 보호하고 구제하는 곳)에서 언어도 통하지 않고 도와줄 간호사도 없어서 혼자 진료 순서를 정하는 일부터 약을 나누어주는 일까지 도맡아 하루종일 환자들과 씨름했습니다. 처음에는 모두들 이상한 눈으로 그녀를 바라보았습니다. 진료를 시작한 지 한 달이 되어 갈 무렵 열다섯 살 된 소녀가 찾아왔는데 그 소녀는 화상을 입어 손가락 세 개가 손바닥에 붙어 있어서 결혼도 못하고 가족들에게조차도 외면당하며 살고 있었습니다. 로제타 선교사님은 그녀의 고통을 헤아려서 당시로는 상상도 할 수 없는 피부이식수술을 시도했습니다. 그것도 부족한 피부를 자신의 팔에서 떼어 이식해 주자 이 소문이 퍼져 당시 조선 사회에 큰 감명을 주었고 소녀의 가족들을 비롯해서 이 소문을 들은 수많은 사람들이 그 사랑에 감동을 받고 주님의 품으로 돌아왔습니다. 그렇게 평양에 최초의 병원과 맹인농아학교를 세우고 44년간 한국에서 의료 선교를 하고 한국 여성의 인권운동을 위해서 수고함으로 미국 여성 200인 중의 한 사람으로 기억되고 있습니다.

여러분, 무엇 때문에 처녀의 몸으로 고향 산천과 부모 형제를 떠나 대평양을 건너 낯선 미지의 땅 조선에까지 와서 일생 동안 이런 엄청난 사랑을 행할 수 있었을까요? 그들은 모두 다 히브리서 11장 26절의 모세처럼 "그리스도를 위하여 받는 수모를 애굽의 모든 보화보다 더 큰 재물로 여겼으니 이는 상 주심을 바라봄이라"는 신앙을 가졌기 때문이었습니다. 이처럼 선한 싸움을 싸우고 평생토록 믿음을 지킨 자들에게는 의의 면류관이 주어지고(딤후 4:7-8), 모든 시험을 참고 죽도록 충성한 자들에게는 생명의 면류관이 주어지며(약 1:12; 계 2:10), 맡겨주신 양 무리들에게 모범이 된 자들에게는 영광의 면류관이 주어지고(벧전 5:3-4) 많은 사람들을 주님 앞에 인도한 자들에게는 소망과 기쁨과 자랑의 면류관이 주어질 것을 분명히 약속하고 있습니다(살전 2:19-20). 이처럼 인생은 잠시 잠깐 머무는 이 땅에서 끝이 나는 것이 아니라 죽음 후에 영원한 천국의 소망과 상급이 있다는 것을 잊지 말아야 합니다. 그러므로 우리의 삶 가운데 끊임없이 부딪혀 오는 박해의 시험 속에서도 하나님의 의를 위하여 기뻐하고 즐거워해야 할 것은 머지않아 우리에게 주어질 하늘의 상이 크기 때문인 줄 확실히 믿습니다.

동일한 고난을 당하기 때문임

마지막으로 본문 12절 하반절 말씀을 다 함께 읽겠습니다.

"…너희 전에 있던 선지자들도 이같이 박해하였느니라."

이러한 견디기 어려운 환난과 박해를 구약시대의 선지자들도 겪었고 초대교회 성도들도 겪었고 말세의 우리도 겪고 있다는 것입니다. 그래서 찰스 스펄전 목사님은 "하나님께서 그 자녀를 풀무에 던지실 때는 하나님께서도 그 자녀와 함께 그 안에 같이 들어가신다"라고 말했습니다.

우리 사회에서도 특히 여성들이 많은 상처의 고통과 불행을 느끼며 살아왔습니다. 서울특별시가 지난 2015년 1월 12일 발간한 〈2014 성(姓) 인지 통계: 통계로 보는 서울 여성 보고서〉를 보면 여성의 가사와 돌봄을 위해 일하는 시간이 하루 2시간 57분으로 남성의 40분의 4.4배에 달했습니다. 그러면서도 남성 근로자의 임금이 월평균 285만 원인 반면 여성 근로자의 임금은 월평균 181만 원으로서 남성의 64%에 불과해 임금 격차가 너무도 컸습니다. 더구나 은퇴 후에도 65세 이상 남성 근로자는 38.4%가 월평균 소득이 100만 원 미만이지만 여성 근로자는 57.2%가 월평균 소득이 100만 원 미만이었습니다. 여성들이 사회적 차별 대우를 받아서 경제적 빈곤을 더 겪을 뿐만 아니라 상대적 박탈감에까지 시달리고 있습니다. 더욱이 여성들이 유교의 가부장적인 문화 속에서 남편들마저도 아내들을 따뜻하게 품어주지 못하고 더 나아가 시가 식구들의 핍박과 상처로 인해 불행과 고통을 평생토록 얼마나 겪고 있습니까? 그런데 국회의원 공천을 비롯해서 세상은 여성 30% 할당제를 적용할 만큼 앞서가고 있는데 시대를 이끌어 나가야 할 교회에서마저도 중직은 남성들이 독차지하고 있으니 여성들이 얼마나 소외되고 상처를 받으며 희생되어 왔습니까? 지난날 우리 할머니들이나 어머니들은 가슴에 한을 품고 고통과 절망 가운데 살아왔습니다.

우리가 인생의 고난을 당하며 살아갈 때 잘못 믿는 5가지 거짓된 신화(5 False Myths)가 있습니다. 첫째는 나만 고난을 당하는 줄 압니다. 그런데 알고 보면 고난당하지 않는 성도나 주의 종이 없다는 사실입니다(마 16:24; 행 14:22). 둘째는 내가 당하는 고난이 제일 큰 줄 압니다. 그런데 알고 보면 나와 비교할 수 없는 고난을 겪은 성도나 주의 종들이 너무도 많이 있다는 사실입니다. 셋째는 그 고난이 다 헛고생인 줄 압니다. 그러나 지내고 나면 그 고난은 우리에게 주어진 변장된 은혜요, 축복이요, 영광이라는 사실입니다(롬 8:18). 넷째는 그 고난을 아무도 안 알아준다고 생각합니다. 그러나 그 고난은 가장 먼저 주님이 아시고(벧전 1:7) 주의 종들도 알고, 교인들도 알고, 가족들도 알고, 자손대대로 알아줄 날이 꼭 다가온다는 사실입니다(고전 15:58). 마지막 다섯째는 이 고난의 끝이 없는 줄 압니다. 그러나 고난은 터널을 지나는 것과 같아서 이 세상에 아무리 가난한 노숙자도 터널 안에서 사는 사람이 없듯이 언젠가는 정금 같은 믿음으로 고난의 터널을 빠져나와 광명의 햇살을 대할 날이 꼭 다가온다는 사실입니다(욥 23:10).

우리가 지난날 가정에서나 직장에서나 심지어 교회에서도 다 겪었던 일 아닙니까? 그 과거의 체험을 잊어서는 안 됩니다. 그래서 히브리서 11장 27절에서 모세는 "믿음으로 애굽을 떠나 왕의 노함을 무서워하지 아니하고 곧 보이지 아니하는 자를 보는 것같이 하여 참았으며"라고 증거하지 않습니까? 그러므로 어떠한 박해 속에서도 우리는 낙심하지 말고 좌절하지 말고 절망하지 말아야 합니다.

세상에서 가장 향기로운 향료는 꽃이나 열매에서 추출한 것이 아니라고 합니다. 고래 기름에서 추출한 것이 가장 향기로운 향료가 되는데 그것도 보통의 고래 기름에서 나오는 게 아니고 병든 고래의 기름에서 가장 향기로운 향료가 나온다고 합니다. 또 우리가 많이 쓰는 우황청심환의 우황도 병든 소에서 나옵니다. 또 로키 산맥 정상에는 도저히 나무가 자랄 수 없는 '수목한계선'이 있는데, 거기서 비바람을 맞으며 겨우 웅크리고 있는 나무가 가장 공명이 잘 되는 최상급 바이올린의 재료로 사용된다고 합니다.

그러므로 끊임없이 우리 가정의 행복을 깨뜨리려 하고 우리 직장의 형통을 가로막으려 하고 하나님의 교회까지도 평안한 것을 보지 못하고 끊임없이 우리를 무너뜨리려고 달려드는 사탄의 시험조차도 결코 두려워하지 말고 오히려 영적으로 잘 분별하고 대적하고 물리쳐 승리할 수 있길 바랍니다. 그래서 베드로전서 5장 8-9절에 "근신하라 깨어라 너희 대적 마귀가 우는 사자같이 두루 다니며 삼킬 자를 찾나니 너희는 믿음을 굳건하게 하여 그를 대적하라 이는 세상에 있는 너희 형제들도 동일한 고난을 당하는 줄을 앎이라"고 분명히 증거하지 않습니까?

초대교회 성도들이 말로 다할 수 없는 핍박과 환난의 죽음 속에서도 "마라나타"(μαραναθά, Come, our Lord, 주 예수여 오시옵소서) 하고 서로를 위로하고 위로받으며 천국의 소망을 불태웠습니다. 그 신앙을 이어받아 신앙의 자유를 찾아 신대륙인 미국을 향해 갔던 청교도들도 "The best thing has not come yet"(가장 좋은 것은 아직 오지 않았다)고 하며 서로를 위로하면서 천국의 소망 가운데 일어섰습니다. 그러므로 우리가 어떠한 박해 속에서도 하나님의 의를 위하여 기뻐하고 즐거워할 때에 믿음의 성도로서 동일한 고난을 당했다는 영광 중에 주님 주시는 힘으로 능히 승리하게 될 줄 분명히 믿으시기 바랍니다.

지난 주간에 부흥성회를 인도한 안동 새반석교회 및 구국기도원은 강태경 목사님이 목회하고 있습니다. 이 교회를 개척하신 분은 그의 어머니로서 기도를 많이 하신 권사님이셨습니다. 44세 때 농협에 다니던 남편이 당뇨로 세상을 떠나서 3남매를 데리고 살길이 막막했습니다. 그러나 어머니는 3남매와 살아가기 위해서 피눈물을 흘리며 고생을 하고 밤을 지새우며 기도하는 중에 하나님께서 권사님에게 많은 기적의 응답을 허락하셔서 결국 그 놀라운 성령의 은사를 활용하기 위해 구국기도원을 세우고 신학을 하여 목사님이 되셨습니다. 기도원이 안동 구석에 있는데도 입소문을 통해 너무나 많은 사람들이 몰려들었습니다. 평소에도 200-300명이 몰릴 정도로 성황을 이루어서 기도원을 계속 넓혀서 1,500여 평 대지에 본당과 부속 건물들을 넓혀 갔습니다.

그렇게 호황을 누리던 중 할 일이 없는 이모부 장로님에게 기도원에 와서 도와달라고 했더니 와서 기도원의 문제점만 파고들어서 건축법을 잘 몰라서 잘못 지은 건물에 대해서 지적하며 돈을 내놓으라고 협박을 하더랍니다. 그래도 불의와 타협을 하지 않았더니 시청에 고발하여 불법건물이라며 교인들의 헌금으로 지어진 수천만 원이 든 부속건물을 다 부숴서 철거해야 했습니다. 가장 믿었던 친정 식구에게서까지 배신을 당하니 그 상처의 아픔이 얼마나 크고 충격이 되었던지 그 철거하는 건물을 바라보면서 어머니가 눈물을 흘리시다가 충격으로 뇌출혈을 일으켜 쓰러지셔서 몇 년을 힘들게 버티시다가 하늘나라로 떠나가시고 말았습니다. 그때 이 아들 목사님이 전도사였는데 어머니를 죽게 한 그 이모부 식구들이 얼마나 원수처럼 죽이고 싶도록 밉고 원망스러웠겠습니까? 그래도 어머니가 가장 즐겨 암송했던 사랑장 고린도전서 13장 4-7절의 "사랑은 오래 참고 사랑은 온유하며 시기하지 아니하며 사랑은 자랑하지 아니하며 교만하지 아니하며 무례히 행하지 아니하며 자기의 유익을 구하지 아니하며 성내지 아니하며 악한 것을 생각하지 아니하며 불의를 기뻐하지 아니하며 진리와 함께 기뻐하고 모든 것을 참으며 모든 것을 믿으며 모든 것을 바라며 모든 것을 견디느니라"는 말씀을 기억하고 눈물로 기도하고 주님의 십자가의 사랑으로 용서하면서 이겨냈습니다.

엎친 데 덮친 격으로 어머니가 하늘나라로 떠나가시자마자 이번에는 할아버지와 작은아버지들이 그 기도원을 빼앗으려고 달려들더랍니다. 그러니 세상에 믿을 사람 없다는 허탈감에 의지할 데가 없었는데 주님의 고난을 기억하면서 하늘의 상과 면류관을 바라보면서 사탄의 모든 시험을 다 이겨내고 결국에는 기도원 건물 값을 치르면서까지 그 교회와 기도원을 지켜냈습니다. 이처럼 부모님이 먼저 떠나가시고 아무도 도와줄 사람이 없는 상황 속에서 오직 교회와 어머니의 피땀 어린 기도원을 지켜야 한다는 일념으로 끝까지 그 엄청난 고난과 슬픔조차도 다 이겨냈습니다. 그래서 오늘의 그 은혜롭고 행복한 새반석교회와 구국기도원을 이룰 수 있었던 것입니다.

사랑하는 성도 여러분, 우리가 하나님의 의를 위하여 믿음으로 살려고 하면 갖가지 박해가 주어집니다. 그 고통의 박해 속에서도 그리스도의 고난에 동참함을 기억하고 하늘의 상이 큼을 바라보고 앞서간 성도들과 동일한 고난을 당함을 보게 될 때 우리는 기필코 모든 박해를 이겨내고 평생토록 기뻐하고 즐거워하며 살아가게 될 줄 확실히 믿습니다.

다 함께 '십자가의 길 순교자의 삶'을 찬양하면서 결단하도록 하겠습니다.

> 내 마음에 주를 향한 사랑이
> 나의 말엔 주가 주신 진리로
> 나의 눈에 주의 눈물 채워주소서
> 내 입술에 찬양의 향기가
> 두 손에는 주를 닮은 섬김이
> 나의 삶에 주의 흔적 남게 하소서
> 하나님의 사랑이 영원히 함께하리
> 십지가의 길을 걷는 자에게
> 순교자의 삶을 사는 이에게
> 조롱하는 소리와 세상 유혹 속에도
> 주의 순결한 신부가 되리라
> 내 생명 주님께 드리리

의로우신 하나님 아버지, 지난날 우리가 세상에서 불의한 일에 얽매일 때가 얼마나 많았습니까? 이제 남은 인생이라도 그리스도의 고난에 동참함을 잊지 않게 하여 주시옵소서. 하늘의 상이 큼을 바라보게 하여 주시옵소서. 앞서간 성도들과 함께 고난당하게 하여 주시옵소서. 그리함으로 어떠한 박해도 이겨내고 영원토록 기뻐하고 즐거워하며 살게 하여 주실 줄 믿사옵고 예수님의 이름으로 간절히 축복하며 기도드립니다. 아멘.

하나님께 영광을 돌리라

⋮

마태복음 5:13-16

¹³너희는 세상의 소금이니 소금이 만일 그 맛을 잃으면 무엇으로 짜게 하리요 후에는 아무 쓸 데 없어 다만 밖에 버려져 사람에게 밟힐 뿐이니라 ¹⁴너희는 세상의 빛이라 산 위에 있는 동네가 숨겨지지 못할 것이요 ¹⁵사람이 등불을 켜서 말 아래에 두지 아니하고 등경 위에 두나니 이러므로 집 안 모든 사람에게 비치느니라 ¹⁶이같이 너희 빛이 사람 앞에 비치게 하여 그들로 너희 착한 행실을 보고 하늘에 계신 너희 아버지께 영광을 돌리게 하라

말세의 마지막 때 우리는 고통하는 때를 살아가고 있습니다. 지난 주간에도 일본 아베 총리는 한일 정상 간에 위안부 합의안을 번복하는 발언을 하고, 파키스탄 대학에서의 탈레반 테러 등 해외에서 끊임없는 테러 소식이 들려옵니다. 국내에서만 해도 전전주에 부모가 자식을 2시간 동안이나 무차별로 폭행해 죽이고도 치킨을 시켜 먹고

토막 냈다고 했습니다. 지난 주간에는 우울증을 앓던 40대 가장이 자신의 부인과 10대 자녀 2명을 둔기로 살해한 뒤 자살한 사건이 있었고, 20대 엄마가 9개월 된 딸의 두개골을 골절시키고 갈비뼈를 부러뜨려 살해한 사건도 있었으며, 어제는 남편을 친구를 통해 교통사고로 가장해 청부살해한 40대 여인이 체포되었습니다. 또한 그렇지 않아도 경제까지도 어려운데 노사정 대타협이 파기되고 대통령은 국회를 무시하고 국회는 국민을 무시해서 초읽기에 들어갔던 보육대란이 결국 현실이 되고 말았습니다. 그렇지 않아도 한파에 시달리는 온 국민의 몸과 마음까지도 꽁꽁 얼어 붙는 너무도 앞이 깜깜한 현실입니다.

이처럼 어디를 둘러보아도 희망이 보이지 않는 때에 오늘 본문의 말씀은 말세에 성도들이 지녀야 할 본연의 신앙의 자세를 일깨워주고 있습니다. 지금까지의 8복의 말씀이 자신에 대해서 갖춰야 할 천국 성도의 삶에 대해서 증거했다면, 오늘 본문 말씀은 세상에 대해서 갖춰야 할 천국 성도의 삶에 대해서 증거하고 있습니다. 그렇다면 우리가 어떻게 이렇게 어둡고 썩어가는 세상 가운데서 인간의 제일 된 목적처럼 하나님께 영광 돌리며 살 수 있을까요?

제자의 맛을 내어야 함

먼저 본문 13절 말씀을 다 함께 읽겠습니다.

"너희는 세상의 소금이니 소금이 만일 그 맛을 잃으면 무엇으로 짜게 하리요 후에는 아무 쓸 데 없어 다만 밖에 버려져 사람에게 밟힐 뿐이니라."

여기 우리가 '세상의 소금'이라고 하는데 원래 헬라어 원어 성경을 보면 'ἄλας τῆς γῆς'(할라스 테스 게스)로서 엄밀하게 번역하면 '땅의 소금'이라고 기록되어 있습니다. 어쩌면 땅은 좀 더 좁은 의미에서의 세상입니다. 우리가 먼저 이 땅에서라도 소금의 사명을 감당해야 한다는 것입니다.

정신병원에서 한 환자가 바나나를 소금에 찍어 먹자 그걸 본 간호사가 물었습니다.

"왜 맛있는 바나나를 소금에 찍어 먹어요?"

그러자 환자가 어이없다는 듯이 간호사를 쳐다보며 말하더랍니다.

"그럼, 나보고 이 짠 소금을 그냥 먹으라는 거예요?"

소금을 바나나로 간을 맞추니 이게 말이 됩니까? 소금이 제 역할을 제대로 못한 것이지요?

지금은 소금이 주로 조미료로 쓰이지만 당시 유대인들은 소금을 음식물을 상하지 않게 하는 방부제로도 썼고, 제물로도 사용하였고(레 2:13), 언약의 증거로도 쓰였고(민 18:19; 대하 13:5), 해독제로도 쓰였습니다(왕하 2:21). 유대인들에게 소금은 한마디로 썩어져 가는 이 땅을 정결케 하는 도구였습니다. 그런데 이 소금이 맛을 잃으면 아무쓸 데가 없어 다만 밖에 버려져 사람들에게 밟힐 뿐이라는 것입니다.

책에서 지혜의 글을 읽은 남편이 아내에게 문자 메시지를 보냈습니다.

"이 세상에서 세 가지 가장 귀중한 금이 있는데 그것은 황금, 소금, 지금이라오." 그 문자를 읽은 아내가 이렇게 답장을 보냈습니다.

"아니에요. 이 세상에서 가장 귀중한 세 가지 금은 현금, 지금, 입금

이에요."

그렇습니다. 우리가 은혜를 아무리 많이 받고 하나님의 말씀을 아무리 많이 알아도 이 말씀을 지금 행하지 않으면 나와 아무런 상관이 없습니다. 그래서 바다의 평균 염도가 3.5%밖에 안 되는데도 갖가지 부패물이 가득한 바닷물이 안 썩는 것입니다. 우리 믿는 사람들이 현재 대한민국의 5230만 명의 인구 중 16%인 800만 명이나 된다고 하는데도 점점 세상은 상상도 할 수 없을 만큼 썩어만 가고 있습니다. 우리 믿는 사람들이 맛을 잃어버리니까 세상이 썩어가는 것은 말할 것도 없고 지금 믿는 사람들이나 교회가 얼마나 욕을 얻어먹고 있느냐는 것입니다.

그렇다면 우리 믿음의 성도들이 어떻게 소금의 맛을 낼 수 있을까요? 누가복음 14장 33-35절을 보면 "이와 같이 너희 중의 누구든지 자기의 모든 소유를 버리지 아니하면 능히 내 제자가 되지 못하리라 소금이 좋은 것이나 소금도 만일 그 맛을 잃으면 무엇으로 짜게 하리요 땅에도, 거름에도 쓸 데 없어 내버리느니라 들을 귀가 있는 자는 들을지어다 하시니라"고 말씀하십니다. 이제 우리가 자신의 자존심, 명예, 이익, 소유까지도 다 내어버리지 않으면 진정으로 주님의 제자가 될 수가 없습니다. 마치 소금이 맛을 잃으면 쓸 데 없어 내버려지고 말듯이 주님의 제자가 맛을 내려면 이러한 세상의 소유나 욕심부터 다 내어버려야 합니다. 그렇게 되면 자연스럽게 우리가 주님의 제자가 되는 결정적인 표시가 나타난다는 것입니다.

그렇다면 그 주님의 제자의 표시가 무엇일까요? 요한복음 13장 34-35절에 "새 계명을 너희에게 주노니 서로 사랑하라 내가 너희를 사랑한 것같이 너희도 서로 사랑하라 너희가 서로 사랑하면 이로써 모든 사람이 너희가 내 제자인 줄 알리라"고 분명히 증거하고 있습니다.

얼마 전에 필리핀에서 한 여학생이 찍은 한 장의 사진이 큰 화제가 되었습니다. 한 한국인 청년이 필리핀 노숙자 할머니와 함께 패스트푸드점에서 음식을 먹는 사진이었습니다. 이 청년은 필리핀 바기오대학교에서 공부하고 있는 정태구라는 학생인데, 이 노숙자 할머니가 지나가는 정태구 학생에게 먹을 것을 좀 사 달라고 하였습니다. 음식을 사 주려고 패스트푸드점에 들어갔는데 이 노숙자 할머니가 따라 들어오자 패스트푸드점 직원들이 할머니를 내쫓으려고 했습니다. 그러자 정태규 학생은 할머니에게 음식을 사주었을 뿐만 아니라 할머니를 내쫓지 못하도록 그 냄새 나고 더러운 노숙자 할머니와 함께 앉아서 식사를 했는데 한 필리핀 여학생이 그걸 보고 사진을 찍은 것입니다. 이 사진에 대한 반응이 예상 외로 뜨거워서 이 믿음의 청년의 조그마한 선행에 대해 필리핀 언론들이 "그의 친절은 피부색과 인종을 초월했다"고 극찬했고, 필리핀과 우리나라와 영국에서까지 대서특필 되었습니다. 그리고 전 세계에까지 알려지게 된 것입니다. 얼마나 감동적인 이야기입니까? 돌아가신 할머니 생각에 아무도 관심을 갖지 않는 냄새나고 더러운 할머니에게 주님의 사랑을 베푼 것입니다.

그런데 왜 우리는 그런 사랑을 베풉니까? 우리의 신앙의 문제는 말세의 마지막 때에 가장 근본적으로 마음속에 예수님의 십자가의 사랑이 메마르니까 자신이 제일 예수님을 잘 믿는 줄로 착각하고 영적 교만에 빠진다는 것입니다. 그리고는 남의 판단은 잘하면서도 삶은 전혀 받쳐주질 못하니까 형제의 허물을 덮어주기보다는 들추는 일에만 전념하고, 서로를 위해서 기도하며 사랑으로 붙들어주기보다는 험담하고 비방하는 일에만 매여 살아갑니다. 지금 한국교회는 옳고 그른 것만 따지는 율법주의의 큰 시험에 빠져 있습니다. 그러나 이 율법보다 비교할 수 없이 더 위대하고 행복한 사랑의 은혜에 대해서는 모르고 살아가고 있습니다. 그러니 그들의 삶에 무슨 은혜가 있고 축복이 있고 행복이 있고 감동이 있겠습니까? 그들의 신앙도, 가정도, 교회생활도 다 피폐해지고 마는 것입니다.

그러다 보니까 주위의 가족들로부터나 교인들로부터나 세상 사람들로부터 다 외면당하는 것은 말할 것도 없고 자식들의 장래까지 다 막고 맙니다. 우리가 목사, 장로, 권사, 집사가 되었다고 할지라도 그것은 진정으로 성숙하고 충만한 신앙의 삶이 아니라 다 자기 교만의 율법적이고 기복적이고 육적인 종교생활일 뿐입니다. 우리가 남은 인생 전도하고 봉사하고 구제하고 선교하는 데 힘을 써도 모자랄 판에 거기에 씨야 할 힘들을 싸우는 데 다 쓰다 보니까 교회가 깨지고 세상으로부터 손가락질만 당하다가 인생이 다 지나가 버리고 맙니다. 이것이 지금 한국교회의 큰 시험이고 위기이고 교회마다 난리입니다.

더욱이 지난 주간 일간지마다 일부 교단 대표 목사들이 한국기독교총연합회장을 비방하는 광고가 나왔고 이에 대해 해명하는 한국교회의 연합과 일치를 위한 한기총의 입장 광고까지 나왔습니다. 이것이 바로 말세 마지막 때 사탄이 우리 가운데 가장 교활하고 극렬하게 역사하는 계략임을 영적으로 잘 분별하고 대적하고 담대하게 물리칠 수 있길 바랍니다. 이것이 바로 지난날 사탄의 큰 시험을 이겨냈던 우리 치유하는교회가 마지막 때 한국교회와 이민교회와 세계선교지를 위해 감당해야 할 저와 여러분에게 주신 치유의 큰 사명입니다.

우리가 과거 십여 년의 쓰라린 경험을 교훈 삼아서 가장 먼저는 서로에게 가슴 아픈 일이 있으면 하나님 앞에서 기도하면서 다 용서하고 풀어버리십시오. 그리고 지체하지 말고 한시라도 빨리 찾아가서 당사자를 만나서 대화하십시오. 만나서 대화해 보면 그 가운데 거짓

말들이 얼마나 많고 오해가 얼마나 많고 험담이 얼마나 많고 우리 사이에 이미 사탄이 깊숙이 역사해 있었던 것을 분명히 발견하게 됩니다. 그런데도 서로 감정을 풀지 않고 살아가고, 더욱이 계속해서 비방하고 공격하는 것은 평생을 사탄의 도구로 쓰임 받다 끝나는 것입니다. 그러므로 다른 길이 없습니다. 주님께서 우리를 사랑하신 것같이 우리도 사랑하고, 주님께서 우리를 용서하신 것같이 우리도 용서하고 주님께서 오래 참으신 것같이 우리도 오래 참고 기다려야 합니다. 그러면 우리 마음이 가장 먼저 평안해지고 육신이 건강해지고 장수의 복을 누리게 되고 모든 관계가 화평케 되고 모든 일이 복되고 형통하게 되고 자손들까지 잘되고 모든 삶이 천국으로 변하게 되는 것입니다.

이 마지막 때 지금 절실히 필요한 것은 신앙의 이론이 아니라 바로 이 삶이고 사랑입니다. 바로 이러한 주님의 사랑으로 살아갈 때 우리는 썩어져 가는 세상에서 제자의 맛을 냄으로 온 세상을 사랑의 행복으로 가득 찬 천국으로 변하게 하며 하나님께 영광 돌리게 될 줄 확실히 믿습니다.

생명의 빛을 비추어야 함

계속해서 본문 14-15절 말씀을 다 함께 읽겠습니다.

"너희는 세상의 빛이라 산 위에 있는 동네가 숨겨지지 못할 것이요 사람이 등불을 켜서 말 아래에 두지 아니하고 등경 위에 두나니 이러므로 집 안 모든 사람에게 비치느니라."

소금은 곁에 닿는 물체에 영향을 미치나 빛은 닿지 않는 멀리까지 영향을 미치는 차이가 있습니다. 그것도 우리가 세상의 빛인데, 여기 '세상의 빛'이라는 것은 헬라어로 'φῶς ποῦ κόσμου'(포스 투 코스무) 라고 해서 '우주의 빛'이란 뜻으로 이 땅뿐만 아니라 온 우주에까지 미친다는 것입니다. 원래 하나님은 빛의 근원이셨고(요일 1:5) 예수님 은 세상의 빛으로 오셨습니다(요 1:9). 그리고 그를 믿는 자는 생명의 빛을 얻으리라고 하셨습니다(요 8:12). 그래서 믿는 우리가 이 어두워 가는 세상에서 생명의 빛을 비춰야 한다는 것입니다. 사람이 등불을 켜서 말(bowl, 그릇) 아래 덮어두면 빛이 비추질 못해서 등경(stand) 위 에 두어서 집 안 모든 사람에게 비춰야 하듯이 이제는 우리가 어두 워진 세상에 밝히 빛을 비춰야 합니다. 그런데 밝히 생명의 빛을 비 추어야 할 우리 믿는 사람들이 어두운 세상에 빛을 비추기는커녕 어 두운 세상과 다를 게 뭐가 있느냐는 것입니다.

　아일랜드 극작가요, 소설가인 오스카 와일드가 쓴 《지옥의 단편》 이란 단편소설에 이런 내용이 나옵니다. 예수님이 길에서 한 술주정 꾼을 만났는데 그는 거의 폐인과 같이 된 젊은이였습니다. 예수님께 서 "당신은 왜 그런 생활을 하고 있소?" 하고 묻자 술주정꾼이 말했 습니다.

　"내가 절름발이였을 때 당신이 나를 일으켜 걷게 만들어 주었어요. 그런데 걸어 다니게 되었지만 먹고 살 것이 없어서 이렇게 주정꾼이 되어 버린 거요."

　그다음으로 예수님은 한 창녀를 만나서 "당신은 왜 이런 생활을 하 고 있소?" 하고 묻자 그 창녀가 말했습니다.

　"당신이 나를 창녀에서 건져 새 사람을 만들어 주었지만 나는 아 무런 행복이 없었어요. 그래서 나는 다시 창녀의 생활로 돌아온 거예요."

그다음으로 예수님이 다른 사람과 싸우고 있는 불량배를 만나서 "당신은 왜 이런 생활을 하고 있소?" 하고 묻자 불량배가 말했습니다.

"나는 당신이 눈을 뜨게 해준 소경이오. 그러나 막상 눈을 뜨고 보니 보이는 것마다 다 신경질 나고 귀찮고 화나게 해서 이렇게 닥치는 대로 싸우며 살고 있는 거요."

그들은 모두 다 큰 은혜를 입었지만 감사를 잃어버리고 빛을 발하는 삶을 살지 못하고 있었던 것입니다. 그래서 이사야 60장 1-3절에 "일어나라 빛을 발하라 이는 네 빛이 이르렀고 여호와의 영광이 네 위에 임하였음이니라 보라 어둠이 땅을 덮을 것이며 캄캄함이 만민을 가리려니와 오직 여호와께서 네 위에 임하실 것이며 그의 영광이 네 위에 나타나리니 나라들은 네 빛으로, 왕들은 비치는 네 광명으로 나아오리라"고 증거하였습니다. 우리가 일어나서 빛을 발하면 여호와의 영광이 우리 위에 임하여서 많은 사람들이 우리의 빛을 보고 주님 앞에 나아오리라고 분명히 약속하십니다.

어린아이들이 공룡을 참 좋아해서 우리는 발음하기도 어려운 공룡 이름들을 다 외우고 공룡 인형이나 캐릭터 물건들을 너무나 갖고 싶어 합니다. 어느 날 공룡 판박이에 푹 빠져 있는 6살짜리 아들이 아빠와 함께 대중목욕탕에 갔는데 조금 있다가 어깨, 가슴과 배와 등에 용 문신을 잔뜩 한 남자가 들어왔습니다. 그러자 이 아이가 한동안 넋을 잃고 그 남자의 온몸에 있는 용 문신들을 바라보더니 그 남자에게 다가가 이렇게 묻더랍니다.

"아저씨, 이렇게 큰 공룡 판박이는 어디서 팔아요?"

큰 공룡 판박이를 몸에 붙인 줄 알았던 것입니다. 애들한테 그런 거 보여주어서 뭐 배울 게 있겠습니까?

우리는 얼마나 삶 가운데 주위 사람들에게 모범을 보이고 감동을 주고 그들을 빛 가운데로 인도하고 있습니까? 가족들에게도, 친척들에게도, 친구들에게도, 이웃들에게도 복음을 전하지 못하고 교회로 인도하지 못합니다. 이처럼 복음 증거의 삶을 게을리하다 보니까 지금 우리 주위에 갖가지 이단들과 우상 종교들이 교묘하게 침투하여 심각할 정도로 활개를 치고 있습니다. 몇 주 전에는 국가 주도하에 전북 익산지역에 이슬람 할랄식품 공장 설립에 반대 서명해야 한다는 카카오톡 기사가 나돌았습니다. 이 할랄식품은 이슬람교 근본주의자들이 주로 먹는 식품이기 때문에 할랄식품 단지가 들어서면 무슬림들이 들어와 일하게 되어서 이 땅 위에서의 이슬람교 포교가 확대될 것입니다. 그뿐만 아니라 지난 주간 국가정보원이 발표했지만 국내 체류 외국인 7명이 출국 후 수니파 무장단체인 이슬람국가(IS)에 가담했다고 하는데, 앞으로 우리나라에 이슬람 테러리스트들이 잠입할 수도 있기 때문에 사회적으로 큰 위험성이 따르고 있습니다. 또한 지난 주간에 대구와 창원에서 이슬람교도들이 '무함마드 생일 경축'이란 피켓을 들고 경찰의 보호를 받으면서 도로를 점거하고 전도행렬을 하는 동영상을 보셨듯이 어떻게 우상 종교들이 이렇게 이 땅 위에서 공공연하게 대한민국의 중심 도시들의 한복판에서 활개를 칠 수 있습니까? 참으로 앞이 캄캄합니다.

그러므로 이제 우리가 이 어두워가는 세상의 죽어가는 온 천하보다 귀한 영혼에 대해서 더욱더 깊은 관심을 가지고 열정을 쏟아서 기도하면서 생명의 빛을 비추어야 합니다. 멀리 갈 것도 없이 사랑하는 부모님, 형제들, 남편이나 아내, 자녀들, 손주들, 친척들, 친구들, 이웃들, 대한민국뿐만 아니라 북녘 땅 우리의 2530만 동족들과 전 세계 74억의 인구 중 2/3에 이르는 안 믿는 49억의 그 엄청난 영혼들에 이르기까지 생명의 말씀을 전해야 합니다.

슈퍼옥수수를 개발하여 굶주리는 아프리카와 북한에서 선교했던 경북대 농대 교수로서 노벨평화상 후보로 몇 차례 추천되었던 김순권 장로님이 이런 간증을 하셨습니다. 2001년 19차 방북 때 북한의 가뭄이 너무나 극심하니까 북한 농업과학원의 옥수수 연구원들이 이렇게 애원하더랍니다.

"김 박사님, 제발 김 박사님이 믿는다는 하나님께 기도해서 더도 말고 덜도 말고 비를 30mm만 내리게 해주시라요. 너무 가물어서 옥수수 농사를 다 망치겠수다."

그때 김순권 장로님이 이렇게 말했다고 합니다.

"나만 기도하는 것보다 우리가 다 함께 힘을 모아 기도하면 하나님이 더 잘 들어주실 거요."

그래서 무신론자들인 북한 농업과학원 연구원들이 김 장로님을 따라 옥수수 밭에서 무릎을 꿇고 기도했는데 놀랍게도 그날 밤에 12mm의 비가 쏟아지고 다음 날 18mm가 더 내려 딱 30mm의 비가 쏟아졌는데 이 일로 인하여 무신론자인 그들이 놀라고 하나님께 감사했다고 합니다.

이 땅 위에서 죽어가는 생명들을 구해내는 것보다 더 귀한 일은 없습니다. 이것은 우리가 때를 얻든지 못 얻든지 아무리 강조해도 지나치지 않고 아무리 시간을 내고 정성을 쏟고 물질을 바쳐도 아깝지 않은 것입니다. 그래서 빌립보서 2장 15-16절에 바울 사도가 뭐라고 고백합니까?

"이는 너희가 흠이 없고 순전하여 어그러지고 거스르는 세대 가운데서 하나님의 흠 없는 자녀로 세상에서 그들 가운데 빛들로 나타

내며 생명의 말씀을 밝혀 나의 달음질이 헛되지 아니하고 수고도
헛되지 아니함으로 그리스도의 날에 내가 자랑할 것이 있게 하려
함이라."

그렇습니다. 이 패역한 세대 가운데서 우리가 하나님의 자녀로서 빛을 발하여 생명의 말씀을 전함으로써 우리의 일생이 헛되지 아니하여서 적어도 주님 앞에 서게 될 때 자랑할 것이 있어야 하지 않겠습니까? 우리가 이 땅에서 생명의 빛을 비춤으로 복되게 쓰임 받을 뿐만 아니라 머지않아 주님의 심판대에서 우리의 신앙을 결산하게 될 때 하늘의 상과 면류관을 누리며 하나님께 큰 영광을 돌리게 될 줄 분명히 믿으시기 바랍니다.

착한 행실을 보여야 함

마지막으로 본문 16절 말씀을 다 함께 읽겠습니다.

"이같이 너희 빛을 사람 앞에 비치게 하여 그들로 너희 착한 행실을
보고 하늘에 계신 너희 아버지께 영광을 돌리게 하라."

우리가 생명의 빛을 사람 앞에 비출 때 그냥 말로만 해서는 안 되고 글로만 해서도 안 됩니다. 우리가 말로 하기는 쉽고 글로 쓰기도 쉽지만 삶으로 행하기는 어렵습니다. 실제로 우리에게 있어서 가장 감동적인 것은 삶입니다. 그래서 여기에 '너희 말이나 글을 보고 하늘에 계신 너희 아버지께 영광을 돌리게 하라'고 하지 않고 "너희 착

한 행실(good deeds)을 보고 하늘에 계신 너희 아버지께 영광을 돌리게 하라"고 하신 것입니다.

뽀빠이 이상용 성도가 한 TV 프로그램에 출연하여 어린 시절 아버지의 가르침에 관한 이야기를 해서 사람들에게 훈훈한 감동을 주었습니다. 그의 아버지는 늘 어린 아들에게 이렇게 말했다고 합니다.

"아침밥 한 숟가락을 먹을 때 농민들의 노고에 감사하라! 생선 한 토막을 먹을 때 어민들의 노고에 고마워하라! 깨끗한 옷을 입고 나설 때 그것을 만든 근로자의 노고에 감탄하라! 깨끗이 쓸린 아침 길을 걸을 때 너보다 일찍 나와 이 길을 쓸고 간 환경미화원에게 감사하라!"

그리고 늘 마지막으로 이렇게 말씀하셨습니다.

"이렇게 살면 너의 하루는 결코 후회되지 않을 거다."

아버지의 가르침 덕분에 그는 반듯한 삶을 살 수 있었고 온 국민이 좋아하는 국민 MC의 원조가 되었으며 좋은 일도 많이 할 수 있었다고 합니다.

사실 우리의 신앙이 말이나 글보다도 착한 행실을 보이지 못해 다 무너져 가고 있습니다. 그래서 에베소서 5장 8-10절에 "너희가 전에는 어둠이더니 이제는 주 안에서 빛이라 빛의 자녀들처럼 행하라 빛의 열매는 모든 착함과 의로움과 진실함에 있느니라 주를 기쁘시게 할 것이 무엇인가 시험하여 보라"고 증거합니다. 우리가 믿는다고 하면서도 전에 우리가 어둠 속에 있을 때는 남의 탓만 잘하고 남의 비판만 잘하고 남의 험담만 잘하면서 실제로 자신은 착하지도 못하고 의롭지도 못하고 진실하지도 못할 때가 얼마나 많았습니까? 그래서 가정에서나 세상에서나 교회에서조차도 인정을 받지 못하고 하나님을 기쁘시게 할 수도 없었던 것입니다. 누가 우리를 보더라도 "저 목사, 저

장로, 저 권사, 저 집사, 저 교인은 참 악하다, 불의하다, 거짓되다"는 소리를 들어선 안 됩니다. 그런 사람은 자기는 예수님을 잘 믿는다고 착각할지 모르지만 평생 잘못 믿은 것입니다. 그렇게 해서 세상에서 치부하고, 성공하고, 유명한들 무슨 의미가 있겠습니까?

지난 주간에 세계치유선교회 동계수련회에 갔다가 들은 이야기입니다. 광양제철에 8조 원의 비축금이 있었고 지금까지 적자를 본 적이 없었는데 해외에 아무런 가치도 없는 광산들을 구입하고 쓸모없는 국내 업체들을 구입해서 이제는 거의 남은 돈이 없을 정도로 허비하여 작년에 최초로 적자운영을 했다고 합니다. 그런데 그 중심에 전 대통령의 형 장로님이 연루되었다는 소문이 파다하다는 것입니다. 얼마나 가슴 아픈 일입니까? 그 정도 연세가 되면 인생을 정리해야 할 때 아닙니까? 그 연세에 돈을 그렇게 많이 모아서 뭐하겠습니까? 이제는 세상 떠난 다음에 자신에 대해서 주위에서 어떻게 평가할까를 생각하며 인생을 마무리하며 정리해야 할 때가 아닙니까?

그러나 이제는 주님 안에서 생명의 빛이 되었으니까 빛의 자녀들처럼 행해야 하는데 빛의 열매는 모든 착함과 의로움과 진실함에 있으니까 우리가 무엇으로 주님을 기쁘시게 할 것인지 생각해 보라는 것입니다.

저는 지난 월요일 치러진 성공회대 신영복 교수님의 장례식을 지켜보면서 깊은 감동을 받았습니다. 신영복 교수는 시대의 고통을 사색과 진리로 승화시킨 이 시대의 지성인으로서 동시대의 아픔을 겪은 수많은 사람들의 위로자이자 마음의 지지대가 되었던 인물입니다. 그래서 수많은 조문객들이 그의 빈소를 방문하여 그의 마지막 길을 애도했습니다. 그는 아버지가 교장선생님으로 근무했던 경상남도 의령의 간이학교 사택에서 태어나 어렵게 자라났습니다. 이후 아버지의 고향인 밀양 등지에서 어린 시절을 보내고 부산상고와 서울대학교 경제학과와 대학원을 졸업했습니다.

1965년 숙명여대 정경대학에서 경제학과 강사로 있으면서 안병직 교수 등을 따라 잡지 〈청맥〉의 예비 필자 모임인 '새문화연구원'에 참석하면서 훗날 '통일혁명당 사건'으로 사형당한 김질락 씨를 만나게 됩니다. 〈청맥〉은 통일혁명당의 핵심인물들이 당의 합법 기관지로 설정한 잡지로 종종 반미적인 논설이 실렸습니다. 신 교수는 1966년부터 육군사관학교에서 경제학과 교관으로 있다가 1968년 통일혁명당 사건으로 중앙정보부에서 조사를 받고 구속되었습니다. 이 사건으로 김종태, 이문규, 김질락은 사형을 당했고 그는 여러 번의 재판 끝에 무기징역형을 받고 복역했습니다. 1988년 8·15 특별가석방으로 출소하기까지 그는 27세에서 47세까지 20년 20일 동안 꽃다운 청춘을 국가 폭력에 짓밟힌 선의의 피해자였습니다.

그런데도 그가 받은 억울한 고통에 대해서 한 번도 불평하지 않고 원망도 하지 않고 미움도 없고 분노도 없었습니다. 그래서 다른 민주 인사들은 다 재심청구를 하고 명예 회복도 하고 국가에서 몇억 원, 몇십억 원씩 보상을 다 받았지만 신 교수님만은 오히려 같은 해 옥중에서 가족들에게 보낸 편지를 묶어서 《감옥으로부터의 사색》이란 이름으로 발간하여 큰 반향을 불러일으켰습니다. 그 책에는 많은 재소자들과 만난 지식인으로서의 그의 고민이 담겨 있어서 그는 감옥이 자신에게 대학이었다고 고백했습니다. 그리고 끊임없는 자기 성찰을 통해 '더불어 숲' 사상을 완성해간 그는 우리 시대의 스승으로 남게 되었습니다. 1989년 3월부터 성공회대학교에서 강의했으며 출소한 지 10년 만인 1998년 3월 사면 복권되었고 1998년 5월 1일 성공회대학교 교수로 임용되었으며 2010년부터 성공회대학교 석좌교수로 재직했습니다. 그의 신앙세계는 이념을 뛰어넘어 많은 사람들의 사랑을 받았고, 세상을 바꾸는 데도 냉철한 머리보다도 따뜻한 가슴이, 따뜻한 가슴보다도 실천하는 손발이 소중함을 느끼게 했습니다. 그리고 그의 서체로 유명한 '처음처럼' 국가와 민족을 사랑하는 마음으로 변함없이 살다가 지난 2014년 희귀 피부암이라는 진단을 받고 투병하던 중 2016년 1월 15일 하늘나라로 떠나가셨습니다.

늘 강조하지만 우리가 무엇이 되느냐가 중요한 것이 아니라 어떻게 사느냐가 중요합니다. 정치를 하든지, 경영을 하든지, 예술을 하든지, 체육을 하든지, 교육을 하든지, 목회를 하든지, 무엇을 하든지 주위에서 우리를 바라보면서 "참 저분은 착하다, 의롭다, 진실하다"는 소리를 들을 수 있도록 살아가야 합니다. 그렇게 우리의 삶 가운데 착한 행실을 보일 때 이 땅에서의 존재의 목적인 하나님께 영광을 돌리는 삶을 진정으로 살아가게 될 줄 분명히 믿으시기 바랍니다.

위의 세 가지 말씀이 우연히 나열된 것 같지만 영적으로 깊은 공통점을 발견하게 됩니다. 소금은 녹아져야 맛을 내고, 등불도 태워져야 빛을 내고, 사람도 죽어져야 착한 행실이 나오듯이 이 모든 것은 한마디로 자신을 희생하여 죽어질 때, 주님께서 내 삶 가운데 살아 역사하시고 하나님의 영광이 드러나게 된다는 것입니다.

그런데 말세에 가장 심각한 신앙의 문제는 다 자기가 살아있고 자기가 최고인 줄 착각한다는 것입니다. 그러니까 자기 교만과 자기 착각과 자기 아집과 자기 주관과 자기 한계에서 헤어나오지 못합니다. 그래서 바울 사도는 빌립보서 1장 20-21절에 "나의 간절한 기대와 소망을 따라 아무 일에든지 부끄러워하지 아니하고 지금도 전과 같이 온전히 담대하여 살든지 죽든지 내 몸에서 그리스도가 존귀하게 되게 하려 하나니 이는 내게 사는 것이 그리스도니 죽는 것도 유익함이라"고 담대히 외쳤습니다. 내가 죽어지면 이제는 세상도 없고 나도 없고 사랑의 주님만 보이고 영적인 새로운 세계가 열리어 모든 사람을 사랑하고 모든 환경에 감사하면서 날마다 천국의 축복과 행복의 감격 속에서 살아가게 되고 그리스도가 존귀하게 되고 하나님께만 영광 돌리는 복된 삶을 살아가게 될 줄 확실히 믿습니다.

　1세기 전만 해도 이 땅에 '편도 선교사들'(One-way missionaries)이라고 알려진 헌신적인 선교사님들이 있었습니다. 그들은 선교를 떠났다가 돌아올 왕복표가 아닌 선교지행 편도표만 구입해서 큰 짐 가방 대신에 단출한 개인 물품만을 그것도 자신의 시신을 담아올 관에 챙겨 넣고 배를 타고 떠나면서 사랑하는 가족들과 교우들 모두에게 생의 마지막 작별을 고하고 떠났다고 합니다. 선교지로 떠났다가 다시는 고향으로 돌아오지 못하리라는 것을 잘 알고 있었던 것입니다. 이 얼마나 가슴 아프고 눈물 나는 일입니까? 그들 중에 영국의 밀른(A. W. Milne)이라는 선교사님이 있었는데 그도 사랑하는 부모 형제들을 다 떠나서 홀로 외롭게 일생을 헌신하고 남태평양 뉴헤브리디즈(New Hebrides) 섬에 뛰어들었습니다. 더구나 그곳의 원주민들이 앞서 파송했던 모든 선교사님들을 살해했다는 사실을 잘 알고 있었지만 전혀 개의치 않고 두려워하지도 않고 자신도 순교할 각오로 뉴헤브리디즈로 떠났습니다.

　그는 그들이 언젠가는 그들을 향한 십자가의 사랑을 깨닫는다면 주님의 품으로 돌아오리라는 믿음의 확신만을 가지고 죽음을 각오하고 그들을 찾아가서 종처럼 끝까지 인내하며 사랑으로 섬겼습니다. 그의 몸과 마음과 물질과 생명까지 아낌없이 다 바친 사랑의 섬김은 언제부터인가 그 살기등등했던 원주민들의 마음을 누그러뜨리고 점점 감동시키기 시작했습니다. 그렇게 35년이라는 기나긴 세월이 지난 뒤 밀른 선교사님도 어느덧 연세가 지긋한 노인이 되어서 이제는 힘이 다 빠져서 더이상 그들을 섬길 수 없을 정도로 지쳐 있었습니다. 그리고 언제부터인가 뉴헤브리디즈 섬이 이제는 서로 사랑하며 섬기는 천국과 같이 변해가고 있을 때 그는 그의 사명을 다 마쳤다고 느꼈는지 어느 날 오후 석양의 햇살을 받으면서 하늘 아버지의 품을 사모하면서 조용히 눈을 감았습니다. 밀른 선교사님의 소천 소식을 들을 원주민들은 모두 다 나와서 그의 죽음을 슬퍼하며 한없이 눈물을 흘리면서 평생 그들을 위해 생명을 바쳐 헌신했던 선교사님의 사랑과 은혜를 잊지 않기 위해서 그를 섬 한가운데에 묻어 주었습니다. 그리고 묘비에 다음과 같은 비문을 새겨 놓았습니다.

"밀른 선교사님, 그가 이곳에 처음 오셨을 때 이곳엔 빛이 없었습니다. 그러나 그가 떠나가셨을 때 이곳엔 더이상 어둠이 없습니다."

다 함께 '나의 찬미'(My Tribute, 어찌하여야)를 함께 부르며 결단하도록 하겠습니다.

어찌하여야 그 크신 은혜 갚으리
무슨 말로써 그 사랑 참 감사하리요
하늘의 천군천사라도 나의 마음은 모르리라
나 이제 새 소망이 있음은 주님의 은혜라
하나님께 영광 하나님께 영광
하나님께 영광 날 사랑하신 주
그 피로 날 구하사 죄에서 건지셨네
하나님께 영광 날 사랑하신 주
바치리라 모두 나의 일생을 주님께
세상 영광 명예도 갈보리로 돌려보내리

그 피로 날 구하사 죄에서 건지셨네

하나님께 영광 날 사랑하신 주

사랑하는 하나님 아버지, 잠시 왔다가 떠나가는 이 썩어가고 어두운 세상 가운데 소금과 빛의 사명을 다하며 착한 행실로 땅끝까지 이르러 주님의 복음을 전하게 하여 주시옵소서. 그리함으로 저희의 얼마 남지 않은 여생 하나님께 영광 돌리는 복된 생애를 모두 다 살아가게 하여 주실 줄 믿사옵고 예수님의 이름으로 기도드립니다. 아멘.

이렇게 화목하라

마태복음 5:21-26

²¹옛 사람에게 말한 바 살인하지 말라 누구든지 살인하면 심판을 받게 되리라 하였다는 것을 너희가 들었으나 ²²나는 너희에게 이르노니 형제에게 노하는 자마다 심판을 받게 되고 형제를 대하여 라가라 하는 자는 공회에 잡혀가게 되고 미련한 놈이라 하는 자는 지옥 불에 들어가게 되리라 ²³그러므로 예물을 제단에 드리려다가 거기서 네 형제에게 원망들을 만한 일이 있는 것이 생각나거든 ²⁴예물을 제단 앞에 두고 먼저 가서 형제와 화목하고 그 후에 와서 예물을 드리라 ²⁵너를 고발하는 자와 함께 길에 있을 때에 급히 사화하라 그 고발하는 자가 너를 재판관에게 내어 주고 재판관이 옥리에게 내어 주어 옥에 가둘까 염려하라 ²⁶진실로 네게 이르노니 네가 한 푼이라도 남김이 없이 다 갚기 전에는 결코 거기서 나오지 못하리라

예수님께서는 천국 성도로서 갖춰야 할 것으로 팔복에 대해서 말씀하시고, 세상에서 어떻게 살아야 할 것인가 소금과 빛의 삶에 대해서 말씀하십니다. 그리고 자신이 율법과 선지자, 즉 구약성경을 폐하러 오신 것이 아니라 완성하러 오셨음을 밝히고 있습니다. 천지가 없어지기 전에는 율법의 일점일획도 결코 없어지지 아니하고 다 이루리라고 약속하시면서 서기관과 바리새인은 이 율법 준수에 치중하였으나 사실은 그 율법 준수를 완전히 이루지 못했습니다.

천국 성도는 율법을 지킴으로가 아니라 믿음으로 구원을 받지만 율법을 지킴으로 이 땅의 축복과 하늘의 상급이 결정되는 것이기 때문에 본문 이전인 17절에 "내가 율법이나 선지자를 폐하러 온 줄로 생각하지 말라 폐하러 온 것이 아니요 완전하게 하려 함이라"고 말씀하십니다. 그래서 이 율법을 여섯 번에 걸쳐(21, 27, 31, 33, 38, 43절) 더욱더 적극적으로 완성시켜 말씀하시는데, 오늘은 그 첫 번째 시간으로 십계명 중 제6계명(출 20:13; 신 5:17)인 "살인하지 말라"에 대해서 더욱 보완하여 말씀하십니다.

"사람의 원수가 자기 집안 식구리라"(마 10:36)고 말씀하시는데 마침 우리가 설 연휴를 앞두고 있고 또 원수의 나라인 일본 단기선교도 앞두고 있는 상황에서 주님께서는 "할 수 있거든 너희로서는 모든 사람과 더불어 화목하라"(롬 12:18)고 명령하십니다. 우리 주위에 수없이 둘러싸여 있는 원수들과 어떻게 화목할 수 있을 것인가 이 시간도 들려주시는 하나님의 음성을 함께 들을 수 있길 바랍니다.

우리의 굳어졌던 감정을 풀어야 함

먼저 본문 21-22절 말씀을 다 함께 읽겠습니다.

> "옛 사람에게 말한 바 살인하지 말라 누구든지 살인하면 심판을 받게 되리라 하였다는 것을 너희가 들었으나 나는 너희에게 이르노니 형제에게 노하는 자마다 심판을 받게 되고 형제에 대하여 라가라 하는 자는 공회에 잡혀가게 되고 미련한 놈이라 하는 자는 지옥 불에 들어가게 되리라."

구약의 율법에서는 살인한 자마다 각 성에서 재판장들과 지도자들을 세워 재판을 해서 반드시 사형에 처했습니다(신 16:18; 출 21:12; 민 35:30-31). 그런데 예수님께서는 "나는 너희에게 이르노니"라고 강조하시면서 형제에게 살인의 동기인 화를 내는 자마다 심판을 받게 되고, 또한 형제에 대해서 히브리인의 욕설인 라가('멍청이', '사악한 놈') 즉 욕을 하는 자는 당시 12지파에서 6명씩 대표가 뽑혀 72명의 회원으로 구성된 유대인의 최고 법정이었던 공회에 잡혀가게 되고, 미련한 놈(바보)이라 하는 자는 지옥 불에 들어가게 되리라고 율법보다 더욱더 적극적이고 강력하게 경고하십니다. 한마디로 말하면 형제에게 악한 감정을 품지 말라는 것입니다. 이러한 악한 감정이 자라서 결국에는 살인을 저지르고 만다는 것입니다. 그 근본적인 마음을 제거해야 한다는 단호한 결단을 요구하셨습니다. 그래서 요한일서 3장 15절에 "그 형제를 미워하는 자마다 살인하는 자니 살인하는 자마다 영생이 그 속에 거하지 아니하는 것을 너희가 아는 바"고 말하면서 율법의 행위보다 은혜의 마음을 강조하였습니다. 그리고 마음의 감정을 풀고 보다 더 적극적인 사랑의 결단을 촉구한 것입니다.

영국 왕 에드워드 7세는 식사예법에 몹시 엄격했다고 합니다. 그래서 손자들이 할아버지와 식사하는 것을 두려워했는데 어느 날 아침 식사를 하는 중에 왕자 한 명이 할아버지에게 뭐라고 말을 하려고 하자 왕이 화를 내며 꾸짖었습니다.

"식사 중에는 말을 하지 말라고 했지?"

그러자 손자가 놀라서 입을 다물었습니다. 이윽고 식사가 다 끝난 후 왕이 손자에게 물었습니다. "그래, 아까 무슨 말 하려고 했지?"라고 하자 손자가 그러더랍니다.

"할아버지, 이미 늦었어요. 사실은 아까 할아버지 음식 그릇에 벌레가 들어 있었거든요."

결국 화를 내는 바람에 벌레를 먹고 만 것입니다.

그러므로 굳어져 있는 감정부터 풀어야 합니다. 그것을 가슴에 품고 있으면 속만 부글부글 끓게 하고 썩게 만드는 것만 아니라 그것이 뼈마디를 다 말라 비틀어지게 만들어서 우리의 몸에 갖가지 신경성 질환을 가져옵니다. 그래서 현대인의 질병의 2/3가 신경성 질환이라고 하지 않습니까? 암의 발병 요인으로 세계보건기구(WHO)에 의하면 흡연(30%), 음식(30%), 만성 감염(10-25%), 근무환경(5%), 유전(5%) 등의 요인도 있지만 스트레스 등 풀리지 않은 감정의 응어리(70%)가 결정적인 요인이 된다는 것입니다. 그러니 갖가지 암으로 인해 얼마나 많은 사람들이 견딜 수 없는 고통 가운데 죽어가고 있습니까? 그러므로 이제라도 우리가 마음 편안하고 육신 건강하고 영적으로 자유롭게 살기 위해서 마음에 쌓인 감정부터 다 풀어버릴 수 있길 바랍니다.

말세의 마지막 때 사탄이 한국교회에 융단 폭격을 가하는 것도 바로 이것입니다. 교회마다 따로국밥 교회처럼 목사파, 장로파, 권사파, 집사파 등등 쫙쫙 갈라져 있습니다. 남녀노소 빈부귀천을 다 떠나서 출신과 지연과 학연과 신앙과 이념이 나와 다 다릅니다. 또 지난날 내게 상처를 주고 손해를 끼치고 배신의 아픔을 주고 말할 수 없는 불행을 안겨다 줄 수도 있습니다.

여러분, 용서하고 들으시기 바랍니다. 제가 주의 종으로 소명 받기 전 청년 때에는 친구들과 어울려 다니면서 술도 마셔보았습니다. 아무리 마음 상한 일이 있어도 호프집에 가서 생맥주를 몇천 cc씩 마시면서 그동안 쌓였던 감정을 확 풀어버리고 나옵니다. 그런데 예수님 믿는 사람들은 영생을 믿어서 그런지 한 번 감정을 품으면 영원히 풀지를 않습니다. 가끔씩 '이 사람들을 데리고 생맥주를 몇천 cc씩 마시게 해야 속을 풀려나?' 하는 생각이 들 때가 있습니다. 그러나 우리는 세상 술과는 비교도 할 수 없는 성령의 새 술을 마신 사람들이 아닙니까? 그렇다면 그 성령의 새 술에 의지하여 가슴에 응어리졌던 지난날의 어떠한 감정조차도 다 풀어버려야 합니다.

하나님이 기뻐하시는 교회는 비빔밥과 같이 주님의 십자가의 사랑에 녹아져서 먼저는 주님과 나만의 시간에 "주여! 주여!" 기도하면서 마음에 쌓였던 감정을 주님의 십자가 앞에 다 내려놓고 어떠한 원수라도 주님의 사랑으로 용서하고 끝까지 사랑하고 인내하면서 섬기게 될 때에 아무리 굳어졌던 감정이라도 풀어지게 됩니다. 그리하여 행복하게 주님과 형제와 이웃과 어떠한 원수라도 기쁨으로 섬기게 됩니다.

지난 주간에 부흥성회를 인도한 교회를 담임하고 있는 목사님은 26년 전 전임 목사님이 교인들과의 불화로 교회를 떠난 후에 부임하게 되었습니다. 물론 교회의 상황이 변화된 것은 아무것도 없지만 목사님은 일단은 모든 것을 주님의 사랑으로 끌어안았습니다. 그리고 말로 해서 해결될 문제라고 판단하지 않고 교회의 모든 문제를 주님께 다 맡기고 주님 앞에 쏟으면서 간절히 기도만 했습니다. 그리고 지난 26년을 기도하며 기다렸습니다. 물론 그 기다림의 세월은 참으로 견디기 어려웠지만 세월은 흘러갔습니다. 그 사이에 하늘나라로 떠나간 분들도 있었고 그 마을을 떠난 분들도 있었고 새롭게 찾아온 분들도 있었고 새롭게 변화된 분들도 있었습니다. 아무튼 교회는 놀랍게 새로운 변화가 일어났습니다. 그래서 아름다운 성전을 건축할 수 있었고 더 나아가 오늘의 은혜롭고 행복한 교회를 이루어 이번에 교회 설립 60주년 기념성회를 하나님의 은혜 가운데 잘 마치고 돌아올 수 있었습니다.

그렇습니다. 우리가 어떠한 갈등과 불화 가운데에서도 우리의 굳어졌던 감정을 주님 앞에서 풀어버릴 때 가장 먼저 마음이 평안해지고 육신도 건강해지고 진정으로 주님 안에서의 위로와 은혜와 축복을 누리게 될 줄 분명히 믿으시기 바랍니다.

어떠한 원수와도 화해해야 함

계속해서 본문 23-24절 말씀을 다 함께 읽겠습니다.

"그러므로 예물을 제단에 드리려다가 거기서 네 형제에게 원망 들을 만한 일이 있는 것이 생각나거든 예물을 제단 앞에 두고 먼저 가서 형제와 화목하고 그 후에 와서 예물을 드리라."

예수님께서는 먼저 감정을 풀기 위해 하나님께 예물을 드리기 전 형제와 먼저 화목하라고 하셨습니다. 여기 '화목하라'는 헬라어로 'διαλλάγηθι(디알라게디)로서 영어로 'be reconciled'이며 '화해하도록 하라'는 뜻입니다. 화해하지 않고 드리는 예물은 하나님께서 기뻐 받으시지 않기 때문입니다.

19세기 독일의 극작가 프랭크 베데킨트가 위독한 상태가 되었습니다. 그러자 그의 친구들이 이 기회에 원수처럼 지냈던 같은 극작가였던 막스 할베와 화해시키는 것이 좋겠다고 생각해서 할베를 베데킨트의 병상으로 데리고 왔습니다. 두 작가는 정말로 화해를 하고 서로 정담을 나누었는데 그 후 베데킨트의 병이 완쾌되어 건강을 다시 회복했습니다. 그리고 우연히 길에서 할베와 다시 만나자 할베가 반가워하며 베데킨트 쪽으로 달려왔는데 베데킨트는 얼음처럼 차가운 얼굴로 할베를 못 본 체하며 가 버리더랍니다. 기가 막힌 할베가 뒤쫓아가서 물었습니다.

"이봐! 베데킨트, 도대체 왜 그러나? 우리는 전에 화해하지 않았는가?"

이 말을 들은 베데킨트가 힐끔 뒤를 쳐다보더니 그러더랍니다.

"흥! 천만에…. 그땐 내가 죽어가고 있었잖아?"

그는 죽을 것 같으니까 화해하는 척했을 뿐이지 진정으로 화해하지 않았던 것입니다.

여러분, 죽음을 앞두고 있다면 진정으로 화해하지 못할 사람이 어디에 있습니까? 그런데도 잠시잠깐 후면 우리 모두 다 떠나가고, 그것도 언제 어떻게 떠날지 아무것도 모르고 불안하게 살면서도 이 땅에 천년, 만년 살 것처럼 착각하고 아직까지도 화해하지 못하고 살지는 않습니까?

더 나아가 우리가 형제와 화해하지 않고 드리는 예배와 예물이 얼마나 많습니까? 그러한 신앙생활은 하나님 앞에서 아무런 의미가 없다는 것입니다. 그만큼 형제와의 화해가 중요합니다. 그래서 고린도후서 5장 18-19절에 "모든 것이 하나님께로서 났으며 그가 그리스도로 말미암아 우리를 자기와 화목하게 하시고 또 우리에게 화목하게 하는 직분을 주셨으니 곧 하나님께서 그리스도 안에 계시사 세상을 자기와 화목하게 하시며 그들의 죄를 그들에게 돌리지 아니하시고 화목하게 하는 말씀을 우리에게 부탁하셨느니라"고 강조했습니다. 그런데도 우리는 이러한 말씀들을 너무도 잘 알고 있으면서도 아직도 화해하지 않고 예배도 드리고 예물도 드리면서 자신이 예수님을 잘 믿는 줄로 착각하고 자신이 예수님을 잘 믿는다고 큰소리치고 오히려 영적인 교만에 빠져서 남을 판단하고 비방하고 교회 문제에 나서서 좌지우지하려고 합니다. 바로 여기에 한국교회의 심각한 문제가 있습니다. 여러분, 하나님께 예배와 예물을 드리기 전에 주님 앞에서 우리의 신앙부터 회복하고, 주위 사람들과의 관계부터 회복해야 합니다.

이번에 지방에 가서 한 목사님에게 들은 이야기입니다. 한 목사님이 서울에 올라왔는데 지하철에서 두 아줌마가 자리를 놓고 그렇게 싸우다가 급기야 한 아줌마가 "너 나이가 몇이야?" 하고 따지자 다른 아줌마가 "나 쉰셋이다. 어쩔래?" 하니까 "야, 난 쉰여덟이야. 까불지마! 이년아!" 그러는 겁니다. 그러자 "너 나이를 어디로 처먹었냐? 나잇값이나 해!" 하고 서로 양보할 생각은 하지 않고 싸움을 계속하는데 그때 옆에 있던 다른 아줌마가 "김 권사, 그만 싸우고 이리 와! 여기 자리 있어" 그러더랍니다. 그 말을 듣는 순간 목사님 머리가 하얘졌다고 합니다. 지하철에서 싸우지를 말든지, 권사라고 부르지를 말든지 해야지, 이게 뭡니까? 이 목사님이 정말 쥐구멍이라도 있으면 들어가고 싶더랍니다.

우리가 이렇게 싸우는 모습을 보이면 안 믿는 사람들이 뭐라고 하겠습니까? "너희들이나 잘 믿어라. 너희들이나 잘 해라" 그러지 않겠습니까? 이제는 우리 자신부터 용서하고 화해를 시도해야 합니다. 그래서 믿는 사람으로서, 믿는 교회로서, 믿는 직분자로서 본을 보여주어야 합니다. 이것이 쉬운 일은 아닙니다. 그러나 우리가 주님의 십자가의 사랑을 기억하고 결단하면 가능한 일입니다. 그리고 나면 얼마나 주님의 위로가 큰지 모릅니다.

지난 금요심야기도회에 한 전도사님이 처음 설교를 했는데 얼마나 큰 은혜를 받았는지 모릅니다. 최근 들어 교인들이 자꾸 자신을 쳐다봐서 마음속으로 '왜 그러나? 내가 잘생겨서 그러나?' 그랬답니다. 그런데 또 어떤 분들이 "안경이 잘 어울린다. 얼마 주고 샀느냐?" 그러더랍니다. 알고 보니까 몇 주 전에 한 목사님이 이 전도사님의 안경이 바뀌기 전의, 그것도 엄청 촌스런 사진과 바뀐 후의 현재의 사진을 설교 예화로 사용한 것을 알게 되었습니다. 그러니 자신의 촌스런 과거의 사진을 공개적으로 밝힌 것에 대해 한편으로 씁쓸한 여운이 남았는데 마침 지난 금요일 자신이 설교할 기회가 되어서 복수를 하기 위해서 그 목사님의 과거의 좀 촌스런 사진을 찾기 시작했다고 합니다. 그때 갑자기 주님의 말씀이 떠오르더랍니다.

"네 원수를 사랑하라!", "악을 악으로 갚지 말라!"

그래서 내가 원수를 미워하고 악을 악으로 갚으면 청년들이 나에게서 무엇을 배울 수 있겠는가 하는 생각이 들어 용서하기로 하고 그 목사님의 과거 사진을 찾는 것을 포기했다고 합니다. 얼마나 성숙한 신앙의 모습입니까? 그날은 우리 목사들이 단체로 이 전도사에게 한

방 얻어맞은 날이었습니다.

 이처럼 먼저 용서하고 화해할 때 하나님께서 우리의 예배를 기뻐 받으시고 예물도 기뻐 받으시고 기도도 기뻐 받으시고 찬양도 기뻐 받으시고 헌신도 기뻐 받으시고 봉사도 기뻐 받으시고, 우리의 모든 것을 기뻐 받으시고 영광 거두실 뿐만 아니라 우리가 주님 앞에 나올 때마다 하늘 문을 여시고 쌓을 곳이 없도록 믿음의 축복과 행복을 부어주실 줄 확실히 믿습니다.

고소한 사람과도 화해해야 함

마지막으로 본문 25-26절 말씀을 다 함께 읽겠습니다.

> "너를 고발하는 자와 함께 길에 있을 때에 급히 사화하라 그 고발하는 자가 너를 재판관에게 내어 주고 재판관이 옥리에게 내어 주어 옥에 가둘까 염려하라 진실로 네게 이르노니 네가 한 푼이라도 남김이 없이 다 갚기 전에는 결코 거기서 나오지 못하리라."

 제단에 예물을 드리기 전 화해하고 화목하면 좋지만 화목하지 못했다면 길가에서라도 화해하라는 것입니다. 그렇지 못하면 채권자가 고소를 해서 재판에 넘겨져 교도소에 갇히게 되면 벌금형을 받게 되는데 그것을 다 갚기 전에는 교도소에서 나오지 못하게 됩니다. 그러니까 그러한 큰 손해를 보기 전에 '사화하라'고 말씀하시는데 이 '사화하라'는 단어는 헬라어로 'εὐνοῶν'(유노온)으로서 'settle matters', '문제를 해결하라, 합의를 하라'는 것입니다.

《사랑밭 편지》라는 책에 '이기는 사람과 지는 사람'이란 글이 있습니다. 이기는 사람은 실수했을 때 "내가 잘못했다"고 말하고 지는 사람은 실수했을 때 "너 때문에 이렇게 되었다"고 말합니다. 이기는 사람은 아랫사람뿐만 아니라 어린아이에게도 사과하는데 지는 사람은 어느 누구에게도 고개를 숙이지 않습니다. 이기는 사람은 열심히 일하면서도 여유가 있는데 지는 사람은 온종일 빈둥대며 놀다가 저녁에야 허겁지겁 일합니다. 이기는 사람은 지고도 여유가 있는데 지는 사람은 이기고도 초조해합니다. 이기는 사람은 과정을 중시하는데 지는 사람은 꼭 결과에만 집착합니다. 그래서 이기는 사람은 다툼을 종식시키지만 지는 사람은 다툼이 끊임이 없습니다.

삼성경제연구소 보고에 따르면 OECD(국제협력개발기구) 국가들 중 사회 갈등(국가 평균 0.44)이 가장 심한 나라가 터키(1.27)이고 그다음이 우리나라(0.72)인데 사회 갈등으로 인한 경제적 비용이 연간 246조 원에 이른다고 합니다. 이 비용은 국내 총생산의 1/5 비용으로 국가 발전에 막대한 영향을 미치고 있습니다. 우리나라는 남북 갈등뿐만 아니라 동서 갈등, 지역 갈등, 계층 갈등, 이념 갈등, 세대 갈등 등 갖가지 갈등으로 인해 너무 많은 소모를 거듭하고 있습니다. 그뿐만 아니라 감정의 민족이다 보니까 요즘에는 분노의 감정 조절장애로 인해서 특별히 층간 소음, 주차 문제, 또 술을 마시고 시비가 붙는 것부터 시작해서 길을 가다가 서로 부딪히는 문제, 심지어는 운전을 하다가도 다투는 게 다반사입니다.

지난 월요일에도 길을 찾지 못해서 머뭇거리는데 뒤에서 경적을 울려 깜짝 놀라게 했다고 계속 차로 수차례에 걸쳐 부딪치기도 하고 20여 km를 쫓아가며 위협 운전을 하는 등 조그만 일에도 감정적으로 대응합니다. 더 나아가 요즘에는 조그만 일에도 참지를 못하고 바로 고소나 고발을 해서 소송 사건이 끊이지를 않습니다. 교회 내에서까지도 교인들 간이나 목사에 대해서까지 소송 사건이 빈번히 일어나고 있습니다. 그래서 이러한 교인들 간의 소송 사건에 대해서 고린도전서 6장 1절에 뭐라고 말합니까?

"너희 중에 누가 다른 이와 더불어 다툼이 있는데 구태여 불의한 자들 앞에서 고발하고 성도 앞에서 하지 아니하느냐."

믿는 사람들이 세상에 나가서 싸우면 안 믿는 사람들이 다 교인 욕하고 교회 욕하고 주님 욕해서 하나님 영광 다 가리고 전도의 문을 막아버리고 맙니다. 그래서 교회 내의 재판을 통해서 치리하는 것이 바른 것입니다. 교회에서 치리하는 것이 바로 하나님이 치리하는 것이고 그것이 바로 이 땅 위에서 가장 무서운 형벌이기 때문입니다.

그런데 우리의 신앙생활의 가장 심각한 문제는 어떤 원수라도 용서해야 한다는 것은 너무도 잘 알면서도 용서가 안 된다는 데 있습니다. 우리가 용서할 수만 있다면 주님께서 우리를 용서하신 것같이 용서를 해야 합니다. 거기서 우리의 모든 문제는 다 풀어집니다.

지난 주간에도 어머니가 아들에게 정신질환 치료제 약을 먹으라고 하자 아들이 왜 아이 취급을 하느냐고 흉기로 어머니의 가슴을 찌르고 아버지의 이마를 찔러서 아들이 존속살해 미수혐의로 구속되었습니다. 그 부모는 그래도 이 아들을 용서해 달라고 탄원서를 냈는데 이것이 부모의 사랑의 마음이고 주님의 십자가의 사랑의 마음입니다. 바로 그 심정으로 우리가 당하고 손해 보고 고통당해도 끝까지 화해하고 문제를 해결하려고 시도하라는 것입니다.

전전주 금요심야기도회에 한 집사님이 찾아왔습니다. 한 교인이 자신을 고소했는데 너무나 억울하고 원통해서 자기도 맞고소를 하고 싶다는 것입니다. 그래서 제가 '성경 어디에 맞고소하라고 했냐'면서 "예수님도 억울하고 원통하셔도 맞고소 안 하시고 십자가 지셨고, 결국에는 부활하시고 승리하시지 않았습니까. 집사님도 끝까지 참고 이겨내십시오"라고 했습니다.

"저도 치유하는교회에 처음 왔을 때 10년 동안 52건의 고소를 당했습니다. 나를 고소한 교인은 경찰이나 검찰이나 법원에 가면 저를 보고 '목사'라고도 안 하고 '이 강아지야(강아지가 누구 새끼예요?) 너 이단 목사지? 삼단 목사지?' 해가면서 얼마나 조롱하고 멸시했는지 모릅니다. 그런데 아무리 억울하고 원통해도 주님은 죄 없으신 하나님의 아들이셨지만 저와 비교할 수 없는 고통을 겪으셨는데 내가 주님을 위해 이 정도 고난을 못 이겨내서야 되겠는가 하고 그렇게 끌려 다니면서도 끝까지 참고 기다렸습니다. 그랬더니 이렇게 주님께서 은혜 베푸시고 축복해 주셔서 행복한 목사가 되었습니다. 그러니까 집사님에게도 주님께서 복을 주시려고 하는 거니까 끝까지 인내하면서 기다리면 꼭 승리하고 복을 누릴 것입니다"그랬더니 그 집사님이 "네, 꼭 인내하면서 승리할게요!"라고 대답하고 돌아갔습니다.

그렇습니다. 끝까지 인내하면서 어떻게 해서든지 화해를 모색하면서 더이상 하나님의 영광을 가리지 말고 전도의 문을 막지 말고 모든 관계를 화평케 할 수 있길 바랍니다. 그리할 때 하나님께서 꼭 승리케 하시고 이 땅의 복과 하늘의 상으로 갚아주시고 우리가 진정으로 하나님의 자녀라 일컬음을 받게 하실 줄 분명히 믿으시기 바랍니다(마 5:9).

최근에 "레버넌트"(The Revenant, 죽음에서 돌아온 자)라는 영화가 절찬리에 상영되고 있습니다. 이는 마이클 푼케의 동명소설을 각색한 작품으로 19세기 미국 서부 광야를 배경으로 회색 곰의 습격을 받아 구사일생으로 살아난 주인공이 자신의 아들을 죽인 자에게 복수하는 과정을 담은 영화입니다. 그는 어떤 것도 두려워하지 않고 범인을 찾아내 원수를 갚기 위해 혈투를 벌여서 만신창이가 되었지만 결국은 아들의 원수를 갚습니다. 그런데 주인공과 혈투를 벌인 범인이 죽어가면서 이렇게 절규합니다. "결국 이것 때문에 그렇게 눈을 감지 못하고 여기까지 쫓아왔는가? 나를 죽인다고 해서 죽었던 아들이 다시 살아나는가? 이렇게 많은 희생을 치르며 원수를 갚는 데는 성공했을지 모르지만 당신이 얻게 된 것이 무엇이냐?"고 묻습니다. 이 말은 우리가 풀지 못하는 그 하찮은 감정에 매여서 일평생 서로 용서하지 못하고 복수심에 불타서 살아가는 말세의 현대인들을 향해 웅변적으로 경종을 울리는 음성이 아닐 수 없습니다.

이와는 반대로 레오나드 그리피스 목사님이 쓴 《십자가 밑에서》라는 책에 필라델피아에서 발생했던 한국 유학생 피살사건이 소개되어 있습니다. 1985년 4월 25일 교환학생으로 미국의 명문 대학인 펜실베이니아 대학교에서 유학 중이던 한국인 학생이 편지를 부치러 우체국에 가다가 불량배들에게 폭행을 당해 사망한 사건입니다. 살인자는 체포되었고 시민들의 분노로 사형이 구형되었습니다. 이 소식을 들은 죽은 유학생의 부모님이 미국으로 건너갔습니다. 그리고 사랑하는 아들이 청운의 꿈을 안고 이역만리 타향 땅에 가서 유학생활을 하다가 폭행을 당해 사망한 것이 그렇게 억울하고 원통했을 텐데도 담당 판사에게 이런 탄원서를 보냈습니다.

"우리가 이렇게 탄원서를 쓰는 것은 우리가 그리스도인이고 우리를 멸망의 길에서 구원해 주신 예수님의 사랑의 마음을 조금이라도 실천하기 위해서입니다. 또한 생전에 신앙생활을 열심히 했던 우리 아들도 하늘나라에서 자기를 죽인 그 사람을 용서하는 것을 진정으로 원하리라 믿기 때문입니다. 내 아들을 죽인 살인자가 사형을 당하는 것은 마땅한 일이지만 그를 용서해 주시기를 바랍니다. 그의 재판을 위해 저희 가족의 도움이 필요하다면 기꺼이 돕고 싶습니다…."

그래서 결국 그 살인자는 사형을 면할 수 있었습니다.

사랑하는 여러분, 여러분 같으면 다른 사람도 아닌 사랑하는 아들을 죽인 살인자를 용서할 수 있겠습니까? 아무런 죄도 없는 아들인데, 우리가 자식을 가진 부모로서 이것은 결코 쉬운 일이 아닙니다. 그러나 하나님 아버지께서는 죄 많은 저와 여러분을 살리기 위해 죄 없으신 아들 예수님을 이 땅에 보내셔서 죽이면서까지 우리를 사랑해 주셨습니다. 이 엄청난 사랑을 받은 우리로서 용서하지 못할 사람이 어디 있고 사랑하지 못할 사람이 어디 있고 인내하며 섬기지 못할 사람이 어디에 있겠습니까? 그러므로 이제 우리도 주님의 십자가의 사랑으로 굳어졌던 우리의 감정부터 풀어버리고 어떠한 원수라도 화해하고 우리를 고소한 사람과도 화해할 때 우리의 남은 인생 진정으로 화목한 천국의 행복과 감격 속에 살아가게 될 줄 확실히 믿습니다.

다 함께 찬송 '그 사랑'(Love So Great)을 함께 찬양하며 결단하도록 하겠습니다.

> 아버지 사랑 내가 노래해 아버지 은혜 내가 노래해
> 그 사랑 변함 없으신 거짓 없으신 성실하신 그 사랑
> 상한 갈대 꺾지 않으시는 꺼져가는 등불 끄지 않는
> 그 사랑 변함 없으신 거짓 없으신 성실하신 그 사랑 사랑
> 그 사랑 날 위해 죽으신, 날 위해 다시 사신

예수 그리스도 다시 오실 그 사랑

죽음도 생명도 천사도 하늘의 어떤 권세도

끊을 수 없는 영원한 그 사랑 예수

사랑의 하나님 아버지, 우리가 주님의 그 엄청난 십자가의 사랑을 경험했다고 하면서도 아직도 화목하지 못했던 사람들이 있었음을 통회 자복하니 용서하여 주시옵소서. 이제라도 십자가의 사랑으로 우리의 굳어졌던 감정을 풀게 하여 주옵소서. 예배와 예물을 드리기 전 어떠한 원수와도 화해하게 하여 주옵소서. 우리를 고소한 사람과도 화해하게 하여 주옵소서. 그리하여 우리의 여생이 진정으로 화목하는 천국의 행복의 감격 속에 살게 하여 주실 줄 믿사옵고 예수님의 이름으로 기도드립니다. 아멘.

이렇게 행복하라

마태복음 5:27-30

²⁷또 간음하지 말라 하였다는 것을 너희가 들었으나 ²⁸나는 너희에게 이르노니 음욕을 품고 여자를 보는 자마다 마음에 이미 간음하였느니라 ²⁹만일 네 오른 눈이 너로 실족하게 하거든 빼어 내버리라 네 백체 중 하나가 없어지고 온 몸이 지옥에 던져지지 않는 것이 유익하며 ³⁰또한 만일 네 오른손이 너로 실족하게 하거든 찍어 내버리라 네 백체 중 하나가 없어지고 온 몸이 지옥에 던져지지 않는 것이 유익하니라

말세의 마지막 때 수많은 가정들이 불행을 겪고 있습니다. 부부가 서로가 안 맞아도 너무 안 맞습니다. 그래서 자신의 가정을 깨뜨리고 이혼을 할 형편은 못 되고 불행은 견딜 수가 없어서 자신의 욕망을 따라 행하는 것이 간음이라는 죄악입니다. 오늘도 우리가 전율할 정도로 성령님께서 우리의 상황에 꼭 맞는 말씀을 주시는데 큰 은혜가

있기를 원합니다. 그렇다면 우리가 어떻게 남은 생애를 진정으로 행복하게 살 수 있을까요?

아무도 정죄하지 말아야 함

먼저 본문 27-28절 말씀을 다 함께 읽겠습니다.

> "또 간음하지 말라 하였다는 것을 너희가 들었으나 나는 너희에게 이르노니 음욕을 품고 여자를 보는 자마다 마음에 이미 간음하였느니라."

간음에 대해서는 이미 구약의 모세를 통해서 하나님께서 주신 십계명 중 제7계명으로 "간음하지 말라"(출 20:14; 신 5:18)고 명령하셨습니다. 그래서 '간음하지 말라 하였다는 것을 너희가 이미 들었다'는 것입니다. 전전주일에 전한 제6계명 "살인하지 말라"가 이웃의 생명에 대한 계명이라면 제7계명 "간음하지 말라"는 이웃의 행복에 대한 계명입니다. 그러나 이 말씀을 이스라엘 백성들은 이미 다 듣고 알고 있었지만 그들은 여전히 간음을 행하고 있어서 예수님께서는 "나는 너희에게 이르노니"라고 보다 더 적극적으로 말씀하십니다. 그것은 음욕을 품고 여자를 보는 자마다 마음에 이미 간음하였다는 것입니다. 다시 말하면 아름다운 여자에게 자연스럽게 눈길이 가는 정도가 아니라 마음속에 음욕을 품는 자마다 이미 간음하였다고, 보다 더 근본적이고 적극적으로 간음죄를 경계하셨습니다. 다시 말하면 어느 누구도 이 간음죄로부터 자유로울 수 없으므로 특별히 경계하신 것입니다.

여자들은 관 속에 누워 두 손을 모으는 순간까지도 사랑받는 여자이고 싶고 남자들은 숟가락 들 힘만 있어도 예쁜 여자를 곁눈질한다고 하지 않습니까?

여러분, 최근 들어 한국교회는 세계에서 가장 많은 교인들이 모인다는 교회로부터 시작해서 젊은이들이 가장 많이 모인다는 시내 교회 목사까지 스캔들에 휘말리는 것은 말할 것도 없고 금년 들어 안양지역에서만 해도 두 개의 대표적인 대형교회 목사님들이 스캔들로 인해 물러났습니다.

지난 한 주간 동안 있었던 일본치유성회도 원래 금년 스케줄에 없었던 집회였습니다. 한 선교사님이 8년 전 일본 동경 땅에 복음 선교를 시작하여 신칸센을 따라 47개의 교회를 개척하여 25명의 사역자를 중심으로 입지전적인 선교를 했습니다. 그런데 일본 땅의 유명한 선교회의 리더인 그 선교사님이 재작년에 스캔들로 무너져 작년 말에 급히 치유성회 요청이 온 것입니다. 그런데 금년 스케줄이 이미 꽉 짜여져 있는데 어떻게 합니까? 하는 수 없이 이번 설 연휴에 후쿠오카로부터 시작해서 오이타를 비롯한 큐슈 지방으로부터 오사카, 교토, 요코하마, 도쿄 지역에 이르기까지 지역별로 아직도 그 상처의 충격에서 헤어나오지 못하고 있는 선교사님들과 평신도들이 모여 치유성회를 갖게 되었습니다. 일본 열도의 길이가 3,000km에 이른다고 하는데 엿새 동안 1,600km를 달렸으니까 아침 일찍부터 밤 12시가 넘도록 일본 열도의 절반 이상을 입술이 다 터질 정도로 누빈 것입니다.

때로는 치유성회를 하면서 선교사님들을 끌어안고 그들을 위로하며 함께 눈물을 흘리지 않을 수 없었습니다. 첫째 날인 토요일 밤 늦게 저를 호텔에 바래다 준 선교사님은 청년 때 일본 동경의 대학원으로 유학을 갔다가 그 선교회의 동경교회에 나가 은혜를 받고 주의 종으로 소명을 받아 헌신하게 되었습니다. 신학을 하여 목회훈련을 받은 후 13년 전에 후쿠오카 교회를 맡았다고 합니다. 너무도 어렵고 힘든 이방 땅 원수 나라에서의 선교지 목회이지만 한 주일도 쉬지 못하면서 피눈물 나는 고생을 하면서도 젊음을 바쳐 충성을 다하였습니다. 그런데 막상 가장 믿고 따랐던 리더 선교사님이 무너져 버리니까 그 충격과 상처의 고통과 아픔이 얼마나 큰지 그동안 청춘을 다 바쳤던 자신의 인생과 신앙과 목회까지도 다 무너져 버린 것 같아 너무도 가슴이 아프고 힘들다고 했습니다. 그러면서 그동안 억눌러 놓았던 눈물을 터뜨리며 흐느껴 우는데 이를 바라보는 저의 가슴도 얼마나 아프던지요? 그래서 제가 "인간인 우리가 탈진하게 되면 어느 누구에게도 예외가 없습니다. 그렇기 때문에 우리에게 안식이 필요하고 치유가 필요하고 회복이 필요합니다. 그러니 한시라도 빨리 사역을 잠시 내려놓고 안식월이나 안식주를 얻어서라도 한국에 빨리 나오세요!" 하고 선교사님 내외분을 제주도로 초청하고 돌아왔습니다.

여러분, 이것이 비단 목사님들만의 문제일까요? 부족한 종이 미국 유학을 마치고 귀국하던 해인 1997년 한국 성과학연구소장인 성의학 전문가 이윤수 박사가 전국의 20-60대 기혼 남성을 대상으로 "아내 외의 여성과 성 경험을 가진 적이 있는가?" 하는 설문조사를 했는데 무려 78%의 남성이 그런 경험이 있다는 충격적인 보고를 잊을 수가 없습니다. 그것이 설문조사이니까 그렇지 실제로는 80-90%를 넘는다고 볼 수 있을 것입니다. 그렇다면 우리 남성들 가운데 과연 누가 하나님의 심판 앞에서 자유로울 수 있겠습니까?

시골에 사시는 나이 많으신 할아버지와 할머니가 난생처음으로 서울 구경을 왔는데 아주 짧은 미니스커트를 입고 지나가는 아가씨를 보고 입이 딱 벌어졌습니다. 할머니가 놀라서 한마디 했습니다.

"나 같으면 저런 꼴을 하고는 집 안에만 있지 도저히 밖에 나오질 못하겠구만."

그러자 미니스커트 아가씨한테서 눈을 떼지 못하고 있던 할아버지가 그러더랍니다.

"임자가 저 아가씨만 같으면 나도 밖에 안 나오고 집에만 있겠구먼."

할아버지여도 역시 남자입니다. 인간은 누구도 예외일 수 없다는 것입니다.

예수님께서 간음 중에 잡힌 여인을 끌고 왔을 때 모세의 율법(레 20:10; 신 22:22)에 의하면 둘 다 주여야 했지만 요한복음 8장 7절에 예수님께서 뭐라고 말씀하십니까?

"…이에 일어나 이르시되 너희 중에 죄 없는 자가 먼저 돌로 치라 하시고."

예수님께서 "너희 중에 죄 없는 자가 먼저 돌로 치라" 하고 말씀하셨을 때 어느 누구도 자신의 죄악으로부터 자유로운 사람이 없었습니다. 그래서 죄를 많이 지은 어른으로부터 시작하여 죄를 덜 지은 젊은이까지 하나씩 그 자리를 떠나가고 오직 예수님과 간음 중에 잡힌 여인만 남게 되었습니다. 그때 계속해서 요한복음 8장 10-11절에 예수님께서 뭐라고 말씀하십니까?

"여자여 너를 고발하던 그들이 어디 있느냐 너를 정죄한 자가 없느냐… 나도 너를 정죄하지 아니하노니 가서 다시는 죄를 범하지 말라…."

그렇습니다. 우리는 아무도 누구를 정죄할 권한이 없습니다.

이번 일본 선교사 치유 세미나에 참석했던 선교사님들에게 제가 그랬습니다.

"여러분은 지금 여러분을 길러내셨던 리더 선교사님에 대해서 큰 상처를 받았는데, 오늘의 여러분을 길러내셨던 리더 선교사님은 여러분에 대해서 어떤 마음을 느끼셨을까요? 저 같으면 아마 큰 배신감을 느꼈을 것입니다. 만약에 제가 여러분이었다면 떠나가시는 리더 선교사님을 붙잡고 이렇게 말하며 눈물을 흘렸을 것입니다. '선교사님, 저희가 선교사님을 위해서 더욱 깨어 기도하지 못했습니다! 더욱 사랑으로 섬기지 못했습니다! 더욱 지켜드리지 못했습니다! 모든 것이 저희 탓입니다!' 그랬더라면 오히려 그 선교사님이 더욱 감동하여 통곡하시며 회개하고 '아닙니다. 모든 것이 다 내 탓입니다! 모든 것이 저의 잘못입니다! 모든 것이 저의 죄악 때문입니다!' 하고 통회 자복하여 모든 문제들이 더욱 은혜롭고 감동적으로 풀리지 않았을까요?" 하고 그분을 용서하라고 권면했습니다. "그래야 여러분의 지난날 삶의 가슴 아픈 상처가 치유받지, 그렇지 않으면 평생 그 상처의 고통과 불행에서 헤어나올 길이 없어요" 하고 간절히 위로했습니다.

여러분, 우리가 서로 용서하지 않고는 지난날 여러분의 상처도 치유받을 길이 없습니다. 그래서 서로 용서하며 치유받도록 했던 것입니다. 이제는 지난날 누구의 잘못을 탓하지 말고 아무도 정죄하지 맙시다. 오히려 지난날을 교훈 삼을 수 있길 바랍니다. 다음에는 우리 차례일 수도 있음을 경계할 수 있길 바랍니다. 그리할 때 우리는 이러한 음행의 문제를 더욱더 지혜롭게 극복할 수 있고 주님 안에서 새롭게 행복을 찾게 될 줄 확실히 믿으시기 바랍니다.

음행은 피해야 함

계속해서 본문 29절 상반절과 30절 상반절 말씀을 다 함께 읽겠습니다.

"만일 네 오른 눈이 너로 실족하게 하거든 빼어 내버리라…또한 만일 네 오른손이 너로 실족하게 하거든 찍어 내버리라…."

'마음의 정결'이란 근본선이 무너지면 행동에서라도 막아야 합니다. 자신의 가장 소중한 오른 눈을 빼어 내버리고 자신의 가장 힘 있는 오른손을 찍어 내버리는 아픔을 겪더라도 음행을 피하라는 것입니다. 역으로 말씀드리면 그만큼 소중한 자신의 눈과 손을 잃지 않기 위해서라도 음행은 피해야 한다는 것입니다.

새로 산 모자를 며칠 동안 찾다가 결국 못 찾은 남자가 교회에 있는 모자걸이에서 모자를 슬쩍 훔치려고 교회에 갔는데 마침 그날 설교 제목이 '십계명'이었습니다. 설교가 끝난 후 이 남자가 목사님을 찾아가 고백을 했습니다.

"사실 새로 산 모자를 잃어버려서 하나 훔치려고 교회에 왔는데요. 목사님 설교를 듣고 제 생각이 달라졌습니다!"

그러자 목사님이 "'도둑질하지 말라'는 설교를 듣고 마음이 달라졌군요"하니까 그 남자가 이렇게 말하더랍니다.

"아니에요. '간음하지 말라'는 설교를 듣고 모자를 어디다 두고 왔는지 생각이 났거든요."

아마도 이 남자, 바람 피웠던 곳에 모자를 두고 온 모양입니다.

우리는 이 음행을 피하지 못함으로 인해 큰 불행을 겪었던 수많은 인물들 가운데 성경에서 한 신앙의 인물을 만나게 됩니다. 바로 다윗입니다. 천민 목동이었다가 이스라엘 2대 왕이 되었으면 얼마나 감사하고 감격해야 합니까? 더구나 사무엘하 11장을 보면 충성스러운 요압 장군과 부하들과 이스라엘 군대가 암몬 자손과 전쟁을 하러 갔으면 더욱 말씀을 묵상하고 기도하며 기다리고 있어야 할 텐데, 낮에 내내 자빠져 자다가 밤에 어슬렁어슬렁 옥상을 거닐다 보니까 저기 멀리서 여인이 옷을 벗고 목욕을 하고 있는데 너무 아름다워 보였습니다. 그러면 얼른 그 자리를 피해서 안으로 들어와야 할 거 아닙니까? 그런데 왜 거기서 계속 보고 있습니까? 그러니까 결국 음욕이 불 일듯해서 그 여인을 데려다가 간음을 합니다. 그리고는 죄를 가리기 위해서 그 남편 우리야를 맹렬한 싸움에 앞세워 두고 부하들이 뒤로 물러가게 해서 맞아 죽게 하는 살인죄까지 저지릅니다. 그 결과 그 이복 자녀들 사이에 강간과 살인과 반란이 일어나서 집안이 쑥대밭이 되고 다윗의 말로가 얼마나 비참해졌는지 모릅니다. 그나마 시편 6편에서 참회하는 바와 같이 그가 밤마다 눈물로 침상을 띄우며 요를 적실 정도로 참회함으로 하나님께서 그에게 마지막 은총을 베풀어 주셔서 그의 후손 가운데 구세주 예수 그리스도가 탄생하는 영광을 누릴 수 있었던 것입니다.

2015년 2월 23일 헌법재판소에서 '간통제 폐지' 결정이 났습니다. 그래서 콘돔 회사 주가가 폭등했고 불륜 관련 상품과 등산용품 등이 불티나게 팔릴 것이라는 소문들이 퍼져 나갔습니다. 또 두 집 살림이 늘기 때문에 건설주가 상승할 것이고 은밀한 여행객들이 늘 수 있어서 여행주도 상승하게 되어서 간통제 폐지가 나라 경제를 살릴 것이라는 우스갯말도 생겨났습니다. 그런데 간통제 폐지가 정말 나라 경제에 도움이 되었습니까?

다윗과는 정반대로 이 음행을 피함으로 진정으로 큰 축복과 행복을 누렸던 한 신앙의 인물을 우리는 성경에서 만나게 됩니다. 바로 요셉입니다. 그는 형들의 시기와 미움을 받아 17살의 어린 나이에 멀리 애굽 땅에 종으로 팔려가서 보디발 경호실장 집에서 종살이를 하는데 경호실장 부인이 요셉에게 눈짓을 하며 동침하자고 유혹을 합니다. '네가 나하고 재미를 보면 평생 네 뒤를 봐 주겠다'는 것입니다. 여러분, 외롭고 힘든 이방 땅 종살이에 님도 보고 뽕도 따고 도랑 치고 가재 잡고 얼마나 좋습니까? 보통 사람 같으면 다 넘어갔을 텐데 요셉이 뭐라고 합니까?

"그런즉 내가 어찌 이 큰 악을 행하여 하나님께 죄를 지으리이까"(창 39:9).

여인이 날마다 요셉에게 청하였지만 거절하다가 하루는 아무도 집에 없는 날 옷을 잡고 매어 달리자 옷을 버려두고 피하여 나가버렸습니다. 그러자 이 부인이 자존심이 상해 가지고 "이 히브리 종이 나를 희롱했다"고 남편에게 거짓말을 해서 요셉은 감옥에 갇히고 말았습니다.

창세기 39장을 읽어보면 네 번(2, 3, 21, 23절)이나 되풀이되는 놀라운 말씀을 발견하게 됩니다. 그것은 "여호와께서 요셉과 함께 하사 그의 범사를 형통하게 하셨다"는 말씀입니다. 여러분, 요셉이 억울한 누명을 쓰고 감옥에 갔는데 어떻게 여호와께서 요셉과 함께하시고 그의 범사를 형통하게 하신 것입니까? 그러나 실제로 그 감옥에서부터 요셉의 일생은 형통하게 풀리기 시작했습니다. 거기서 애굽 왕 술 맡은 관원장을 만나게 되고 그의 꿈을 해몽해 주었더니, 그의 꿈을 해몽해 준 대로 복직이 되어서 그것을 계기로 해서 애굽 왕의 꿈을 해몽해 주게 됩니다. 그리고 흉년을 대비하게 하여 결국 애굽의 국무총리가 되어서 애굽뿐만 아니라 자기 가족과 자기 민족까지도 구원하게 됩니다. 음행을 피한 자의 결국은 이렇게 하나님의 축복 속에 해피엔딩으로 끝이 났습니다.

고린도전서 6장 18절에 "음행을 피하라 사람이 범하는 죄마다 몸 밖에 있거니와 음행하는 자는 자기 몸에 죄를 범하느니라"고 하였습니다. 유혹의 대상을 만나서는 다윗과 같이 어느 누구도 못 이겨냅니다. 그래서 피하라고 강조한 것입니다. 그러므로 유혹하는 대상이 있으면 피해 버리십시오. 유혹하는 시간이 있으면 피해 버리십시오. 유혹하는 어떠한 자리라도 이제는 피할 수 있길 바랍니다. 음행을 피하게 될 때 비로소 자신의 생애뿐만 아니라 우리의 자손 대대로 믿음의 풍성한 축복과 행복을 온전히 누리게 될 줄 확실히 믿습니다.

영적으로 유익한 것을 얻어야 함

마지막으로 본문 29절 하반절과 30절 하반절 말씀을 다 함께 읽겠습니다.

> "…네 백체 중 하나가 없어지고 온몸이 지옥에 던져지지 않는 것이 유익하며…네 백체 중 하나가 없어지고 온몸이 지옥에 던져지지 않는 것이 유익하니라."

100개의 지체 중 하나인 소중한 오른 눈이나 오른손이 없어지더라도 온몸이 지옥에 던져지지 않는 것이 유익하다고 두 번씩이나 기록하는 것은 그만큼 강조한다는 뜻입니다. 다시 말하면 소중한 지체를 잃어서라도 우리의 영혼이 지옥 불못에 떨어지지 않도록 음행을 해선 안 된다는 것이며, 음행하지 않음으로 영원히 영적으로 유익한 것을 얻어야 한다는 것입니다.

외도하는 남녀가 사람들이 없는 외진 곳에 갔는데 여자가 남자를 다정하게 바라보며 느끼한 음성으로 물었습니다.

"자기, 지금 무슨 생각 해?"

그러자 남자가 말합니다.

"자기랑 똑같은 생각!"

그러니까 여자가 얼굴이 빨개지면서 그러더랍니다.

"어머나! 흉측해라."

정말 잘 통하는 한 쌍이지요? 그런데 둘이서 똑같이 무슨 흉측한 생각을 했을까요?

그런데 문제는 우리가 음행을 멀리해야 한다는 것을 모르는 사람이 어디에 있습니까? 알면서도 그러한 유혹에 빠지면 헤어나오지를 못합니다.

마하트마 간디는 비폭력주의자로 영국의 식민지였던 인도의 독립을 주도하며 인도의 성자로 불렸습니다. 그는 당시 인도의 조혼 풍습에 따라 13살에 결혼을 했는데 어린 나이에 결혼하고서 처음에는 어리둥절했으나 차츰 정욕에 집착하게 되었습니다. 그래서 학교에 가서도 아내 생각에 빠져 공부에 집중할 수가 없었고 잠깐 떨어져 있는 것도 견딜 수가 없어서 아무것도 하지 않고 아내 곁에만 머물렀습니다. 그런 그에게 평생 씻을 수 없는 양심의 가책이 되는 충격적인 사건이 생기고 말았습니다. 간디가 깊은 병에 걸려 병석에 누워계시는 아버지를 간호하다가 밤늦게 잠시 아내를 보러 갔는데 잠시 후 하인이 달려와서 아버지가 돌아가셨다는 소식을 전했습니다. 그는 자신의 정욕 때문에 사랑하는 아버지를 홀로 외롭게 돌아가시게 했다는 것이 너무도 가슴에 맺혀서 부끄럽게 생각하고 평생 경건한 삶을 살았다고 합니다. 이처럼 우리도 정욕에 빠지면 영적으로 유익한 것들을 다 잃어버리게 되고 그것이 평생 큰 후회가 됩니다.

그래서 디모데후서 2장 22절에서는 음행을 이겨내기 위한 보다 더 적극적인 방법을 우리에게 제시하고 있습니다.

"또한 너는 청년의 정욕을 피하고 주를 깨끗한 마음으로 부르는 자들과 함께 의와 믿음과 사랑과 화평을 따르라."

다시 말하면 우리를 시험하고 유혹하는 것들을 피하기도 해야 하지만 여기서 그쳐선 안 된다는 것입니다.

이건희 삼성그룹 전 회장은 부자가 되는 방법에 대해 "진정으로 부자가 되고 싶으면 부자들이 모이는 곳에 가서 직접 보고 듣고 대화를 나누고 경험해 보라…부자들이 어떤 사람인지 알아야 부자가 된다"고 했습니다. 마찬가지로 우리가 영적으로 유익한 것을 얻기 위해서는 보다 더 적극적으로 주를 깨끗한 마음으로 부르는 영적인 사람들을 주위에서 찾아야 합니다. 그리고 그들을 만나서 결단코 불의와 불신과 미움과 불화를 조장하지 말고 그들과 함께 의와 믿음과 사랑과 화평을 따르라고 권면하고 있습니다.

우리가 이런 세상 유혹을 피하고 영적 체험을 위해서 매일 개인적으로 경건의 시간(QT)을 갖는 것도 중요하지만, 무엇보다도 주일 낮예배나 수요밤예배나 금요심야기도회나 새벽기도회 등 모든 공적인 예배나 기도회에 열심히 나와 은혜와 축복을 받아야 합니다. 그러다 보면 큰 은혜를 받고 힘을 얻게 됩니다. 또한 매주 모이는 목장모임에도 빠짐없이 나가서 새 힘을 얻고 갖가지 성경공부를 새롭게 시작해서 새로운 은혜와 축복을 누려야 합니다. 교회학교나 찬양대나 남녀선교회나 봉사 부서 등 갖가지 모임을 통해 영적으로 유익을 얻으면서 분명히 영적인 새 힘을 얻게 되고 어떠한 음행의 유혹도 이겨내고 성령 충만한 영적 승리로 행복의 감격을 꼭 누리게 될 줄 분명히 믿으시기 바랍니다.

지난 주간 한 집사님에게서 참으로 의미 있는 글이 전해져 왔습니다. 잘생긴 목사님이 젊은 과부 집을 자주 드나드니까 이를 본 마을 사람들 사이에 목사님이 젊은 과부와 바람이 났다는 소문이 퍼졌습니다. 그런데도 그 목사님은 소문에는 아랑곳하지 않고 밤낮으로 그 과부의 집을 드나들었는데 어느 날 그 과부가 갑작스럽게 세상을 떠나고 말았습니다. 그제서야 마을 사람들은 그 목사님이 억울한 누명을 쓰면서도 혼자 사는 암에 걸린 젊은 과부를 위해 열심히 심방하며 돌보았다는 사실을 뒤늦게 알게 되었습니다. 장례를 치른 후 그중에서도 가장 혹독하게 목사님을 비방했던 두 여집사가 목사님을 찾아와 사과하며 용서를 빌었습니다. 그러자 목사님이 그 두 여집사에게 보릿겨 한 줌씩을 쥐어주며 들판에 나가서 바람에 날리고 오라고 했습니다. 그리고 돌아온 두 여집사에게 그 보릿겨를 다시 주워오라고 했습니다. 여집사들은 무슨 수로 바람에 날아가 버린 보릿겨를 주워올 수 있겠느냐고 울상을 지었습니다. 그때 목사님이 그 여집사들에게 이렇게 말했습니다.

"내가 용서해 주는 것은 문제가 없습니다만 한 번 내뱉은 말은 다시 담지 못합니다. 험담을 하는 것은 살인을 하는 것보다 더 무서운 것입니다. 살인은 한 사람만 죽이지만 험담은 한꺼번에 세 사람을 죽입니다. 첫째는 험담을 하는 자신이요, 둘째는 그 험담을 듣는 사람이요, 셋째는 그 험담의 대상이 되는 사람입니다. 그 젊은 과부는 바로 우리가 죽였습니다. 집사님들은 그 과부 집사님의 어려운 형편을 얼마나 알았습니까? 그 집사님의 고통을 위해서 얼마나 간절히 기도했습니까? 그 집사님은 자신의 암의 고통보다도 여러분의 그 수군거림을 더 고통스러워하면서 세상을 떠났을 것입니다…."

사랑하는 성도 여러분, 지금 우리 주위에 이렇게 고통 가운데 신음하며 죽어가는 사람들이 얼마나 많습니까? 전전주간 노회 임원수련회에 가 있는 동안에도 부천의 한 목사님과 그 계모가 13살 난 중학생 딸을 옷을 벗기고 방 안에 가둬놓고 폭행 치사한 사건 소식을 들었습니다. 교인이 그렇게 폭행을 해서도 안 될 일이지만 목사가 그렇게 하고, 더구나 독일에 유학까지 다녀온 박사요, 신학대 겸임교수인 목사가 그렇게 했다는 것입니다. 그것도 일회적 사건이 아니고 평상시에 구타를 계속해서 상습적으로 해왔다는데 그 소식을 듣고 목사로서 지난 주일 교인들 앞에 서서 뭐라고 설교할까 앞이 캄캄했습니다. 더이상 고개를 들고 강단에 설 자신이 없어서 지난 주간 일본선교회 치유성회가 있어서 정말 천만다행이라는 심정이었습니다. 어쩌다 우리 기독교가 이렇게 돼 버렸을까요? 어쩌다 우리 목사들이 이렇게 돼 버렸을까요? 어쩌다 우리 한국교회가 이렇게 돼 버렸을까요? 그런데 누가 누구를 탓할 수 있겠습니까? 목사인 우리부터 회개해야 하지 않겠습니까?

오늘 우리는 말없이 죽기까지 우리를 사랑해 주신 예수님의 십자가의 고난을 기억하며 묵상하는 사순절 첫 주일을 시작하면서 우리가 남들의 간음에 대해서 정죄하고 있을 때가 아닙니다. 그것을 교훈 삼고 경계하고 우리 자신의 간음부터 회개하고 피해야 하고 더 나아가 영적으로 유익한 것을 얻으며 나아갈 때 우리 자신부터 음행을 이겨내고 진정으로 주님 안에서 영원히 행복한 삶을 살아가게 될 줄 확실히 믿습니다.

우리 다 함께 '영원한 사랑'을 함께 부르며 결단하도록 하겠습니다.

> 눈으로 사랑을 그리지 말아요
> 입술로 사랑을 말하지 말아요
> 영원한 사랑을 바라는 사람은
> 사랑의 진리를 알지요
> 참 사랑은 가난함도 부요함도 없어요
> 괴로움도 즐거움도 주와 함께 나눠요
> 나의 가장 귀한 것 그것을 주는 거예요

우리의 행복의 근원이 되시는 하나님 아버지, 지난날 우리는 남을 곧잘 판단하고 정죄하면서도 우리 자신의 신앙은 너무도 부끄럽게 무너져 갈 때가 얼마나 많았습니까? 이제는 아무도 정죄하지 말게 하여 주시옵소서. 우리 자신을 유혹하는 음행부터 피하게 하여 주시옵소서. 영적으로 유익한 것을 얻게 하여 주시옵소서. 그리함으로 시시각각으로 부딪혀 오는 어떠한 음행도 이겨내고 주님 안에서 영원히 행복한 삶을 모두 다 살게 하여 주시옵소서. 믿사옵고 예수님의 이름으로 간절히 기도드립니다. 아멘.

이렇게 화합하라

마태복음 5:31-32

³¹또 일렀으되 누구든지 아내를 버리려거든 이혼 증서를 줄 것이라 하였으나 ³²나는 너희에게 이르노니 누구든지 음행한 이유 없이 아내를 버리면 이는 그로 간음하게 함이요 또 누구든지 버림받은 여자에게 장가드는 자도 간음함이니라

예수님께서는 율법을 폐하러 오신 것이 아니라 완전하게 하러 오셨습니다. 살인과 간음에 이어 오늘 본문 가운데 이혼의 문제에 대해 세 번째로 율법을 완성하여 말씀하시는데, 혹시라도 앞으로 우리가 이혼의 문제에 부딪히게 될 때 어떻게 화합해 나갈 것인가 하나님의 음성을 이 시간 함께 들을 수 있길 바랍니다.

서로를 불쌍히 여겨야 함

먼저 본문 31절 말씀을 다 함께 읽겠습니다.

"또 일렀으되 누구든지 아내를 버리려거든 이혼 증서를 줄 것이라 하였으나."

구약의 율법인 신명기 24장 1절에 의하면 "사람이 아내를 맞이하여 데려온 후에 그에게 수치 되는 일이 있음을 발견하고 그를 기뻐하지 아니하면 이혼 증서를 써서 그의 손에 주고 그를 자기 집에서 내보낼 것이요"라고 말하였습니다. 그런데 그 수치 되는 일에 대한 해석이 구구했습니다. 율법을 잘 지킨다는 바리새인 중의 보수파인 삼마이는 간음한 일 외에는 이혼할 수 없다고 하였고, 자유파인 힐렐은 일상생활의 사소한 일도, 심지어 자기 아내가 다른 여자보다 못생긴 것도 이혼의 조건이 된다고 주장했습니다.

우리나라에서도 조선 시대에 '칠거지악'이라는 것이 있었습니다. 첫째, 시부모에게 순종하지 않고 둘째, 아들을 못 낳고 셋째, 행실이 음란하고 넷째, 질투를 하고 다섯째, 나쁜 병이 있고 여섯째, 말이 많고 일곱째, 도둑질하는 것입니다. 이 일곱 가지 중 하나라도 해당되면 쫓겨나는 신세가 될 정도로 여성들이 무시되고 희생되었습니다.

더구나 이혼을 당하면서도 이혼 증서를 받지 못했으니 재혼할 수 있는 길까지 막혀버리고 말았는데 이처럼 당시 사소한 이유로 이혼 증서도 받지 못하고 이혼당하는 여성들을 보호하는 차원에서 예수님께서 이 말씀을 하셨던 것입니다.

그런데 요즘엔 남편들이 지켜야 하는 '신 칠거지악'(新七去之惡)이 있다고 합니다.

"첫째, 불순구고(不順舅姑)거: 남편이 장인, 장모에게 불효하면 아내는 남편에게 재산의 반만 주고 내쫓을 수 있다. 둘째, 무자(無子)거: 남편 때문에 자식이 생기지 않으면 아내는 바람을 피워서 임신을 할 권리가 있다. 이의를 제기하는 남편에 대해서는 아내가 재산의 반을 주고 내쫓을 수 있다. 셋째, 음행(淫行)거: 아내는 남편의 허락 없이도 바람을 피울 수 있으나 남편은 아내 몰래 바람을 피우다 들키면 그 아내는 재산의 반 중에서 위자료를 뺀 금액을 주고 내쫓을 수 있다. 넷째, 투(妬)거: 남편은 아내가 바람을 피운다고 질투를 해서는 안 된다. 그럼에도 계속 질투를 할 경우 아내는 재산의 반을 주고 남편을 내쫓을 수 있다. 물론 위자료 같은 건 주지 않아도 된다. 다섯째, 악질(惡疾)거: 음주나 흡연 등으로 건강을 해친 남편은 재산의 반과 위자료와 살던 집을 아내에게 주고 나가야 한다. 여섯째, 구설(口舌)거: 여자는 수다스러운 것이 자연스러운 것이나 남자는 말이 많으면 안 되므로 어떤 경우에도 처가 식구들 흉을 봐서는 안 된다. 그런 남편은 아내로부터 재산의 반만 받고 쫓겨나도 이의를 제기할 수 없다. 일곱째, 도(盜)거: 남자는 여자와 달리 손버릇이 나쁘면 안 된다. 도벽이 있는 남편은 그 아내로부터 재산의 반을 받고 쫓겨나도 항의할 수 없다."

우리 조상들이 아내들을 구박해서 지금 우리 남편들이 된통 혼이 나고 있습니다. 심은 대로 거두게 된 것입니다.

사실 요즘 남편들이 IMF 때보다 더 힘들다고들 합니다. 그러나 그 이면에는 아내들의 뜨거운 희생과 눈물이 있다는 것을 잊어서는 안 됩니다. 아내들이 평생토록 남편과 자녀들 뒷바라지하느라고 얼마나 고생들을 많이 했습니까?

저도 아내들이 집에서 놀고, 먹고, 쉬고, 자는 줄로만 알았습니다. 그런데 미국 유학시절 저희 딸이 두세 살 때 하루는 집사람이 유학생 부인들과 대서양 쪽으로 놀러 가는데 아이를 봐 줄 수 있느냐고 해서, 봐 줄 테니까 걱정하지 말고 잘 다녀오라고 했습니다. 그리고는 애를 보행기에 태워놓고 공부하려고 하는데 엄마가 집을 나서는 순간부터 딸아이가 저에게 '뭐 해 달라, 뭐 바꿔 달라, 뭐 옮겨 달라, 뭐 사 달라, 뭐 새로 해 달라'고 하는데 그날 하루 종일 애 뒤치다꺼리하다가 죽는 줄 알았습니다.

그런데 아내들이 애만 낳아 기릅니까? 밥하지, 반찬 만들지, 설거지하지, 빨래하지, 청소하지, 살림하지, 더 심한 경우에는 시가 식구까지 모시고 살지, 더 심한 경우에는 밖에 나가서 돈까지 벌어 오지, 더 심한 경우에는 친정에 가서 돈 빌려 옵니다. 그렇다고 우리가 아내들에게 월급을 줍니까? 보너스를 줍니까? 휴가를 보내줍니까? 행복하게 해 주겠다고 데려와서 평생토록 상처와 고통만 주고 불행의 눈물만 흘리게 하고 주름만 늘게 했으니 얼마나 불쌍합니까? 그런데도 우리는 그것조차도 깨닫지 못하고 자기가 잘난 줄 알고 큰소리만 치고 살았습니다.

어느 날 부부가 앉아서 대화를 하다가 남편이 아내에게 물었습니다.
"여보, 당신은 아직도 날 사랑해?"
그러자 아내가 "그럼요. 당연히 사랑하죠"하니까 남편이 다시 물었습니다.
"그럼, 내가 죽으면 날 위해 울어줄 거야?"
그러자 아내가 "당연히 울어주죠" 하자 남편이 그럽니다.
"그럼, 어떻게 우나 보게 어디 한 번 울어 봐. 어서 울어 봐."
그러자 아내가 이렇게 말하더랍니다.

"그럼, 우선 당신이 먼저 죽어 봐요. 어서 먼저 한 번 죽어 봐요. 그러면 어떻게 울 건지 보여줄게."

이게 서로를 불쌍히 여기는 것입니까? 그런데 뭐하러 이런 쓸데없는 것을 물어보고 그럽니까?

이제는 더이상 연약한 여성을 희생시켜선 안 됩니다. 그래서 말라기 2장 16절에 "이스라엘의 하나님 여호와가 이르노니 나는 이혼하는 것과 옷으로 학대를 가리는 자를 미워하노라 만군의 여호와의 말이니라 그러므로 너희 심령을 삼가 지켜 거짓을 행하지 말지니라"고 경고하셨습니다. 아내를 버리고 이혼하는 것과 아내에게 정신적으로 상처를 주고 신체적으로 폭력을 행사하며 학대하는 것을 하나님께서 미워하십니다. 그러므로 이런 것들을 절대 하지 말고 진실된 모습으로 나오라는 뜻에서 '이스라엘의 하나님 여호와가 이른다'고 말씀하시고 '만군의 여호와의 말'이라고 하시면서 두 번이나 강조하신 것입니다.

우리가 주님 안에서 죽어지고 예수의 마음을 품고(빌 2:19) 서로를 불쌍히 여기면서 행복한 가정을 위해 부부 사이에 없어야 할 10가지가 있다는 의미 있는 비유의 글을 읽었습니다.

첫째, 고집이 없어야 합니다. 부부 사이에 지나친 고집은 자신의 무덤을 스스로 파는 것과 같기 때문입니다. 둘째, 비밀이 없어야 합니다. 부부 사이에 비밀이 있으면 그것은 가정을 파괴시킬 시한폭탄과 같기 때문입니다. 셋째, 미움이 없어야 합니다. 부부 사이의 미움은 밤중에 불을 켜지 않고 마주 달리는 자동차와 같기 때문입니다. 넷째, 편견이 없어야 합니다. 부부 사이에 편견이 있으면 그것은 도끼로 발등을 찍는 것과 같기 때문입니다. 다섯째, 계산이 없어야 합니다. 부부 사이에 계산을 하는 것은 마른 도배지에 물을 퍼붓는 것과 같기 때문입니다.

여섯째, 거짓이 없어야 합니다. 부부 사이에 속임수를 쓰는 것은 자라는 나무의 뿌리를 자르는 것과 같기 때문입니다. 일곱째, 원망이 없어야 합니다. 부부 사이에 원망은 잘 끓여놓은 국에 찬물을 붓는 것과 같기 때문입니다. 여덟째, 비난이 없어야 합니다. 부부 사이에 비난은 난파선의 밑창을 뚫는 것과 같기 때문입니다. 아홉째, 욕설이 없어야 합니다. 부부 사이에 욕설은 밥에 흙을 뿌리는 것과 같습니다. 열째, 폭력이 없어야 합니다. 부부 사이에 폭력은 윗물을 흐리게 하는 것과 같고 자손 대대로 그 폭력이 이어지기 때문입니다.

그러므로 이제라도 남편이나 아내가 서로를 불쌍히 여기면 아무리 불행했던 부부라도 새롭게 화합할 수 있는 길을 찾게 될 줄 분명히 믿으시기 바랍니다.

음행 외에는 이혼해서는 안 됨

계속해서 본문 32절 상반절 말씀을 다 함께 읽겠습니다.

> "나는 너희에게 이르노니 누구든지 음행한 이유 없이 아내를 버리면 이는 그로 간음하게 함이요…."

"나는 너희에게 이르노니"라고 말씀하시면서 예수님께서는 구약의 이혼의 율법을 더욱 강화하여 말씀하십니다. 그런데 본문을 주목해 보면 같은 말씀을 기록하고 있는 마가복음(10:11)이나 누가복음과는 달리 "누구든지 음행한 이유 없이 아내를 버리면 이는 그로 간음하게 함이요"라는 조건이 본문과 마태복음 19장 9절에 강조하고 있는데, 아내가 외도하지 않는 한 이혼하지 말라는 것은 당시 남편들은 외도를 많이 했지만 아내들은 외도하는 경우가 드물었기 때문에 그만큼 아내를 버리고 이혼을 하지 말라고 강조하셨던 것입니다. 그래서 마태복음 19장 6절을 보면 "그런즉 이제 둘이 아니요 한 몸이니 그러므로 하나님이 짝지어 주신 것을 사람이 나누지 못할지니라…"고 분명히 결론을 맺고 있지 않습니까?

요즘은 부부 사이에 얼마나 쉽게 헤어지고 갈라섭니까? 조금만 자존심이 상하거나 어려운 일이 있거나 힘이 들면 곧바로 이혼하려고 달려듭니다.

한 여자가 이혼 전문 변호사 사무실을 찾아와서 변호사에게 물었습니다.

"제가 이혼할 조건이 되는지 알아보고 싶어요."

그러자 변호사가 "결혼하셨나요?"라고 물었습니다. 그 여자가 "물론이죠!"라고 대답하자 변호사가 그러더랍니다.

"그러면 이혼 조건을 완벽하게 갖추셨습니다."

결혼했으니 이혼할 수 있다는 건데 그만큼 이혼이 쉽다는 이야기입니다.

우리나라는 1997년 IMF(국제통화기금) 환난 이후부터 많은 가정들이 흔들리고 깨어지고 이혼율이 급증했습니다. 2014년 5월 25일 C채널 뉴스에 따르면, 우리나라 이혼율이 50년 만에 13배나 껑충 뛰었는데 2012년 3월 15일 OECD(경제협력개발기구) 국가 이혼율이 미국이 51%, 스웨덴이 48%, 우리나라가 47%입니다. 이혼 사유도 남편은 1위가 성격 차이, 2위가 배우자의 부정행위이고, 여자는 1위가 배우자의 부정행위, 2위가 경제적 요인이라고 합니다. 더욱이 요즘에는 신혼 이혼보다 황혼 이혼이 더욱 급증하고 있다는 데 문제의 심각성이 더해

지고 있습니다. 통계청 발표에 따르면, 4년 이하 신혼 이혼은 2010년 에서 2012년까지 31,500명, 30,700명, 28,200명으로 줄어드는데, 20년 이상 산 황혼 이혼은 27,800명, 28,300명, 30,200명으로 점점 늘어났습니다. 이제는 더이상 참고 못 살겠고 남은 인생이라도 행복하게 살고 싶다는 것입니다.

그러나 그렇게 꼭 이혼하고 자신의 행복을 찾아가야만 행복한 것일까요? 일평생 살아가면서 이혼의 위기가 없는 부부가 어디에 있겠습니까? 목사인 저도 수없이 많이 있었습니다. 그러나 그때마다 "산 김에 조금만 더 참고 살자!" 한 것이 벌써 35년째 살고 있습니다. 어제 새벽기도 후 목장리더 모임 때 물어보니까 우리 가정만 그런 줄 알았더니 부목사님들뿐만 아니라 다른 가정들도 다 마찬가지였습니다. 이처럼 우리 부부가 이혼을 하지 않고 살 수 있는 것은 어떠한 어려움 속에서도 끝까지 인내했기 때문입니다. 그런데 그냥 인내하면 그 감정이 마음에 쌓여서 화병이 되니까 그때그때 다 해소해야 합니다.

그래서 퇴계 이황은 부부 갈등을 겪는 제자에게 편지를 써 주며 이렇게 당부했습니다.

"집에 도착하면 이 편지를 꼭 사립문 앞에서 읽어야 하네."

제자는 왜냐고 묻고 싶었지만 스승의 명이니 그러겠다고 대답하고 집으로 돌아가서 집 사립문 앞에서 스승의 편지를 뜯어서 읽었습니다. 거기에는 이렇게 쓰여 있었습니다.

"사립문은 가정과 세상의 경계 지점이네. 집 밖에서 있었던 울분과 괴로움은 집 안에 들이지 말고 사립문 앞에서 다 깨끗이 정화하고 들어가야 하네. 이것이 이 편지를 반드시 사립문 앞에서 읽으라고 한 이유라네."

우리도 현관문 앞에 마음의 휴지통을 하나씩 놓아두면 어떻겠습니까? 그래서 집에 들어가기 전에 세상에서의 절망과 걱정과 한숨과 고통을 모두 거기에 버리고 들어가면 우리의 가정은 늘 행복할 것입니다.

그러면 가정에서나 직장에서나 교회에서나 우리의 신앙생활 가운데 쌓이는 문제들이나 감정들을 언제 어디서 어떻게 해소하며 살아야 합니까? 순간마다 주님 앞에서 "주여! 주여!" 부르짖으며 해소하고 해결하며 나아가야 합니다.

지난 주간에는 전라남도 영광에 있는 영광대교회 부흥성회를 인도하고 왔습니다. 대한예수교장로회 합동 측 교회로서 유진 벨 선교사님이 개척한 교회로 111년의 역사를 가지고 있고, 김정중 목사님이라는 총회장을 배출했습니다. 군 단위 교회인데 1,000여 명의 교인이 모일 정도의 큰 교회입니다. 그런데 그렇게 되기까지는 김정중 증경총회장이나 지금의 김용대 담임목사님 같은 훌륭한 목사님들의 은혜롭고 능력 있는 목회도 있었지만 원로장로이신 이수재 장로님과 김화자 권사님의 뒷받침이 컸다고 합니다.

이 장로님은 한의원을 경영하고 계셨는데 폐렴으로 한때 결혼생활에 어려움도 있었지만 그때 전도를 받아 예수님을 알게 되어서 치료를 받았습니다. 36세에 장로님이 되어서 한쪽 폐가 없는 원로 목사님의 건강을 돌보시고 현재의 담임 목사님을 돌보실 뿐만 아니라 그렇게 마음 평안하게 해주고 마음껏 목회하게 해주었습니다. 또한 어려운 교인 환자들을 돌보고 교회에서뿐만 아니라 지역사회에서도 얼마나 봉사를 많이 했던지 주위에서 군수 출마를 하라고 권했을 정도입니다. 그런데 그렇게 되면 교회가 나눠진다고 사양하시고 오히려 교회를 하나 되게 섬기는 일에만 매진해 오셨습니다. 이렇게 한평생 교회에서나 사회에서나 가정에서나 섬기면서 모든 신앙생활에 모범이 되어서 은퇴하신 지 7년이 지났지만 지금도 주의 종뿐만 아니라 온 교인들이나 세상에서나 가정에서 사랑과 존경을 한몸에 받으면서 행복한 삶을 살고 계십니다.

또한 아들은 치과의사인데 자부까지 치과의사를 얻어서 복된 여생을 살고 계십니다. 그 비결이 무엇인가 하고 사흘간 집회를 하면서 지켜보았더니 젊은 날부터 어려움을 겪어 오면서 평생 매일 새벽기도를 하고 늘 믿음으로 주님을 바라보면서 모든 힘든 일들을 주님 앞에 다 쏟아부었습니다. 그리고 끝까지 사랑으로 섬기면서 인내하였더니 오늘의 축복된 여생과 행복한 가정을 이루게 되었다는 것입니다. 얼마나 부러운 부부인지 모릅니다.

이처럼 부부가 음행한 이유 외에는 이혼하지 말라는 하나님의 말씀에 순종하면서 끝까지 인내하며 화합하게 될 때 하나님의 뜻을 이루며 행복한 가정을 지켜나가게 될 줄 확실히 믿습니다.

상대방의 허물조차도 변화시켜 나가야 함

마지막으로 본문 32절 하반절 말씀을 다 함께 읽겠습니다.

"…또 누구든지 버림받은 여자에게 장가드는 자도 간음함이니라."

아내를 버려 그 여자가 다른 남자를 취하면 그 여자도 간음하게 한 것이고 그 버림받은 여자에게 장가드는 남자도 간음하게 된다는 것입니다. 이 말씀이 무슨 뜻입니까? 이혼으로 인해 그 자신뿐만 아니라 배우자와 주위 사람들에 이르기까지 정신적, 신체적, 인간관계적, 사회적, 영적으로 범죄하게 할 뿐만 아니라 자손 대대로까지 악영향을 미칠 수 있기 때문에 끝까지 이혼하지 말고, 상대방의 허물조차도 어떻게 해서라도 변화시켜 가정을 회복해 나가라는 것입니다. 그래서 고린도전서 7장 14절에 "믿지 아니하는 남편이 아내로 말미암아 거룩하게 되고 믿지 아니하는 아내가 남편으로 말미암아 거룩하게 되나니 그렇지 아니하면 너희 자녀도 깨끗하지 못하니라 그러나 이제 거룩하니라"고 우리에게 희망적인 메시지를 들려주고 있습니다.

우리가 영적으로 변화가 안 되면 상대방 배우자도 변화가 안 되고 자식들도 깨끗하게 변화가 안 되지만, 영적인 은혜를 먼저 체험하고 거룩한 사람이 되면 아무리 강퍅하고 완악한 배우자라도 결국에는 변화시키게 되고 그 결과 자녀들까지도 거룩하게 변화된다는 것입니다.

부부 가정사역자인 금병달 목사님과 김정진 사모님은 '부부행복 공식'이 있다고 했습니다. 첫째, 이상형을 못 만나서 결혼생활이 불행하다는 잘못된 환상에서 깨어나야 하고, 둘째, 부부 갈등에는 반드시 해결의 길이 있으니 포기하지 말아야 하고, 셋째, 사랑의 표현을 배워서 열심히 표현하려고 노력해야 하고, 넷째, 상대방을 용서하려고 노력해야 하고, 다섯째, 권태기 등 결혼생활의 주기를 이해하고 미리 대비해서 갈등을 극복해야 하고, 여섯째, 상대방의 약점이나 실수를 이해하고 덮어주고, 일곱째, 자녀들에게 신앙의 유산을 남기라는 것입니다.

지난 주일인 2월 14일 연인들의 날인 발렌타인데이를 앞두고 미국 일간지 〈USA 투데이〉에 실린 기사입니다. 미국 코네티컷 주에 사는 104세의 존 베타 할아버지와 100세의 앤 베타 할머니 부부가 오는 11월 15일로 결혼 84주년을 맞이하는데 두 사람 나이를 합해 204세로 지금 지구상에 생존하는 최장수 부부입니다. 부부가 이렇게 오랜 세월 행복하게 살아오는 데는 3가지 부부 금슬 원칙이 있다고 합니다. 첫째, 상대방을 있는 그대로 받아들였습니다. 내가 변하지 않고 상대방을 바꿀 수 있다는 생각은 미친 짓이고 불행의 씨앗이라는 것입니다. 둘째, 자신들이 버는 수입 안에서 돈을 썼습니다. 과소비는 분명히 가정 파탄의 빌미가 된다는 것입니다. 셋째, 아내를 보스처럼 섬겼습니다. 상대방을 존중하고 경청하면 결혼생활이 행복할 수밖에 없다는 것입니다. 그리하여 5명의 자녀와 14명의 손주와 16명의 증손과 행복하게 살게 되었다는 것입니다.

그런데 이 단순한 삶의 원칙 몇 가지를 지키지 못하고 벗어남으로 인해서 부부는 말할 것도 없고 그 자손들까지 불행해지는 가정들이 이 땅 위에 얼마나 많습니까?

일본의 은퇴전문가인 오가와 유리가 2014년 '일본의 인기 있는 남편 1순위'를 소개했는데 '돈 잘 버는 남편, 세상 지위 높은 남편, 집안일 잘 도와주는 남편, 요리 잘하는 남편, 상냥한 남편' 중 어떤 남편이 인기 남편 1순위였을 것 같습니까? 1순위는 '집에 없는 남편'이었습니다. 집에 있으면 문제를 일으켜서 그렇다고 합니다. 그런데 이런 대접을 받는 남편이 행복하겠습니까?

아내에게 이런 대접을 받는 어떤 남편이 '조강지처'로 사행시를 지었습니다.

조: 조금은

강: 강제로 만나

지: 지금은

처: 처치 곤란

남편한테 이런 말을 듣는 아내는 행복하겠습니까? 되로 주고 말로 받은 격입니다. 그러므로 이제는 상대방만 탓하고 있을 때가 아니고 "내 탓이오!" 하고 엎드려야 할 때입니다.

우리가 매년 하는 부부행복동산이 벌써 13기가 되었습니다만 그중에서도 가장 감동적인 한 부부를 평생 잊을 수가 없습니다. 불신 남편이 33년 결혼생활 가운데 32년 동안 외도하고 폭력을 쓰고 가정을 유기했던 부부였는데, 어느 날 부인이 이혼하고 싶다며 찾아왔습니다. 사연을 들어보니까 이혼 사유는 분명했지만 차마 목사로서 이혼하라고 말할 수가 없었습니다. 그래서 그 순간 기도했습니다.

"하나님 아버지, 이럴 때는 뭐라고 대답해야 합니까?"

그러자 성령님께서 답변할 말을 떠올려 주셔서 이렇게 대답했습니다.

"집사님, 이렇게 이혼으로 끝내려고 32년의 세월을 그렇게 눈물 흘리며 참고 살아오셨어요? 이렇게 이혼으로 끝내려고 지금까지 참고 살아오셨어요? 이렇게 이혼으로 끝내버리기에는 너무도 가슴이 아프네요…."

그 말을 하는데 왜 그렇게 저의 눈에서 계속 눈물이 흘러내렸는지요. 그래서 그다음 주부터 시작되는 부부행복동산에 마지막으로 참석한 후 이혼을 결정하자고 했는데 안 믿는 남편을 부부행복동산에 초청한다는 것은 쉬운 일이 아니었습니다. 그러나 성령님이 강권하시니까 그것도 어려운 일은 아니었습니다. 주일을 앞두고 목사님을 만나면 "어떻게 되었느냐?"고 물을 것 같아서 남편에게 "목사님이 당신 부부행복동산에 오라고 합디다" 그랬다고 합니다. 그러면 보통 불신 남편들은 "내가 왜 그런 데를 가?"라고 할 텐데, "언제 하는데?" 그러더랍니다. 그래서 "다음 주 월요일부터 한답디다" 했더니, "어디서 하는데?" 하고 물어서 "정동진 선크루즈호텔에서 한답디다" 그랬더니,

"교회도 안 나가는데 어떻게 가?" 그러더랍니다. 그래서 "그러니까 목사님이 오라고 안 하요?" 그래서 결국 남편이 끌려왔습니다.

그런데 기적이 일어나는 데 시간이 그리 많이 걸리지 않았습니다. 첫째 날 밤 프로그램이 진행되었습니다. 첫 나눔의 시간에 남편이 아내 집사님의 손을 이끌고 앞으로 나왔습니다. 그리고 뜻밖에도 자신의 모든 죄악을 고백하면서 "이 모든 가정의 불행의 원인이 내 탓이오"라고 했습니다. 그러자 아내 집사님이 뒤를 이어 나서서 그러는 것입니다. "아니에요! 내가 더 사랑으로 인내하며 남편을 섬기지 못했어요" 하고 눈물로 고백하니까 이번에는 남편이 "아니에요! 아내는 최선을 다해 나를 섬겼어요" 하고 아내를 두둔했습니다. 그날 그 부부의 모든 불행의 원인을 자신에게 돌리는 눈물의 사랑의 고백은 그곳에 모였던 모든 부부들을 다 울리고 말았고, 그 어느 해보다도 은혜롭고 행복한 부부행복동산을 마치고 돌아올 수 있었습니다. 바로 그러한 아내의 눈물의 기도와 희생이 있었기에 남편의 변화된 삶이 가능하였고 오늘의 행복한 가정과 그 신실한 믿음의 자손이 존재할 수 있게 된 것입니다.

이제는 우리 자신의 영적인 변화를 통해 상대방의 허물조차도 새롭게 변화시켜 나갈 때 우리는 새롭게 화합하여 천국과 같이 행복한 가정을 회복하게 될 줄 확실히 믿으시기 바랍니다.

사랑하는 성도 여러분, 이렇게 우리가 가정의 한 알의 밀알이 되어 섬길 수 있는 날들도 잠시잠깐입니다. 결혼한 지 10년, 20년, 30년, 40년, 50년이 금방 지나가 버렸습니다. 어쩌면 남은 세월이 살아온 세월보다 훨씬 더 짧고, 그것도 언제 어떻게 떠나갈지 아무도 모릅니다.

지난 금요일 오전에는 목회자유가족협의회 사모님들의 간증집 《함께라서 오늘 더 행복합니다》라는 책의 출판 감사예배가 있어서 말씀을 전하러 갔습니다. 필자들을 대신해서 대표 사모님이 인사의 말씀을 하시는데 "목회자유가족협의회의 기도 제목이 무엇인지 아십니까?" 하고 물었습니다. 다른 모임들은 회원들이 새로 늘어가는 것을 바라는데 이 모임은 회원들이 새로 늘기를 바라지 않는다는 것입니다. 장례식 때 가서 외롭게 남아 있는 젊은 사모님들과 불쌍한 어린 자녀들을 보면 눈물 없이 돌아올 수가 없다고 합니다. 사실 부족한 종이 우리 총회에서 유일하게 맡고 있는 이사장직이 바로 이 목회자유가족협의회인데, 갑작스럽게 대책도 없이 돌아가신 목회자 유가족들의 생계가 너무도 막막하기 때문입니다. 그분들이 쓴 첫 간증집인 《홀로 하늘을 바라보며》란 책을 보고 한없이 울며 '나라도 교회와 세상으로부터 버려져 외롭고 가난한 사모님들을 도와야겠구나!' 하고 나섰는데, 이번에 또 《함께라서 오늘 더 행복합니다》라는 책을 읽으면서 다시 한번 눈물을 흘리지 않을 수 없었습니다.

여러분, 부부가 함께 살아있다는 것만으로도 정말 행복한 것입니다. 머지않아 우리도 곧 떠날 텐데, 얼마 남지 않은 짧은 여생이라도 서로를 불쌍히 여기고 음행 외에는 이혼을 결코 하지 말고 상대방의 어떠한 허물조차도 변화시켜 나가야 합니다. 그리할 때 기필코 서로 화합하며 진정으로 천국과 같이 행복한 가정을 모두 다 회복하게 될 줄 확실히 믿습니다.

다 함께 '하나님께서는 우리의 만남을'을 다 함께 부르며 결단하도록 하겠습니다.

1. 하나님께서는 우리의 만남을
계획해 놓으셨네 우린 하나 되어
어디든 가리라 주 위해서라면

무엇이든 하리라 당신과 함께
2. 또 우리 모임은 주님만 따르리
환난이 올지라도 주 함께하시리
또 우리 마음에 시험이 닥칠 때
어둠은 지나가고 새 아침 주시리
후렴) 우리는 하나 되어 함께 걷네
하늘 아버지 사랑 안에서
우리는 기다리며 기도하네
우리의 삶에 사랑 넘치도록

우리의 행복의 근원이 되시는 하나님 아버지, 우리가 믿음으로 산다고 하면서도 하나님의 말씀대로 살지 못함으로 인해 진정한 행복을 누리지 못할 때가 얼마나 많았습니까? 이제 얼마 남지 않은 여생이라도 서로를 불쌍히 여기고 음행 외에는 이혼을 하지 않고 상대방의 어떠한 허물조차도 변화시켜 나가게 하여 주시옵소서. 그리함으로 기필코 서로 화합하며 진정으로 천국과 같이 행복한 가정으로 모두 다 회복하게 될 줄 믿사옵고 예수님의 이름으로 기도드립니다. 아멘.

이렇게 맹세를 지키라

마태복음 5:33-37

³³또 옛 사람에게 말한 바 헛 맹세를 하지 말고 네 맹세한 것을 주께 지키라 하였다는 것을 너희가 들었으나 ³⁴나는 너희에게 이르노니 도무지 맹세하지 말지니 하늘로도 하지 말라 이는 하나님의 보좌임이요 ³⁵땅으로도 하지 말라 이는 하나님의 발등상임이요 예루살렘으로도 하지 말라 이는 큰 임금의 성임이요 ³⁶네 머리로도 하지 말라 이는 네가 한 터럭도 희고 검게 할 수 없음이라 ³⁷오직 너희 말은 옳다 옳다, 아니라 아니라 하라 이에서 지나는 것은 악으로부터 나느니라

맹세한 것을 지키기가 참으로 어려운 시대를 살아가고 있습니다. 우리 주위에서 신의나 의리를 찾아보기가 어렵고 '배신자'니 '배신의 정치'라는 말들이 난무하는 세상이 되어 버렸습니다. 말세의 마지막 때 이제는 한 피를 나눈 부모 자식 간에도 못 믿고 평생을 행복하게 살자던 부부 간에도 못 믿는 세상이 되어버리고 말았습니다. 이러한

불신의 시대를 살아가는 우리가 어떻게 서로에게 맹세를 지키며 살아가야 하는지, 이 시간 들려주시는 하나님의 음성을 함께 들을 수 있길 바랍니다.

주님께 하듯 맹세를 지켜야 함

먼저 본문 33절 말씀을 다 함께 읽겠습니다.

> "또 옛 사람에게 말한 바 헛 맹세를 하지 말고 네 맹세한 것을 주께 지키라 하였다는 것을 너희가 들었으나."

주님께서는 살인, 간음, 이혼에 이어서 맹세에 대해서 말씀하시는데 여기 '맹세하다'라는 단어는 헬라어로 'ὀμόσαι'(오모사이)라고 해서 'promise'(약속한다)는 의미보다 강렬한 'swear'(맹세한다)는 의미가 있습니다. 이 말씀은 출애굽기 20장 7절, 레위기 19장 12절, 민수기 30장 2절, 신명기 23장 21절의 인용입니다. 구약의 율법에서는 맹세하는 것에 대해 자신이 시인하고 그것을 하나님 앞에서 실행할 것을 강조하였습니다. 당시 유대인들은 함부로 맹세하고 또 함부로 그것을 저버리고 교묘한 궤변을 써서 그들의 헛맹세를 변명하는 일들이 많았습니다. 그래서 예수님께서는 "화 있을진저 외식하는 서기관들과 바리새인들이여"하고 일곱 번이나 진노하시면서 마태복음 23장 16-22절에서 이렇게 책망하셨습니다.

> "화 있을진저 눈 먼 인도자여 너희가 말하되 누구든지 성전으로 맹

세하면 아무 일 없거니와 성전의 금으로 맹세하면 지킬지라 하는도다 어리석은 맹인들이여 어느 것이 크냐 그 금이냐 그 금을 거룩하게 하는 성전이냐 너희가 또 이르되 누구든지 제단으로 맹세하면 아무 일 없거니와 그 위에 있는 예물로 맹세하면 지킬지라 하는도다 맹인들이여 어느 것이 크냐 그 예물이냐 그 예물을 거룩하게 하는 제단이냐 그러므로 제단으로 맹세하는 자는 제단과 그 위에 있는 모든 것을 맹세함이요 또 성전으로 맹세하는 자는 성전과 그 안에 계신 이로 맹세함이요 또 하늘로 맹세하는 자는 하나님의 보좌와 그 위에 앉으신 이로 맹세함이니라."

우리는 맹세할 때 '주께 지키라'는 단어를 주목해야 합니다. 누구와 맹세를 하든지, 주께 하듯 해야 한다는 것입니다. 세상에서 무엇을 할 때에도 주께 하듯 하라고 말씀하시지 않았습니까? 그래서 에베소서 6장 5절에 "종들아 두려워하고 떨며 성실한 마음으로 육체의 상전에게 순종하기를 그리스도께 하듯 하라"고 말하였고, 이어서 6장 9절에도 "상전들아 너희도 그들에게 이와 같이 하고 위협을 그치라 이는 그들과 너희의 상전이 하늘에 계시고 그에게는 사람을 외모로 취하는 일이 없는 줄 너희가 앎이라"고 명령하지 않았습니까? 그러므로 우리는 맹세를 하든지 무엇을 하든지 주님께 하듯 해야 하는 것입니다.

부족한 종이 1984년부터 1989년 미국 유학을 떠나기 전까지 장로회신학대학원과 대학원을 다닐 때 하나님의 은혜로 노량진교회 림인식 목사님 밑에서 교육전도사로부터 시작해서 심방전도사, 교육목사에 이르기까지 6년 동안 목회 훈련을 받을 기회가 있었습니다. 제가 군대에 다녀와서 신학대학원 1학년 당시 총회장님이셨고 개인적으로 참으로 존경했던 림인식 목사님 밑에서 목회 훈련을 받을 수 있다는 사실 그 자체만 해도 저는 개인적으로 무한한 영광이요, 축복이요, 감격이었습니다.

그래서 교육전도사 시절에 파트타임 전도사인데도 풀타임 전도사처럼 주일 낮예배, 오후예배, 저녁예배, 수요 밤예배, 금요 철야기도회, 토요 학교앞 전도, 토요철야 주일 준비에 이르기까지 내가 주님께 충성을 다하는 건지, 림 목사님께 충성을 다하는 건지 모를 정도로 밤낮없이 저 나름대로 충성을 다했습니다. 담임목사님이 보시든지 안 보시든지, 교인들이 알아주든지 안 알아주든지 상관이 없었습니다. 그러면서 늘 마음속의 간절한 기도 제목은 엘리사가 엘리야 선지자를 보면서 간구했듯이 "주여, 저에게 림 목사님의 갑절의 영감을 주시옵소서!"였습니다. 그리고 30여 년의 세월이 지났습니다. 그때 림 목사님은 선교 100주년 총회장님이셨는데 이제 저는 100회기 총회 임원이 되어 있고 교회도 이렇게 행복하게 부흥해 있는 것을 보면서 주님 앞에서 맹세하고 기도한 것도 중요하지만 맹세한 것을 지키며 신실하게 살아가는 것이 얼마나 소중하고 그 보상과 열매가 얼마나 풍성한 것인가를 다시 한번 절감하지 않을 수 없었습니다.

우리 전임 목회자들이 우리 교회에 처음 오면 늘 반복하는 목회 오리엔테이션이 있는데, 그때 전해주는 페이퍼 한 장에 '치유목회의 5대 강령'이라는 저의 평생의 목회철학이 다 담겨 있습니다.

1. 영성 목회

"하나님께서 지으신 모든 것이 선하매 감사함으로 받으면 버릴 것이 없나니 하나님의 말씀과 기도로 거룩하여짐이라"(딤전 4:4-5).

2. 섬김 목회

"너희 중에는 그렇지 않아야 하나니 너희 중에 누구든지 크고자 하는 자는 너희를 섬기는 자가 되고 너희 중에 누구든지 으뜸이 되고자 하는 자는 너희의 종이 되어야 하리라"(마 20:26-27).

3. 모범 목회

"맡은 자들에게 주장하는 자세를 하지 말고 양 무리의 본이 되라 그리하면 목자장이 나타나실 때에 시들지 아니하는 영광의 관을 얻으리라"(벧전 5:3-4).

4. 의리 목회

"사람이 친구를 위하여 자기 목숨을 버리면 이보다 더 큰 사랑이 없나니 너희는 내가 명하는 대로 행하면 곧 나의 친구라"(요 15:13-14).

5. 순교 목회

"너는 장차 받을 고난을 두려워하지 말라 볼지어다 마귀가 장차 너희 가운데에서 몇 사람을 옥에 던져 시험을 받게 하리니 너희가 십 일 동안 환난을 받으리라 네가 죽도록 충성하라 그리하면 내가 생명의 관을 네게 주리라"(계 2:10).

'의리'라고 하면 특별히 조폭을 떠올리기 쉽습니다만 엄밀하게 말하면 우리가 '영적 조직'입니다. 저는 십자가를 종적으로 하나님께 대한 신앙이요, 횡적으로는 사람들에 대한 신의라고 생각합니다. 이것이 십자가 복음의 신앙입니다. 그러므로 예수님을 잘 믿는 사람들일수록 사람들에 대한 신의, 즉 의리를 잘 지켜야 합니다.

지금도 잊혀지지 않습니다만 지금으로부터 10여 년 전 부족한 종이 노회 정치목사들과 장로들의 정치재판에 의해서 '지시 불이행'이라는 죄목으로 노회 재판국에서 목사 면직을 당한 적이 있었습니다. 물론 총회 재판국에서 무죄선고를 받았지만 그때 우리 부목사님들이 6명 있었는데 노회장 목사님이 노회로 부르셔서 "너희 교회 담임목사가 목사 면직을 당했으니까 너희들도 빨리 교회를 알아보고 너희 앞길을 찾아가라"고 했답니다. 그때 6명의 목사님들이 이구동성으로 뭐라고 한 줄 아십니까? "우리도 같이 면직시켜 주십시오" 그랬다는 겁니다. 나중에 노회장님을 통해 그 말을 전해 듣고 얼마나 울었는지 모릅니다. 우리가 바로 그 의리 목회로 똘똘 뭉쳐서 어떠한 불의와도 맞서 싸워 그 어떠한 어려움도 다 이겨낼 수 있었습니다. 그래서 우리 목회자들이 먼저 본을 보여야 하기 때문에 '의리 목회'를 그토록 강조했던 것입니다. 죽어도 함께 죽고 살아도 함께 살아야 합니다.

그러므로 누구와 어떠한 맹세를 하든지 내가 희생을 하고 고생이 되어도 주님께 하듯 맹세를 끝까지 잘 지켜나갈 수 있길 바랍니다. 그리할 때 그것이 언젠가는 우리에게 놀라운 축복과 행복의 감격으로 열매 맺게 될 줄 분명히 믿으시기 바랍니다.

못 지킬 바에는 맹세를 하지 말아야 함

계속해서 34-36절 말씀을 다 함께 읽겠습니다.

"나는 너희에게 이르노니 도무지 맹세하지 말지니 하늘로도 하지 말라 이는 하나님의 보좌임이요 땅으로도 하지 말라 이는 하나님의 발등상임이요 예루살렘으로도 하지 말라 이는 큰 임금의 성임이요 네 머리로도 하지 말라 이는 네가 한 터럭도 희고 검게 할 수 없음이라."

예수님께서는 구약의 율법을 한층 업그레이드해서 "나는 너희에게 이르노니"라고 반복하면서 "도무지(절대) 맹세하지 말지니"(do not swear an oath at all)라고 강조하십니다. 못 지킬 약속은 아예 하지를 말라는 것입니다. 하늘로도 맹세하지 말라고 하신 이유는 이사야 66장 1절의 "여호와께서 이와 같이 말씀하시되 하늘은 나의 보좌요 땅은 나의 발판이니 너희가 나를 위하여 무슨 집을 지으랴 내가 안식할 처소가 어디랴"라는 말씀의 인용으로서 하늘은 하나님의 보좌이기 때문이라는 것입니다. 땅으로도 맹세하지 말라고 하신 이유는 땅은 재림 시에 하나님의 발등상(footstool, 발을 올려놓는 발판, 발받침)이 되기 때문입니다. 예루살렘으로도 하지 말라고 한 이유는 시편 48편 2절의 "터가 높고 아름다워 온 세계가 즐거워함이여 큰 왕의 성 곧 북방에 있는 시온 산이 그러하도다", 시편 99편 2절의 "시온에 계시는 여호와는 위대하시고 모든 민족보다 높으시도다"를 반영하는 것으로 예루살렘은 하나님의 성이기 때문입니다. 네 머리(κεφαλη 케팔레, head)로도 맹세하지 말라는 이유는 우리가 머리카락 한 터럭도 희고 검게 할 수 없기 때문입니다.

주님께서는 하늘, 땅, 예루살렘, 머리를 나열하면서 어떠한 대상도 맹세의 도구로 삼지 말라고 하십니다. 한마디로 말하면 무엇을 맹세하는 것은 자신의 신분과 능력을 잊어버린 처사라는 것입니다. 무엇을 할 수 있다고 큰소리칠 수 있느냐는 것입니다. 우리가 장담할 수 있는 장래는 아무것도 없습니다. 그래서 못 지킬 바에는 아예 맹세 자체를 하지 말라는 말씀입니다.

지난 주간 미국 성회는 1년 전에 미국에서 가장 큰 이민교회 중 하나인 LA의 한 교회에서 부흥성회 요청에 의해 이뤄졌습니다. 그런데 출국 이틀 전인 화요일 제14기 치유동산을 인도하고 있을 때 그 교회 전도목사에게서 연락이 오기를 내부사정에 의해서 부흥성회가 취소되었다는 것입니다. 나중에 알고 보니까 4,000여 명이 모이던 교회가 1,500여 명이 줄어들어서 담임목사와 장로들 사이에 갈등이 일어나 부흥성회를 못 연다는 것이었습니다. 사실 그런 갈등이 있을수록 치유성회가 필요한 거 아닙니까? 더군다나 티케팅도 다 끝났는데 그것도 출국 바로 직전에 연락이 오고, 그것도 직접 사과 전화 한 통화 없이 전도목사를 통해 집회를 취소해 버리니 얼마나 무책임한 일입니까? 그 교회는 사정에 의해 부흥성회를 취소한다고 하지만 이번에 LA를 가는 김에 부흥성회를 인도하기로 했던 다우니 제일교회와 LA지역 목회자 세미나까지 취소해 버린다면 그 교회나 그 지역 목회자들에게는 얼마나 죄송합니까? 그래서 예정대로 LA에 갈 수밖에 없었습니다. 그런데 의외로 그곳의 신실한 주의 종들과 제자목사님들을 많이 만날 수 있는 은혜의 시간이 되었습니다.

이처럼 약속을 하고 지키는 것은 매우 중요한 일이고 우리에게 또 따른 은혜와 축복을 안겨다 줍니다. 약속을 못 지킬 바에는 약속을 하지를 말아야 하지만 우리도 인간이기 때문에 약속을 정 못 지키게 될 때에는 어떻게 해서라도 거기에 대한 분명한 해명과 용서를 구하고 보완책이라도 제시해야 마땅한 것입니다.

저는 평소에 "목회는 먹회(먹는 목회)가 되어야 한다"는 목회 철학을 가지고 있는데, 왜 먹회(먹는 목회)가 중요한지 아십니까? 초대교회가 성전에서나 가정에서 그러했듯이 먹으려면 입을 열어야 하고 입이 열리면 식도가 열리고 식도가 열리면 마음이 열리고 마음이 열리면 영적으로 열리기 때문입니다. 그래서 과거에 우리 치유하는교회가 그 어려울 때 우리 목회자들이 형제애 하나로 똘똘 뭉쳐서 이겨낼 수 있었던 것도 매 주일 예배가 끝나면 목회자 부부가 다 함께 모여 식사를 함께 나누면서 교제하고 영적으로 단합하였기 때문입니다. 또 장로님들도, 집사님들도 그때는 자주 모였습니다. 그런데 우리 교회도 최근 들어 너무 부흥하고 교우들 심방하는 일이 많아진 데다가 더구나 금년에 부족한 제가 노회장에, 전국노회장협의회 회장에, 총회 임원으로 한국교회, 이민교회, 세계 선교지 치유성회 등으로 안팎으로도 너무도 바빠지다 보니까 교우들과 함께 식사하고 교제 나누기도 점점 어려워져 갑니다.

그렇습니다. 우리가 아무리 다 해주고 싶어도 인간으로는 다 할 수 없고 주님만이 다 하실 수 있습니다. 우리가 할 수 있는 것은 주님 안에 있을 때 가능합니다. 그런데 인간은 조금 할 수 있을 때 그것을 자신이 한 것으로 착각을 합니다. 그것이 바로 영적 교만이요, 영적 착각입니다. 그러다가 그것이 한순간의 실패와 불행 앞에서 무너지고 맙니다. 마지막으로 죽음 앞에서 다 무너지는 것입니다. 그래서 야고보서 3장 2절에 "우리가 다 실수가 많으니 만일 말에 실수가 없는 자라면 곧 온전한 사람이라 능히 온몸도 굴레 씌우리라"고 분명히 증거하지 않습니까?

그러므로 무언가 할 수 있을 때 더욱더 겸허한 마음으로 말하는 것을 신중하게 하고 맹세를 하지 말아야 합니다. 그리할 때 하나님뿐만 아니라 주위의 모든 사람들로부터 인정받는, 진정으로 신실하고 복된 삶을 모두 다 살아가게 될 줄 확실히 믿습니다.

🌱 진실만을 맹세해야 함

마지막으로 본문 37절 말씀을 다 함께 읽겠습니다.

"오직 너희 말은 옳다 옳다, 아니라 아니라 하라 이에서 지나는 것은 악으로부터 나느니라."

이 말씀의 뜻은 "옳은 것은 옳다 하고 아닌 것은 아니라고 하라"는 의미인데, 보는 관점의 차이는 있지만 옳으면 옳고 그르면 그른 이 하나뿐인 진실을 왜곡해선 안 되고 그 진실만을 말하라는 의미입니다. 이러한 진실을 말하려면 용기가 필요합니다. 우리가 진실을 말하지 못하고 순간 거짓 맹세를 하는 것은 자신의 체면이나 이해관계나 주위 사람들을 의식하여 옳은 것을 아니라고 하고 아닌 것을 옳다고 할 때가 얼마나 많이 있습니까? 이에서 지나는 것은 악한 자(the evil one), 즉 사탄으로부터 좇아 난 것이므로 진실만을 맹세해야 한다는 것입니다. 그래서 야고보서 5장 12절에서도 "내 형제들아 무엇보다도 맹세하지 말지니 하늘로나 땅으로나 아무 다른 것으로도 맹세하지 말고 오직 너희가 그렇다고 생각하는 것은 그렇다 하고 아니라고 생각하는 것은 아니라 하여 정죄 받음을 면하라"고 명령하였습니다.

창세 이후의 인간 역사는 하나님과 사탄의 싸움의 역사였습니다. 한마디로 말하면 선과 악의 영적 싸움의 역사였습니다. 그러나 마지막에는 선이 반드시 악을 이깁니다. 그것은 오늘 우리가 맞이하는 97년 전에 일어났던 3·1운동도 마찬가지였습니다. 당시 독립운동가 박은식 씨가 쓴 《한국독립운동지혈사》에 의하면 3·1운동에 참여한 시위 인원은 약 200만 명이고 7,509명이 사망했고 15,850명이 부상했고

45,306명이 체포되었습니다. 독립선언문에 서명한 33인 중 절반 가량인 16명이 기독교인이었지만 전체 국민의 1.5%였던 기독교인 가운데 22%가 수감되었습니다. 민가 715호가 불타고 허물어졌고, 교회 47개가 불타고 허물어졌고, 학교 2개가 불타고 허물어졌다고 합니다. 그러나 일제의 무자비한 총칼 앞에 비폭력, 무저항, 박애의 독립운동이 무참히 짓밟히고 끝이 날 줄 알았지만 일제의 잔혹한 징병과 수탈과 고문 학살 속에서 아무런 희망이 없던 우리 조국의 광복의 의지를 일본 정부에 강력하게 전달했고 우리나라의 당시의 참담한 실상을 온 세계에 알렸습니다. 그리고 우리 국민들의 그 간절한 광복의 염원이 하늘 보좌에 상달되어서 결국 26년 후에 하나님께서 우리 조국에 광복의 기쁨을 안겨 주셨던 것입니다.

개인이나 가정이나 직장이나 교회생활 가운데서도 마찬가지입니다. 한때는 악이 선을 이기는 것 같아도 결국에는 항상 선이 악을 이기는 결론을 목격하지 않았습니까? 그래서 늘 강조하지만 신앙생활 가운데 가장 먼저 우리는 성령님으로 충만한 가운데 항상 영적 분별력을 가지고 하나님의 편에 서서 진실만을 말하고 행하며 살아갈 수 있길 바랍니다. 그리할 때 하나님께서 우리에게 약속하신 최후의 승리를 꼭 얻도록 허락해 주실 줄 확실히 믿으시기 바랍니다.

저는 15년 전 우리 치유하는교회에 와서 처음에는 너무도 힘들어서 불행과 고통의 눈물을 흘리면서 목회를 시작했지만 부족한 종이 미국에서 7년여 동안 이론과 실제를 공부했던 상담치유학을 그대로 현장에 접목한 치유목회를 지난 15년 동안 꾸준히 실천해 오는 가운데 요즘엔 너무도 감사와 감격의 눈물을 흘리며 행복한 목회를 하고 있습니다. 우리 치유하는교회의 많은 은혜로운 치유 프로그램 가운데 하나가 치유동산입니다. 지난 14년 동안 치유동산을 진행해 오는 가운데 이번 치유동산이 가장 은혜로웠습니다. 동산지기를 비롯해서 100여 명의 섬김이들이 기도로써 뜨겁게 준비하고 헌신적으로 봉사해 주셨지만, 무엇보다도 목사님, 장로님, 권사님들이 한 분 한 분 기도와 금식을 하면서 웃음과 눈물 없이는 들을 수 없는 참으로 은혜롭고 감동적인 치유의 말씀을 전해 주셨기 때문입니다.

그중에서도 저는 김 훈 목사님의 아버지 목사님의 간증이 같은 목사로서 가슴에 뜨겁게 와 닿아 얼마나 울었는지 모릅니다. 멀리 충청도 산골로 목회하러 가시면서 하나밖에 없는 어린 아들을 데리고 갈 수가 없어서 전라남도 섬마을인 진도의 할머니 댁에 남겨두고 곧 데리러 오겠다는 약속 한마디 남기고 아버지가 떠나가셨습니다. 이 어린 아들은 아버지가 데리러 오실 날만 손꼽아 기다리며 울다 지쳐 잠이 들곤 했답니다. 그러던 어느 날 그토록 기다리던 아버지가 드디어 나타나셨으니 어린 마음에 얼마나 반가웠겠습니까? 그런데 아버지가 이 어린 아들의 손을 잡고 가게에 가서 붕어빵을 사 주셨는데 그날은 아버지를 못 따라가는 날이었습니다. 못 따라가는 아들을 달래려고 붕어빵을 사주셨던 것입니다. 붕어빵을 베어 먹으면서 그렇게 눈물만 흘렸는데, 아버지는 뒤도 안 돌아보고 떠나가시더랍니다. 그다음엔 아버지가 가방을 사 가지고 오셨는데 그날도 역시 아버지를 못 따라가는 날이었습니다. 선물을 전해 주시고 아버지는 또다시 뒤도 안 돌아보고 떠나가셨습니다. 그리고 나면 또 울면서 아버지를 기다리면서 지냈습니다. 그다음에 아버지가 목마를 사 가지고 오셨는데 그 선물이 반갑지가 않았습니다.

그날도 역시 아버지를 못 따라가는 날이었습니다. 그렇게 아버지는 뒤도 안 돌아보고 떠나가시고 나면 또 울면서 아버지를 기다렸습니다. 그다음은 또 아버지가 세발자전거를 사 가지고 오셨는데 그날도 역시 아버지를 못 따라가는 날이었습니다. 그리고 아버지는 뒤도 안 돌아보고 떠나가셨고 어린 아들은 또 얼마나 울면서 아버지를 기다렸는지 모릅니다. 아버지는 산골 목회를 하셨기 때문에 아들을 데리고 갈 수가 없어서 그렇게 약속을 못 지키셨던 것입니다. 드디어 마지막으로 아버지가 그를 데리러 오신 날, 할머니가 붙잡을까봐 뒤도 안 돌아보고 할머니 댁을 떠나갔습니다. 그런데 그때는 과거에 자기를 데려가지 않았던 아버지를 그토록 원망하였지만 청년 때 주님을 만나고 치유의 은혜를 받은 후 지난날의 아버지의 형편을 이해할 수 있었습니다. 아들을 버리고 떠나는 아버지의 심정이 얼마나 가슴 아프면 뒤를 안 돌아보고 가슴속으로 눈물을 삼키며 가셨겠습니까? 그때 비로소 아버지를 진심으로 용서할 수 있었고 그러한 아버지의 지난날의 상처까지도 치유할 수 있었다는 것입니다. 그리고 하나밖에 없는 사랑하는 아들에게 그렇게 할 수밖에 없었던 것을 미안해하는 아버지의 두 눈에서 흘러내리는 뜨거운 눈물을 목격할 수 있었다고 합니다.

　사랑하는 성도 여러분, 사실 지난날 우리는 맹세를 다 지키지 못할 때가 얼마나 많았습니까? 그러나 주님께서는 십자가에서 죽기까지 우리를 사랑해 주시고 지금까지도 변함없이 우리와의 약속을 지키고 계시고 세상 끝날까지 영원히 함께하신다고 약속하십니다. 이제는 주님의 십자가의 그 사랑을 경험했다면 그 사랑으로 어떠한 원수라도 용서하고 우리의 남은 인생 우리도 주님께 하듯 맹세를 지켜야 하고, 못 지킬 바에는 맹세 자체를 하지 말아야 하고 진실만을 맹세해야 합니다. 그리할 때 세상적으로 희생되고 손해보고 고통을 겪을지 모르지만 결국에는 주님처럼 영원히 약속을 지키며 신실하게 살아가는 복된 성도들과 주의 종들이 모두 다 될 것입니다.

우리 다 같이 찬송 '오 신실하신 주'를 함께 부르며 결단하도록 하겠습니다.

1. 하나님 한 번도 나를 실망시킨 적 없으시고
   언제나 공평과 은혜로 나를 지키셨네
2. 지나온 모든 세월들 돌아보아도
   그 어느 것 하나 주의 손길 안 미친 것 전혀 없네
후렴) 오 신실하신 주 오 신실하신 주
   내 너를 떠나지도 않으리라
   내 너를 버리지도 않으리라
   약속하셨던 주님 그 약속을 지키사
   이후로도 영원토록 나를 지키시리라 확신하네

오 신실하신 하나님 아버지, 우리는 지난날 맹세를 지키지 못할 때가 얼마나 많이 있었습니까? 그런데 주님은 변함없는 사랑으로 우리를 지켜주심을 진심으로 감사드립니다. 그 십자가의 사랑으로 지난날의 배신의 상처를 안겨다 준 어떠한 원수 같은 사람이라도 용서하게 하여 주시옵소서. 그리고 이제 여생을 주님께 하듯 맹세를 지키게 하여 주시옵소서. 그리고 못 지킬 바에는 맹세를 하지 않게 하여 주시옵소서. 진실만을 맹세하게 하여 주시옵소서. 그리함으로 세상적으로 희생되고 손해보고 고통스럽게 살아갈지 모르지만 주님처럼 영원히 약속을 지키며 신실하게 살아가는 복된 성도들과 주의 종이 모두 다 되게 하여 주실 줄 믿사옵고 예수님 이름으로 기도드립니다. 아멘.

이렇게 서로를 대하라

마태복음 5:38-42

³⁸또 눈은 눈으로, 이는 이로 갚으라 하였다는 것을 너희가 들었으나 ³⁹나는 너희에게 이르노니 악한 자를 대적하지 말라 누구든지 네 오른편 뺨을 치거든 왼편도 돌려 대며 ⁴⁰또 너를 고발하여 속옷을 가지고자 하는 자에게 겉옷까지도 가지게 하며 ⁴¹또 누구든지 너로 억지로 오 리를 가게 하거든 그 사람과 십 리를 동행하고 ⁴²네게 구하는 자에게 주며 네게 꾸고자 하는 자에게 거절하지 말라

말세의 마지막 때 인간관계가 너무도 복잡하고 어려운 시대입니다. 우리가 세상을 살아갈 때나 교회에서 신앙생활을 할 때도 이 인간관계가 어쩌면 가장 어려울 수 있습니다. 오늘 대한예수교장로회 총회가 정한 3월 둘째 주일 남선교회주일을 맞이했는데, 본문 말씀은 우리 남성들의 가장 큰 약점을 깨우쳐 주고 있습니다. 그렇다면 우리가 어떻게 서로를 대하며 살아가야 하는지 이 시간도 들려주시는 하나

님의 음성을 함께 들을 수 있길 바랍니다.

정신적 고통을 이겨내야 함

먼저 본문 38-39절 말씀을 다 함께 읽겠습니다.

"또 눈은 눈으로, 이는 이로 갚으라 하였다는 것을 너희가 들었으나 나는 너희에게 이르노니 악한 자를 대적하지 말라 누구든지 네 오른편 뺨을 치거든 왼편도 돌려대며."

지금까지 구약의 율법(출 21:24; 레 24:20; 신 19:21)은 '복수법'이라고 해서 "눈은 눈으로, 이는 이로 갚으라"고 명령했습니다. 그러나 그러한 복수는 또 다른 새로운 복수를 불러일으켜 근본적인 문제의 해결을 가져올 수 없었습니다.

오래전에 일본 사무라이 영화를 본 적이 있는데 한 사무라이가 적에게 칼을 맞고 죽어가면서 아들에게 이렇게 부탁을 했습니다.

"내 원수를 꼭 갚아다오."

아버지의 마지막 유언을 들은 아들은 열심히 무술을 닦아서 실력이 쌓이자 자기 아버지를 죽였던 사무라이를 찾아가 죽임으로써 아버지의 한을 풀어줍니다. 그런데 상대방 사무라이가 죽어가면서 자기 아들에게 이런 유언을 남깁니다.

"내 원수를 꼭 갚아다오."

그러면 이 복수는 언제 끝이 나겠습니까?

이처럼 우리가 복수법에 의해 살아가면 복수가 복수를 불러일으키기 때문에 지금까지도 이스라엘과 아랍 국가들 간의 끝없는 복수전이 오늘의 세계의 화약고인 중동사태를 불러일으킨 거 아니겠습니까? 그래서 예수님께서는 "나는 너희에게 이르노니"라고 율법을 보완하며 말씀하시기를 "악한 자를 대적하지 말라"고 명령하시면서 오히려 "누구든지 네 오른편 뺨을 치거든 왼편도 돌려대며"라고 말씀하셨습니다. 사람은 보통 오른손잡이여서 오른손으로 칠 때에 오른편 뺨을 맞는다는 것은 손등으로 때리는 것입니다. 당시 유대인들에게는 손바닥으로 때리는 것보다 손등으로 때리는 것이 정신적으로 조롱하는 듯한 가장 큰 모독이 되었는데 그럼에도 불구하고 왼편 뺨까지 돌려대라는 것은 아무리 기분이 나빠도 상대방에게 보복을 하지 말라는 것입니다.

이 말씀을 우리의 상황으로 설명해 보면 우리가 신체의 다른 어디를 얻어맞는 것보다 머리를 얻어맞으면 모멸감을 크게 느낍니다. 그것도 손등으로 오른편 뺨을 쳤는데 왼편 뺨까지 돌려대라고 하는 것은 손바닥으로 더 세게 맞는 것입니다. 한마디로 어떠한 정신적 고통까지도 감수하라는 것입니다.

부족한 종이 군대에 가서 수도경비사령부 30경비단(청와대 경호부대)에 배치가 되었습니다. 한 고참이 출신 지역도 다른 데다가 불교 군종사병으로 종교도 다른 데다가 학력도 저보다 떨어져서 열등감을 느꼈는지 얼마나 핍박을 했는지 모릅니다. 매일 밤 야간 초수 근무만 들어가면 보초수칙, 경계수칙 등 뭔 수칙들을 외우라고 해서 글자 하나라도 틀리면 철모 위에 머리를 거꾸로 처박고 창틀에 발을 걸쳐 물구나무를 서게 하면 허리가 끊어질 듯이 매우 고통스러웠습니다. 그래서 5분도 못 견디고 쓰러지면 M16 소총 개머리판으로 머리를 찧었습니다. 머리를 맞는다는 것은 인간에게 최고의 수모요, 고통이요, 멸시인데 제가 그때 신학생만 아니었으면 아마도 M16으로 갈겨버렸든지, 탈영을 했든지, 자살을 했을지 모르겠습니다. 그러나 그때마다 십자가의 주님을 바라보면서 "주여! 주여!" 하고 끝까지 원수를 대적하지 않고 인내하며 사랑으로 이겨냈습니다. 결국에는 양심의 가책을 느꼈는지 제대 후 용서해 달라는 전화가 걸려왔습니다. 그래서 "저는 이미 병장님 다 용서했습니다"라고 하면서 "가까운 교회에 꼭 나가서 예수님을 믿세요"라고 했습니다.

여러분, 불교 군종사병이었던 그에게 교회 나가라고 한 말은 무슨 말입니까? "당신이 믿는 종교가 진정한 자비의 종교냐?" 이 말입니다. 제가 볼 때는 진정으로 자비와는 거리가 멀었기 때문에 더이상 인간이 만든 헛된 종교를 믿지 말고 진정으로 하나님의 아들인 사랑의 예수님을 바로 믿고 사랑의 행복의 삶을 살고 영생을 누리라는 의미였습니다.

데살로니가전서 5장 15절에서 "삼가 누가 누구에게든지 악으로 악을 갚지 말게 하고 서로 대하든지 모든 사람을 대하든지 항상 선을 따르라"고 했습니다. 세상 사람들은 선을 악으로 갚더라도 믿는 성도들만은 그렇게 악을 악으로 갚지 말고 악을 선으로 이길 수 있길 바랍니다.

지난 주간에도 경기도 평택에서 계모와 친아버지가 7살 난 어린 아들을 3년 전부터 폭력과 학대를 하다가 죽기 전 3개월 동안 영하 12도의 추운 겨울에 차디찬 화장실에 감금하고 락스와 찬물을 끼얹고 결국 영양실조와 저체온증으로 죽게 만들었습니다. 그리고는 야산에 암매장한, 참으로 가슴 아픈 사건이 터졌습니다만 요즘 우리 사회는 힘없는 어린아이들에 대한 아동학대와 유기와 살인이 끊임없이 일어나고 있습니다. 이 사회의 위기의 회복은 가정의 회복에 달려 있고 그것도 가정의 중심인 아버지의 회복에 달려 있습니다. 아무리 계모가 이복아들을 학대해도 친아버지가 바로 서 있으면 말릴 수 있지 않습니까? 그런데 왜 그것을 못 막고 방관하고 동조합니까? 아버지들이 영적으로 충만하게 일어나야 가정이 회복되고, 가정이 회복되어야 교회가 회복되고, 교회가 회복되어야 사회와 민족이 회복되고, 민족이 회복되어야 세계 열방이 회복됩니다.

그뿐만 아니라 역주행이나 난폭운전이나 보복운전 등 분노조절장애가 매우 심각한 현실입니다. 특히 연약한 여성 운전자나 초보 운전자나 서행 운전자에 대한 보복이 극심합니다. 어쩌다 이렇게 되었는지 한심할 정도입니다. 결국 보복운전을 하면 1년 이하의 징역과 500만 원 이하의 벌금을 물도록 하겠다고 관계 법령을 강화할 정도입니다. 그러므로 이제는 우리 믿는 사람부터가 자존심이 상하고 상처를 받고 고통을 당하더라도 악을 선으로 이겨야 합니다. 오히려 예수님의 사랑으로 "I'm sorry!(미안합니다)", "God bless you!(복 받으세요)" 하고 복을 빌어주십시오. 그러면 그 복을 받을 만한 사람은 복을 받고 복을 못 받을 사람이라면 그 복이 우리에게 임할 것입니다.

베드로 사도도 베드로전서 3장 9절에 "악을 악으로, 욕을 욕으로 갚지 말고 도리어 복을 빌라 이를 위하여 너희가 부르심을 받았으니 이는 복을 이어받게 하려 하심이라"고 권면했습니다. 그러므로 우리는 어떠한 정신적 고통을 당하더라도 그 고통을 이겨내면서 복을 빌 때 그들이 받지 못하는 그 복을 우리가 받게 될 줄 분명히 믿으시기 바랍니다.

물질적 손해도 이겨내야 함

계속해서 본문 40절과 42절 말씀을 다 함께 읽겠습니다.

"또 너를 고발하여 속옷을 가지고자 하는 자에게 겉옷까지도 가지게 하며…네게 구하는 자에게 주며 네게 꾸고자 하는 자에게 거절하지 말라."

이 본문의 말씀이 누가복음 6장 29-30절에는 순서가 거꾸로 되어 있습니다. 유대인의 속옷은 통으로 짜고 겉옷은 네모난 것으로 입었는데(요 19:23) 가난한 사람들은 이 겉옷을 외투처럼 낮에는 입고 밤에는 이불 대신 덮기도 했습니다. 그래서 구약의 율법(출 22:26-27; 신 24:10-13)에서는 가난한 사람들이 겉옷을 저당 잡혔을 경우 밤이면 돌려주게 되어 있었습니다. 그런데 우리를 고발하여 속옷을 가지고자 하는 자는 우리를 발가벗겨서 밖으로 나가지 못하게 하겠다는 사람인데 그러한 사람에게 겉옷까지도 가지게 한다는 것은 아무런 저항도 하지 말고 물질적 손해를 감수하고라도 다 주라는 의미입니다.

고린도전서 6장 6-7절에 "형제가 형제와 더불어 고발할 뿐더러 믿지 아니하는 자들 앞에서 하느냐 너희가 피차 고발함으로 너희 가운데 이미 뚜렷한 허물이 있나니 차라리 불의를 당하는 것이 낫지 아니하며 차라리 속는 것이 낫지 아니하냐"고 분명히 말하고 있습니다. 더구나 우리에게 구하는 자에게 주며 꾸고자 하는 자에게 거절하지 말라고 하는데, 그 말은 어떠한 물질적 손해를 끼치더라도 다 감수하라는 것입니다.

사실 이게 쉬운 일은 아닙니다. 부족한 종이 한 달 전에 교통사고를 당했습니다. 총회 일을 마치고 급히 이동하다가 차선을 변경하려는데 뒤에서 승용차가 달려왔습니다. 그 정도 거리면 추월할 수 있겠다는 판단이 되어서 끼어들었는데 뒤차가 그대로 질주하여 와서 충돌하게 된 것입니다. 그런데 불행하게도 그 사고지역이 차선 변경이 불가능한 지역이라고 해서 9:1 정도로 제 차의 사고 책임이 크다고 했습니다. 더구나 한 주가 지난 후 상대 차 운전자가 몸에 이상이 있어 병원에 진찰받으러 간다고 하면서 그것을 빌미로 100% 책임배상을 하라고 하는데, 그러면 보험료 부담이 커지니까 열이 받쳤습니다. 경찰에 정식으로 신고를 하고 영상 테이프 판독을 해서 상대방 차가 브레이크도 밟지 않고 질주해 온 것을 꼭 밝히고 손해배상도 분담하고 싶은 마음이 들어서 보험 사고처리반 직원에게 경찰에 신고해 달라고 했습니다. 그리고 나서 이 본문 말씀이 떠오르면서 마음이 평안하질 않았습니다. 더구나 상대방이 제가 목사인 것을 아는데 이 물질 때문에 목사에 대한 이미지가 흐려지고 복음 전도의 문을 막아버리고 하나님의 영광을 다 가리겠다는 생각이 들었습니다. 그래서 다시 전화를 걸어서 "제가 모두 다 손해배상을 하겠습니다"라고 전하고 나니까 비로소 마음이 편안해졌습니다.

여러분, 돈은 돌고 도는 것이라고 해서 돈이라고 한다지 않습니까? 그런데 돈은 여성명사일까요? 남성명사일까요? 여성명사일 것입니다. 왜냐고요? 돈이 돈을 낳는다고 하지 않습니까? 그래서 여자들이 돈을 그렇게 좋아하나 봅니다. 그런데 우리가 이 돈 때문에 정신이 돌아버려서 신앙을 저버리고 말씀을 벗어나서 모든 관계가 깨어져 버리고 온 천하보다 귀한 영혼을 잃어버리고 진정한 삶의 축복을 잃어서는 안 되는 것입니다.

어떤 사람이 자전거 바퀴에 공기를 넣으려고 이웃집에서 에어펌프를 빌려 왔습니다. 쓰던 도중에 그만 에어펌프가 망가지고 말았는데 그는 아무 말도 하지 않고 망가진 에어펌프를 주인에게 돌려주었습니다. 그러고는 자신의 실수를 숨긴 채 '에어펌프가 너무 낡아서 어차피 고장 날 수밖에 없었던 거야…' 하고 자기 합리화를 시켜서 결국 그 이웃과의 관계가 완전히 단절되고 말았습니다.

그런데 또 다른 사람은 동일한 상황에서 에어펌프가 망가지자 새 에어펌프를 사들고 주인을 찾아갔습니다. 그리고는 "제가 연장 다루는 법이 좀 서툴러서 당신의 에어펌프를 사용하다가 그만 망가뜨리고 말았습니다. 정말 죄송합니다. 그래서 이렇게 새 에어펌프를 사 왔어요." 그러자 주인이 오히려 미안해하고 이웃과의 관계는 전보다 훨씬 더 신뢰의 관계로 좋아졌다고 합니다.

그런데도 우리는 신앙생활을 하면서 이 깊은 영적인 은혜와 축복과 행복의 감격을 잃어버리고 움켜쥐고 모으고 쌓는 일에만 골몰하고 나누고 베풀고 섬기는 일에 인색할 때가 얼마나 많습니까? 그래도 감사한 것은 지난 주간에도 탈북 여성 세 명이 중국에서 우리나라에 들어오는데 계산할 540만 원이 없어서 못 들어온다고 월요일 새벽기도회에 기도 부탁을 드렸더니 새벽기도회가 끝나기가 무섭게 곧바로 우리 장로님, 권사님들이 나서서 도와주셔서 온 천하보다 귀한 세 사람의 생명이 고국의 따스한 주님 품으로 돌아올 수 있었습니다. 또한 금요일에는 일본 선교사님과 비전트립 팀이 온다고 하니까 한 장로님, 안수집사님 가정이 식사 대접을 하겠다고 자원하여 나서는 것을 보고 매우 마음이 좋았습니다.

그렇습니다. 저는 어렸을 때부터 신앙생활을 하면서 나누고 베풀고 섬기는 일에 열심인 사람들이 지금은 비록 어렵고 힘들게 살지 몰라도 자손 대대로 훨씬 은혜가 풍성하고 축복이 차고 넘치고 행복의 감격이 넘치는 삶을 사는 것을 저 자신부터 시작해서 주위의 목사님, 장로님, 권사님, 집사님의 가정을 통해 너무도 많이 보아왔습니다.

우리나라에 1866년 영국의 로버트 토마스 선교사님에 의해 순교의 피가 뿌려지고 1885년 언더우드와 아펜젤러 선교사님에 의해 복음의 씨가 뿌려져서 우리가 예수님을 믿고 이렇게 복을 받았습니다. 과거에 비해 얼마나 잘 살고, 멋져지고, 귀하게 쓰임 받고 자손들까지 믿음의 복을 받고, 주님의 나라를 위해서 귀하게 영광 돌리게 되었습니까? 그래서 누가복음 6장 38절에 "주라 그리하면 너희에게 줄 것이니 곧 후히 되어 누르고 흔들어 넘치도록 하여 너희에게 안겨 주리라 너희가 헤아리는 그 헤아림으로 너희도 헤아림을 도로 받을 것이니라"고 분명히 약속하시지 않습니까? 이러한 물질적 손해까지도 이겨낼 때 하나님께서 우리의 여생과 자손들에게까지도 천 배나 만 배나 차고 넘치게 갚아주실 줄 확실히 믿습니다.

육체적 수고까지도 이겨내야 함

마지막으로 본문 41절 말씀을 다 함께 읽겠습니다.

"또 누구든지 너로 억지로 오 리를 가게 하거든 그 사람과 십 리를 동행하고."

당시 로마법에는 군인들이 행군할 때 백성들을 강제로 징용하여 군수품들을 나르게 해서 한 밀리온(μίλιον, 1마일=1.6km, 약 4리)을 끌고 가서 다음 마을 주민과 교대를 시켰다고 합니다. 유대인들은 특히 로마 제국의 이러한 강제 징용을 싫어하여 반항하였으므로 데메트리우스 황제 때는 유대인 소유의 짐 진 짐승은 징발하지 않는다는 약속까지 할 정도였다고 합니다(Josephus, Ant. xiii, 2:3). 그럼에도 불구하고 예수님께서는 우리로 억지로 오 리를 가게 하거든 십 리를 동행하면서 그들이 요구하는 거리의 배나 가 주라고 하십니다. 한마디로 육체적 수고까지도 아끼지 말라는 거였습니다.

대학생이 된 아들이 운전면허를 따고 아버지에게 자동차를 사 달라고 하자 아버지가 이런 조건을 내놓았습니다.

"네가 성적이 좋아지고 긴 머리를 짧게 자른 다음에 다시 이야기하자."

한 달쯤 지나 아들이 다시 차를 사 달라고 하자 아버지가 이렇게 말했습니다.

"그래, 네 성적이 많이 좋아졌더구나. 그런데 아직 머리를 짧게 자르지 않았잖니?"

그 말을 들은 아들이 말했습니다.

"아버지, 성경을 보면 모세도 머리가 길었고 예수님도 머리가 길었잖아요?"

그러자 아버지가 말합니다.

"그래, 네 말이 맞다. 그런데 그분들은 어디를 가든지 걸어 다녔다는 거 알고 있지?"

그러니까 머리 짧게 자르기 싫으면 자동차 사 달라는 소리 하지 말고 두 발로 열심히 걸어 다니라는 것입니다.

그렇습니다. 우리 인간은 본능적으로 다 자기 고생하는 것을 싫어합니다. 특히 남성들이 밖에서 일한다고 가정에서는 "물 가져와라!", "반찬 더 가져와라!", "국 더 떠 와라!", 숟가락이 떨어지면 "숟가락 다시 가져와라!" 하고 손가락 하나 까딱 안 하려고 합니다.

목회를 하면서 교인들이나 심지어 주의 종에 대해서 실망할 때가 있습니다. "먹고 놀고 우리 이름 내고 이익 챙기자!" 하면 "내가 먼저, 내가 먼저" 하고 다 달려드는데, "힘들고 진 빠지게 고생하고 욕 얻어 먹는 일 하자!" 하면 "네가 먼저, 네가 먼저" 하면서 다 빠져 나갑니다. 그러나 우리가 다 고생하기 싫어합니다만 세월이 조금 지난 다음에 꼭 확인해 보십시오. 주님을 위해서, 고통당하는 이웃을 위해서 애쓰고 수고하는 것은 결코 헛되지 않습니다.

골고다 언덕을 향해 십자가를 지고 가시던 예수님의 십자가를 함께 지고 갔던 구레네 시몬이 그 십자가를 함께 지면서 예수님이 구세주이심을 깨닫게 되고 고향으로 돌아가 온 가족에게 복음을 전해서 예수님을 잘 믿게 되었습니다. 후에 바울 사도는 로마 교회의 신실한 일꾼이 된 시몬의 가족에 대해서 "주 안에서 택하심을 입은 루포와 그의 어머니에게 문안하라 그의 어머니는 곧 내 어머니니라"(롬 16:13)라고 눈물로 문안했습니다.

미국에 월터 윌슨이라는 유명한 의사가 있었는데 그가 군의관으로 있을 때 어느 기업에서 보낸 조그만 위문품을 받게 되었습니다. 뜯어 보니까 위문품 위에 스티커가 붙어 있었는데 그 스티커에 "하나님이 세상을 이처럼 사랑하사 독생자를 주셨으니…"라는 요한복음 3장 16절 말씀이 적혀 있었습니다. 그리고 이런 글귀가 덧붙여 있었습니다.

"하나님이 누구를 이토록 사랑하시는지 알고 싶으면 이 스티커를 뜯어보세요."

그래서 스티커를 뜯었더니 조그만 손거울이 나왔고 그 손거울을 들여다보니 자신의 얼굴이 비쳐졌습니다. 한참 동안 작은 손거울에 비친 자신의 얼굴을 바라보던 그는 눈물을 흘리며 결심했습니다.

"주님, 저를 이토록 사랑하시는군요! 전 이제부터 돈 버는 의사나 출세하는 의사나 유명한 의사가 아니라 제게 주신 주님의 사랑을 다른 사람과 나누는 의사가 되겠습니다."

그리고는 세상적인 부귀와 영화를 다 버리고 낮은 자들과 함께하면서 자신의 육체적 수고를 아끼지 않고 그들을 치료해 주었습니다. 그렇게 일생을 봉사하며 살았기 때문에 그에게는 '영혼을 치유하는 의사'라는 별명이 붙었습니다.

우리는 항상 십자가의 사랑이 강권하여서 육체적으로 수고하는 일을 해야 진심으로 즐겁고 보람되고 복되게 살 수 있습니다. 그런데 우리는 많은 때 서로에 대해서 너무도 무관심하고 무성의하고 무표현하며 지나치기 쉽습니다. 그래서 우리 교회에 처음 오시는 분들이 가끔 이런 이야기를 합니다. 교인 수가 많기도 하고 처음 오는 새 신자가 매 주일 늘다 보니까 서로에 대해서 밝은 표정으로 맞이하지 못할 때가 많습니다. 그러다 보면 교인들이 쌀쌀맞게 보이고 교회가 차갑게 느껴지고 영적으로 교만해 보이기까지 해서 본의 아니게 새로 오는 교인들에게 오해를 사고 상처를 주고 시험에 빠뜨릴 수가 있습니다. 그래서 주님께서는 무슨 큰 수고나 고생을 강요하시는 것이 아니고 일상생활 가운데 아주 조그만 사랑의 섬김부터 시작하라고 하십니다.

가정 상담가 게리 채프먼(Gary Chapman) 박사는 뉴욕 타임스 최장기 베스트셀러인 그의 유명한 명저 시리즈인 《사랑의 5가지 언어》(The Five Love Languages)에서 사랑만이 모든 사람을 변화시킨다고 말했습니다. 그리고는 첫째로 인정하는 말, 둘째로 함께 하는 시간, 셋째로 선물, 넷째로 봉사, 다섯째로 스킨십을 강조하지 않습니까? 그러므로 우리가 서로 함께하면서 그냥 지나치지 말고 눈가에 미소라도 지으며 서로를 바라보고 눈이라도 마주치면 "안녕하세요?" 하고 웃으면서 인사를 나누고 혹시라도 상대방이 말을 걸어오면 말 한마디라도 따뜻하게 해주고 악수라도 나누시기 바랍니다.

부족한 종이 미국 유학 시절에 미국 사람들에게 가장 먼저 배운 것이 있습니다. 자기 체면을 먼저 생각하고 자기 권위를 내세우고 자기 이익을 챙기는 유교 문화와는 달리 그들은 기독교 문화 가운데 살아서 그런지 모르지만 길거리에서 처음 만나는 아무리 낯선 사람이라도 눈길만 마주치면 "Hi!(안녕하세요)" 하고 인사를 먼저 하는 것이었습니다. 그것이 미국에 처음 가서 외롭고 힘들 때 얼마나 위로가 되고 힘이 되었는지 모릅니다. 그런 문화 속에 자라서 그런지 저의 딸아이가 한국에 와서 아파트 엘리베이터에서 동네 사람들뿐만 아니라 심지어는 피자나 치킨이나 중국음식 배달원을 만나도 "안녕하세요!" 하고 인사를 했습니다. 그러자 다들 놀라면서도 칭찬을 했습니다.

우리도 교회에서 서로 눈길이 마주치면 눈길 돌리고 싹 피하지 마시고 말 없이라도 가벼운 미소와 함께 목례 인사 나누기를 오늘부터 새롭게 실천할 수 있길 바랍니다. 한 번 웃어주면 주는 것 없이 반갑고 받은 것 없이 기쁘지 않습니까? 그리할 때 고린도전서 15장 58절에 "그러므로 내 사랑하는 형제들아 견실하며 흔들리지 말고 항상 주의 일에 더욱 힘쓰는 자들이 되라 이는 너희 수고가 주 안에서 헛되지 않은 줄 앎이라"고 분명히 약속하지 않습니까? 이처럼 우리가 육체적 수고를 아끼지 않을 때 우리의 수고가 주님 안에서 결단코 헛되지 않아서 하늘의 상과 이 땅의 복으로 다 갚아주실 줄 분명히 믿으시기 바랍니다.

지난 목요일 점심때 한 권사님을 뵙고 참으로 은혜로운 간증을 들을 기회가 있었습니다. 이분은 원래 예수님을 안 믿는 독실한 유교 집안으로 시집을 갔습니다. 그 집안에서 큰 시누이가 유일하게 예수님을 믿고 신학대학에 다녔는데 부흥회에 참석하고 돌아오다가 교통사고가 나서 갑작스럽게 세상을 떠나고 말았습니다. 그러니 그 불신 부모님 가슴에 얼마나 큰 슬픔의 충격이 되고 상처가 되었겠습니까? 그날로 시어머니가 "우리 집안에는 더이상 예수 믿는 일은 없다"고 완전히 교회 금지령을 내려서 권사님의 생애에 교회에 나간다는 것은 상상도 할 수 없었습니다. 같은 동네에 우리 치유하는교회 김철수 장로님, 이경화 장로님 내외분이 사셨는데, 얼마나 모든 동네 사람들을 사랑으로 섬기시고 심지어 홀로 외롭고 어렵게 사시는 동네 어르신들의 먹을 것을 다 해다 주실 정도였습니다. 또 김 장로님은 이라크 건설현장에서 근무하고 귀국할 때 중동 과일을 사 가지고 오시면 동네 어르신들에게 다 나눠드리며 섬기셨습니다. 평소의 그 사랑의 섬김의 모습을 쭉 지켜보시던 시어머니가 "저분이 작은 예수다!" 그러시더랍니다. 그래서 권사님은 김 장로님 내외분을 보면서 그렇게 교회에 가고 싶었는데 결국 33년 전에 우리 치유하는교회에 처음 나오게 되었다고 합니다.

그런데 나온 지 얼마 안 되어 초등학교 1학년 딸이 갑작스럽게 급성 폐렴에 걸려서 한 달 동안 병원에 입원하는 바람에 또다시 가족들의 핍박이 시작되어서 또 교회에 못 나가게 되었습니다. 구로고대병원에서 한 달 동안 얼마나 주님의 은혜를 사모했는지 모른다고 합니다. 그런데 교회에서 와서 예배를 드려 주는데 얼마나 주님의 은혜를 사모했는지 눈물 없이는 예배를 못 드리겠더랍니다. 찬양을 해도 눈물이 흘러내리고 기도를 해도 눈물이 흘러내리고 말씀을 들어도 눈물이 그칠 줄 모르고 흘러내렸는데 그때 주님의 사랑과 은혜를 뜨겁게 체험하게 되었습니다. 그리고 가정의 핍박 속에서도 교회에 안 나가면 죽을 것만 같아서 1년 뒤에 결국 견디다 못해 또다시 교회에 나오게 되었다고 합니다. 그런데 시누이들이 제사를 안 드린다고 문을 부수는 폭력의 위협이 있었는데도 목에 칼이 들어와 죽는 한이 있더라도 추도 예배를 드리고 제사를 거부한다고 했더니 그때 남편이 나서서 하는 말이 '제사를 드리려면 너희들이 모시고 가서 드리라'고 권사님 편을 들어줘서 끝까지 신앙을 지킬 수 있었다는 것입니다. 그 후로도 줄곧 그 십자가의 주님의 사랑에 감격하면서 교회의 궂은일이라면 교구나 주방이나 치유동산이나 소년원 봉사까지 나서서 이름도 없이 빛도 없이 말도 없이 평생토록 열심히 봉사하면서 교구권사도 하고 치유동산 부동산지기가 되신 것입니다. 그래서 오늘의 천국의 축복되고 행복한 신앙생활을 하게 되었다는 눈물의 감동적인 간증이었습니다.

사랑하는 성도 여러분, 특별히 남선교회 회원 여러분, 일생에 어떠한 환난 핍박이 있어도 결코 어떠한 원수도 대적하지 않고 우리에게 닥치는 어떠한 정신적 고통도 이겨내야 하고 물질적 손해도 이겨내야 하고 육체적 수고도 이겨내야 합니다. 그리할 때 결국에는 모두 다 승리하고 주위의 수많은 사람들을 감동시키고 온 천하보다 귀한 영혼을 구원하면서 날마다 천국의 축복과 행복의 감격 속에 살아가게 될 줄 확실히 믿습니다.

이 시간 다 함께 찬송 '십자가 그 사랑'을 함께 부르며 결단하도록 하겠습니다.

1. 십자가 그 사랑 멀리 떠나서
   무너진 나의 삶 속에 잊혀진 주의 은혜
   돌 같은 내 마음 어루만지사

다시 일으켜 세우신 주를 사랑합니다
　2. 지나간 일들을 기억하지 않고
　　　이전에 행한 모든 일 생각지 않으리
　　　사막에 강물과 길을 내시는 주
　　　내 안에 새 일 행하실 주만 바라보리라
후렴) 주 나를 보호하시고 날 붙드시리
　　　나는 보배롭고 존귀한 주님의 자녀라
　　　주 너를 보호하시고 주 널 붙드시리
　　　너는 보배롭고 존귀한 주의 자녀라

　사랑의 하나님 아버지, 우리가 믿음으로 은혜 받고 산다고 하면서도 실제의 삶 가운데 주님의 사랑이 메말라 감으로 불행과 고통 속에 살아갈 때가 얼마나 많았습니까? 그러나 예수님의 말씀처럼 우리 성도들, 특별히 남선교회 회원들이 먼저 정신적 고통을 이겨내고 물질적 손해도 이겨내고 육체적 수고도 이겨냄으로써 사랑하는 가족들부터 주위의 모든 사람들에게 감동을 주며 복음을 전하는 삶을 모두 다 살게 하여 주시옵소서. 믿사옵고 예수님의 이름으로 기도드립니다. 아멘.

예수님은 치유하십니다 1

1판 1쇄 인쇄 _ 2020년 10월 5일
1판 1쇄 발행 _ 2020년 10월 10일

지은이 _ 김의식
펴낸이 _ 이형규
펴낸곳 _ 쿰란출판사

주소 _ 서울특별시 종로구 이화장길 6
편집부 _ 745-1007, 745-1301~2, 747-1212, 743-1300
영업부 _ 747-1004, FAX 745-8490
본사평생전화번호 _ 0502-756-1004
홈페이지 _ http://www.qumran.co.kr
E-mail _ qrbooks@daum.net / qrbooks@gmail.com
한글인터넷주소 _ 쿰란, 쿰란출판사
페이스북 _ www.facebook.com/qumranpeople
인스타그램 _ www.instagram.com/qrbooks
등록 _ 제1-670호(1988.2.27)

책임교열 _ 김영미·송은주

ⓒ 김의식 2020   ISBN 979-11-6143-440-7 94230
　　　　　　　　　　979-11-6143-362-2 (세트)

책값은 뒤표지에 있습니다.
이 출판물은 저작권법에 의해 보호를 받는 저작물이므로 무단 복제할 수 없습니다.
파본(破本)은 구입처에서 교환해 드립니다.